Wege zum Visum

Traumland Australien?

Die Entscheidung

Der Visumantrag

Verlassen der Heimat

Neuanfang in Australien

Längerfristige Eingliederung

Rückkehr nach Deutschland

Anhang

004aa Foto: eg

Elfi H.M. Gilissen

Australien –

das Auswanderer-Handbuch

Impressum

Elfi H.M. Gilissen
Australien – das Auswanderer-Handbuch

erschienen im
Reise Know-How Verlag Peter Rump GmbH
Osnabrücker Str. 79
33649 Bielefeld

2., neu bearbeitete und komplett aktualisierte Auflage 2009

Gestaltung
Umschlag: G. Pawlak, P. Rump (Layout);
Svenja Lutterbeck (Realisierung)
Inhalt: Günter Pawlak (Layout);
Andrea Hesse (Realisierung)
Fotos: die Autorin (eg), Andrew Tokmakoff (at), Rosa Gilissen (rg),
Stefan Mummert (sm), Giselher Dietrich (gd)
Titelfoto: Elfi Gilissen
Karten: Catherine Raisin, der Verlag

Lektorat: Andrea Hesse
Lektorat (Aktualisierung): Svenja Lutterbeck

Druck und Bindung
Media Print, Paderborn

ISBN 978-3-8317-1734-7
Printed in Germany

Dieses Buch ist erhältlich in jeder Buchhandlung Deutschlands, der Schweiz, Österreichs, Belgiens und der Niederlande. Bitte informieren Sie Ihren Buchhändler über folgende Bezugsadressen:

Deutschland
Prolit GmbH, Postfach 9,
D-35461 Fernwald (Annerod)
sowie alle Barsortimente

Schweiz
AVA-buch 2000
Postfach, CH-8910 Affoltern

Österreich
Mohr-Morawa Buchvertrieb GmbH
Sulzengasse 2, A-1230 Wien

Niederlande, Belgien
Willems Adventure, www.willemsadventure.nl

Wer im Buchhandel trotzdem kein Glück hat, bekommt unsere Bücher auch direkt über unseren **Büchershop im Internet: www.reise-know-how.de**

Wir freuen uns über Kritik, Kommentare und Verbesserungsvorschläge.

Alle Informationen in diesem Buch sind von der Autorin mit größter Sorgfalt gesammelt und vom Lektorat des Verlages gewissenhaft bearbeitet und überprüft worden.

Da inhaltliche und sachliche Fehler nicht ausgeschlossen werden können, erklärt der Verlag, dass alle Angaben im Sinne der Produkthaftung ohne Garantie erfolgen und dass Verlag wie Autorin keinerlei Verantwortung und Haftung für inhaltliche und sachliche Fehler übernehmen.

Die Nennung von Firmen und ihren Produkten und ihre Reihenfolge sind als Beispiel ohne Wertung gegenüber anderen anzusehen.
Qualitäts- und Quantitätsangaben sind rein subjektive Einschätzungen der Autorin und dienen keinesfalls der Bewerbung von Firmen oder Produkten.

Elfi H.M. Gilissen

Australien – das Auswanderer-Handbuch

001aa Foto: eg

Vorwort

Die Liebe zu Australien beginnt oftmals mit einem Urlaub Down Under. Nach der Rückkehr nach Deutschland will der „Katzenjammer", den man wohl nach jedem schönen Urlaub verspürt, einfach nicht weichen. Man will unbedingt wieder nach Australien. Körper und Geist sind betört von der Wärme der Sonne, dem Duft der australischen Flora, den Farben der Landschaft, der menschlichen Wärme der Australier, dem friedlichen Miteinander der verschiedenen Kulturen und vielem mehr. Die Gedanken kreisen ständig um den Fünften Kontinent und die Orte, die man dort besucht hat oder noch besuchen will. Ständig erzählt man von seinen Erlebnissen, und manche Freunde können es langsam nicht mehr hören. Man benimmt sich wie frisch verliebt!

In vielen größeren Städten Deutschlands finden sich solche „Betörten" zu sogenannten Australien-Stammtischen zusammen. Manche von ihnen sehnen sich aber nicht mehr nur nach dem nächsten Urlaub, sondern träumen gar vom Auswandern nach Australien. Doch längst nicht alle können diesen Traum wahr machen. Plant man diesen Schritt ernsthaft, sollte man genau prüfen, ob man für eines der möglichen Einwanderungsvisa überhaupt qualifiziert ist. In diesem Buch werden daher im ersten Kapitel die **„Wege zum Visum"** im Detail vorgestellt.

Die Zeiten, in denen man einfach sein Touristenvisum überziehen und irgendwo jobben konnte, um dann schließlich von Australien aus einen Antrag für eine Aufenthaltsgenehmigung zu stellen, sind längst vorbei. Nur wenige schaffen es, sich von Visum zu Visum zu hangeln, z.B. über Praktika und anschließende befristete Arbeitsvisa. Dies ist jedoch nur in wenigen Berufszweigen möglich. Schließlich muss das einstellende australische Unternehmen nachweisen, dass es keinen Australier gibt, der diese Arbeit ebenso qualifiziert ausführen könnte.

Die Voraussetzungen für ein Einwanderungsvisum zu erfüllen, ist gar nicht so einfach. Auf den Punkt gebracht, kann man sagen, dass Australien, abgesehen von Lebensgefährten eines australischen Staatsbürgers und Asyl Suchenden, nur noch junge, gesunde Menschen aufnimmt, die eine abgeschlossene Berufs- oder Hochschulausbildung sowie Berufserfahrung haben und obendrein gutes Englisch sprechen. Man sucht sich ganz gezielt leistungsstarke Einwohner, die zur australischen Wirtschaft positiv beitragen werden. Viele Leser werden somit schon nach der Lektüre des ersten Kapitels ihren Traum von einer Einwanderung nach Australien begraben müssen.

Im Kapitel **„Traumland Australien?"** verzichte ich auf eine allgemeine Darstellung des australischen Staates und seiner Bundesstaaten, da man diese in vielen anderen Publikationen nachlesen kann, die sich nicht speziell mit dem Thema „Auswanderung" beschäftigen. In diesem Kapitel werden hingegen typische Vorstellungen von Australien bzw. landestypische Eigenheiten aufgegriffen und mitunter kritisch beleuchtet, denn im Jahresbericht 2003 des Raphaels-Werkes hieß es treffend: „Wer beabsichtigt, auf Zeit oder Dauer ins Ausland zu gehen, trifft seine Entscheidung – unabhängig von seinen Motiven – nach den Vorstellungen, die er von seinem Zielland hat. Sie sollten gegenwartsnah und frei von Illusionen sein."

Im dritten Kapitel **„Die Entscheidung"** wird näher auf die Motivation zum Auswandern und die möglichen Konsequenzen eingegangen. Die räumliche Entfernung und der Kulturwechsel sind nun einmal nicht leicht zu bewältigen. Hier finden sich auch Informationen darüber, wo und wie man sich bereits zu Hause oder während eines Australienaufenthaltes gezielt über sein Traumland informieren und auf seine Auswanderung vorbereiten kann.

Für all diejenigen, die sich trotz allem sicher sind, den Schritt der Auswanderung nach Australien wagen zu wollen, bieten die nachfolgenden Kapitel nunmehr eine konkrete Hilfestellung bei der Vorbereitung und Ausführung dieses Unterfangens. Damit beginnt der „Papierkrieg" rund um die eigentliche Antragstellung, die im Kapitel **„Der Visumantrag"** so detailliert wie möglich geschildert wird. Ohne Visum schließlich keine Einwanderung!

Ist die Bewilligung des Visums (so gut wie) sicher, kann man in die nächste Phase durchstarten und mithilfe des Kapitels **„Verlassen der Heimat“** Schritt für Schritt einen Schlussstrich unter sein Leben in Deutschland ziehen und die Abreise nach Australien vorbereiten. Es ist dabei immer wieder überraschend, an wie viele Kleinigkeiten man denken muss, die bei einem Umzug innerhalb Deutschlands keine Rolle spielen.

Landet man schließlich zum ersten Mal mit seiner Aufenthaltsgenehmigung auf australischem Boden, muss man eine ebenso große Zahl an Dingen erledigen, damit man sein neues Leben dort auch tatsächlich beginnen kann. Diese Schritte sind im Kapitel **„Neuanfang in Australien“** geschildert. In der ersten Zeit nach Ankunft wird man alle Hände voll zu tun haben mit vielen praktischen Details der Einwanderung. Dies ist garantiert mit viel Stress verbunden, und man stößt vielleicht auf die ersten Widrigkeiten.

Damit man langfristig nicht zu leicht frustriert ist, gibt es im Kapitel **„Längerfristige Eingliederung“** auch spezielle Tipps, die dazu beitragen können, die Einwanderung auch auf Dauer erfolgreich zu gestalten.

In diesem Kapitel sind auch viele **Erfahrungen deutscher Migranten** in Australien verarbeitet worden, die den Sprung auf den Fünften Kontinent in den vergangenen zehn bis 15 Jahren gewagt haben. Neun von ihnen habe ich persönlich in ihrem neuen Zuhause in Australien besucht; ihre Auswanderungsgeschichten sind in den **Porträts** festgehalten, die in die Kapitel des Buches eingestreut wurden.

Wenn man sein Glück in Australien jedoch nicht dauerhaft wahrmachen konnte, hilft ein Blick in das kurze Kapitel **„Rückkehr nach Deutschland“**, wo man einige Tipps für die Rückwanderung findet. Das Kapitel gibt aber auch Hilfestellung bei der Entscheidung, ob eine Rückwanderung überhaupt die Lösung des Problems sein kann. Die Erfahrung von rückkehrenden Auswanderern zeigt oft, dass diese sich von Deutschland so sehr entfremdet haben, dass eine Rückkehr ins „alte Leben“ nicht so einfach ist.

Im **Anhang** werden schließlich eine Vielzahl an Publikationen, Filmen und Internetseiten empfohlen, die zusätzlich zu den in den vorangegangenen Buchkapiteln genannten Empfehlungen von Nutzen sein können.

Als Letztes möchte ich noch darauf hinweisen, dass sich dieses Buch ausschließlich an **Privatpersonen** wendet, die dauerhaft nach Australien auswandern wollen. Entsprechend werden hier keine Touristenvisa, Studentenvisa oder zeitlich befristeten Arbeitsvisa vorgestellt.

Elfi H.M. Gilissen

Danksagung/ Acknowledgements

I would like to thank a number of individuals/companies who have helped me greatly during the research phase of this book by responding to my numerous Oz-related questions (in alphabetical order): Roman Deauna of GLITF NSW, Steve Dicola, Giselher Dietrich, Diane Fricker, Michael Grimm of Panamerican Transport International S.A., G.K. Airfreight, Adam Harrison, Helgo Hübner, Corinna Kraus, Frank Lampert, Stefan Mummert, Luna Mareike Oestereich, Günter Pratz, Andrea Rosner-Piesch, Birgit Samsen of Marplan Forschungsgesellschaft mbH, Monika Schneid of Raphaels-Werk, Roland Schuller, Kirsten und Volker Stoldt, Andrew Tokmakoff, Victor Tokmakoff, the numerous participants of the forum at www.australien-info.de and its host Jörg Lenz, as well as the participants of the Yahoo group http://groups.yahoo.com/group/zweipaesse. I also would like to thank all the friends and family who kindly offered a roof over my head during the research trip in Australia for this book.

Traumkulisse für Auswanderer: Sydney mit seinem Wahrzeichen, dem Opera House von Jørn Utzon

002aa Foto: eg

Bitte an meine Leser

Bei Recherchebeginn für den vorliegenden Band befragte ich viele Auswanderer, welche Art von Buch sie sich zur Vorbereitung ihrer eigenen Auswanderung gewünscht hätten. Die Antwort darauf halten Sie heute in Händen – nämlich ein Buch, das so detailliert wie möglich auf alle Themengebiete rund um eine Aus- bzw. Einwanderung einzugehen versucht – von der ersten Idee über die Entscheidungsfindung, Antragstellung, das Verlassen Deutschlands, die Organisation des neuen Lebens in Australien bis hin zu Hilfestellung zur Problembewältigung.

Das Buch umfasst eine solche Vielzahl an Themenbereichen, dass die Recherche extrem aufwendig war und mich mehr als ein Jahr gekostet hat. Damit geht das Problem einher, dass sich zahlreiche **Details schnell ändern** können (und es sowohl in der Zeit der Erstrecherche als auch für die vorliegende Neuauflage getan haben). Es ist somit fast unmöglich, das Buch immer auf den neuesten Stand zu halten. Daher bin ich für zukünftige Auflagen auch sehr stark auf die **Mithilfe aller Leser und Kontakte in Australien** angewiesen. Ich habe dazu eigens die Yahoo-Gruppe **http://de.groups.yahoo.com/group/Australien-Auswanderer** ins Leben gerufen, in der Mitglieder ihre Erfahrungen untereinander austauschen können. Die Gruppe ist vor allem für die Leser meines Buches gedacht, kann aber selbstverständlich auch von anderen Teilnehmern genutzt werden, die etwas zum Thema beizutragen haben.

Darüber hinaus freue ich mich im Namen aller Leser sehr über E-Mails an die Adresse **elfisbooks@gmx.net** von Menschen, die selbst nach Australien ausgewandert sind (oder auswandern wollen) und ein paar Tipps an zukünftige Leser weitergeben möchten, oder wenn es ganz einfach etwas im Buch zu korrigieren gibt.

Postzuschriften können direkt an den Verlag gesendet werden: Reise Know-How Verlag, Stichwort „Australien – das Auswanderer-Handbuch, 2. Auflage", Postfach 14 06 66, D-33626 Bielefeld

Inhalt

Porträts

Die Entscheidung

Der Visumantrag

Verlassen der Heimat

Neuanfang in Australien

Exkurse und Info-Kästen

Längerfristige Eingliederung

Rückkehr nach Deutschland

Anhang

Karten

Hinweise zur Benutzung

Englische Begriffe

Im Fließtext wird immer dann der englische Fachbegriff verwendet, wenn die **deutsche Übersetzung zu lang und umständlich** ist und eher zu Verwirrung führen würde; also heißt es z.B. „Spouse Visa" statt „Visum für nicht-gleichgeschlechtliche Ehepartner und unverheiratete, nicht-gleichgeschlechtliche Lebensgefährten".

Darüber hinaus werden in diesem Buch die englischen Schreibweisen für **geografische Orte** in Australien verwendet, nicht die eingedeutschten Bezeichnungen wie z.B. „Südaustralien" für den Bundesstaat South Australia.

Adressen für weitere Informationen

In Australien werden **kaum noch Broschüren auf Papier** gedruckt. Alle australischen Behörden und Organisationen sind in den vergangenen zehn bis 15 Jahren dazu übergegangen, Papier- und Druckkosten zu senken, indem sie die Informationen kostenlos im Internet verbreiten und als **PDF** zum Download bereitstellen. In diesem Buch werden daher zahlreiche Internetseiten empfohlen, auf denen man weitere oder aktuelle Informationen zum genannten Thema finden kann. Diese stehen dann in der Regel natürlich nur in englischer Sprache zur Verfügung.

Internetlinks

Bei der Angabe von Internetlinks wurde meist auf die Nennung der kompletten URL verzichtet, stattdessen werden die **Themenbereiche** genannt, durch die man sich durchklicken muss bis zum gewünschten Dokument. Dies hat den Vorteil, dass wenn die URL aufgrund einer Websiteumgestaltung verändert wird, man mit den Namen der Themenbereiche oder aber über die Suchfunktion innerhalb der Website dennoch wieder zu dem gewünschten Dokument findet. Das erspart Lesern die Sucherei, die ich im Sommer 2006 hatte, als sowohl die DIAC (damals noch DIMIA) als auch die australische Botschaft ihre Websites neu gestalteten und die alten URLs nicht mit den neuen verlinkt hatten.

Schreibweise der Internetadressen

Im Buch aufgeführte Internetadressen, die über zwei Textzeilen verlaufen, sind nur dort mit einem **Bindestrich** geschrieben, wo dieser zur Adresse gehört.

Quellenangaben

Ich habe mich bemüht, im Text jeweils die neuesten statistischen Daten zu nennen. Zensusdaten in diesem Buch beziehen sich auf die letzte Volkszählung im Jahre 2006 sowie die vom Australian Bureau of Statistics errechneten Prognosedaten. Für alle Zahlen wird an der jeweiligen Textstelle auf die Quelle verwiesen.

Wird im Text eine Website zum Nachschlagen weiterer Informationen genannt, ist dies gleichzeitig als Hauptquellenangabe für die im Text in deutscher Sprache zusammengefassten Informationen zu verstehen.

Fußnoten

Quellenangaben zu statistischen Daten sowie weitere Erläuterungen sind mit **durchlaufenden hochgestellten Ziffern** im Fließtext gekennzeichnet und im **Anhang** dieses Buches aufgelistet.

Telefonnummern

In diesem Buch werden einige Telefonnummern in Australien aufgeführt. Damit man diese, aber auch die vielen Rufnummern auf den empfohlenen Internetseiten, richtig deuten kann, hier einige grundsätzliche Informationen zu den australischen Rufnummern:

Australische Telefonnummern sind **in der Regel achtstellig** und haben eine Vorwahl. Insgesamt gibt es in Australien nur **vier regionale Vorwahlen: (02)** für New South Wales und das Australian Capital Territory, **(03)** für Victoria und Tasmania, **(07)** für Queensland, **(08)** für South Australia, das Northern Territory und Western Australia.

Die **Landesvorwahl** für Australien lautet **0061.** Ruft man aus dem Ausland an, wird die 0 der regionalen Vorwahl (⇨ oben) weggelassen.

Darüber hinaus gibt es **zehnstellige Rufnummern, die mit 1800 anfangen.** Diese sind kostenlos, wenn man sie von einem Festnetzanschluss in Australien anruft, und werden zum Ortstarif abgerechnet, wenn man sie von einem öffentlichen Telefon anruft. **Sechsstellige Nummern mit einer 13** oder **zehnstellige Nummern mit 1300** am Anfang werden zum Ortstarif abgerechnet (allerdings nicht, wenn man sie vom Mobiltelefon anruft). Manche 1300er- und 1800er-Nummern funktionieren nur außerhalb der jeweiligen Hauptstadt der Bundesstaaten und Territorien.

Geschlechter

In Anlehnung an die unkompliziertere englische Sprache habe ich zugunsten des Leseflusses in den meisten Fällen darauf **verzichtet, explizit beide Geschlechter zu verwenden,** z.B. bei Personenbezeichnungen wie „Lebensgefährte“ oder „Partner“. Diese sind daher nicht als ausschließlich für männliche Personen geltend zu interpretieren, sondern umfassen natürlich ebenso weibliche Personen.

Währungsangaben

Bei allen Währungsangaben in $ sind immer **australische Dollar** gemeint (Wechselkurs bei Drucklegung: 1 $ = 0,60 €).

Kapitelverweise

Viele Themen werden in den sieben Großkapiteln unter verschiedenen Aspekten vorgestellt. Auf **ergänzende und vertiefende Informationen** wird im Text mit einem Pfeil (⇨) sowie einem kompletten „Kapitelpfad“ (Großkapitel, Unterkapitel etc.) verwiesen.

003aa Foto: eg

Wege zum Visum

In diesem Kapitel erfährt man alles darüber, unter welchen Voraussetzungen man welches Visum beantragen kann. Die wichtigsten Grundbegriffe werden erläutert und die beiden wichtigsten Bewilligungsgründe – berufliche Qualifikation und Partnerschaft bzw. Familienangehörigkeit – beschrieben. Die Berufe, mit denen man derzeit als Migrant in Australien die besten Chancen hat, werden aufgelistet, zuständige Behörden und Infostellen genannt. Weitere Themen: Das Punktesystem, Englischkenntnisse, Quereinstieg, Fördermöglichkeiten.

Ohne Visum keine Einwanderung!

Übersicht

Dieses Kapitel soll einen detaillierten Überblick darüber verschaffen, welche Möglichkeiten Deutsche zur Einwanderung nach Australien im Jahr 2009 und wohl in der nahen Zukunft weiterhin haben werden.

Es gibt derzeit im Wesentlichen **zwei Möglichkeiten** für Deutsche, nach Australien einzuwandern: **als Fachkraft oder zur Familienzusammenführung.** Für das Planungsjahr 2008/09[1] hat Australien laut der Einwanderungsbehörde DIAC **190.300 Migrationsplätze** zu besetzen (2004/05 waren es nur 120.000, 2006/07 hingegen 134.000 bis 144.000), davon 133.500 für Fachkräfte, 56.500 für Familienzusammenführungen und 300 für Sonderfälle. Zusätzlich gibt es 13.500 Plätze für Migranten aus humanitären Gründen, was natürlich nicht auf Deutsche zutrifft (zuvor 13.000)[2]. Zwischen 1994 und 2005 wanderten durchschnittlich 795 Deutsche pro Jahr nach Australien ein, 2007/08 waren es 1314 Deutsche[3].

Im Übrigen ist die Einwanderung nach Australien **nicht nur etwas für Singles und Kinderlose.** Man kann einen Einwanderungsantrag auch als „Familieneinheit" stellen; er gilt dann auch für Ehepartner oder feste Lebensgefährten sowie für Kinder des Antragstellers oder des mit einwandernden Partners. Bei der Einwanderung als Fachkraft werden jedoch gleichgeschlechtliche Lebensgemeinschaften nicht anerkannt, anders als bei der Partnereinwanderung (⇨ „Wege zum Visum, Einwandern aus Liebe").

Alle in diesem Buch detailliert vorgestellten Visumarten verleihen dem Migranten ein Aufenthaltsrecht für Australien, welches gleichzeitig eine Arbeitsgenehmigung beinhaltet. Dennoch sind die meisten **Visa zeitlich befristet** *(Temporary Residency Visa).* Das unbefristete Aufenthaltsrecht in Australien hat man erst mit Erhalt der **Daueraufenthaltsgenehmigung** *(Permanent Residency Visa),* die man nach Ablauf einer festgelegten Frist wiederum beantragen muss. Wann dies jeweils möglich ist, wird in den entsprechenden Kapiteln aufgeführt.

Wichtiger Hinweis: Für alle Einwanderungsarten können sich die detaillierten Bestimmungen der australischen Einwanderungsbehörde jederzeit ändern. Dieses Kapitel dient somit nur zur **allgemeinen Vorinformation,** die derzeit gültigen Bestimmungen findet man auf der englischsprachigen Website der DIAC unter www.immi.gov.au/immigration.htm.

Grundbegriffe

Damit die Ausführungen zu den einzelnen Einwanderungsarten nicht allzu sehr wie Fachchinesisch wirken, habe ich mich bemüht, die Informationen möglichst leicht verständlich in deutscher Sprache wiederzugeben. Ein paar Fachbegriffe, deren Abkürzungen im weiteren Text öfter auftauchen, möchte ich hier einleitend erläutern:

- **DIAC (Department of Immigration and Citizenship):** Behörde für Einwanderung und Staatsangehörigkeit, für alle Einwanderungsanträge zuständig. Sie hat in Europa eine Zweigstelle in der Australischen Botschaft in Berlin, wo man sich informieren kann und letztlich auch den Antrag stellt. [Ab November 2001 nannte sich die Behörde DIMIA (Department of Immigration and Multicultural and Indigenous Affairs) und kümmerte sich auch um die Belange der indigenen Bevölkerung Australiens. Im Januar 2006 wurde die Betreuung der Belange der indigenen Bevölkerung dem Familienministerium übertragen und die Einwanderungsbehörde nannte sich nunmehr DIMA (Department of Immigration and Multicultural Affairs). Seit Januar 2007 nennt sich die Behörde DIAC (s.o.).]
- **ENSOL (Employer Nomination Scheme Occupation List):** Liste mit Berufsfeldern, bei denen die Einwanderung durch einen australischen Arbeitgeber unterstützt wird
- **MODL (Migration Occupations in Demand List):** Liste der Berufsfelder, für die man in Australien am dringendsten Fachkräfte sucht (oberste Priorität)
- **Partner Migration:** Einwanderung als nicht-gleichgeschlechtlicher Ehepartner, unverheirateter Lebensgefährte oder gleichgeschlechtlicher Lebensgefährte
- **Skilled Migration:** Einwanderung als qualifizierte Fachkraft
- **SOL (Skilled Occupation List):** Liste mit Berufsfeldern, für die Fachkräfte in Australien gesucht werden
- **Sponsor:** in Australien lebende Person mit australischer Staatsbürgerschaft, Daueraufenthaltsrecht oder ein entsprechend berechtigter neuseeländischer Staatsbürger, der die Bürgschaftsverpflichtungen für die Einwanderung des deutschen Antragstellers übernimmt. Ein als Sponsor berechtigter neuseeländischer Staatsbürger muss selbst seit einiger Zeit in Australien leben, Grundbesitz oder Arbeit dort haben und vorhaben, dauerhaft dort zu bleiben. Er muss auch einen Gesundheitscheck über sich ergehen lassen und ein polizeiliches Führungszeugnis vorlegen, um den Status als Sponsor zu erlangen.

Einwandern als Fachkraft

Die australische Wirtschaft boomt, und das Land hat nicht genügend qualifizierte Fachkräfte (⇨„Traumland Australien?, Boomende Wirtschaft“). Daher nutzt es gezielt seine Einwanderungsprogramme, um die Lücken auf dem australischen Arbeitsmarkt mit Migranten zu schließen. Mit einer Quote von 71.240 vergebenen Plätzen im Jahr 2003/04, 77.880 Plätzen 2004/05, 97.340 Plätzen 2005/06, 97.920 Plätzen 2006/07 und 108.500 geplanten Plätzen im Jahr 2007/08 stellen die Visa für qualifizierte Fachkräfte den Löwenanteil der jährlichen Migrantenquoten [4].

Die seit 2003/04 **zusätzlich hinzugekommenen rund 37.000 Plätze** innerhalb der **Skilled Migration** sind insbesondere für Antragsteller mit Arbeitgeberunterstützung, mit Unterstützung von Bundesstaaten oder Territorien sowie für solche Antragsteller gedacht, deren berufliche Qualifikation auf der MODL-Liste steht [5].

Im Jahr 2007/08 folgten **346 Deutsche** diesem Aufruf und wanderten mit einem *Skilled - Independent Visa* nach Australien ein [6].

In diesem Kapitel werden nur die Einwanderungsmöglichkeiten **für in Deutschland wohnhafte Personen** erklärt. Wer derzeit in Australien studiert, eine Ausbildung macht oder mit einem Working-Holiday-Visum unterwegs ist und gern ganz in Australien bleiben möchte, sollte im Kapitel „Wege zum Visum, Quereinsteiger" weiterlesen.

Grundbedingungen

Will man mit einem *Skilled - Independent (Migrant) Visa (Subclass 175), Skilled - Sponsored (Migrant) Visa (Subclass 176)* oder *Skilled - Regional Sponsored (Provisional) Visa (Subclass 475)* in Australien einwandern, muss man zunächst die folgenden **fünf Grundbedingungen erfüllen:**

- **Alter:** Man muss bei Antragstellung mindestens 18, aber weniger als 45 Jahre alt sein.
- **Beruf:** Man muss eine berufliche Qualifikation haben, die auf der SOL-Berufsliste für gesuchte Fachkräfte steht. Man kann sich nur mit *einem* Beruf bewerben, auch wenn man zwei oder mehrere abgeschlossene Ausbildungen vorweisen kann.
- **Berufsanerkennung nach australischen Standards:** Die zuständige australische Institution muss die berufliche Qualifikation des Antragstellers bewerten. Anerkannt werden nur Berufe, denen der Abschluss eines entsprechenden Studiums oder einer Berufsausbildung zugrunde liegt. Nur für den seltenen Fall, dass man einen Beruf ausübt, in dem langjährige Erfahrung anstelle einer Ausbildung anerkannt werden kann, hat man ohne Studium oder Berufsausbildung eine Chance.
- **Berufserfahrung:** Man muss aktuelle Erfahrung in dem Berufsfeld nachweisen können, mit dem man sich bewerben will (d.h. als derzeit Arbeitsloser hat man keine Chance).
- **Englischkenntnisse:** Man muss seine Englischkenntnisse durch einen IELTS-Test *(International English Language Testing System)* in den vier Bereichen Sprechen, Lesen, Verstehen und Schreiben belegen. Je nach Visum bzw. Berufszweig muss man eine unterschiedlich hohe Punktzahl erreichen. Einen IELTS-Englischtest muss man nur dann nicht ablegen, wenn man als Teil der Berufsanerkennung einen „Berufsenglischtest" *(Occupational English Test)* bestanden hat.

Punktesystem

Als nächsten Schritt sollte man versuchsweise den **Punktetest** *(Points Test)* für die gewünschte Visumart durchführen. Viele Menschen wollen nach Australien auswandern, aber nicht jeder entspricht dem von der australischen Regierung gewünschten Einwandererprofil. Damit die DIAC nicht stapelweise Visumanträge bekommt, die ohnehin keine Chance auf Bewilligung haben, soll man seine Chancen vorab selbst prüfen. Die **benötigte Bewilligungspunktezahl** *(Pass Mark)* lag 2008 je nach konkretem Visum bei 100 oder 120 Punkten. In der SOL-Berufsliste aufgeführte berufliche Qualifikationen liefern jeweils 40, 50 oder 60 Punkte. Die restlichen 50–80 Punkte muss man in den nachfolgenden Bereichen sammeln:

- **Alter:** Die Punkte werden wie folgt vergeben: 18–29 Jahre = 30 Punkte, 30–34 Jahre = 25 Punkte, 35–39 Jahre = 20 Punkte, 40–44 Jahre = 15 Punkte.
- **Englischkenntnisse:** Für „sachkundigen" Sprachgebrauch *(Proficient English)* muss

man im IELTS-Englischtest mindestens die Durchschnittsnote 7 in jedem der vier Bereiche Sprechen, Lesen, Schreiben und Verstehen oder aber mindestens die Note B in jedem der vier Bereiche des „Berufsenglischtests" *(Occupational English Test)* erreichen (= 25 Punkte). Für „kompetenten" Sprachgebrauch *(Competent English)* muss man englischer Muttersprachler sein (gültiger Reisepass von Großbritannien, Kanada, Neuseeland, USA oder der Republik Irland muss vorgelegt werden können) oder im IELTS-Englischtest die Note 6 in jedem der vier Bereiche erreichen (= 15 Punkte). Für „berufsspezifisches Englisch" *(Vocational English)* muss man einen Handwerksberuf ausüben und englischer Muttersprachler sein (gültiger Reisepass von Großbritannien, Kanada, Neuseeland, USA oder der Republik Irland muss vorgelegt werden können) oder man braucht die Note 5 in jedem der vier Bereiche (= 15 Punkte).

Beim *Skilled – Regional Sponsored (Provisional) Visa (Subclass 475)* und *Skilled – Regional Sponsored (Provisional) Visa (Subclass 487)* gibt es überdies die Kategorie „genehmigter kompetenter" Sprachgebrauch *(Concessional Competent English)*, wofür man im IELTS-Englischtest die Note 5,5 in jedem der vier Bereiche Sprechen, Lesen, Schreiben und Verstehen erreichen muss (= 15 Punkte). Darüber hinaus muss man sich in dem Bundesstaat bzw. Territorium, in welchem man sich niederlassen wird, für einen weiterführenden Englischkurs eingeschrieben haben.

- **Spezifische Berufserfahrung:** Ist das Berufsfeld, mit dem man sich bewirbt, auf der SOL-Liste mit 60 Punkten notiert, bekommt man zusätzliche 10 Punkte, wenn man in diesem oder einem nahe anverwandten Berufsfeld innerhalb der letzten vier Jahre vor Antragstellung mindestens drei Jahre für mindestens 20 Stunden die Woche gegen Entlohnung gearbeitet hat. Nur zusätzliche 5 Punkte bekommt man, wenn man in irgendeinem anderen Berufsfeld auf der SOL-Liste innerhalb der letzten vier Jahre vor Antragstellung mindestens drei Jahre für mindestens 20 Stunden die Woche gegen Entlohnung gearbeitet hat.
- **Berufserfahrung in Australien:** Hat man mindestens 20 Wochenstunden für mindestens ein Jahr in den vier Jahren vor Antragstellung in Australien in einem SOL-Berufsfeld, in dem man sich jetzt bewirbt gegen Bezahlung gearbeitet, bekommt man 10 Punkte. Man bekommt ebenfalls 10 Punkte, wenn man in den zwei Jahren unmittelbar vor Antragstellung ein anerkanntes „Professional Year" in Australien absolviert hat.
- **Gefragter Beruf oder Arbeitsplatzangebot:** Für Berufe, die auf der MODL-Liste stehen, bekommt man 20 Punkte, wenn man mindestens ein Jahr binnen vier Jahren vor Antragsstellung in diesem oder einen nahe anverwandten Beruf gearbeitet hat und ein Vollzeit-Arbeitsplatzangebot von einer australischen Firma in diesem Berufsfeld hat (diese muss seit 24 Monaten mehr als zehn Mitarbeiter beschäftigt haben). Nur 15 Punkte gibt es, wenn der Beruf auf der MODL-Liste steht und man mindestens ein Jahr binnen vier Jahren vor Antragsstellung in diesem oder einem nahe anverwandten Beruf gearbeitet hat, man aber kein Arbeitsplatzangebot vorweisen kann.
- **Australische Qualifikationen:** Erfüllt man eine der folgenden drei Bedingungen, bekommt man:

25 Punkte für einen in Australien erworbenen Doktortitel nach mindestens zweijährigem Studium in Australien;

15 Punkte für einen in Australien erworbenen Masters- oder Honours-Abschluss, wobei man zuvor einen Bachelor-Abschluss in Australien erworben haben muss (man muss mindestens je ein einjähriges Studium für jeden Abschluss in Australien absolviert haben);

15 Punkte für einen in Australien erworbenen Bachelor-Abschluss (man muss mindestens drei Jahre in Australien studiert haben);

5 Punkte für alle Arten von Abschlüssen nach mindestens zwei Jahren akademischen Studiums in Australien.

- **Studium und Wohnort „im ländlichen Australien":** Hat man mindestens zwei Jahre Vollzeit an einem australischen Campus in einer geringer bevölkerten Region studiert und einen akademischen Titel erworben oder eine Handwerksausbildung abgeschlossen, bekommt man zusätzlich 5 Punkte. Der Campus darf jedoch nicht in Sydney, Newcastle,

Hitliste der Berufe

Wer annimmt, alle Grundbedingungen für ein *Skilled Migration Visa* zu erfüllen, sollte einen Blick auf die Listen mit den Berufen werfen, für die man Fachkräfte sucht. Ich habe dabei die einzelnen Berufe zur besseren Übersicht in **Themenkategorien** zusammengefasst, damit man nur die eventuell auf sich zutreffenden Sparten durchlesen muss.

Auf eine **Übersetzung der Berufsfelder ins Deutsche** habe ich verzichtet, weil dies in vielen Fällen nicht eins zu eins möglich ist. So fallen verschiedene Berufsbezeichnungen im Deutschen oft unter einen englischen Begriff, oder es gibt für bestimmte englische Berufsbezeichnungen gar keine eindeutige deutsche Entsprechung. Zur Klärung, welches Arbeitsfeld genau hinter einer englischen Berufsbezeichnung steckt, kann man den **ASCO-Berufscode** *(Australian Standard Classification of Occupations)* auf der SOL-, ENSOL- und MODL-Liste nachschlagen und diesen dann auf der Internetseite des Australian Bureau of Statistics (www.abs.gov.au) eingeben. Dort bekommt man dann eine genaue Definition des Berufes.

Da sich die **Listen ständig ändern** können, sollte man sich ohnehin immer die aktuellste Version im Internet unter www.immi.gov.au (Suchbegriffe „SOL" und auch „MODL" eingeben) anschauen. Auf der SOL-Liste stehen auch ENSOL-Berufe, doch gibt es zwischen den zwei Listen nur „Schnittmengen". Die Einzelheiten sind den jeweiligen Listen zu entnehmen. Die derzeit auf der **MODL-Liste** stehenden Berufe wurden hier jedoch **unterstrichen.**

Im Kapitel „Der Visumantrag, Erfordernisse und Dokumente" gibt es ausführliche Informationen zur Anerkennung der beruflichen Qualifikationen.

- **Agrar-, Viehwirtschaft und Fischerei**
Agricultural Adviser, Agricultural Engineer, Agricultural Scientist, Agricultural Technical Officer, Environmental and Agricultural Science Professional, Master Fisher

- **Akademische Berufe, Wissenschaftler, kirchliche Berufe**
Historian, Life Science Technical Officer, Life Scientist, Marine Biologist, Mathematician, Medical Scientist, Meteorologist, Minister of Religion, Natural Science Professional, Physical Science Professional, Physicist, Soil Scientist, Zoologist

- **Bauwesen und (Innen-)Architektur**
<u>Architect</u>, <u>Bricklayer</u>, Bricklayer Supervisor, Building and Engineering Professionals, Building Associate, Building Inspector, Building Surveyor, <u>Civil Engineer</u>, Civil Engineering Associate, Civil Engineering Technologist, Civil Engineering Technician, Construction Project Manager, <u>Fibrous Plasterer</u>, Fibrous Plasterer Supervisor, Interior Decorator, Interior Designer, <u>Painter and Decorator</u>, Painter and Decorator Supervisor, <u>Quantity Surveyor</u>, Surveying and Cartographic Associate, <u>Solid Plasterer</u>, Solid Plasterer Supervisor, <u>Surveyor</u>, <u>Wall and Floor Tiler</u>, Wall and Floor Tiler and Stonemason Supervisor

- **Bekleidungs-, Schmuckindustrie, Styling**
Apparel Cutter, Dressmaker, Fashion Designer, Gem Cutter and Polisher, General Clothing Tradesperson, <u>Hairdresser</u>, Hairdresser Supervisor, Jeweller, Make Up Artist, Pattern Maker-Grader (Clothing), Shoemaker, Tailor, Textile, Clothing or Footwear Mechanic

- **Bergbau, Energie- und Materialtechnik**
Commodities Trader, Chemical Plant Operator, Driller, Drillers Supervisor, Earth Science Technical Officer, Extractive Metallurgist, <u>Gasfitter</u>, Geologist, Geophysicist, Materials Engineer, Materials Scientist, Mine Deputy, <u>Mining Engineer (excluding Petroleum)</u>, Petroleum and Gas Plant Operator, <u>Petroleum Engineer</u>, Primary Products Inspector, Production Manager (Mining)

- **Chemie, Biochemie und Pharmazie**
Biochemist, Biomedical Engineer, Biomedical Engineering Associate, <u>Chemical Engineer</u>, Chemist, Chemistry Technical Officer, <u>Hospital Pharmacist</u>, Industrial Pharmacist, Laboratory Manager, <u>Retail Pharmacist</u>

- **Elektrotechnik**
Electrical Distribution Tradesperson Supervisor, <u>Electrical Engineer</u>, Electrical Enginee-

ring Associate, Electrical Engineering Technician, Electrician (Special Class), Electrician Supervisor, Electronic Engineering Associate, Electronic Engineering Technician, Electronic Equipment Tradesperson, Electronic and Office Equipment Tradesperson Supervisor, Electronic Instrument Tradesperson (Special Class), Electronic Instrument Tradesperson Supervisor, Electrical Powerline Tradesperson, Electronics Engineer, Electronics Engineering Technologist, Electroplater, General Electrician, General Electronic Instrument Tradesperson, Power Generation Plant Operator, Power Generation Plant Operators Supervisor

- **Fahrzeugindustrie**

Automotive Electrician, Automotive Electrician Supervisor, Motor Mechanic, Motor Mechanic Supervisor, Panel Beater, Panel Beater Supervisor, Vehicle Body Maker, Vehicle Body Maker Supervisor, Vehicle Painter, Vehicle Painter Supervisor, Vehicle Trimmer, Vehicle Trimmer Supervisor

- **Flugzeugindustrie und Flugwesen**

Aeronautical Engineer, Aircraft Safety Equipment Worker, Air Traffic Controller, Aircraft Maintenance Engineer (Avionics), Aircraft Maintenance Engineer (Mechanical), Aircraft Maintenance Engineer (Structures), Aircraft Maintenance Engineers Supervisor, Flight Engineer, Flight Service Officer, Flying Instructor, Pilot

- **Glas-, Möbel- und Holzbearbeitung**

Cabinetmaker, Cabinetmaker Supervisor, Carpenter, Carpenter and Joiner, Carpentry and Joinery Trades Person Supervisor, Flat Glass Tradesperson, Floor Finisher, Floor Finisher Supervisor, Furniture Finisher, Furniture Upholsterer, Glass Blower, Joiner, Picture Framer, Miller, Upholsterer and Bedding Tradesperson, Wood Machinist (A-Grade), Wood Tradespersons, Wood Turner

- **Handel, Verkauf, Herstellung, Marketing**

Exporter, Importer, Manufacturer, Marketing Specialist, Production Manager (Manufacturing), Sales and Marketing Manager, Sales Representative (Industrial Products), Sales Representative (Information and Communication Products), Sales Representative (Medical and Pharmaceutical Products), Supply and Distribution Manager, Technical Sales Representative, Wholesaler

- **Immobilienbranche**

Property Manager, Real Estate Agency Manager, Real Estate Salesperson

- **IT-Berufe und EDV**

Applications and Analyst Programmer, Computing Professional, Applications and Analyst Programmer, Computer Systems Auditor, Computing Professional (specialising in CISSP, C++/C#/C, Data Warehousing, Java, J2EE, Linux, Net Technologies, Network Security/Firewall/Internet Security, Oracle, PeopleSoft, SAP, SIEBEL, Solaris, Unix), Software Designer, Systems Designer, Systems Manager, Systems Programmer, Computer Systems Auditor, Computing Support Technician, Information Technology Manager, Software Designer

- **Künstlerische Berufe**

Art Director (Film, Television or Stage), Art Gallery Technician, Art Teacher, Ceramic Artist, Artistic Director, Choreographer, Composer, Dance Teacher, Dancer, Drama Teacher, Gallery Curator, Graphic Designer, Illustrator, Instrumental Musician, Museum Curator, Museum Technician, Music Director, Music Teacher, Painter (Visual Arts), Photographer, Piano Tuner, Sculptor, Singer, Visual Arts and Crafts Professional

- **Lebensmittelindustrie und -handwerk**

Baker, (Baker and Pastry Cook) Supervisor, Butcher, Buttermaker, Cheesemaker, Chef (excluding Commis Chef), Confectioner, Cook, Dietitian, Head Chef, Meat Tradesperson Supervisor, Oenologist, Pastry Cook, Slaughterperson

- **Medizinische Berufe**

Acupuncturist, Anatomist, Anaesthetist, Audiologist, Chiropractor, Clinical Psychologist, Dental Specialist, Dentist, Dermatologist, Educational Psychologist, Emergency Medicine Specialist, General Medical Practitioner, Gynaecologist, Naturopath, Obstetrician, Ophthalmologist, Organisational Psychologist, Orthoptist, Osteopath, Paediatrician, Pathologist, Physiologist, Podiatrist, Psychia-

trist, Psychologist, Radiologist, Specialist Physician, Speech Pathologist, Surgeon, Veterinarian

- **Medizinisch-technische Berufe**

Dental Hygienist, Dental Technician, Dental Therapist, Medical Diagnostic Radiographer, Medical Grade Shoemaker, Medical Laboratory Officer, Optical Mechanic, Optometrist, Orthotist, Nuclear Medicine Technologist, Radiation Therapist, Sonographer

- **Metallbearbeitung und -verarbeitung**

Blacksmith, Engraver, Farrier, Fitter, Forging Tradesperson Supervisor, Gunsmith, Metal Casting Tradesperson, Metal Casting Tradesperson Supervisor, Metal Fabricator (Boilermaker), Metal Finishing Tradesperson Supervisor, Metal Fitter and Machinist Supervisor, Metal Machinist (FIrst Class), Metal Polisher, Metallurgical and Materials Technician, Physical Metallurgist, Precision Instrument Maker and Repairer, Precision Metal Tradesperson Supervisor, Pressure Welder, Sheetmetal Worker (First Class), Sheetmetal Tradesperson Supervisor, Structural Steel and Welding Tradesperson Supervisor, Welder (First Class)

- **Pädagogische Berufe**

Child Care Coordinator, Education Manager, Education Officer, English as Second Language Teacher, Extra-systemic Teacher, Faculty Head, Pre-Primary School Teacher, Primary School Teacher, Regional Education Manager, School Principal, Secondary School Teacher, Special Education Teacher, Special Needs Teacher, Student Counsellor, Teacher of the Hearing Impaired, Teacher of the Sight Impaired, University Lecturer, University Tutor, Vocational Education Teacher (non-trades), Vocational Education Teacher (trades)

- **Pflegeberufe**

Ambulance Officer, Director of Nursing, Disabilities Services Officer, Intensive Care Ambulance Paramedic, Massage Therapist, Nurse Educator, Nurse Manager, Nurse Researcher, Occupational Therapist, Physiotherapist, Registered Developmental Disability Nurse, Registered Mental Health Nurse, Registered Midwife, Registered Nurse, Rehabilitation Counsellor, Residential Care Officer

- **Printmedien, Buchdruck, Sprachen**

Archivist, Advertising Specialist, Book Editor, Cartographer, Copywriter, Director of Photography, Editor, Graphic Pre-Press Tradesperson, Journalist, Librarian, Library Technician, Media Producer, Printing Machinist, Print Journalist, Screen Printer, Small Offset Printer, Technical Writer, Translator

- **Rechtspflege, Polizei, Feuerwehr und Militär**

Barrister, Commissioned Defence Force Officer, Commissioned Fire Officer, Commissioned Police Officer, Intelligence Officer, Legal Professional, Parole Officer, Patents Examiner, Probation Officer, Senior Non-Commissioned Defence Force Officer, Solicitor

- **Schiffsbau, Seefahrt**

Boat Builder and Repairer, Naval Architect, Ship's Engineer, Ship's Master, Ship's Officer, Ship's Surveyor, Shipwright

- **Soziale und beratende Berufe**

Aboriginal and Torres Strait Islander Health Worker, Careers Counsellor, Community Worker, Counsellor, Drug and Alcohol Counsellor, Environmental Health Officer, Family Counsellor, Family Support Worker, Health Information Manager, Occupational Health and Safety Officer, Social Professional, Social Worker, Welfare Centre Manager, Welfare Worker, Youth Worker

- **Sport und Freizeit**

Gymnastics Coach, Horseriding Coach, Horse Trainer, Jockey, Other Sports Coach, Recreation Officer, Sports Development Officers, Sports Administrator, Swimming Coach, Tennis Coach

- **Technische und handwerkliche Berufe**

Binder and Finisher, Business Machine Mechanic, Cable Jointer, Canvas Goods Maker, Drainer, Engineering Associate Professional, Engineering Manager, Engineering Technologist, Florist, General Fabrication Engineering Tradesperson, General Fabrication Engineering Tradesperson Supervisor, General Mechanical Engineering Tradesperson, General Mechanical Engineering Tradesperson Supervisor, General Plumber, Industrial Designer,

Industrial Engineer, Leather Goods Maker, Lift Mechanic, Light Technician, Locksmith, Mechanical Engineer, Mechanical Engineering Associate, Mechanical Engineering Technician, Mechanical Engineering Technologist, Mechanical Services and Air-Conditioning Plumber, Plumber Supervisor, Plumbing Engineering Associate, Plumbing Inspector, Potter, Production Engineer, Refrigeration and Air-Conditioning Mechanic, Refrigeration and Air-Conditioning Mechanic Supervisor, Roof Plumber, Roof Slater and Tiler, Roof Slater and Tiler Supervisor, Safety Inspector, Sail Maker, Saw Maker and Repairer, Signwriter, Signwriter Supervisor, Smallgoods Maker, Stonemason, Toolmaker, Toolmaker Supervisor, Watch and Clock Maker and Repairer

- **Telekommunikation**

Business and Information Professional, Communications Linesperson, Communications Tradesperson Supervisor, General Communications Tradesperson

- **TV und Radio**

Camera Operator (Film, Television or Video), Broadcast Transmitter Operator, Director (Film, Television, Radio oder *Stage), Program Director (Radio, Television), Radio, Film and Video Editor, Radio Journalist, Radio Presenter, Script Editor, Sound Technician, Stage Manager, Television Equipment Operator, Television Journalist, Television Presenter*

- **Umwelt- und Landschaftspflege**

Botanist, Environment, Parks and Land Care Manager, Environmental and Agricultural Science Professional, Environmental Research Scientist, Forester, General Gardener, Greenkeeper, Head Gardener, Landscape Architect, Landscape Gardener, Nursery Person, Park Ranger, Tree Surgeon, Conservator, Urban and Regional Planner

- **Versicherung und Finanzen**

Accountant, Accountant (Corporate Treasurer), Accountant (Internal Auditor), Accountant (External Auditor), Actuary, Auditor, Broker, Corporate Treasurer, Economist, Finance Manager, Financial Dealer, Financial Institution Branch Manager, Financial Investment Adviser, Financial Market Dealer, Futures Trader, Insurance Broker, Land Economist, Management Consultant, Market Research Analyst, Statistician, Stockbroking Dealer, Valuer

- **Verwaltung, Geschäftsführung, Management**

Company Secretary, Electorate Officer, General Manager, Hotel/Motel Manager (Degree/Diploma Level), Human Resource Manager, Industrial Relations Officer, Interpreter, Medical Administrator, Office Manager, Organisation and Methods Analyst, Personnel Consultant, Personnel Officer, Policy and Planning Manager, Policy Analyst, Project/ Program Administrator, Project Builder, Public Relations Officer, Quality Assurance Manager, Records Manager, Research and Development Manager, Technical Director

Berufsbezeichnungen

Die üblichen englisch-deutschen Wörterbücher führen in der Regel nur wenige englische Berufsbezeichnungen auf. Folgende Internetseiten können bei der Entschlüsselung der Fachbegriffe behilflich sein:

- **www.dict.cc** – ein kostenloses englisch-deutsches Wörterbuch, das von Benutzern ständig ergänzt wird
- **http://dict.leo.org** – ein kostenloses englisch-deutsches Wörterbuch von der Informatikabteilung der Technischen Universität München
- **www.macquariedictionary.com.au** – ein preiswertes Wörterbuch für australisches Englisch, in dem australische Begriffe auf Englisch erläutert werden (ab 18,95 $ pro Jahr

Wollongong, Central Coast (alle NSW), Brisbane, Gold Coast (alle QLD), Perth (WA), Melbourne (VIC) oder im Australian Capital Territory liegen.

- **Qualifikationen des Partners:** Wenn der mit einwandernde Partner die oben genannten Grundbedingungen hinsichtlich Alter, Englischkenntnissen, Berufsqualifikationen, nominiertem Beruf (mit Berufsanerkennung nach australischen Standards) und Berufserfahrung für eines der *Skilled Migration Visa* erfüllt, bekommt man 5 Punkte.
- **Fremdsprachenabschluss:** Man bekommt 5 Punkte für einen Übersetzer- bzw. Dolmetscherabschluss in einer Fremdsprache, die in Australien gesprochen wird (55 Sprachen stehen auf der Liste, darunter auch Deutsch).
- **Nominierung durch Bundesstaat bzw. Territorium:** Man bekommt beim *Skilled – Sponsored (Migrant) Visa (Subclass 176)* und *Skilled – Regional Sponsored (Provisional) Visa (Subclass 475)* 10 Punkte, wenn man eine Nominierung durch einen Bundesstaat oder ein Territorium zur Einwanderung erhalten hat.

Wenn man die Bewilligungspunktzahl nicht erreicht, aber mindestens die **Reservistenpunktzahl** *(Pool Mark)* von 100 bei einem Antrag auf ein *Skilled – Independent (Migrant) Visa (Subclass 175)* oder 80 bei einem Antrag auf ein *Skilled – Sponsored (Migrant) Visa (Subclass 176)* zusammenbekommt, wird der Visumantrag für zwei Jahre in Reserve gehalten. Wird in den zwei Jahren die benötigte Bewilligungspunktzahl gesenkt und erfüllt man dadurch die Anforderungen, wird der Antrag dieser „Reservisten" geprüft. Hat man jedoch mindestens 100 Punkte, kann man versuchen, regionale Unterstützung durch einen Bundesstaat oder Territorium über ein *Skilled – Sponsored (Migrant) Visa (Subclass 176)* oder ein *Skilled – Regional Sponsored (Provisional) Visa (Subclass 475)* zu erlangen (siehe unten). Auf den Internetseiten für die drei *Skilled Visa* kann man unter „Eligibility, Main Applicant" jeweils durchspielen, auf wie viele Punkte man für das jeweilige Visum im Test kommen würde. Wenn man für das *Skilled – Independent (Migrant) Visa (Subclass 175)* bzw. das *Skilled – Sponsored (Migrant) Visa (Subclass 176)* nicht einmal die Reservistenpunktzahl erreicht, kann man sich die Einwanderung als Fachkraft zum gegenwärtigen Zeitpunkt aus dem Kopf schlagen.

Förderungsmöglichkeiten

Hat man nicht genügend Punkte, um den Punktetest völlig unabhängig zu bestehen, gibt es diverse „Unterstützungsmöglichkeiten". Es gibt Einwanderungsprogramme, in denen man durch den Arbeitgeber oder einen Bundesstaat bzw. ein Territorium angeworben werden kann. Bei der Genehmigung durch die DIAC werden die Bewerber mit Förderung **bevorzugt behandelt.**

Arbeitgeberförderung

Es gibt Förderungsprogramme, bei denen der Arbeitgeber einen Migranten für einen konkreten Arbeitsplatz in Australien **vorschlagen** kann (sowohl für einen befristeten als auch einen unbefristeten Zeitraum), wenn er den **Arbeitsplatz nicht durch einen australischen Bewerber besetzen konnte.** Als Auswanderungswilliger kann man diese Einwanderungsart selbst kaum aktiv einleiten, es sei denn, man hat durch sein Studium oder eine vorangegangene zeitlich befristete berufliche Tätigkeit in Australien schon Kontakt zu einem einheimischen Arbeitgeber geknüpft.

Einen **Visumantrag** kann man erst stellen, wenn einem australischen Arbeitgeber die Besetzung des Arbeitsplatzes mit einem Migranten bewilligt wurde. Die einzige Möglichkeit, ohne bestehende Kontakte zu einem australischen Arbeitgeber für die Einwanderung mit Arbeitgeberförderung vorgeschlagen zu werden, ist ein Eintrag in der **Datenbank zum Qualifikationsabgleich** (⇨„Wege zum Visum, Einwandern als Fachkraft, Förderungsmöglichkeiten, Datenbankeintrag").

Ist die Förderung durch den Arbeitgeber von der DIAC genehmigt worden, muss man bei ihr einen Visumantrag der Kategorie „Mit Arbeitgeberförderung" stellen (⇨„Wege zum Visum, Einwandern als Fachkraft, Fachkraft-Visumarten, Employer Sponsored").

Es gibt **drei Einwanderungsprogramme,** durch die australische Arbeitgeber einen ausländischen Migranten fördern können:

- **Regional Sponsored Migration Scheme (RSMS, Subclass 119/857):** Dieses Programm zielt darauf ab, offene Stellen in ländlichen Regionen und Regionen mit geringer Bevölkerungsdichte durch ausländische Arbeitnehmer zu besetzen (mindestens zwei Jahre Vollzeit). Als Wohn- und Arbeitsorte ausgeschlossen sind Sydney, Newcastle, Wollongong, Teile der Central Coast (alle NSW), Melbourne und Umgebung (VIC), Perth und Umgebung (WA), Brisbane und die Gold Coast (beide QLD). Eine Liste der ausgeschlossenen Postleitzahlbereiche kann man sich unter www.immi.gov.au (Suchbegriff „Eligible Postcodes for the Regional Subclass 457 Programme and Regional Sponsored Migration Scheme") ansehen. Man bekommt in dieser Visumkategorie sofort eine Daueraufenthaltsgenehmigung.
- **Employer Nomination Scheme (ENS, Subclass 121/856):** Dieses Einwanderungsprogramm zielt darauf ab, offene Vollzeitstellen in Berufsfeldern, die auf der ENSOL-Berufsliste stehen, für mindestens drei Jahre zu besetzen (ENSOL ⇨„Wege zum Visum, Grundbegriffe"). Es ist vor allem für Arbeitnehmer gedacht, die bereits mit einem befristeten Visum für den antragstellenden australischen Arbeitgeber tätig waren. Man bekommt in dieser Visumkategorie sofort eine Daueraufenthaltsgenehmigung.
- **Labour Agreement (LA):** Vereinbarung zwischen der Commonwealth-Regierung und bestimmten australischen Arbeitgebern, die solche Migranten anwerben sollen, die Lücken auf dem australischen Arbeitsmarkt kurzfristig decken sollen (z.B. bei großen Bau- oder Bergbauprojekten) oder den australischen Arbeitsmarkt langfristig durch eine Verbesserung der Berufsausbildung stärken können. Die Arbeitsverträge gelten meist für zwei bis drei Jahre. In dieser Visumkategorie bekommt man entweder sofort eine Daueraufenthaltsgenehmigung *(Labour Agreement Visa (Subclass 120/855))* oder eine befristete Aufenthaltsgenehmigung *(Temporary Business (Long Stay) Visa, Subclass 457, s.u.)*.

2006/07 wurden insgesamt 16.585 Daueraufenthaltsgenehmigungen für Antragsteller der Einwanderungsprogramme mit Arbeitgeberförderung erteilt (2004/05 waren es 13.020)[7].

Die Stellen für das oben erwähnte **Temporary Business (Long Stay) Visa (Subclass 457)** werden in Australien durch JM Management Services Pty Ltd (www.jmms.com.au) bzw. ihrer Tochtergesellschaft German Australian

Placement (GAP, www.germanaustralianplacement.com.au) vermittelt. Mit diesem Visum kann man bis zu vier Jahren in Australien bleiben.

Dieses Visum ist speziell bei **Ärzten** beliebt, die noch keine volle Zulassung zum Praktizieren in Australien haben und die Vollzulassung innerhalb der vier Jahre erwerben, um dann einen Antrag für eine dauerhafte Visavariante stellen zu können. In seltenen Fällen bietet sich für Ärzte auch das zeitlich befristete *Medical Practitioner Visa (Subclass 422)* an, für das sie ebenfalls von einem australischen Arbeitgeber gefördert werden müssen.

Temporary Overseas Employee

- **Weitere Infos:** www.immi.gov.au (Stichwort „Sponsoring a Temporary Overseas Employee"
- **Booklet 11,** „Sponsoring a Temporary Overseas Employee to Australia", kann man sich von www.immi.gov.au/allforms/booklets/booklets.htm herunterladen.

Bundesstaatenförderung

Legt man sich auf ländliche Regionen oder Regionen mit geringer Bevölkerungsdichte in Australien fest, kann man sich aktiv bei einigen Bundesstaaten und Territorien **um eine Förderung bewerben.** Wird diese befürwortet und der Visumantrag genehmigt, hat man jedoch noch keinen Arbeitgeber. Um diesen muss man sich selbstständig bemühen. Für diese Art von Visa benötigt man weniger Punkte im Punktetest als bei einem Antrag auf Einwanderung ganz ohne Förderung *(Skilled – Independent (Migrant) Visa (Subclass 175))*. Grundbedingung für die Förderung durch einen Bundesstaat oder ein Territorium ist, dass folgende Regionen als Wohn- und Arbeitsort ausgeschlossen sind: Sydney, Newcastle, Wollongong, Central Coast (alle NSW), Melbourne (VIC), Perth und Umgebung (WA), Brisbane und die Gold Coast (beide QLD) sowie Canberra oder der Rest von ACT.

- **Skilled – Sponsored (Migrant) Visa (Subclass 176):** Die Bundesstaaten und Territorien dürfen einen potenziellen Einwanderer fördern, sofern dieser einen dort gesuchten Beruf hat, der auf der SOL-Liste steht. Man bekommt sofort eine Daueraufenthaltsgenehmigung (⇨„Wege zum Visum, Einwandern als Fachkraft, Fachkraft-Visumarten, Skilled – Sponsored (Migrant) Visa (Subclass 176)").
- **Skilled – Regional Sponsored (Provisional) Visa (Subclass 475):** Die Bundesstaaten und Territorien dürfen einen Bewerber zum Einwandern nach Australien anwerben. Man bekommt eine vorbehaltliche Daueraufenthaltsgenehmigung, gültig für drei Jahre (⇨„Wege zum Visum, Einwandern als Fachkraft, Fachkraft-Visumarten, Skilled – Regional Sponsored (Provisional) Visa (Subclass 475)"). Doch hat man mindestens zwei Jahre mit diesem Visum in Australien gearbeitet, kann man eine Daueraufenthaltsgenehmigung u.a. über ein *Skilled – Independent (Migrant) Visa (Subclass 175)* beantragen.

Was die Bundesstaaten bzw. Territorien aktuell als Förderungsmöglichkeit anbieten, kann man auf ihren jeweiligen Internetseiten nachlesen (⇨„Anhang, Lese-, Hör- und Filmtipps, Internetlinks der Bundesstaaten und Territorien").

Weitere Möglichkeiten gibt es für Quereinsteiger, die bereits zwei Jahre in Australien gelebt und gearbeitet haben (⇨„Wege zum Visum, Quereinsteiger, In Australien Arbeitende") oder aber nach mindestens zweijährigem Studium in Australien einen akademischen Titel erworben haben (⇨„Wege zum Visum, Quereinsteiger, In Australien Studierende").

Datenbankeintrag

Je nach Region herrscht in Australien sehr hoher Bedarf an Fachkräften in bestimmten Berufsfeldern. Um diesen Bedarf ganz gezielt zu decken, suchen australische Arbeitgeber sowie Bundesstaaten und Territorien in der **Datenbank für den Qualifikationsabgleich** *(Skill Matching Database)* nach Einwanderungswilligen mit den benötigten Qualifikationen.

In diese Datenbank kann man sich als Antragsteller folgender vier Visumarten **kostenlos eintragen** lassen: *Skilled - Independent (Migrant) Visa (Subclass 175), Skilled - Sponsored (Migrant) Visa (Subclass 176), Skilled - Independent (Residence) Visa (Subclass 885)* und *Skilled - Sponsored (Residence) Visa (Subclass 886)*. Dazu gibt man seinen Ausbildungswerdegang, seine beruflichen Qualifikationen und seine Berufserfahrung an. Die australischen Arbeitgeber oder Regierungen schlagen bei Interesse einen Bewerber für die Einwanderung nach Australien vor und ermutigen ihn, sich für ein bestimmtes Visum zu bewerben. Wird man von einer Regionalregierung für die Einwanderung vorgeschlagen, bekommt man jedoch nicht automatisch eine Arbeitsstelle - um diese muss man sich nach wie vor selbst bemühen. Über den Datenbankeintrag kann man von Arbeitgebern im Rahmen des RSMS-, ENS- oder LA-Programms zur Einwanderung vorgeschlagen werden (⇨„Wege zum Visum, Einwandern als Fachkraft, Förderungsmöglichkeiten, Arbeitgeberförderung").

Die Datenbank kann man im Internet unter www.immi.gov.au/skills/index.htm aufrufen. Darin werden keine Namen oder persönlichen Daten gezeigt, sondern lediglich eine Identitätsnummer mit den relevanten Informationen zu den beruflichen Qualifikationen. Ist der Arbeitgeber interessiert, kann er die **vollständigen Informationen zur Einsicht** anfordern. Hierbei sind alle potenziellen Migranten in der Datenbank einer der folgenden Kategorien zugeordnet:

- **Code A:** Antragsteller eines *Skilled - Independent Visa,* dessen Antrag beurteilt wurde und der den *Pass Mark* beim Punktetest erreicht hat.
- **Code B:** Antragsteller eines *Skilled - Independent Visa,* dessen Antrag beurteilt wurde, der im Punktetest nur die Reservistenpunktzahl erreicht hat und somit auf der Warteliste steht. Er kann nur mit Förderung eines Arbeitgebers (RSMS- oder ENS-Programm) oder eines Bundesstaates (STNI-Programm) einwandern.
- **Code D:** Antragsteller eines *Skilled - Independent Visa,* der den Punktetest noch nicht gemacht hat, aber bereits einen Visumantrag gestellt hat. Diese Antragsteller bekommen Code A oder B, sobald ihr Antrag als gültig beurteilt wurde.
- **Code E:** Antragsteller eines *Skilled - Sponsored Visa.*
- **Code F:** Antragsteller eines *Skilled - Independent Overseas Student Visa.*

- **Code G:** Antragsteller eines *Skilled - Australian Sponsored Overseas Student Visa* oder *Skilled - Sponsored Visa*.
- **Code H:** Antragsteller eines *Skilled - Australian Sponsored* und *Skilled - Sponsored Visa*.
- **Code I:** Antragsteller eines *Skilled - Sponsored Visa,* der die Reservistenpunktzahl im Punktetest erreicht hat.

Die Angaben der Antragsteller mit Code A, E, F, G und H bleiben in der Datenbank stehen bis zu dessen Ankunft in Australien. Die Angaben für Migranten, die im Punktetest lediglich die Reservistenpunktzahl erreicht haben (Code B und I), bleiben zwei Jahre lang in der Datenbank stehen, wenn der Migrant bis dahin nicht in Australien eingewandert ist.

Auch ohne Datenbankeintrag kann man durch einen Bundesstaat bzw. ein Territorium oder durch einen Arbeitgeber zum Einwandern „eingeladen" werden. Hierzu muss man allerdings vorab schon bei der Behörde oder dem Unternehmen vorstellig geworden sein. Dies ist meist nur der Fall, wenn man bereits in Australien studiert oder gearbeitet hat (⇨„Wege zum Visum, Quereinsteiger").

Fachkraft-Visumarten

2007/08 wurden insgesamt 108.500 Visa - 66 % des Migrationszustroms - in der Kategorie *Skilled Migration* eingeplant. 2004/05 waren es nur 77.800 *Skilled Migration Visa*[8]. Es ist somit die **wichtigste Form der Einwanderung** nach Australien.

Die in diesem Kapitel erläuterten Visumarten sind für all diejenigen potenziellen Einwanderer interessant, die keine australischen Verwandten haben, die sie unterstützen könnten (⇨„Wege zum Visum, Verwandte in Australien") und die außerdem nicht bereits mit einer zeitlich befristeten Aufenthaltsgenehmigung in Australien wohnhaft sind (⇨„Wege zum Visum, Quereinsteiger").

Skilled - Independent (General Skilled Migration)

Mit dem einfachen *Skilled - Independent (Migrant) Visa (Subclass 175)* ist man völlig **frei in seiner Orts- und Arbeitgeberwahl.** Es ist denn auch die beliebteste Art, als Fachkraft nach Australien einzuwandern. Im Jahr 2006/07 wurden insgesamt 54.179 *Skilled - Independent Visa* bewilligt (inklusive mit einwandernder Familienmitglieder). Das sind allein 55 % der gesamten Skilled Migration[9]. 2004/05 waren es 41.800 Visa (52 %), davon 201 Deutsche. 2006/07 kamen 346 Deutsche mit diesem Visum in Australien an[10].

Für diese Visumkategorie muss man die bereits erläuterten **Grundbedingungen** erfüllen und den **Punktetest** bestehen (⇨„Wege zum Visum, Einwandern als Fachkraft, Grundbedin-

General Skilled

- **Weitere Infos:** www.immi.gov.au/skilled/index.htm (Stichwort „Professionals and other Skilled Migrants").
- **Booklet 6,** „General Skilled Migration", kann man von www.immi.gov.au/allforms/booklets/booklets.htm herunterladen.

gungen" und „Punktesystem"). Für dieses Visum braucht man 120 Punkte bzw. mindestens 100 Punkte für die Reservistenliste.

Skilled – Sponsored (Migrant)

Auch für das *Skilled – Sponsored (Migrant) Visa (Subclass 176)* muss man die bereits erläuterten **Grundbedingungen** erfüllen und den **Punktetest** bestehen (⇨„Wege zum Visum, Einwandern als Fachkraft, Grundbedingungen" und „Punktesystem"). Allerdings ist die Bewilligungspunktezahl im Punktetest mit nur 100 Punkten niedriger als für das normale *Skilled – Independent (Migrant) Visa*. Die Reservistenpunktzahl beträgt nur 80 Punkte. Man bekommt bei diesem Visum mehr Punkte beim Test für die Bereitschaft, in eine **weniger besiedelte Region Australiens** einzuwandern und dort mindestens zwei Jahre wohnen zu bleiben. Als Wohnort ausgeschlossen sind dann jedoch Sydney, Newcastle, Wollongong, Central Coast (alle in NSW), Melbourne (VIC), Perth (WA), das gesamte ACT, Brisbane und die Gold Coast (beide in QLD). Die derzeit gültige Postleitzahlenliste findet man unter www.immi.gov.au mit dem Stichwort „Regional Australia/ low population growth metropolitan areas".

Eine weitere Voraussetzung ist, dass man **durch einen australischen Bundesstaat vorgeschlagen** wird (es sei denn man hat Verwandte in Australien ⇨„Wege zum Visum, Verwandte in Australien, Fachkraft"). Man bewirbt sich dazu entweder bei den einzelnen Regierungen, nachdem man seine beruflichen Qualifikationen hat beurteilen lassen oder man lässt sich in der Datenbank zum Qualifikationsabgleich eintragen (⇨„Wege zum Visum, Einwandern als Fachkraft, Förderungsmöglichkeiten"). Beim Punktetest bekommt man für das *Skilled – Sponsored (Migrant) Visa (Subclass 176)* weitere 10 Punkte, wenn man selbst oder der mit einwandernde Partner bereits eine Anwerbung durch einen Bundesstaat vorweisen kann.

Das *Skilled – Sponsored (Migrant) Visa (Subclass 176)* ist eine unbefristete Aufenthaltsgenehmigung. Es berechtigt zur freien Ein- und Ausreise nach und von Australien für fünf Jahre. Will man danach weiterhin reisen, muss man ein *Resident Return Visa (RVV)* beantragen (⇨„Längerfristige Eingliederung, Staatsbürgerschaft, Vorteile").

Skilled – Regional Sponsored (Provisional)

Die teilnehmenden Bundesstaaten und Territorien dürfen einen Einwanderungsbewerber für das *Skilled – Regional Sponsored (Provisional) Visa (Subclass 475)* anwerben, wenn dieser die **Einwanderungsgrundbedingungen erfüllt,** beim **Punktetest** mindestens 100 Punkte erreicht (⇨„Wege zum Visum, Grundbedingungen" und „Punktesystem") und zudem einen in dem Bundesstaat/Territorium **gesuchten Beruf** hat. Diese Berufe findet man auf den Websites der teilnehmenden Bundesstaaten (⇨„Anhang, Lese-, Hör- und Filmtipps, Internetlinks der Bundesstaaten und Territorien").

Man bekommt zunächst nur eine auf drei Jahre befristete Aufenthaltsgenehmigung. Man kann die Daueraufenthaltsgenemigung beantragen (s.o.), wenn man **mindestens zwei Jahre** in Australien gelebt hat und davon mindestens 12 Monate in dem vereinbarten Gebiet in dem Bundesstaat/Territorium gelebt und gearbeitet hat, durch den man gefördert wurde. Als Wohnort ausgeschlossen sind Sydney, Newcastle, Wollongong, Central Coast (alle in NSW), Melbourne (VIC), Perth (WA), das gesamte ACT, Brisbane und die Gold Coast (beide in QLD). Die derzeit gültige Postleitzahlenliste findet man unter www.immi.gov.au mit dem Stichwort „Regional Australia/low population growth metro politan areas".

Die beruflichen Qualifikationen müssen von der zuständigen australischen Behörde als passend zum gesuchten Profil beurteilt werden. Einen Arbeitgeber muss man sich selbst suchen.

Zur Teilnahme an diesem Programm kann man sich bei einem der teilnehmenden Bundesstaaten **direkt um eine Förderung bewerben.** Dazu muss man die Anerkennung der beruflichen Qualifikationen durch die zuständige australische Behörde vorlegen. Beim IELTS-Englischtest gibt es für dieses Visum die leichtere Kategorie „genehmigter kompetenter" Sprachgebrauch *(Concessional Competent English)*, wonach man nur die Note 5,5 in jedem der vier Bereiche Sprechen, Lesen, Schreiben und Verstehen erreichen muss (= 15 Punkte).

Erfüllt man alle Bedingungen, kann man den Visumantrag stellen. Binnen ca. 14 Tagen nach Erhalt aller Unterlagen wird man informiert, ob der Bundesstaat an einer Förderung interessiert ist.

Hat man ein Förderungsangebot bekommen, schickt man dieses zusammen mit einem Antrag auf ein *Skilled – Regional Sponsored (Provisional) Visa (Subclass 475)* an die DIAC.

Employer Sponsored

Bekommt man ein **Einwanderungsangebot durch einen australischen Arbeitgeber,** wird man aufgefordert, einen Antrag auf Einwanderung zu stellen *(Employer Nomination Scheme (Subclass 121/856)* oder auch *Regional Sponsored Migration Scheme (Subclass 119/857))*, in dem die beruflichen Qualifikationen, die Englischkenntnisse, die Berufserfahrung, das Alter sowie die Anforderungen an einen eventuell mit einwandernden Lebensgefährten bzw. Kinder geprüft werden. Den Antrag richtet man an die Behörde, bei der der Arbeitgeber im Vorfeld einen Antrag um Besetzung der offenen Stelle mit einem Migranten gestellt hatte.

Employer Sponsored

- **Weitere Infos:** www.immi.gov.au/skilled/index.htm (Stichwort „Employer Sponsored Workers")
- **Booklet 5,** „Employer Sponsored Migration", kann man von www.immi.gov.au/allforms/booklets/booklets.htm herunterladen.

Wird das Visum genehmigt, muss man binnen sechs Monaten seine Stelle bei dem Arbeitgeber antreten. Bei rechtzeitigem Arbeitsantritt erhält man eine **sofortige Daueraufenthaltsgenehmigung.** Die Bedingungen:

- **Beruf:** Er muss auf der SOL- bzw. ENSOL-Liste stehen. Für eine Nominierung für das ENS-Programm muss der Antragsteller drei Jahre Berufserfahrung nach Abschluss der beruflichen Qualifikation in dem gesuchten Beruf haben, es sei denn, der Beruf steht auf der MODL-Liste.
- **Alter:** Die übliche 45-Jahre-Grenze kann bei Anträgen im Rahmen des ENS-, RSMS- oder LA-Programms überschritten werden, wenn außerordentliche Qualifikationen vorliegen (Höchstaltersgrenze: 60 Jahre).
- **Englischkenntnisse:** Der Nominierte sollte bei Anträgen im Rahmen des ENS-Programms „berufsspezifisches Englisch" *(Vocational English)* nachweisen können, z.B. durch die Teilnahme an einem IELTS-Englischtest. Für Anträge im Rahmen des RSMS-Programms ist lediglich der Nachweis von „funktionalen" Sprachgebrauch *(Functional English)* erforderlich. Für beide Antragsarten gibt es einige Ausnahmeregelungen, wenn der Antragsteller das geforderte Niveau an Englischkenntnissen nicht erbringen kann.
- **Regionale Bindung:** Das Visum unter dem *Regional Sponsored Migration Scheme (Subclass 119/857)* gilt nur für Arbeitgeber außerhalb der populären Ballungsgebiete.

2006/07 wurden insgesamt 16.585 Daueraufenthaltsgenehmigungen für Antragsteller der drei Zustromprogramme „Employer Sponsored", „RSMS" und „Labour Agreements" bewilligt[11]. Darunter waren u.a. 179 Deutsche, die in der Kategorie „Employer Sponsored" nach Australien einwanderten[12].

063aa Foto: eg

Quereinsteiger

In diesem Kapitel werden die Einwanderungsmöglichkeiten für bereits in Australien wohnhafte **Studenten, Auszubildende, arbeitende Personen** oder solche mit **Working-Holiday-Visum** kurz vorgestellt. In den nachfolgenden Kapiteln wird jedoch nicht weiter im Detail auf diese Personengruppe eingegangen, da das Buch vorwiegend für Leser gedacht ist, die noch nicht in Australien leben oder gelebt haben.

2007/08 konnten 167 Deutsche durch einen solchen Quereinstieg ihren zeitlich befristeten Aufenthalt in einen dauerhaften umwandeln[13].

Wenn diese Quereinsteiger in Australien einen Visumantrag stellen, wird ihnen für die Übergangszeit ein **„Überbrückungsvisum"** *(Bridging Visa, Subclass 010)* ausgestellt, da das derzeitige Studenten-, Auszubildenden- oder Working-Holiday-Visum auslaufen könnte, bevor eine Entscheidung über den neuen Antrag gefällt wurde. Dieses Überbrückungsvisum ist **rein elektronisch;** man braucht keinen Aufkleber im Reisepass, sondern bekommt lediglich eine Referenznummer als Bestätigung (ähnlich wie bei Online-Flugtickets).

In Australien Studierende

Wenn man sich derzeit noch mit einem Studentenvisum oder einem Visum für eine Handwerksausbildung in Australien aufhält und gerade sein Studium bzw. seine Ausbildung dort abgeschlossen hat, gibt es folgende vier Möglichkeiten als Fachkraft in Australien einzuwandern. Beim *Skilled – Independent (Residence) Visa (Subclass 885)* und beim *Skilled – Sponsored (Residence) Visa (Subclass 886)* bekommt man jeweils sofort eine Daueraufenthaltsgenehmigung, die anderen beiden Visumarten sind zunächst zeitlich befristet, sind aber gute Sprungbretter zu einer Daueraufenthaltsgenehmigung.

Bei allen nachfolgend vorgestellten Visumarten muss man ein sogenanntes **„Australian Value Statement"** (Anerkennung der Werte der australischen Gesellschaft) unterzeichnen. Damit bestätigt man, dass man den australischen Way-of-Life respektieren wird und sich an die australischen Gesetze halten wird.

Skilled – Independent (Residence) Visa

Mit Bewilligung des *Skilled – Independent (Residence) Visa (Subclass 885)* bekommt man gleich eine Daueraufenthaltsgenehmigung für Australien. Man muss bei Antragstellung die Grundbedingungen zur Einwanderung als Fachkraft erfüllen und beim Punktetest die Bewilligungspunktzahl von 120 Punkten erreichen (⇨„Wege zum Visum, Einwandern als Fachkraft, Punktesystem"). Darüber hinaus gilt:

- Visumantragstellung **binnen sechs Monaten nach Abschluss** des Studiums oder der Ausbildung. Es gilt das Datum der letzten Prüfung, nicht das der Zeugnisausstellung.
- **Nachweis über den Abschluss** eines mindestens 16-monatigen Vollzeitstudiums oder

einer mindestens ebenso langen Berufsausbildung in Australien an einer bei CRICOS (Commonwealth Register of Institutions and Courses for Overseas Students) registrierten Institution.

- Man muss derzeit **Halter eines Visums sein,** das ein längeres Aufenthaltsrecht gewährt (kein Touristenvisum).
- Es darf seit der letzten Einreise nach Australien **kein Visum abgelehnt** worden sein, es sei denn, es wurde einem inzwischen ein anderes nicht-touristisches Visum bewilligt.
- Das gegenwärtige Visum darf **keine Beschränkungen** enthalten, die die Beantragung eines neuen Visums verbieten.
- Man muss ein **Gesundheitszeugnis** bei Health Services Australia erstellen lassen.
- Man muss sich ein **polizeiliches Führungszeugnis** von der Australian Federal Police erstellen lassen (⇨„Der Visumantrag, Erfordernisse und Dokumente, Persönliche Überprüfung, Polizeiliches Führungszeugnis").

Skilled – Sponsored (Residence) Visa

Kommt man beim Punktetest für das *Skilled – Independent (Residence) Visa (Subclass 885)* auf mindestens 100 Punkte, aber nicht auf die benötigten 120, kann man sich auch für ein *Skilled – Sponsored (Residence) Visa (Subclass 886)* bewerben. Mit diesem Visum legt man sich auf ländliche Regionen oder Regionen mit geringer Bevölkerungsdichte in Australien fest. Dazu kann man sich aktiv bei einigen Bundesstaaten und Territorien **um eine Förderung bewerben.** Wird diese befürwortet und der Visumantrag genehmigt, hat man jedoch noch keinen Arbeitgeber. Um diesen muss man sich selbstständig bemühen. Grundbedingung für die Förderung durch einen Bundesstaat oder ein Territorium ist, dass folgende Regionen als Wohn- und Arbeitsort ausgeschlossen sind: Sydney, Newcastle, Wollongong, Central Coast (alle NSW), Melbourne (VIC), Perth und Umgebung (WA), Brisbane und die Gold Coast (beide QLD) sowie Canberra oder der Rest von ACT. Beim Punktetest bekommt man 10 zusätzliche Punkte, wenn man eine Nominierung durch einen Bundesstaat bzw. ein Territorium nachweisen kann (⇨„Wege zum Visum, Einwandern als Fachkraft, Punktesystem").

Was die Bundesstaaten bzw. Territorien aktuell als Förderungsmöglichkeit anbieten, kann man auf ihren jeweiligen Internetseiten nachlesen (⇨„Anhang, Lese-, Hör- und Filmtipps, Internetlinks der Bundesstaaten und Territorien").

Dieses Visum kann man alternativ auch mit Unterstützung eines australischen Verwandten beantragen (⇨„Wege zum Visum, Verwandte in Australien").

Skilled – Regional Sponsored (Provisional) Visa

Bei Erteilung eines *Skilled – Regional Sponsored (Provisional) Visa (Subclass 487)* bekommt man eine auf drei Jahre befristete Aufenthaltsgenehmigung. Auch hier bindet man sich wie beim *Skilled – Sponsored (Residence) Visa*

Student Visa

- **Weitere Infos:** www.immi.gov.au/students/index.htm (Stichwort „Professionals and Other Skilled Migrants, Visa Options, If you are in Australia")

(Subclass 886, s.o.) an eine ländliche Region Australiens. Für diese Art von Visa benötigt man auch nur 100 Punkte im Punktetest, wobei man wiederum zusätzlich 10 Punkte erhält, wenn man eine Nominierung durch einen Bundesstaat bzw. ein Territorium nachweisen kann (⇨„Wege zum Visum, Einwandern als Fachkraft, Punktesystem).

Beim Punktetest für dieses Visum gibt es beim **Englischtest** zusätzlich die Kategorie „genehmigter kompetenter" Sprachgebrauch *(Concessional Competent English)*, wofür man im IELTS-Englischtest die Note 5,5 in jedem der vier Bereiche Sprechen, Lesen, Schreiben und Verstehen erreichen muss (= 15 Punkte). Darüber hinaus muss man sich in dem Bundesstaat bzw. Territorium, in dem man sich niederlassen wird, für einen weiterführenden Englischkurs eingeschrieben haben.

Hat man mindestens zwei Jahre mit diesem Visum in Australien gearbeitet, davon 12 Monate in einer ländlichen Region Australiens, kann man eine Daueraufenthaltsgenehmigung beantragen.

Was die Bundesstaaten bzw. Territorien aktuell als Förderungsmöglichkeit anbieten, kann man auf ihren jeweiligen Internetseiten nachlesen (⇨„Anhang, Lese-, Hör- und Filmtipps, Internetlinks der Bundesstaaten und Territorien").

Auch dieses Visum kann man alternativ mit Unterstützung eines australischen Verwandten beantragen (⇨„Wege zum Visum, Verwandte in Australien").

Skilled – Graduate (Temporary) Visa

Die Genehmigung eines *Skilled – Graduate (Temporary) Visa (Subclass 485)* berechtigt den Visumhalter weitere 18 Monate in Australien zu bleiben, um die notwendige Berufserfahrung zu sammeln oder seine Englischkenntnisse zu verbessern. In diesem Zeitraum kann man sich jederzeit für ein dauerhaftes Fachkraftvisum bewerben, wenn man die dazu **benötigte Bewilligungspunktezahl** im Punktetest erreicht (⇨„Wege zum Visum, Einwandern als Fachkraft, Punktesystem"). Die Bedingungen für das Visum im Einzelnen:

- Man muss bei Antragstellung **mindestens 18 Jahre,** aber **jünger als 45 Jahre** alt sein.
- Visumantragstellung **binnen sechs Monaten nach Abschluss** des Studiums oder der Ausbildung. Es gilt das Datum der letzten Prüfung, nicht das der Zeugnisausstellung.
- **Nachweis über den Abschluss** eines mindestens 16-monatigen Vollzeitstudiums oder einer mindestens ebenso langen Berufsausbildung in Australien an einer bei CRICOS (Commonwealth Register of Institutions and Courses for Overseas Students) registrierten Institution.
- **Berufliche Qualifikationen** in einem 60-Punkte-SOL-Berufsfeld bzw. in einem 50-Punkte-SOL-Berufsfeld.
- **Berufsanerkennung nach australischen Standards:** Die zuständige australische Institution muss die berufliche Qualifikation des Antragstellers bewerten.
- **Englischkenntnisse:** In der Regel sollte man mindestens „kompetenten" Sprachgebrauch *(Competent English)* durch einen IELTS-Englischtest nachweisen können, in dem man die Note 6 in jedem der vier Bereiche Sprechen, Lesen, Schreiben und Verstehen erreichen muss. Bewirbt man sich mit einem Handwerksberuf, muss man lediglich „berufsspezifisches Englisch" *(Vocational English)* im IELTS-Test voweisen (man braucht

die Note 5 in jedem der vier Bereiche. Man muss keinen Test machen, wenn man englischer Muttersprachler ist und dies durch einen gültigen Reisepass von Großbritannien, Kanada, Neuseeland, USA oder der Republik Irland belegen kann.

- Man muss derzeit **Halter eines Visums sein,** das ein längeres Aufenthaltsrecht gewährt (kein Touristenvisum).
- Es darf seit der letzten Einreise nach Australien **kein Visum abgelehnt** worden sein, es sei denn, es wurde einem inzwischen ein anderes nicht-touristisches Visum bewilligt.
- Das gegenwärtige Visum darf **keine Beschränkungen** enthalten, die die Beantragung eines neuen Visums verbieten.
- Man muss ein **Gesundheitszeugnis** bei Health Services Australia erstellen lassen.
- Man muss sich ein **polizeiliches Führungszeugnis** von der Australian Federal Police erstellen lassen (⇨„Der Visumantrag, Erfordernisse und Dokumente, Persönliche Überprüfung, Polizeiliches Führungszeugnis").

All diese Bedingungen müssen erfüllt werden, sonst hat der Visumantrag keine Aussicht auf Erfolg.

In Australien Auszubildende

Ist man über 18 Jahre alt, derzeit mit einem Visum als Berufsauszubildender (*Occupational Trainee Visa, Subclass 442*) in Australien und hat diese Ausbildung soeben abgeschlossen, kann man einen Antrag für das oben vorgestellte ein **Skilled – Regional Sponsored (Provisional) Visa (Subclass 487)** stellen (⇨„Wege zum Visum, Quereinsteiger, In Australien Studierende"). Der Abschluss der Ausbildung muss auf das Berufsfeld abzielen, mit dem man sich bewerben will, und dieses Berufsfeld muss auf der SOL-Berufsliste stehen. Ansonsten muss man alle im Kapitel „Grundbedingungen" vorgestellten Bedingungen bis auf den Punkt „Berufserfahrung" erfüllen.

Working Holiday Maker

Ist man als 18- bis 30-jährige Person mit einem *Working Holiday Visa* (Visum zum kombinierten Reisen und Jobben) seit mindestens sechs Monaten in Australien, kann man dort ein **Skilled – Regional Sponsored (Provisional) Visa (Subclass 487)** (⇨„Wege zum Visum, Quereinsteiger, In Australien Studierende") beantragen. Dabei muss man alle im Kapitel „Grundbedingungen" vorgestellten Kriterien bis auf die „Berufserfahrung" erfüllen, wenn man einen **Abschluss für das Berufsfeld** hat, mit dem man sich bewerben will, und dieses Berufsfeld auch **auf der SOL-Liste** steht.

In Australien Arbeitende

Wer sich als **Temporary Overseas Employee** bereits seit einiger Zeit mit einem **befristeten Arbeitsvisum** in Australien aufhält (z.B. *Temporary Business (Long Stay) Visa, Subclass 457*), kann versuchen, sich für ein *Skilled Migration Visa* zu bewerben (⇨„Wege zum Visum, Einwandern als Fachkraft").

Die besten Chancen hat man, wenn man durch den bisherigen australischen Arbeitgeber oder die australische Niederlassung eines internationalen Unternehmens gefördert wird. Dazu muss der Arbeitgeber – wie im Kapitel „Arbeitgeberförderung" geschildert – zunächst einen Antrag stel-

006aa Foto: eg

„Es begann mit einem Working Holiday Visa"

Als ich Anfang 2005 zum ersten Mal mit *Corinna Kraus* Kontakt aufnahm, steckte sie schon in der Endphase des Antragsprozesses für ihre Auswanderung nach Australien. Jeden Tag konnte der Postbote den heiß ersehnten **gelben Umschlag** bringen, in dem die DIMIA grünes Licht für die Auswanderung geben würde. *Corinna* war bereits zur Kapitalanlage von 100.000 $ aufgefordert worden, um die benötigte Punktzahl in dem Punktesystem zu erreichen. Ein (fast) sicheres Zeichen, dass ihr das *Skilled – Independent Visa* genehmigt würde.

Die gelernte **Fliesenlegerin und Konditorin** (Jahrgang 1972) war 2001 für fast ein Jahr mit einem *Working Holiday Visa* nach Australien gegangen. Seither träumte sie davon, dauerhaft dort zu leben. Am liebsten in Townsville, das sie wegen der vielen alten Häuser an ihre Heimatstadt Wiesbaden erinnert, aber auf jeden Fall in North Queensland, wo es schön warm ist.

Nach den Beweggründen zum Auswandern befragt, erzählt sie, dass es nicht so sei, dass sie in Deutschland keine Perspektive mehr gesehen hätte. Sie habe einfach **das Gefühl gehabt, nach Australien zu gehören.** Sie wollte nicht um jeden Preis aus Deutschland weg, sondern vielmehr unbedingt nach Australien. Ein anderes Auswanderungsland wäre für sie auch nicht in Frage gekommen. Vor zehn Jahren hatte sie bereits die Chance gehabt, beruflich nach Amerika zu gehen, aber diese hatte sie nicht genutzt, da sie zu dieser Zeit ihren heute geschiedenen Mann kennen gelernt hatte.

Nach zwei Tagen in Australien hatte sie das Gefühl, sie sei nach Hause gekommen. Als sie wieder zurück in Deutschland war, hatte sie hingegen **so eine Art Heimweh.** Zunächst versuchte sie es zu ignorieren und sagte sich, dass dies gar nicht sein könne. Aber irgendwann ging es eben nicht mehr, und sie begann mit der Recherche für ihre Auswanderung.

Sie hatte keinen wilden Traum von ihrer Zukunft in Australien. Diese stellte sie sich nicht großartig anders vor als in Deutschland. Sie war sich dessen bewusst, dass Australien auch **kein Schlaraffenland** ist. Sie würde dort genauso für ihren Lebensunterhalt arbeiten müssen wie in Deutschland. Doch erschien ihr die Lebenseinstellung der Leute nicht so verkniffen. Es wird nicht für alles eine Regelung gebraucht, nach der man sich strikt richtet. Es ist eben alles etwas entspannter, und das gibt einem **mehr Lebensqualität,** selbst wenn man härter und länger arbeiten muss als in Deutschland.

Falls sie in Australien doch nicht glücklich werden sollte, konnte sie ja auch wieder nach Deutschland zurückkehren. Aber einen Versuch musste sie einfach unternehmen. Sie wollte sich schließlich später nicht fragen müssen, wie ihr Leben verlaufen wäre, hätte sie den Schritt gewagt.

Ihre Eltern schauen dem Lebensabenteuer der Tochter mit einem lachenden und einem weinenden Auge zu. Natürlich ist es für Eltern schwer, wenn ihr Kind auf der anderen Seite des Globus lebt. Aber sie sind noch jung genug, um sie dort unten besuchen zu kommen. Selbst die Großeltern haben sich vorgenommen, ihre Enkelin alle zwei Jahre in Australien zu besuchen, so lange es ihre Gesundheit erlaubt.

Um die fernere Zukunft macht sich *Corinna* jedoch noch keine allzu großen Gedanken. Vielleicht wollen die Eltern später einmal mit dem **Retirement-Visa** nachkommen. Aber die jüngere Schwester wohnt im Haus der Eltern und will auch um nichts in der Welt aus dem Heimatort wegziehen. Dies macht es leichter. *Corinna* weiß somit, dass die Schwester im Falle des Falles für die Eltern sorgen würde.

Im März 2003 begann sie, sich intensiv mit dem Gedanken an die Auswanderung nach Australien zu beschäftigen, und **informierte sich ausgiebig im Internet** über alle hiermit verbundenen Fragen (Job, Versicherung, Sozialleistungen, Rente, Wohnen usw.). Im Fernsehen sah sie sich grundsätzlich alle Sendungen zum Thema „Australien" an. Auch las sie sämtliche Romane, die das Land und seine Geschichte thematisieren, einfach, weil sie sich so schön lesen. Außerdem las sie auch „nützliche" Bücher, arbeitete die Hinweise und Booklets auf der DIMIA-Internetseite durch, informierte sich auf der Internetseite von Centrelink und vieles mehr. Selbst einen australischen Brieffreund hatte sie sich zugelegt, den sie fragen konnte, was ihr gerade so in den Sinn kam. Auf diese Weise bekam sie sozusagen viele Infos aus erster Hand. Jeden ersten Samstag im Monat traf sie sich außerdem in Frankfurt mit anderen Auswanderungswilligen und Australien-Fans zum Stammtisch.

Im Juli machte sie dann erst einmal den IELTS-Test, um festzustellen, ob ihr Englisch auch wirklich gut genug sein würde. Im August stellte sie den Antrag zur Berufsanerkennung. Das ging soweit alles glatt, aber es wurde schnell klar, dass sie noch nicht genügend Berufserfahrung nachweisen konnte, um den Punktetest zu bestehen. DIMIA hatte ihre auf zwei Jahre verkürzte Lehre nicht anerkannt. So hieß es zunächst einmal weiter arbeiten und sich in Geduld üben. Mit jedem Arbeitstag kam sie ihrem Traum vom Auswandern wieder ein bisschen näher.

2004 war es dann soweit. Sie hatte alles Erforderliche „zusammengekratzt", und laut Eigentest sollte es mit den Punkten nun klappen. Sie beantragte im September ihr *Skilled – Independent Visa,* Anfang November wurden die ärztlichen Untersuchungen durchgeführt, und Ende Januar 2005 flatterte die Bewilligung ihres Visums ins Haus.

Jetzt ging alles **Schlag auf Schlag.** Sieben Tage später buchte *Corinna* ihr Flugticket, fing an, die Wohnung aufzulösen und für den Auszug gemäß Mietvertrag zu renovieren. Im Mai holte sie den Visaaufkleber bei der Botschaft in Berlin ab, feierte noch schnell die seit Januar geplante Abschiedsparty und stieg zwei Tage später in das Flugzeug nach Brisbane. Dort holte ich sie dann an ihrem ersten Tag in ihrem neuen Heimatland am Flughafen ab.

Der weitere Verlauf ihrer Auswanderungsgeschichte liest sich wie wie ein Märchen. Für *Corinna* ist alles **so reibungslos gelaufen,** dass es ihr schon fast unheimlich ist. Am 31.5.2005 kam sie in ihrer Traumstadt Townsville an, und schon knapp einen Monat später hatte sie ihren ersten Arbeitstag als Konditorin (bei der Jean-Pierre Patisserie). Vier Monate nach Ankunft in Townsville ist sie auch schon von einer Wohngemeinschaft in ihre eigene Wohnung umgezogen.

Privat hat sie auch schon **neue Kontakte geknüpft.** Kurz nach ihrer Ankunft in Townsville hat sie wieder mit Linedance angefangen, ein Hobby, das sie schon in Deutschland ausgeübt hatte. Dadurch hat sie schnell einige neue Freunde gefunden. Die Arbeitskollegen sind alle nett, und bei einer Kollegin war sie sogar zu Weihnachten eingeladen. Diverse Aktivitäten mit ihren neuen Freunden sind geplant – also mehr als Gründe genug, rundum happy mit ihrer Auswanderung in ihr Traumland zu sein.

len, die offene Stelle mit einem Migranten besetzen zu dürfen. Voraussetzung hierfür ist, dass der australische Arbeitgeber belegen kann, dass er dauerhaft keine gleichwertig qualifizierte Kraft in Australien finden kann. Der Antragsverlauf ist dann wie unter „Employer Sponsored" beschrieben.

Wer jedoch genügend Punkte für den Punktetest beim *Skilled – Independent (Migrant) Visa (Subclass 175)* hat, kann sich besser gleich um dieses bewerben, da man damit keine Abhängigkeiten von einem bestimmten Arbeitgeber schafft.

Einwandern aus Liebe

Wo die Liebe hinfällt ... Manchmal fällt sie eben auf einen Menschen von der anderen Seite der Erdhalbkugel. Wenn es die große Liebe ist, erwägt man eventuell den Sprung über die Ozeane, um mehr als eine Fernbeziehung mit teuren Flugtickets, Telefonrechnungen oder Skype-Stunden hinter dem Computer und vielen, aber doch unbefriedigenden Stunden im Chat oder per E-Mail und SMS zu führen.

Für eine *Partner Migration* muss man nicht zwingend mit einem Australier verheiratet sein. Abgesehen von **Ehepartnern** *(de jure)* können auch **Verlobte, Lebensgefährten ohne Trauschein** *(de facto)* sowie **gleichgeschlechtliche Lebensgefährten** nach Australien einwandern. Weil Australien jedoch keine Menschen aufnehmen möchte, die sich die Aufenthalts- und somit Arbeitsgenehmigung durch eine Scheinbeziehung erschleichen, muss man eine Vielzahl an Belegen für die Echtheit und Dauerhaftigkeit der Liebesbeziehung erbringen.

Dazu gehört auch, dass der eingewanderte Partner oft zunächst nur eine **zeitlich befristete Aufenthaltsgenehmigung** erhält. Nach Ablauf einer Prüfungsfrist von zwei Jahren werden die eingewanderte Person und die Beziehung noch einmal geprüft. Sofern dann alles als wahrhafte Beziehung gewertet wird, erhält man die **Daueraufenthaltsgenehmigung.** Diese bekommt man ohne Prüfungszeit, wenn man nachweislich schon mehrere Jahre zusammen ist bzw. wohnt und womöglich bereits gemeinsame Kinder hat.

2007/08 wanderten 325 Deutsche mit einen Visum für Ehepartner, Lebensgefährten ohne Trauschein, Verlobte oder gleichgeschlechtlichem Partner nach Australien ein[14].

Aus Gründen der besseren Lesbarkeit (⇨„Hinweise zur Benutzung") wird im Folgenden bei Personenbezeichnungen auf die Nennung jeweils **beider Geschlechter** verzichtet.

Viele Migranten folgen ihrer großen Liebe über den Ozean ...

057aa Foto: rg

Grundbedingungen

Die erste Grundbedingung für eine Einwanderung nach Australien ist, dass die große Liebe die **australische Staatsbürgerschaft** oder eine **Daueraufenthaltsgenehmigung für Australien** hat oder aber eine **berechtigte Person mit neuseeländischer Staatsbürgerschaft** ist (nähere Definition ⇨„Wege zum Visum, Grundbegriffe"). In diesem Kapitel werden die oben genannten drei Kategorien einfach mit „Australier" umschrieben.

Zu den **weiteren Grundbedingungen** gehört Folgendes:

- **Alter:** Die Lebensgefährten müssen in der Regel beide über 18 Jahre alt sein.
- **Gesundheitszeugnis:** Der einwandernde Partner und davon finanziell abhängige Personen (auch wenn sie nicht mit einwandern wollen) müssen sich auf Anfrage einer Gesundheitsuntersuchung unterziehen (⇨„Der Visumantrag, Erfordernisse und Dokumente, Persönliche Überprüfung, Gesundheitszeugnis").
- **Polizeiliches Führungszeugnis:** Der einwandernde Partner und davon finanziell abhängige Personen (auch wenn diese nicht mit auswandern wollen) müssen für alle Länder, in denen sie seit ihrem 16. Lebensjahr mindestens zwölf Monate gelebt haben, auf Anfrage ein polizeiliches Führungszeugnis erbringen (⇨„Der Visumantrag, Erfordernisse und Dokumente, Persönliche Überprüfung, Polizeiliches Führungszeugnis").
- **Bürgschaft:** Der australische Bürge, in der Regel der australische Partner, verpflichtet sich, eine adäquate Unterkunft für den deutschen Lebensgefährten zur Verfügung stellen

zu können, für dessen Lebenshaltungskosten sowie für eventuell notwendige Kinderbetreuung oder Englischkurse aufkommen zu können (⇨„Neuanfang in Australien, Erwachsenenbildung, Englischkurse"). Darüber hinaus verpflichtet sich der australische Bürge, für alle Kosten aufzukommen, die der ausländische Lebensgefährte zu Lasten der australischen Regierung verursachen könnte (⇨„Der Visumantrag, Erfordernisse und Dokumente, Persönliche Überprüfung, Bürgschaft"), und zwar, bis der ausländische Partner durch Erlangen der australischen Daueraufenthaltsgenehmigung oder der australischen Staatsbürgerschaft die gleichen Rechte als Bürger erworben hat wie der Australier selbst (in der Regel nach zwei Jahren).

Der Australier darf maximal zweimal als Bürge für einen Lebensgefährten eingetreten sein und dies auch nur im Abstand von mindestens fünf Jahren. Wenn der Bürge selbst über die *Partner Migration* nach Australien eingewandert ist, darf er in den ersten fünf Jahre nach seiner Einwanderung nicht selbst als Bürge für einen ausländischen Lebensgefährten eintreten. Von dieser Regelung gibt es nur wenige Ausnahmen, z.B. beim Tod des ersten Lebensgefährten oder Verlassenwerden durch diesen, wobei die gemeinsamen Kleinkinder beim Bürgen bleiben, oder wenn der Bürge nachweislich eine neue, dauerhafte Beziehung eingegangen ist.

Partner-Visumarten

Es gibt innerhalb der *Partner Migration* **drei Visumkategorien:** 1) das „Visum für nicht-gleichgeschlechtliche Ehepartner und unverheiratete, nicht-gleichgeschlechtliche Lebensgefährten" *(Spouse Visa),* 2) das „Eheabsichts-Visum" *(Prospective Marriage Visa)* für nicht-gleichgeschlechtliche Liebende und 3) das „Visum für gleichgeschlechtliche Lebensgefährten" *(Interdependency Visa).* Diese werden im Folgenden einzeln vorgestellt.

Die drei Visumarten gelten im Übrigen nicht nur für den ausländischen Lebensgefährten, sondern auch für von diesem **abhängige Personen** (Definition ⇨„Der Visumantrag, Erfordernisse und Dokumente, Persönliche Überprüfung, Kinder und andere Abhängige").

Durch eine Heirat mit einem australischen Staatsbürger erhält man weder automatisch die Daueraufenthaltsgenehmigung noch die australische Staatsbürgerschaft, egal, ob die Heirat in Australien oder in einem anderen Land stattfand. In den meisten Fällen wird die Ehe oder Partnerschaft, wie in den nachfolgenden Kapiteln beschrieben, nach einem Zeitraum von zwei Jahren erneut **geprüft,** bevor man eine Daueraufenthaltsgenehmigung erhält. Möchte man irgendwann die australische Staatsbürgerschaft annehmen, muss man dies eigens beantragen (⇨„Längerfristige Eingliederung, Staatsbürgerschaft, Einbürgerung als Australier").

Man sollte wissen, dass **Scheinehen** strengstens geahndet werden. Wer als Scheinehepaar auffliegt, muss je nach Betrugsausmaß mit zwei bis zehn Jahren Freiheitsentzug und Geldstrafen bis zu 100.000 $ rechnen.

Partner Migration

- **Weitere Infos:** www.immi.gov.au/migrants/family/index.htm (Stichwort „Visa Options").
- **Booklet 1,** „Partner Migration", kann man sich von www.immi.gov.au/allforms/booklets/booklets.htm herunterladen.

Spouse Visa

Dieses Visum ist für all diejenigen gedacht, die entweder mit einem Australier **verheiratet** sind *(de jure)* oder seit mindestens zwölf Monaten ohne Trauschein mit diesem als Paar **zusammen leben** *(de facto)*. Ist man noch keine zwölf Monate zusammen oder verheiratet, hat aber bereits ein gemeinsames Kind, kann man das Visum ebenfalls beantragen. Es ist nur für **nicht-gleichgeschlechtliche Paare** zulässig, Antragsteller mit gleichgeschlechtlichem Lebensgefährten sollten ein *Interdependency Visa* wählen (⇨„Wege zum Visum, Einwandern aus Liebe, Interdependency Visa"). Wird das vorläufige *Spouse (Temporary) Visa* (*Subclass 309* außerhalb oder *Subclass 820* innerhalb Australiens) genehmigt, hat man eine **zeitlich befristete Aufenthaltsgenehmigung** und kann vorläufig in Australien bleiben.

In der Regel wird man **nach zwei Jahren** erneut von der DIAC unter die Lupe genommen, daher sollte man in diesem Zeitraum jede Adressänderung mitteilen, damit man die Einladung zur erneuten Beurteilung auch erhält. Ist man noch immer mit seinem australischen Lebensgefährten zusammen und wird die Beziehung weiterhin als echt und dauerhaft bewertet, wird dem Antragsteller die **Daueraufenthaltsgenehmigung** zugesprochen. Dafür muss man jedoch auch ein erneutes polizeiliches Führungszeugnis für die Länder vorweisen können, in dem man seit Erhalt der befristeteten Aufenthaltsgenehmigung mindestens zwölf Monate vor Antragstellung auf eine Daueraufenthaltsgenehmigung gelebt hat (also voraussichtlich für Australien, ⇨„Der Visumantrag, Erfordernisse und Dokumente, Persönliche Überprüfung, Polizeiliches Führungszeugnis").

Es gibt jedoch **Ausnahmen** für die Wartezeit-Regel, denn wenn man schon fünf oder mehr Jahre mit seinem Lebensgefährten zusammen ist oder wenn man seit mindestens zwei Jahren zusammen ist und gemeinsame Kinder hat, bekommt man eine Daueraufenthaltsgenehmigung bereits im ersten Anlauf *(Spouse (Permanent) Visa* (*Subclass 100* außerhalb oder *Subclass 801* innerhalb Australiens)).

Endet die Beziehung innerhalb der zweijährigen Wartezeit, kann man unter extremen Umständen dennoch eine Daueraufenthaltsgenehmigung erhalten:

- Wenn man selbst oder die Kinder **Opfer von Gewalt** in der Beziehung bzw. in der Familie wurden und der Australier der Täter ist
- Wenn einem das **gemeinsame Sorgerecht** für das gemeinsame minderjährige Kind zugesprochen wurde
- Wenn der australische Lebensgefährte **verstirbt**

Prospective Marriage Visa

Dieses Visum ist für all diejenigen gedacht, die mit einem australischen Partner anderen Geschlechts verlobt sind, beabsichtigen, diesen in Australien zu heiraten, und noch nicht zwölf Monate zusammen sind. Das Paar muss sich persönlich kennen gelernt haben (ein reiner Kontakt über Chat, Skype oder Telefon o.Ä. gilt nicht). Dieses Visum kann nur im Ausland be-

007aa Foto: eg

Auf Umwegen zum Glück

Andrea Rosner-Piesch, Jahrgang 1967, lebt heute mit ihrem Mann *Elgar* und ihrer Tochter *Annika* in Oatlands, einem Vorort von Sydney. Nie hätte sie sich träumen lassen, dass sie später einmal auf dem Fünften Kontinent leben würde. Sie wuchs in Erkelenz (NRW) unweit der niederländischen Grenze auf. Aufgrund ihres Interesses an Sprachen und an anderen Ländern hatte sie dort eine Ausbildung als Hotelfachfrau abgeschlossen.

Dieser Beruf führte sie schließlich nach York in England, wo sie im Hotel am Empfang arbeitete. Die Arbeits- und Lebensbedingungen dort waren alles andere als ideal. Sie fragte sich, wie sie bloß auf die Idee gekommen war, ihre schöne Wohnung in Deutschland aufzugeben und stattdessen in beengten Verhältnissen in einer Wohngemeinschaft in York zu leben. Sie erlebte **ihren ersten wahren Kulturschock.** Sie hatte gedacht, dass es in England als einem Teil Europas gar nicht so anders sein würde. Es gab aber vieles im Umgang miteinander, woran sie sich nach und nach gewöhnen musste. Auch dass die Klassengesellschaft in England so deutlich gelebt wird, war eine unangenehme Überraschung für *Andrea*.

In ihren sieben Jahren in York lernte sie ihren damaligen Lebensgefährten *Ian* kennen. Als dieser das Angebot bekam, beruflich nach Australien zu gehen, **stimmte sie eher widerwillig zu.** Sie hatte schon einen Kulturwechsel vollzogen und sehnte sich nicht gerade nach einem erneuten. Außerdem hatte sie sich nach und nach in ihrem Job mühsam in den buchhalterischen Aufgabenbereich vorgearbeitet, in dem man deutlich mehr Aufstiegsmöglichkeiten hatte. Die Karriere lief gut, und sie hatte sich auch schon einen neuen Freundeskreis aufgebaut. Warum diesen wieder verlassen?

Ihr Lebensgefährte wollte diese Chance jedoch unbedingt wahrnehmen, und so ging sie im Januar 1996 mit ihm an die Central Coast von New South Wales. Sie hatte ein *De-facto Visa* und konnte somit ebenfalls sofort wieder in einer buchhalterischen Stellung arbeiten. Als der Umzug geschafft war und sie sich in das gekaufte Haus an Point Clare eingelebt hatten, musste *Andrea* jedoch feststellen, dass ihr Lebensgefährte es mit der Treue nicht so genau nahm. So kam es im August 1997 zur Trennung.

Was sollte sie nun tun? **Nach Deutschland zurückkehren** und vorübergehend bei den Eltern einziehen? Oder zurück nach England? Oder in Australien bleiben? Beruflich ging es in Australien wunderbar, und *Andrea* war sich im Klaren darüber, dass man sie in Deutschland vermutlich nicht im buchhalterischen Bereich arbeiten lassen würde. In Deutschland läuft für *Andreas* Geschmack alles viel zu starr und bürokratisch. Wenn man „das nötige Papier" für den exakten Beruf nicht vorzeigen kann, gibt es wenig Chancen. Dass sie bereits jahrelange Erfahrungen sowohl im Debitoren- und Kreditorenbereich vorweisen konnte, würde dort vermutlich nicht anerkannt.

An Australien gefiel ihr auch, dass sie **von Anfang an in der Gesellschaft akzeptiert** wurde. Dass sie woanders herkam, spielte keine Rolle. Ganz anders also, als es ihren Eltern ergangen war, die als Sudetendeutsche von den Einheimischen in Erkelenz immer als Fremde behandelt wurden. Bei dem Gedanken, sich den negativen Seiten der deutschen Gesellschaft wieder auszusetzen, sträubten sich ihre Nackenhaare. Somit war irgendwann der Entschluss gefasst, es allein weiter in Australien zu versuchen und sich ein für allemal dort niederzulassen.

Durch ihren australischen Arbeitgeber gesponsort, wurde *Andreas De-facto Visa* in ein *Business Visa* umgewandelt. Sie war im IT-Projekt-Management tätig. Im Dezember 1997 lernte sie dann durch ihre Arbeit **ihren heutigen Ehemann Elgar kennen,** und im März 1998 wurden sie ein Paar. Zu dem Zeitpunkt bekam *Andrea* ein Angebot, für eine andere Firma in die USA zu gehen, schlug es jedoch zugunsten ihrer Beziehung aus. Rückblickend ist sie doppelt glücklich darüber, denn wenig später zerplatzte die IT-Blase, und vermutlich hätte sie dann auch die USA wieder verlassen und erneut neu anfangen müssen.

Elgar ist das, was man einen „Australier der zweiten Generation" nennt, denn seine Eltern sind nach dem Zweiten Weltkrieg aus Österreich nach Australien eingewandert. *Andrea* konnte sich nicht vorstellen, mit einem Einheimischen der x-ten Generation zusammen zu sein. Man **kann seine gesellschaftliche Prägung eben nicht komplett ablegen** und eine neue annehmen. *Andrea* vermisste z.B. in Gesprächssituationen die für sie typisch europäische Freude an (auch kontroversen) Diskussionen. Australier vermeiden ihrer Erfahrung nach derartige vermeintliche „Auseinandersetzungen" zugunsten eines harmonischen Miteinanders meist völlig; lediglich akademische Kreise bilden hier eine Ausnahme. *Andrea* empfindet es daher als großes Glück, ihren Mann getroffen zu haben, mit dem sie auch offen Ansichten und Gedanken austauschen kann. Ideale Bedingungen, um eine interessante Ehe bis ins hohe Alter führen zu können. Aus den gleichen Gründen haben sie auch vorwiegend europäischstämmige Freunde der ersten oder zweiten Generation. Man hat einfach von Anfang an mehr Gemeinsamkeiten.

Relativ schnell, im März 2000, schlossen sie den Bund der Ehe und beantragten ein *Spouse Visa* für *Andrea,* damit sie unabhängig von einem Arbeitgeber ein Visum und schließlich die unbefristete Aufenthaltsgenehmigung bekommen konnte.

Sie hatten schwere Zeiten vor sich. *Elgar* verlor seine Stellung und blieb acht Monate lang arbeitslos. Mit 47 Jahren ist es auch in Australien nicht ganz einfach, eine neue Arbeit zu finden. Eine **harte Bewährungsprobe** für die junge Ehe, die sie jedoch gemeinsam meisterten. Im Mai 2002 bekam *Andrea* ihre Daueraufenthaltsgenehmigung; 2003 wurde ihre Tochter *Annika* geboren.

Andrea arbeitet mittlerweile in der Auftragsvergabe, eine Position, die sie wohl in Deutschland nie erreicht hätte. Sie ist bei ihrer Firma so erfolgreich und so wertvoll, dass sie während der Schwangerschaft und seitdem als **erste Mitarbeiterin der Firma von zu Hause aus arbeiten durfte.** Somit konnte sie ihren Beruf weiterführen und dennoch Mutter sein. Mithilfe von Au-Pairs bewältigt sie diese Doppelbelastung.

Es gibt für *Andrea* auch viele Dinge, die ihr in ihrer neuen Heimat nicht so gut gefallen. Aber wenn sie alles gegenüberstellt, **überwiegen die positiven Seiten Australiens.** Sie möchte aber auch, dass ihre Tochter ihre ursprüngliche Kultur kennen lernt, und erzieht sie daher zweisprachig. Sie weiß, dass es noch spannend werden wird, wenn *Annika* zu einer „echten" Australierin heranwächst. Denn *Andrea* selbst wird immer zwischen den Kulturen stehen, **nicht mehr deutsch, aber auch nicht australisch.** Aber damit steht sie in der australischen Immigrantengesellschaft auch nicht alleine da.

antragt werden, d.h. in diesem Fall von Deutschland aus.

Wenn man das *Prospective Marriage (Temporary) Visa (Subclass 300)* bekommt, kann man nach Australien einreisen und ist verpflichtet, den australischen Partner **binnen neun Monaten zu heiraten.** Diese Heirat kann in Australien oder einem anderen Land stattfinden, aber man muss innerhalb dieser neun Monate vor der Eheschließung mindestens einmal mit dem Visum nach Australien einreisen, sonst kann dieses für ungültig erklärt werden (⇨„Neuanfang in Australien, Heirat und Co., Heirat").

Als nächsten Schritt muss man das *Spouse (Temporary) Visa (Subclass 820)* beantragen, damit man eine **befristete Aufenthaltsgenehmigung** bekommt (⇨„Wege zum Visum, Einwandern aus Liebe, Spouse Visa"). Wenn man **nach zwei Jahren** noch immer mit seinem australischen Ehepartner verheiratet ist, kann man die **Daueraufenthaltsgenehmigung** mit dem *Spouse (Permanent) Visa (Subclass 801)* beantragen.

Ausnahmen für die Wartezeitregel: Endet die Beziehung innerhalb der zweijährigen Wartezeit, kann man unter extremen Umständen dennoch eine Daueraufenthaltsgenehmigung erhalten:

- Wenn man selbst oder die Kinder **Opfer von Gewalt** in der Beziehung bzw. in der Familie wurden und der Australier der Täter ist
- Wenn einem das **gemeinsame Sorgerecht** für das gemeinsame minderjährige Kind zugesprochen wurde
- Wenn der australische Lebensgefährte **verstirbt**

Interdependency Visa

Dieses Visum ist vor allem für diejenigen gedacht, die seit mindestens zwölf Monaten in einer Beziehung mit einem gleichgeschlechtlichen australischen Partner zusammen unter derselben Anschrift leben. Wenn man das vorläufige *Interdependency (Temporary) Visa* (*Subclass 310* außerhalb bzw. *826* innerhalb Australiens) bekommt, hat man eine **befristete Aufenthaltsgenehmigung.**

In der Regel wird man **nach zwei Jahren** erneut von der DIAC unter die Lupe genommen, daher sollte man in diesem Zeitraum jede Adressänderung mitteilen, damit man die Einladung zur erneuten Beurteilung auch erhält. Ist man noch immer mit seinem australischen Partner zusammen und wird die Beziehung weiterhin als echt und dauerhaft gewertet, erhält man die **Daueraufenthaltsgenehmigung.** Dafür muss man jedoch auch ein erneutes polizeiliches Führungszeugnis für die Länder vorzeigen können, in denen man sich seit Erhalt der befristeten Aufenthaltsgenehmigung mindestens zwölf Monate vor Antragstellung auf eine Daueraufenthaltsgenehmigung gelebt hat (also voraussichtlich für Australien, ⇨„Der Visumantrag, Erfordernisse und Dokumente, Persönliche Überprüfung, Polizeiliches Führungszeugnis").

Es gibt jedoch **Ausnahmen** für die Wartezeit-Regel, denn wenn man schon fünf oder mehr Jahre mit seinem Lebensgefährten zusammen ist; dann bekommt man eine Daueraufenthaltsgenehmigung bereits im ersten Anlauf

(Interdependency (Permanent) Visa (Subclass 110 außerhalb oder *Subclass 814* innerhalb Australiens)).

Endet die Beziehung innerhalb der zweijährigen Wartezeit, kann man unter extremen Umständen dennoch eine Daueraufenthaltsgenehmigung erhalten:

- Wenn man selbst oder die Kinder **Opfer von Gewalt** in der Beziehung bzw. in der Familie wurden und der Australier der Täter ist
- Wenn der australische Lebensgefährte **verstirbt**

Verwandte in Australien

Hat man in Australien einen Verwandten, der die australische Staatsbürgerschaft, eine Daueraufenthaltsgenehmigung oder unter gewissen Bedingungen die neuseeländische Staatsbürgerschaft besitzt (nähere Definition ⇨„Wege zum Visum, Grundbegriffe"), gibt es noch einige zusätzliche Einwanderungsmöglichkeiten.

2007/08 wurden 8596 Visa für Migranten mit Verwandten in Australien bewilligt[15]. Darunter waren 50 Deutsche[16].

Grundsätzliche Voraussetzung für den Einwanderungsweg mit Hilfe eines australischen Verwandten ist, dass dieser eine Sponsorenschaft für den Antragsteller unterzeichnet, in der er sich für Folgendes verbürgt:

- Dem Antragsteller eine **adäquate Unterkunft** zur Verfügung zu stellen, wenn dieser selbst keine organisiert haben sollte
- Den Antragsteller für die ersten zwei Jahre in Australien **finanziell zu unterstützen**
- Dem Antragsteller in jeder Hinsicht zu **helfen,** z.B. bei der Kinderbetreuung oder Englischunterricht

Details ⇨„Der Visumantrag, Erfordernisse und Dokumente, „Bürgschaft".

Fachkraft

Einige der im Kapitel „Einwandern als Fachkraft" vorgestellten Visumarten für **qualifizierte Fachkräfte** gibt es auch mit Unterstützung eines Verwandten in Australien statt mit Unterstützung durch einen Bundesstaat bzw. ein Territorium.

Skilled Migration

- **Weitere Infos:** www.immi.gov.au/skilled/index.htm (Stichwort „Professionals and other Skilled Migrants", „Visa Options")
- **Booklet 6,** „General Skilled Migration", kann man sich von www.immi.gov.au/allforms/booklets/booklets.htm herunterladen.

Skilled – Sponsored (Migrant)

Für das *Skilled – Sponsored (Migrant) Visa (Subclass 176)* muss man wie im Kapitel „Einwandern als Fachkraft" dargelegt den **Punktetest** bestehen. Man bekommt jedoch keine Punkte für seine australische Verwandtschaft (⇨„Wege zum Visum, Einwandern als Fachkraft, Punktesystem"). Als Verwandte gelten in dieser Kategorie Eltern und Kinder (eigene, Adoptiv- und Stiefkinder), aber auch Geschwister, Onkel, Tanten, Nichten oder Neffen (inkl. Adoptiv- und Stiefverwandtschaft).

Dabei darf auch ein mit einwandernder (Ehe-) Partner die australische Verwandtschaft haben, wenn der Antragsteller die beruflichen und anderen Grundbedingungen erfüllt!

Man muss sich in der Stadt niederlassen, in der der Verwandte wohnt.

> Die im September 2004 eingeführte *Sydney and Selected Areas Skill Shortage List (SSASSL)*, eine Liste mit Berufsfeldern, für die Fachkräfte in Sydney und einigen ausgewählten Regionen gesucht wurden, wurde im September 2007 wieder abgeschafft.

Skilled – Regional Sponsored (Provisional)

Für das *Skilled – Regional Sponsored (Provisional) Visa (Subclass 475)* muss man, wie im Kapitel „Einwandern als Fachkraft" dargelegt, den **Punktetest** bestehen. Man bekommt in diesem Fall 25 Punkte für seine australische Verwandtschaft (⇨„Wege zum Visum, Einwandern als Fachkraft, Punktesystem"), sofern diese **außerhalb der Metropolen** wohnt und der Antragsteller sich ebenfalls dort niederlässt (⇨ unten). Als Verwandte gelten in dieser Kategorie: Eltern, Kinder (eigene, Adoptiv- oder Stiefkinder), Cousins/Cousinen (1. Grades), Enkel, aber auch Geschwister, Onkel, Tanten, Nichten oder Neffen (inkl. Adoptiv- und Stiefverwandte). Dabei darf auch ein mit einwandernder Partner die australische Verwandtschaft haben, wenn der Antragsteller selbst die beruflichen und anderen Grundbedingungen erfüllt!

Bedingung für die Zulässigkeit des Verwandten ist, dass dieser in den letzten zwölf Monaten nicht in Brisbane (in QLD), Sydney, Newcastle, Wollongong (alle drei in NSW) oder Perth (WA) wohnhaft gewesen ist. Dies ist genau über Postleitzahlen definiert, ⇨ www.immi.gov.au (Suchbegriff „Designated Areas of Australia").

Familienzusammenführung

Hier geht es vor allem um Eltern oder andere abhängige Verwandte im Rentenalter, denen man die Einreise nach Australien ermöglichen will, wenn man selbst schon dort wohnt. Doch auch, wenn man gerade erst an seiner eigenen Auswanderung arbeitet, ist dies interessant im Hinblick auf das spätere „Nachkommenlassen" Verwandter.

Einem einwandernden Elternteil steht in Australien nach einer Wartefrist lediglich der Rentenanspruch aus Deutschland zu (⇨„Verlassen der Heimat, Der bürokratische Schlussstrich, Sonstiges, Rentenanspruch" und „Neuanfang in Australien, Versicherungen, Rentenversicherung").

Eltern

Die **Grundbedingungen** zum Auswandern nach Australien als Elternteil im Rahmen der *Parent Migration* lauten wie folgt:

- Man muss **Kinder in Australien** haben, die die australische **Staatsbürgerschaft** oder eine **Daueraufenthaltsgenehmigung** haben. Es können eigene Kinder, Adoptivkinder oder Stiefkinder sein.

- Man muss mindestens **ebenso viele Kinder in Australien wie außerhalb** haben – dabei werden die Kinder beider Elternteile gezählt, inklusive solcher aus früheren Ehen oder Beziehungen, eigene, adoptierte oder auch Stiefkinder.
- Darüber hinaus muss man auch ein **Gesundheitszeugnis** und ein **polizeiliches Führungszeugnis** erbringen (⇨„Der Visumantrag, Erfordernisse und Dokumente, Persönliche Überprüfung, Gesundheitszeugnis“ und „Polizeiliches Führungszeugnis“).

Grundsätzlich gibt es **drei Visumvarianten** für Eltern, die von z.B. Deutschland nach Australien einwandern wollen: zum einen die beiden dauerhaften Varianten **Parent (Permanent) Visa** (*Subclass 103,* Elternvisum) und **Contributory Parent (Migrant) Visa** (*Subclass 143,* Elternvisum mit Zuzahlung) sowie das zeitlich auf zwei Jahre befristete **Contributory Parent (Temporary) Visa** *(Subclass 173)*. Bei beiden Zuzahlungsvarianten ist eine höhere Gebühr zu entrichten (insgesamt ca. 33.000 $ bzw. 20.500 statt ca. 2700 $ für das einfache *Parent (Permanent) Visa*). Wenn der Elternteil nach Ablauf der zeitlich befristeten Variante des *Contributory Parent (Temporary) Visa* doch lieber dauerhaft in Australien bleiben möchte, kann dieser binnen der zweijährigen Gültigkeitsdauer des Visums einen Antrag auf ein dauerhaftes *Contributory Parent (Migrant) Visa (from Subclass 173 to Subclass 143)* stellen.

Die Chancen auf eine Einwanderung mit dem einfachen *Parent Visa* sind gering. Im Jahr 2008/09 sollen ca. 2000 Plätze für die Kategorie *Parent Visa* vergeben werden und 6500 Plätze für die Kategorie *Contributory Parent Visa*[16a]. Stellt man jetzt einen Antrag auf ein *Parent Visa* hat man rund 14.000 Antragsteller vor sich auf der **Warteliste,** bei einem *Contributory Parent Visa* wären jetzt hingegen nur 540 Antragsteller vor einem an der Reihe[16b]. Dabei werden die Anträge zunächst nach Eingangsdatum sortiert, dann gibt es jedoch eine Prioritätsliste, auf der Antragsteller, deren Kinder die australische Staatsbürgerschaft haben und deren Kinder alle in Australien wohnhaft sind, ganz oben stehen. Ganz unten stehen Antragsteller, von denen weniger als die Hälfte der Kinder in Australien wohnt und deren Kinder dort lediglich eine Daueraufenthaltsgenehmigung haben.

Von den insgesamt rund 21.000 Eltern, die zwischen 2000 und 2008 zu einem Verwandten nach Australien ausgewandert sind, waren nur 117 Deutsche[17].

Da diese Form der Auswanderung nur für das spätere „Nachkommenlassen“ der Eltern interessant ist, belasse ich es bei diesen Grundinformationen und gehe im weiteren Verlauf des Buches nicht weiter darauf ein.

Parent Migration

- **Weitere Infos:** www.immi.gov.au/migrants/family/index.htm (Stichworte „Visa Options“ und „Parent Visa Processing Priorities“)
- **Booklet 3,** „Parent Migration“, kann man von www.immi.gov.au/allforms/booklets/booklets.htm herunterladen.

Andere Verwandte

Auch andere Antragsteller können zu einem Geschwisterteil in Australien auswandern, z.B. wenn dies der letzte noch lebende Verwandte ist, wenn sie als Person im Rentenalter finanziell von dem australischen Verwandten abhängig sind oder wenn der deutsche Verwandte im Rentenalter der Pfleger eines Verwandten in Australien ist, der durch keine andere Person ersetzt werden kann *(Carer)*.

Darüber hinaus gibt es auch Möglichkeiten für deutsche Kinder zu ihren Eltern nach Australien auszuwandern (die z.B. vor einigen Jahren ohne ihre Kinder ausgewandert sind).

Es würde jedoch zu weit gehen, diese Varianten hier alle zu beschreiben, da diese nur selten von deutschen Staatsbürgern genutzt werden.

Other Family Migration

- **Weitere Infos:** www.immi.gov.au/migrants/ family/index.htm (Stichwort „Visa Options“)
- **Booklet 4,** „Other Family Migration“, kann man von www.immi.gov.au/allforms/booklets/booklets.htm herunterladen.

Studenten

Studenten mit australischen Verwandten können sich auch um folgende Varianten eines *Skilled Visa* bewerben, die man sonst nur mit Nominierung durch einen Bundesstaat bzw. ein Territorium bekommen kann (⇨„Wege zum Visum, Quereinsteiger, In Australien Studierende“):

Beim *Skilled - Sponsored (Residence) Visa (Subclass 886)* gelten nicht-abhängige Eltern, Kinder (eigene, Adoptiv- und Stiefkinder), aber auch Geschwister, Onkel, Tanten, Nichten oder Neffen (inkl. Adoptiv- und Stiefverwandtschaft) als zulässige Verwandte, die in einer beliebigen Region in Australien wohnhaft sein dürfen. Entsprechend gibt es im Punktetest keine Punkte für die australische Verwandtschaft.

Beim *Skilled - Regional Sponsored (Provisional) Visa (Subclass 487)* legt man sich auf ländliche Regionen mit geringer Bevölkerungsdichte in Australien fest, in welcher der australische Verwandte wohnhaft sein muss. Beim Punktetest bekommt man dafür 25 Punkte. Als Verwandte gelten in dieser Kategorie: Eltern, Kinder (eigene, Adoptiv- oder Stiefkinder), Cousins/ Cousinen (1. Grades), Enkel, aber auch Geschwister, Onkel, Tanten, Nichten oder Neffen (inkl. Adoptiv- und Stiefverwandte).

Weitere Möglichkeiten zur Einwanderung

Neben den ausführlich geschilderten Haupteinwanderungsarten, die für deutsche Antragsteller in Frage kommen, gibt es noch drei weitere Möglichkeiten, nach Australien einzuwandern. Da diese jedoch von Deutschen kaum genutzt werden und zudem sehr komplex sind, skizziere ich sie hier nur kurz.

Erfolgreiche Geschäftsleute

Mit dem *Business Skills Visa* können bereits erfolgreiche Geschäftsinhaber, Geschäftsführer und Investoren nach Australien auswandern, um ein existierendes Unternehmen weiterzuentwickeln oder ein neues Unternehmen zu gründen. 2007/08 wurden 5347 *Business Skills Visa* für Geschäftsleute und deren Familien bewilligt[18].

In dieser Kategorie gibt es sowohl diverse Möglichkeiten für zunächst zeitlich befristete Aufenthaltsgenehmigungen, als auch für Daueraufenthaltsgenehmigungen. Die Bedingungen sind dabei einfacher für solche Unternehmen, die durch einen Bundesstaat oder ein Territorium gefördert werden. Da diese Visumkategorie für Deutsche sehr selten genutzt wird (zwischen dem Jahr 2000 und 2008 waren es nur 185 von insgesamt 40.090[19]), gehe ich hier nicht weiter auf die Details ein.

Business People

- **Weitere Infos:** www.immi.gov.au/skilled/index.htm (Stichwort „Business People")
- **Booklet 7,** „Business Skills Entry", kann man sich von www.immi.gov.au/allforms/booklets/booklets.htm herunterladen.
- Informationen über **Investitionsmöglichkeiten** in Australien bekommt man auf der Website www.investaustralia.gov.au.

Rentner ohne Verwandte

Als Rentner auf die Balearen, die Kanaren, an die Mittelmeerküste oder in andere südliche Regionen Europas auszuwandern, ist längst keine Seltenheit mehr für Deutsche. Davon, im Rentenalter nach Australien auszuwandern, hört man im Grunde nie, aber es ist möglich. Im Kapitel „Verwandte in Australien" wurde bereits geschildert, wie man im Rentenalter zu seiner Verwandtschaft nach Australien auswandern kann. Hat man jedoch keine Verwandten dort, gibt es die Möglichkeit, ein **Investor Retirement Visa** (Subclass 405, Investoren-Rentnervisum) für Australien zu beantragen, wenn man mindestens 55 Jahre alt ist. Das frühere Rentnervisum ohne verpflichtende Tätigung einer Investition in Australien gibt es seit dem 1. Juli 2005 nicht mehr.

Seitdem wird lediglich ein auf vier Jahre befristetes Visum erteilt. Man kann damit also nicht den Rest seines Lebens in Australien verbringen, sondern nur einige Jahre. Man muss genügend Finanzmittel zur Verfügung haben, um z.B. eine Investition von 750.000 $ in eine australische Staatsanleihe tätigen zu können. Hinzu kommen weitere Bedingungen, die zu erläutern jedoch den Rahmen dieses Buches sprengen würden.

Investor Retirement Visa

- **Weitere Infos:** www.immi.gov.au (Stichwort „Investor Retirement Visa")

008aa Foto: eg

Außerordentliches Talent

Das Programm für *Distinguished Talents* (außerordentliche Talente) ist mit nur 227 Visumbewilligungen im Jahre 2006/07 das kleinste aller australischen Einwanderungsprogramme [20]. Für einen Antrag muss man belegen können, dass man ein international anerkanntes Talent in einem bestimmten Berufsfeld, in den Künsten, im Sport, in der Forschung oder allgemein im akademischen Bereich ist.

Distinguished Talent Visa

- **Weitere Infos:** www.immi.gov.au (Stichwort „Distinguished Talent Visa")
- **Booklet 8,** „Special Migration", kann man sich von www.immi.gov.au/allforms/booklets/booklets.htm herunterladen.

Ehemals in Australien Ansässige

Als Letztes gibt es für einige wenige Deutsche auch noch die Kategorie der ehemals in Australien Ansässigen. Damit gemeint sind Menschen, die mindestens neun von ihren 18 ersten Lebensjahren in Australien verbracht haben und damals eine Daueraufenthaltsgenehmigung für Australien erworben, aber nie die australische Staatsbürgerschaft angenommen hatten und derzeit unter 45 Jahre alt sind.

Former Resident Visa

- **Weitere Infos:** www.immi.gov.au/migrants/index.htm (Stichwort „Returning Residents")
- **Booklet 8,** „Special Migration", kann man sich von www.immi.gov.au/allforms/booklets/booklets.htm herunterladen.

Für erfolgreiche Geschäftsleute gibt es spezielle Business Skills Visa

009aa Foto: eg

Traumland Australien?

Im folgenden Kapitel wird das Land, von dem viele Auswanderer träumen, in den Aspekten vorgestellt, die man bei einem kürzeren Aufenthalt vielleicht nicht kennen gelernt hat und die für den Entschluss, dorthin auszuwandern, wichtig sein können. Erläutert werden z.B. die Bevölkerungsverteilung, die durchaus auch unschönen Seiten des australischen Klimas, Aspekte der (Einwanderungs-)Politik, des Bildungswesens, der Wirtschaft und der Lebensart sowie gesellschaftliche Grundwerte wie Toleranz und Chancengleichheit. Weitere Themen: Arbeitsmarkt, Sozialleistungen, Infrastruktur, Gesetze und Sicherheit.

Mount Bryan in South Australia

Überblick

Der Gedanke, nach Australien auswandern zu wollen, lässt einen nicht mehr los. Man hat bereits geprüft, ob man auch tatsächlich eine Chance hat, die Bedingungen für die Einwanderung zu erfüllen. Spätestens jetzt ist es Zeit für einen „Realitätscheck“. Welches (Ideal-)Bild hat man sich vom Leben in Australien bislang gemacht? Hat man während seines Urlaubs oder seines befristeten Studien- bzw. Arbeitsaufenthaltes auch einmal hinter die attraktiven Kulissen schauen können? Wie ist es, wenn man die rosarote Brille absetzt und das Land einmal kritischer betrachtet? Was ist dort so ähnlich wie in Deutschland, was ganz anders? Was ist eventuell gewöhnungsbedürftig? Wie sind die australische Gesellschaft und der Staat organisiert? Welche Probleme gibt es dort? Was bietet Australiens Zukunft – z.B. wirtschaftlich, gesellschaftlich oder in Bezug auf den Lebensraum? Die nachfolgenden Kapitel versuchen einige Antworten auf diesen Fragenkatalog zu geben, sie sollen einen Blick hinter die Klischees von Sonne, Natur und Freiheit ermöglichen.

Viel Platz und Natur ...

... das ist wohl die gängigste Vorstellung von Down Under auf den anderen vier Kontinenten. Wird man damit dem heutigen Australien gerecht? Australien ist ein Inselkontinent, der mit seinen fast **7,7 Mio. km²** größer ist als ganz Europa. Er hat über **21 Millionen Einwohner,** das sind also durchschnittlich 2,7 Menschen pro Quadratkilometer in Australien (zum Vergleich: In Deutschland sind es 230 Menschen). Eine solche Statistik trägt jedoch der tatsächlichen Bewohnbarkeit der Landmasse keine Rechnung. Australiens Einwohner leben keineswegs gleichmäßig über den Kontinent verteilt. Die Mehrheit wohnt in der gemäßigten Klimazone in Reichweite der Küstenregionen im Südosten und äußeren Südwesten des Kontinents.

Der Grund für diese **ungleichmäßige Verteilung der Bevölkerung** liegt ganz einfach in der kurzen modernen Siedlungsgeschichte Australiens, die 1788 mit der Gründung der ersten britischen Strafgefangenenkolonie ihren Anfang nahm. Die britischen Kolonien New South Wales, Victoria, Queensland, Western Australia und Tasmania sowie die Provinz South Australia (wozu einst der Großteil des heutigen Northern Territory gehörte) wurden – vereinfacht ausgedrückt – dort gegründet, wo heute ihre Hauptstädte Sydney, Melbourne, Brisbane, Perth, Hobart und Adelaide liegen. Abgesehen vom eher subtropisch gelegenen Brisbane, liegen all diese Städte in der gemäßigten Klimazone, die in etwa

dem Wetter entsprach, das die frühen Siedler aus ihren europäischen Heimatländern kannten.

Überlebenswichtig für die Kolonien war eine erfolgreiche **Landwirtschaft** mit dem mitgebrachten Saatgut und Vieh, um sich so schnell wie möglich selbstständig versorgen zu können und nicht länger auf Schiffslieferungen aus Großbritannien angewiesen zu sein. Somit erschloss man nach und nach das **Hinterland** der Kolonialhauptstädte für die Versorgung der Stadtbevölkerung mit Agrarerzeugnissen. Mit Eintritt in die Industriegesellschaft und der Entwicklung eines regen Handels mit u.a. Europa kam es jedoch bald wieder zur **Verdichtung der Bevölkerung** in den schon etablierten Städten.

Weitläufige Landstriche, durchsetzt mit dörflichen Strukturen, wie man es

Bevölkerungszahlen in Australien [24]

Australien insgesamt

- **Fläche:** 7.692.024 km², Küstenlinie: 59.736 km**
- **Einwohner:** 21,2 Mio.*, davon 2,44 % indigene Ew. **
- **Hauptstadt:** Canberra, 340.800 Ew.*

New South Wales (NSW)

- **Fläche:** 800.642 km², Küstenlinie: 2137 km**
- **Einwohner:** 6,9 Mio.* davon 2,1 % indigene Ew.**
- **Hauptstadt:** Sydney, 4,3 Mio. Ew.**
- **Nächstgrößere Regionen (Ew.)**:**

Newcastle (517.496),
Canberra-Queanbeyan (381.397, größtenteils im Australian Capital Territory, inkl. Canberra),
Wollongong (277.972),
Albury-Wodonga (100.826, Grenzregion zu Victoria),
Wagga Wagga (55.195),
Coffs Harbour (50.048),
Tamworth (44.371),
Port Macquarie (41.348),
Orange (37.009),
Dubbo (35.834),
Bathurst (32.246),
Nowra-Bomaderry (32.245),
Lismore (31.565)

Victoria (VIC)

- **Fläche:** 227.416 km², Küstenlinie 2512 km**
- **Einwohner:** 5,2 Mio.*, davon 0,58 % indigene Ew.**
- **Hauptstadt:** Melbourne, 3,7 Mio. Ew.**
- **Nächstgrößere Regionen (Ew.)**:**

Geelong (167.802),
Ballarat (88.437),
Bendigo (85.080),
La Trobe Valley (76.339),
Mildura (47.911),
Shepparton (46.227),
Warrnambool (31.501)

Queensland (QLD)

- **Fläche:** 1.730.648 km², davon 54 % in der tropischen Klimazone, Küstenlinie: 13.347 km**
- **Einwohner:** 4,2 Mio.*, davon 3,5 % indigene Ew.**
- **Hauptstadt:** Brisbane, 1,8 Mio. Ew.**
- **Nächstgrößere Regionen (Ew.)**:**

Gold Coast-Tweed (565.256, Grenzregion zu NSW),
Sunshine Coast (224.127),
Townsville (152.954),
Cairns (131.564),
Toowoomba (121.894),
Rockhampton (73.333),
Mackay (77.544),
Bundaberg (63.262),
Hervey Bay (50.825),
Gladstone (45.678)

Western Australia (WA)

- **Fläche:** 2.529.875 km², davon 37 % in der tropischen Klimazone, Küstenlinie 20.781 km**
- **Einwohner:** 2,1 Mio.*, davon 3,6 % indigene Ew.**
- **Hauptstadt:** Perth, 1,5 Mio. Ew.**
- **Nächstgrößere Regionen (Ew.)**:**

Mandurah (71.011),
Bunbury (57.744),
Geraldton (33.500),
Kalgoorlie/Boulder (30.196)

South Australia (SA)

- **Fläche:** 983.482 km², Küstenlinie: 5067 km**
- **Einwohner:** 1,6 Mio.*, davon 1,6 % indigene Ew.**
- **Hauptstadt:** Adelaide, 1,1 Mio. Ew.**
- **Nächstgrößere Regionen (Ew.)***:**

Yorke Peninsula & Lower North Regions (45.979),
Mt Lofty Ranges Region (44.394),
Barossa Region (43.326),
Riverland Region (41.885),
Fleurieu Peninsula Region (39.276)

Tasmania

- **Fläche:** 68.401 km², Küstenlinie: 4882 km**
- **Einwohner:** 495.800*, davon 3,4 % indigene Ew.**
- **Hauptstadt:** Hobart, 205.566 Ew.**
- **Nächstgrößere Regionen (Ew.)**:** Launceston (103.325), Burnie-Devonport (79.932)

Australian Capital Territory (ACT)

- **Fläche:** 2358 km², keine Küste**
- **Einwohner:** 340.800*, davon 1,1 % indigene Ew.**
- **Hauptstadt:** Canberra, 333.940 Ew.**
- **Nächstgrößere Regionen:** siehe NSW

Northern Territory (NT)

- **Fläche:** 1.349.129 km², davon 81 % in der tropischen Klimazone, Küstenlinie: 10.953 km**
- **Einwohner:** 217.600*, davon 30,6 % indigene Ew.**
- **Hauptstadt:** Darwin, 114.368 Ew.**
- **Nächstgrößere Regionen (Ew.)***:** Alice Springs (26.305), Palmerston-East Arm (27.185)

in Europa, Asien, aber auch in Amerika kennt, sind in Australien aufgrund seiner besonderen modernen Siedlungsgeschichte nicht zu finden. Australien wurde im Gegensatz zu z.B. Nordamerika erst zu Beginn des Industriezeitalters kolonisiert und hatte somit nur eine sehr kurze Periode einer reinen Agrargesellschaft. Auch die einheimische Bevölkerung, die Aborigines, kannten kaum feste dörfliche Strukturen, wie sie sich auf den anderen Kontinenten im Lauf der Geschichte entwickelt hatten. Lediglich in Küstennähe gab es eine sesshaftere Lebensweise, wie man heute u.a. an den sogenannten großflächigen *Shell Middens* ablesen kann. Das sind Haufen von Muschelschalen, quasi „Abfallhaufen" der einst am Meer lebenden Aborigines.

Australien ist ein Kontinent, auf dem **64 % der australischen Bevölkerung** allein in den Hauptstädten der sechs Bundesstaaten sowie im Northern Territory und dem Australian Capital Territory wohnen [21]. In Deutschland wohnen gerade einmal knapp 11 % der 82,3 Millionen Einwohner in den Hauptstädten der 16 Länder [22]! Australien ist **eines der urbanisiertesten Länder der Welt.** 67,9 % der australischen Einwohner leben in den Zentren und Vororten der zehn Hauptballungsräume Sydney, Newcastle, Wollongong, Melbourne, Geelong, Brisbane, Gold Coast, Adelaide, Perth und Canberra [23].

In den Großstädten gab und gibt es natürlich auch **die meisten Arbeitsplätze,** und so zog es den Großteil der jährlichen 70.000 bis 190.000 Migranten seit 1999[25] dorthin. Die australische Regierung ist jedoch an einer Zunahme der Bevölkerung im regionalen Australien interessiert und hat zu diesem Zweck im Januar 2004 erstmals 5000 Migrationsvisa mit regionaler Bindung im Rahmen der *Skilled Migration* eingeführt (⇨„Wege zum Visum, Einwandern als Fachkraft, Fachkraft-Visumarten"). Seitdem hat sich die Zahl der Migranten, die sich in regionalen Zentren niederlassen stetig erhöht[26].

Das Gros der Migranten stellt sich auf **ein Leben in den Vororten der Großstädte** ein. In Sydney, Australiens Stadt mit der größten Bevölkerungsdichte, leben ca. 4,3 Millionen Einwohner auf einer Fläche von gut 4000 km^2[27]. Damit ist der Ballungsraum Metropolitan Sydney in seiner Größe und Bevölkerungsdichte in etwa mit dem Ruhrgebiet vergleichbar (5,3 Millionen Einwohner auf 4435 km^2 = 1195 Ew./km^2)[28]. In den anderen australischen Metropolen ist die Bevölkerungsdichte geringer.

Immer weiter ansteigende Grundstückspreise und Lebenshaltungskosten sowie die Großstadtenge bewegen immer mehr Einwohner aus Sydney, **in ländliche Regionen abzuwandern.** Eine gewünschte Lebensstiländerung ist häufig der Grund. Man hat genug vom *Rat Race* um die beste Stellung im Job, vom Abbezahlen der Hypothek im Vorstadtsumpf etc. Populärstes Ziel der zwischenstaatlichen Wanderungsbewegung ist dabei der „Sonnenscheinstaat" Queensland. Diesem Abwanderungstrend hat New South Wales zu verdanken, dass es trotz einer hohen Zuwanderungsrate aus Übersee eine deutlich verhaltenere jährliche Bevölkerungswachstumsrate verzeichnet (0,91 %) als die populären Bundesstaaten Queensland (2,14 %), Western Australia (2,07 %) und Victoria (1,52 %)[29].

Bewegt man sich außerhalb der Geschäftsviertel der australischen Metropolen, **verschwinden die Hochhäuser** schlagartig. Stattdessen haben die Gebäude in der Regel nur noch ein bis zwei Stockwerke. Und da es schon immer der Traum der meisten Australier war, ein Eigenheim zu besitzen, gibt es vergleichsweise **mehr Einfamilienhäuser** in den australischen Städten als in den deutschen. Die Folge davon ist eine **große flächenmäßige Ausdehnung** der Städte. So macht sich z.B. Adelaide mit seinen 1,1 Millionen Einwohnern auf einer Fläche von 1826,9 km^2 breit, während z.B. Köln mit seinen knapp über 1 Million Einwohnern auf nur 405,15 km^2 haust[30]. Spätestens bei der Suche nach einer ersten Bleibe in Australien sollte man diesen Umstand berücksichtigen, wenn man nicht täglich drei bis vier Stunden in Nahverkehrszügen, Bussen, Fähren oder mit dem eigenen Fahrzeug zwischen Arbeit und Haus hin und her pendeln möchte.

Ohne ein eigenes Fahrzeug geht es eigentlich gar nicht. Nur für ca. 7 % des Nahverkehrtransports werden öffentliche Verkehrsmittel genutzt[31]. Das liegt vor allem an der vergleichsweise **unterentwickelten Infrastruk-**

tur in den australischen Metropolen. Bei Bebauung neuer Vororte wird die Anbindung an das öffentliche Verkehrsnetz einfach nicht mit eingeplant, und so sind die Bewohner gezwungen, das Auto zu nehmen. Die vorhandenen öffentlichen Verkehrsmittel können sich noch dazu, je nach Stadt, nicht gerade der Schnelligkeit und Verlässlichkeit rühmen. Auf überregionaler Ebene sieht das öffentliche Verkehrsnetz nicht viel besser aus (⇨„Traumland Australien?, Boomende Wirtschaft, Hemmschuh Infrastruktur“).

Was sich für das tägliche Leben in der modernen australischen Gesellschaft nicht als Lebensraum eignet, ist ein wahres Geschenk für die Tourismusbranche (⇨„Traumland Australien?, Boomende Wirtschaft, Zugpferde für das Wachstum“). Diese stützt sich in Australien vornehmlich auf die kommerzielle Nutzung und Vermarktung des **Produktes „australische Natur“** und „australische Wildnis“. Diese zu erhalten, ist daher heute ein wichtiges Anliegen. In Australien gibt es derzeit 15 von der UNESCO als **Weltkulturerbe** ausgezeichnete Naturlandschaften, von denen das Great Barrier Reef und der Uluru-Kata Tjuta National Park (Ayers Rock) mit Sicherheit die beiden bekanntesten sind[32].

Die Auszeichnung als Naturerbe verpflichtet jedoch auch, den Naturraum und seine Artenvielfalt möglichst unverändert zu bewahren, damit er auch noch von zukünftigen Generationen bewundert und genossen werden kann. So sind insgesamt fast 80,9 Mio. Hektar Naturgebiete in 2128 Nationalparks, Wildnisgebieten und Naturreservaten etc. geschützt. Das sind immerhin 10,5 % des gesamten australischen Kontinents[33].

Viele einheimische **Tier- und Pflanzenarten stehen unter Schutz.** Fischen und Jagen ist ohne Genehmigung ebenso verboten wie das Entwenden von Steinen, Pflanzen, Holz oder gar Tieren aus den Schutzgebieten. Aber auch in den Städten legt man großen Wert auf eine saubere Umgebung. Vergleicht man australische Städte mit deutschen, fällt auf, dass Erstere meist sauberer sind.

Schönes Wetter und die Folgen

Der erste neidvolle Kommentar, den man meist zu hören bekommt, wenn man jemandem erzählt, dass man nach Australien auswandert, ist etwas in der Art von: „Oh ja, da ist es schön warm!" War man bereits selbst dort im Urlaub, hat sich das mit Sicherheit bestätigt, denn man wird in der für die Region vorteilhaftesten Saison gereist sein. Wie aber ist das Wetter am Lieblingsort an den restlichen Tagen des Jahres? Auch das Wetter in Australien hat so seinen Pferdefuß.

Wie schon im vorangehenden Kapitel erwähnt, wohnen die meisten Einwohner Australiens in der gemäßigten Zone im Südosten und äußersten Südwesten des Kontinents. Es gibt dort auch die uns bekannten **Jahreszeitenwechsel.** Die einzelnen Jahreszeiten unterscheiden sich in Australiens gemäßigter Zone weitaus weniger als in unseren Breiten, d.h. Frost und Schnee kennt man im Grunde nur in den Australischen Alpen (rund um Canberra) und in den Bergen Tasmanias (⇨ Kasten „Klima in australischen Städten"), ansonsten ist der australische Winter eher unserem Herbst gleichzusetzen.

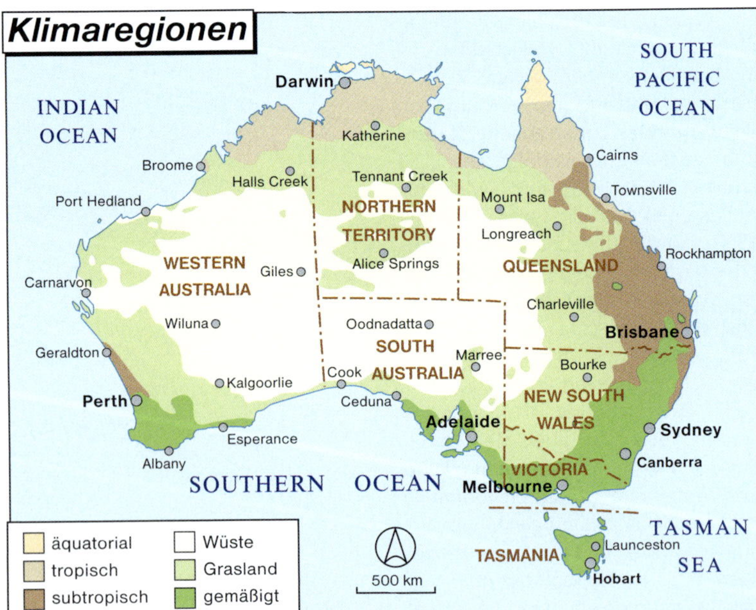

Mittlere tägliche Maximum- und Minimumtemperaturen (°C), Niederschlag im Monat (mm) sowie Regentage im Monat

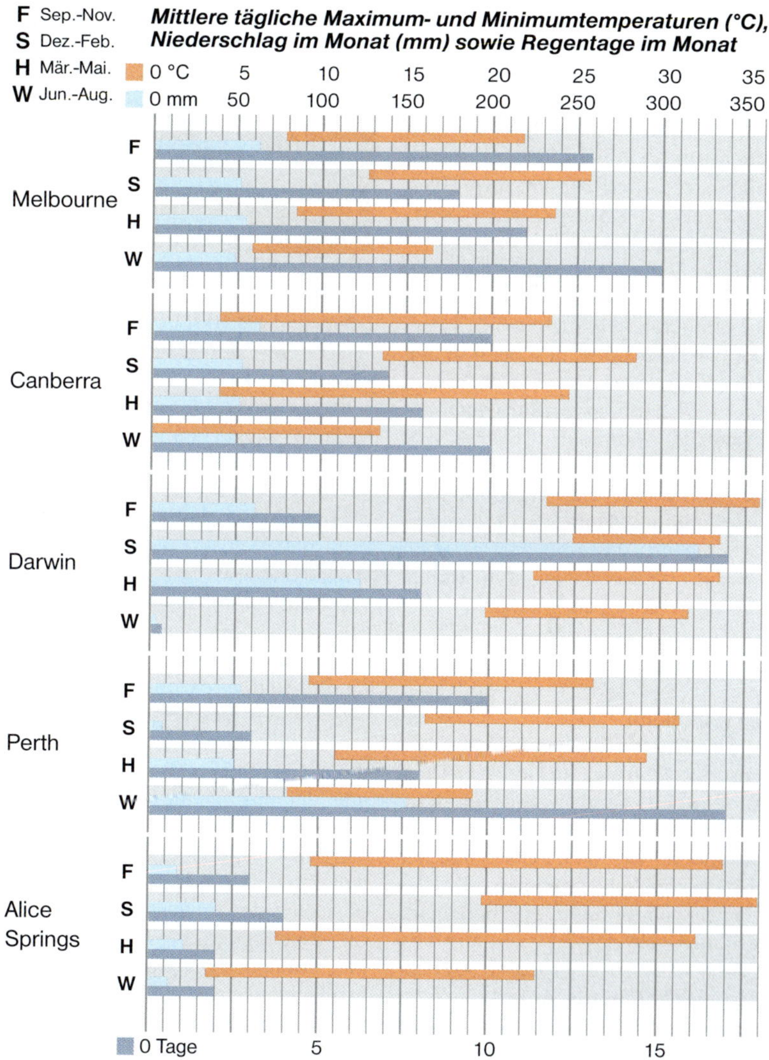

Auf www.bom.gov.au (Bureau of Meteorology) kann man zu fast jedem Ort in Australien Angaben zu u.a. monatlichen Maximal- und Minimaltemperaturen, Zahl der Regentage und Niederschlag in Millimetern bekommen.

Gerade weil die Australier so sonnenverwöhnt sind, haben ihre Häuser oftmals **keine Zentralheizung.** Da es völlig unbeheizt im Winter aber doch garstig kalt sein kann, behelfen sich die Australier in den wichtigsten Räumen mit Gasheizkörpern, reversiblen Klimaanlagen *(Reverse-cycle Air Conditioning)* oder elektrischen Heizlüftern. Als von Zentralheizungen verwöhnter Mitteleuropäer kommt man da leicht ins Bibbern und braucht einige Jahre, um sich abzuhärten. Besonders in den alten Backsteinhäusern ist es im Winter sehr kalt, denn so gut sie gegen die Hitze im Sommer isolieren, so schlecht wärmen sie sich im Winter in der Sonne auf. Das Ergebnis: Man empfindet im Winter die Temperaturen draußen oft wärmer als diejenigen im Haus (⇨„Neuanfang in Australien, Das neue Heim, Allgemeines“).

005aa Foto: eg

„Schattenseiten“ der Sonne

UV-Strahlung

Viele Deutsche lieben an Australien, dass dort Frühling und Herbst viel kürzer erscheinen als hierzulande, denn die Tageshöchsttemperaturen muten oft eher an wie ein durchschnittlicher mitteleuropäischer Sommer. Doch das Zuviel schadet uns Menschen leider genauso, wie das Zuwenig aufs Gemüt schlägt. Das Problem liegt im **Ozonloch über der Antarktis.** Es ist dafür verantwortlich, dass die schädlichen UV-Strahlen ungehindert durch die Erdatmosphäre dringen. UV-Strahlen, insbesondere UVB, schädigen die Haut und die Netzhaut des Auges. Die Folge sind **Hautkrebs und Katarakt** (grauer Star), der schließlich zu Blindheit führen kann. Hellhäutige Menschen können leider nicht genügend Melanin (dunkle Pigmentierung) zum Schutz gegen die Sonneneinstrahlung bilden. Da die Mehrheit der australischen Einwohner hellhäutig ist, hat das Land die höchste Hautkrebsrate der Welt. Obwohl Australier nur 0,3 % der Weltbevölkerung stellen, werden ca. 6 % aller weltweit diagnostizierten tödlichen Hautkrebsfälle von dort gemeldet. Jährlich sterben ca. 1300–1500 Menschen dort an dieser Krankheit[34].

Australier wissen das mittlerweile, u.a. dank der **Slip-Slop-Slap-Kampagne** der australischen Krebsstiftung (The Cancer Council Australia), die ab 1981 als TV-Spot über die Bildschirme flimmerte. Der Slogan steht für „Slip on a Shirt, slop on Sunscreen and slap on a Hat“, sprich „ein Hemd überziehen, Sonnencreme auftragen und einen Hut aufsetzen“. Die Meldung der UV-Strahlung ist seither auch Bestandteil der Wetternachrichten (⇨ Abbildung „UV-Index“). Bewegt man sich in der Sonne, sollte man dringend Folgendes beherzigen:

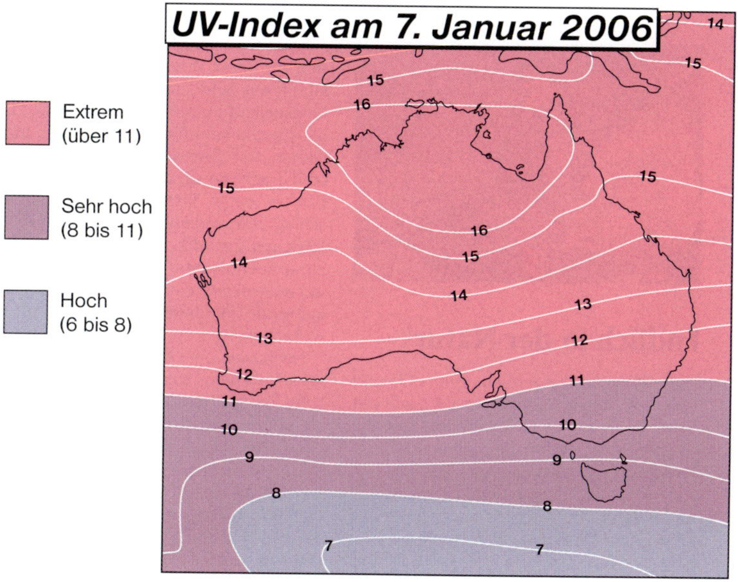

- Insbesondere in der Zeit von 10–14 Uhr **im Schatten aufhalten** (11–15 Uhr in der Sommerzeit)
- **Kleidung** tragen, die den Körper ganz bedeckt – auch Arme und Beine. Für Kleinkinder wird Kleidung mit Sonnenschutzfaktor UPF (Ultraviolet Protection Factor) 50+ empfohlen.
- Einen **Hut** tragen, der dem Gesicht und dem Nacken Schatten spendet
- Eine **Sonnenbrille** tragen, die die Augen bestmöglich abschirmt
- Eine **wasserfeste Sonnencreme** mit Schutzfaktor (Sun Protection Factor, SPF) 30+ verwenden, die man alle zwei Stunden erneut aufträgt

Kampf dem Hautkrebs:
Die Slip-Slop-Slap-Kampagne

Kinder werden schon in der Schule auf diese Schutzmaßnahmen „gedrillt". In vielen australischen Schulen ist sogar das Tragen von Kappen mit Nackenschutz Pflicht. Kinder ohne Sonnenschutz müssen die Pausen im Gebäude oder im Schatten verbringen.

Die **höchsten UV-Werte** hat Australien das ganze Jahr über im **Norden** des Kontinents, da dieser näher am Äquator liegt. Aber auch im Süden sind die Werte im Sommer gefährlich. Das hat auch **gesellschaftliche Folgen:** Während Mitteleuropäer sich bei dem ersten Anzeichen von Sonne ins Freie begeben, „verstecken" sich die Australier heutzutage eher in ihren

010aa Foto: eg

Endlich in der Natur!

Luna Mareike Oestereich, geb. 1974 und aufgewachsen in Ratingen (NRW), lebt seit 2000 in Tasmania und arbeitet dort die meiste Zeit als selbstständige Naturführerin. Für sie fing alles damit an, dass sie sich in den australischen Kontinent verliebte, als sie im Alter von 16 Jahren für ein halbes Jahr als Austauschschülerin nach Sydney ging. Nach der Schule zog es sie wieder zurück nach Down Under, diesmal nach Neuseeland, wo sie vier Monate trampte und wanderte. Die räumliche Weite, die Unberührtheit und Schönheit der Natur hatten es ihr angetan. Dieses **Gefühl, so viel Platz zu haben,** hatte sie bis dahin noch nie zuvor erfahren. Nach ihrer Reise kehrte sie nach Deutschland zurück, überzeugt davon, dass sie nach dem Studium entweder in Australien oder Neuseeland leben wollte, und begann ihr Studium der Psychologie in Bremen.

Doch schon bald zog es sie wieder nach Australien. Nach ihrem Vordiplom trampte sie 1998 mit einer Freundin drei Monate lang von Perth via Tasmania nach Sydney. Wieder stellte sie fest, dass sie sich Down Under jedesmal sehr viel wohler fühlte als in Deutschland. Sie genoss die **Ruhe und Unberührtheit der Wildnis,** in deren Einsamkeit sie sich erstaunlich sicher fühlte. Ebenso sehr genoss sie die lockere und offene Art der Australier.

So stellte sich ihr immer eindringlicher die Frage, ob für sie jetzt schon die Zeit gekommen war, auszuwandern. Es festigte sich die Idee, ihren Rückflug einfach zu stornieren und stattdessen weiter nach Neuseeland zu reisen, um dort das Halbjahrespraktikum für ihr Studium zu absolvieren. Auf Tasmanias bekanntem Overland Track traf sie dann ihren zukünftigen Partner, einen Tasmanier, in den sie sich schlagartig verliebte. **Damit waren die Weichen gestellt,** jetzt hieß es irgendwie zusammenbleiben. Die beiden trafen sich in Neuseeland wieder, wo sich die Praktikumsidee allerdings nicht wie erhofft verwirklichen ließ.

Nach mehreren Monaten des Herumreisens, Arbeitens und Wanderns beschloss *Luna,* ihr Studium in Deutschland zu Ende zu führen, und so konnte sie sich von allen verabschieden, bevor sie ihr Heimatland endgültig verließ. Sie konnte es kaum erwarten, als sie nach anderthalb Jahren in Deutschland mit ihrem Freund nach Tasmania zurückkehrte – **ihr Traum war endlich wahr geworden.** Von dort aus absolvierte sie innerhalb der nächsten zwei Jahre neben ihrer Arbeit ihr Praktikum und schrieb ihre Diplomarbeit, was ihrem Leben in Deutschland einen gewissen Abschluss gab.

Im Jahr 2000 kehrte sie mit einem *Working Holiday Visa* nach Australien zurück. Um ihre Begeisterung für Land, Bewohner und Natur gebührend auszukosten, bewarb sich *Luna* als **Natur- und Wanderführerin** in Tasmania und im Northern Territory. Sie bekam einen Job im Kakadu Nationalpark, wo sie zunächst als Angestellte, dann als Freiberuflerin arbeitete. Nach einigen erfolglosen Bewerbungen hatte sie angeboten, unentgeltlich bei einer Wandertour mitzuhelfen. Prompt wurde ihr im Anschluss an die Tour ein Job angeboten.

Schnell lernte sie, dass der richtige Bewerbungszeitpunkt (in Zeiten von Engpässen) und persönliche Bekanntschaft Tür und Tor öffneten. Sie war überrascht, wie gut man sich in Australien in bestimmten Berufszweigen auch **ohne spezifische Qualifikationen** von Job zu Job hangeln kann. Ihre australischen Arbeitgeber waren weniger auf Zeugnisse versessen, sondern interessierten sich mehr für den praktischen Beweis, dass man den Job zufriedenstellend meistern kann. In Australien läuft viel mehr über Beziehungen und Mundpropaganda als in Deutschland. Hat man einmal den Fuß in der Tür, kommt man leicht vom einen zum anderen.

Den Antrag für ein *De-facto Visa* für unverheiratete Paare stellten sie 2001 von Darwin aus. Dort lief im Gegensatz zu den Großstädten **alles recht unkompliziert und stressfrei** ab. Als Nachweis hatten die zwei wenig mehr als zahlreiche Liebesbriefe und Fotos ihrer vielen gemeinsamen Reisen. Das getrennte Interview verlief weitgehend entspannt. Zwei Jahren später, nach Durchlaufen einer zweiten Interview- und Papier-Nachweis-Runde, bekam *Luna* ihre Daueraufenthaltsgenehmigung. Obwohl die Beziehung der beiden später zerbrach, änderte dies ebensowenig an *Lunas* Aufenthaltsstatus wie an ihrem Entschluss, in Australien bleiben zu wollen.

Luna sagt, dass die Gründe für ihre Trennung eher persönlicher als interkultureller Natur waren. Sie fügt an, dass sie die australische Kultur anfangs als der deutschen recht ähnlich empfand mit dem Unterschied, dass ihr die Australier sehr viel offener, unkomplizierter und freundlicher erschienen. Erst mit weiteren Jahren in Australien eröffnen sich ihr zunehmend Unterschiede. Sie sagt von sich, dass sie sich **„nie richtig als Australierin, aber auch nie mehr als Deutsche"** fühlen wird. Down Under aber kann sie einen Lebenstil pflegen, der ihren Vorstellungen und ihrer Persönlichkeit mehr entspricht, als das ihrer Einschätzung nach in Deutschland möglich gewesen wäre.

Das Leben in Australien ist für sie wie ein fortdauernder Urlaub. Sie ist sich im Klaren darüber, dass es **ein absoluter Luxus ist, den Lebensort frei wählen zu können,** und macht nun eben bewusst Gebrauch von dieser Möglichkeit. Am besten gefallen ihr das gemäßigte Klima, der Wechsel der Jahreszeiten und die Berge.

Auch wenn ihr Tasmania mittlerweile besonders ans Herz gewachsen ist, so gefällt ihr auch Neuseeland sehr gut, und sie könnte sich ebenso gut vorstellen, dort mal eine Zeit lang zu leben. Auch wenn sie sich sicher ist, dass ihre neue Ausgangsbasis nun in Down Under ist, hat Luna die **australische Staatsbürgerschaft** noch nicht angenommen, da sie sonst ihre deutsche verlieren würde. Da der deutsche Pass heutzutage jedoch zugleich die Eintrittskarte zum gesamten europäischen Wirtschaftsraum darstellt, würde sie diesen unter den gegebenen Umständen nicht aufgeben wollen.

Einen **kleinen Wermutstropfen** gibt es doch: *Luna* ist kein großer Freund von Kälte. Diese empfindet sie in den tasmanischen Häusern als besonders unangenehm, da die meisten Menschen dort in ihrer Wohnung keine eingebaute Zentralheizung haben wie in Europa, sondern sich mit Öfen oder Heizlüftern in einzelnen Zimmern durch die kühlen Wintermonate schlagen. Dazu kommt, dass die Häuser auch eher schlecht isoliert sind. Entgegen der australischen Devise „She'll be right", die Dinge so hinzunehmen, wie sie sind (viele Tasmanier investieren lieber in ein neues Boot oder eine Hütte in Strandnähe, als das eigene Haus zu renovieren), hat sie mittlerweile ihr Ein-Zimmer-Domizil entsprechend isoliert und eine Heizung installiert. Das wärmere australische Festland hingegen ist nichts für sie. Dort ist einfach alles ein bisschen zu groß. Sie mag das kleine, überschaubare und auch zeitlose Ambiente Tasmanias.

Fest steht jedoch, dass sie in Australien das Gefühl hat, **am richtigen Ort angekommen** zu sein. Ein Ort, der zu ihr passt, ein Ort, zu dem sie sich zugehörig fühlt. Wo sonst könnte sie den Ozean, über 1200 Meter hohe Berge, absolute Wildnis, Stadt und Strände in unmittelbarer Nähe zueinander haben? Über dieses Gefühl, am richtigen Ort angekommen zu sein, schrieb sie auch folgendes Gedicht mit dem Titel „Coming home":

All my life I knew, I felt, I sensed
and I craved
that space inside of me
From where the world
would feel different,
more connected ...
In Germany I'd find it briefly:
as a toddler by the sea,
a girl in the forest,
a teenager in the fields.

It seemed hard to find
– on the outside,
and I went to search inside ...
Deep conversations with friends,
diving into worlds of others,
immersing myself in music, lyrics,
learning of other cultures.
The importance grew,
and so did my longing
for an outer manifestation
of that connection.

When I went as far away as I could,
to the other end of the world,
there, it felt I had struck gold:
Here it was – that feeling
So much more tangible.
People smiled,
friendliness touching me deeply.
A lighter sense of being,
more space, more air to breathe.
Raw elements: ocean, mountains,
eucalypt and rainforest,
wind, storms and sunshine
surrounding me.

I dove in – I felt that finally
I had come home.

Es gab nie einen Moment, in dem sie sich gefragt hat: „Was habe ich da bloß gemacht?" Australien gibt ihr **ein Gefühl des Nachhausekommens.** Immer wenn sie von längeren Reisen nach Tasmania zurückkehrt, führt ihr erster Weg vom Flughafen direkt zum nahen Strand, wo sie zur Begrüßung ins Meer springt – egal zu welcher Jahreszeit! Vor ihrem Abflug dagegen fährt sie auf den 1270 Meter hohen Mt. Wellington, um noch einmal von oben auf ihre schöne Wahlheimat zu blicken. Auf Hobarts Hausberg wächst auch der von ihr heiß geliebte Schnee-Eukalyptus *(Tasmanian Snow Gum, Eucalyptus coccifera)*.

In Hobart hat sie sich ihren **Freundeskreis** aufgebaut und eine Salsa-Gruppe gegründet. Wenn sie sich ihre Leute in Hobart so anschaut, sind die Mehrzahl ihrer Freunde vom australischen Festland bzw. von Übersee Zugezogene, die von der Insel ähnlich begeistert waren wie sie. Ein geringerer Teil sind alteingesessene Tasmanier, deren Familien seit mehreren Generationen dort leben. Dass deutsche Einwanderer lange Zeit ihren engsten Freunden in Tasmania zählten, wertet sie nicht als Zufall. Man hat am Anfang einfach mehr, worüber man sich austauschen kann, und versteht einander entsprechend einfach besser. Dabei ist es keineswegs so, dass sie unbedingt Kontakt zu Deutschen sucht, eher im Gegenteil. Das ernste, oft steife Verhalten vieler Deutscher gefällt ihr mittlerweile nicht mehr. Sie hat ihre Verhaltsweisen auch längst an die Australier angepasst, was sie bei jedem Besuch in Deutschland zu spüren bekommt. Sie fühlt sich selbst nicht mehr als Deutsche, aber auch nicht als Australierin. Sie ist irgendetwas dazwischen bzw. einfach Weltbürgerin oder Weltenbummlerin ...

Ihre **Familie in Deutschland** kann sie verstehen und hat sie in ihrer Entscheidung, nach Australien zu gehen, unterstützt. Der einzige Grund, den sie sich derzeit vorstellen könnte, zeitweilig nach Deutschland zurückzukehren, wäre, wenn es ihren Eltern gesundheitlich sehr schlecht ginge. Ansonsten kann sie sich ein dauerhaftes Leben in Europa nur noch schwer vorstellen. Die Natur erscheint ihr dort einfach so unecht, meist landwirtschaftlich verformt. Und die Natur ist nun einmal das, was sie in Australien am allermeisten liebt.

Häusern. Auch wenn die Vororte kinderreich sein mögen, ist es dort oft **menschenleer.** Man lernt auf diese Weise weitaus weniger seiner Nachbarn kennen. Fans von Outdoor-Aktivitäten werden feststellen, dass die Australier aufgrund des Zuviels an Sonne auch eher vor Bewegung an der frischen Luft zurückscheuen. Diese Scheu trägt auch dazu bei, dass Fahrradfahren und zu Fuß gehen weitgehend unpopuläre Fortbewegungsarten sind. Man zieht sich lieber in den Schatten seines (nach Möglichkeit klimatisierten) Pkw zurück.

Dehydrierung

Abgesehen davon, dass man sich z.B. im Januar (also im australischen Hochsommer) schon in weniger als 15 Minuten in der Sonne ernsthaft verbrennen kann, ist sie oftmals **physisch einfach zu heiß.** Wenn man der Sonne zu lange ausgesetzt ist und nicht genügend trinkt, kann das zu Dehydrierung und schließlich zu einem gefährlichen **Sonnenstich** führen. In den Nachrichten wird alljährlich von Menschen berichtet, die im Outback ums Leben gekommen sind, weil sie bei einer Autofahrt auf einer Piste oder bei

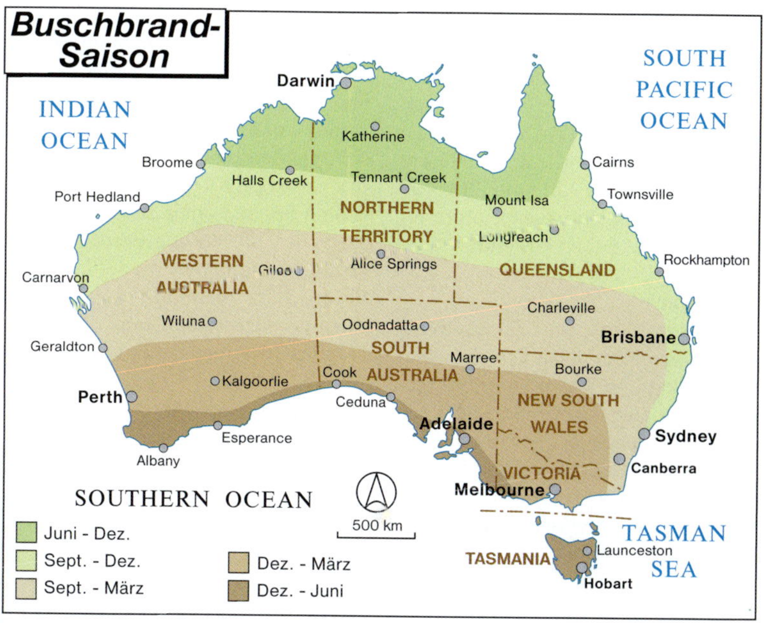

060aa Foto: eg

einer Buschwanderung nicht genügend Trinkwasser mitgenommen hatten. Eine anhaltende **Hitzewelle** fordert weitaus mehr Tote – vor allem ältere Menschen und kleine Kinder – als die in den Medien gern dramatisch geschilderten Buschbrände. In Brisbane kamen im Jahr 2000 bei einer einzigen viertägigen Hitzewelle 22 Menschen ums Leben, während z.B. alle Buschfeuer zwischen 2000 und 2005 in ganz Australien insgesamt „nur" 34 Menschen das Leben kosteten[35].

Buschfeuer

Nichtsdestotrotz sind die Buschfeuer, die Australien alljährlich vor allem im Frühling und im Sommer heimsuchen, eine angsterregende Sache. Sie stellen vor allem in der gemäßigten Klimazone eine Bedrohung dar, denn in den subtropischen und tropischen Breiten ist es entweder zu feucht, oder es gibt weniger Brennbares. Im Norden des Kontinents ist die Vegetation weitaus kleinwüchsiger, Waldflächen mit dichten, hochgewachsenen Bäumen gibt es dort nicht.

Dank der Frühwarnsysteme und der modernen Bekämpfungsmethoden fordern Buschfeuer heutzutage nur selten Menschenleben, aber sie richten großen **materiellen Schaden** an. Einer der verheerendsten Buschbrände der letzten Jahre zerstörte am 18. Januar 2003 in der Hauptstadt Canberra 530 Wohnhäuser.

Fliegen

Eine besonders lästige Begleiterscheinung an schwülen Tagen ohne Wind sind die australischen Fliegen. Sie scheuen vor nichts zurück und setzen sich in Scharen auf Mensch und Tier, auf Gesicht, Mund, Nase, einfach überall hin. Alle Versuche, sie wegzuwedeln, sind zwecklos, und zum Totschlagen sind sie viel zu schnell. Auch das vermag die Freude über den geliebten Sonnenschein sehr zu trüben. Australier, die Europa bereisen, sind entsprechend immer wieder fasziniert davon, dass man dort im Sommer draußen sitzen kann und nicht von Fliegenschwärmen belästigt wird.

Wasserknappheit

Der viele Sonnenschein bedeutet zwangsläufig wenig Niederschlag, und mit der Trockenheit sind wiederum große Probleme verbunden. Zwar ist der riesige australische Inselkontinent umgeben von wunderschön türkisblau

Australien ist der trockenste Kontinent der Erde

funkelnden Meeren. Aber das Salzwasser, das den Freizeitsportlern und Naturliebhabern entlang der **35.877 Kilometer Küstenlinie** voller endloser Strände eine solche Freude bereitet, kann nicht darüber hinwegtrösten, dass Australien, gemessen an der Größe seiner Landfläche, **viel zu wenig Süßwasserressourcen** hat. Es gibt keinen dauerhaften natürlichen Süßwassersee, der größer als 100 km² ist. Nur künstliche Stauseen haben in Australien größere Flächen, wie etwa der 513 km² große Seenkomplex aus Lake Gordon und Lake Pedder in Tasmania mit einem Volumen von 11,3 Mio. m³, oder der Lake Argyle mit 5,7 Mio. m³ in der Kimberley-Region im Norden Western Australias [36].

Die 57 wichtigsten australischen Flüsse sparen das Zentrum und den Westen des Kontinents weitgehend aus. Die meisten **Flusssysteme** gibt es in Queensland, New South Wales und Victoria. Davon ist der Murray River mit seinen ca. 2520 km der Längste, gefolgt von Murrumbidgee River (ca. 1575 km), Darling River (ca. 1390 km) und Lachlan River (ca. 1370 km). Alle vier fließen durch New South Wales, lediglich das Endstück des Murray River fließt durch South Australia [37]. Wenn man bedenkt, dass es in Europa weitaus mehr Flusssysteme gibt und Europas längster Fluss, die Wolga, allein auf ca. 3530 km Länge kommt, kann man sich ausmalen, dass Wasserknappheit in Australien allgemein ein großes Problem darstellt.

Australien ist **der trockenste Kontinent der Erde,** wie man unschwer auf Satellitenfotos erkennen kann. Das gesamte Herz des Erdteils ist eine Art Patchwork verschiedener Wüstengebiete, in denen man nur vereinzelt ein saisonales Rinnsal finden kann. Ansonsten wird das Innere des Kontinents beherrscht von großen Salzseen, deren größter der Lake Eyre mit 9500 km² ist [38].

Jeden Winter hofft man, vor allem in den wasserarmen Bundesstaaten South Australia und Western Australia, auf reiche Regenfälle, die die Wasserreservoirs für den bevorstehenden Sommer füllen sollen. Doch immer häufiger reichen auch die Wassermengen in den Reservoirs der Metropolen Canberra, Adelaide, Perth, Melbourne, Sydney, Brisbane und sogar Hobart nicht mehr aus, und es kommt zu **Wassernutzungsbeschränkungen** in den Sommermonaten. In der Regel dürfen als Erstes die Wassersprenkler im Garten nur noch zu bestimmten Tageszeiten laufen, dann wird ihre Nutzung ganz verboten, und man darf seinen Pflanzen nur noch von Hand zu bestimmten Zeiten Wasser geben. Verschärft sich die Lage weiter, wird beides komplett verboten, und man darf die bedürftigen Pflanzen nur noch etwas per Gießkanne wässern. Durch diese Maßnahmen erzielt man eine 5- bis 25-prozentige Reduktion des Wasserkonsums und verhindert, dass man mitten im Sommer auf einmal kein Wasser mehr hat. Wer sich nicht an die Beschränkungen hält und erwischt wird, muss derzeit mit Geldstrafen rechnen (in Sydney z.B. 220–2200 $).

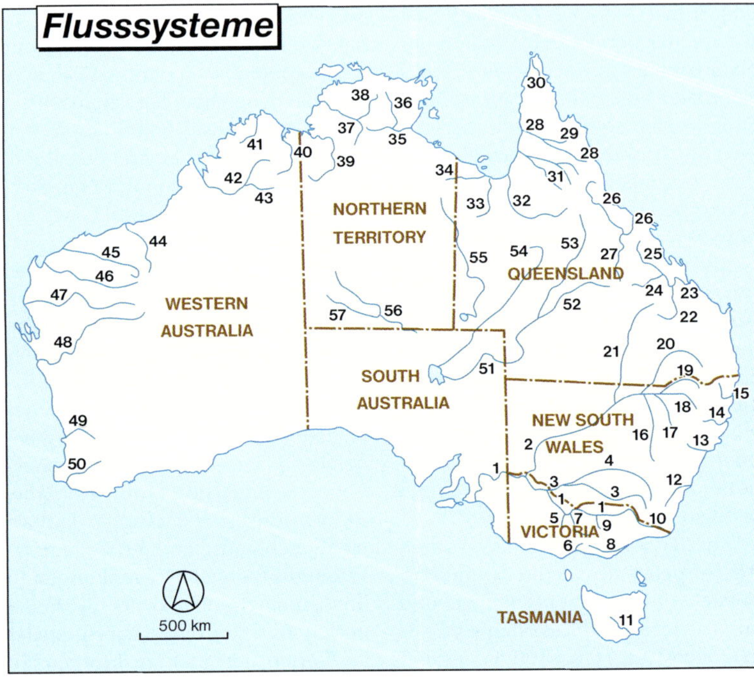

1 Murray
2 Darling
3 Murrumbidgee
4 Lachlan
5 Campaspe
6 Yarra
7 Goulburn
8 Latrobe
9 Ovens
10 Snowy
11 Derwent
12 Shoalhaven
13 Hunter
14 Macleay
15 Clarence
16 Bogan
17 Macquarie
18 Namoi
19 Barwon
20 Condamine
21 Warrego
22 Dawson
23 Fitzroy
24 Mackenzie
25 Isaac
26 Burdekin
27 Suttor
28 Mitchell
29 Alice
30 Jardine
31 Staaten
32 Flinders
33 Leichhardt
34 Nicholson
35 Roper
36 Wilton
37 Daly
38 Katherine
39 Victoria
40 Ord
41 Drysdale
42 Fitzroy
43 Margaret
44 De Grey
45 Fortescue
46 Ashburton
47 Gascoyne
48 Murchison
49 Swan/Avon
50 Blackwood
51 Coopers Creek
52 Barcoo
53 Thompson
54 Diamantina
55 Georgina
56 Finke
57 Palmer

In den wiederholt von Dürren betroffenen Regionen bemüht man sich daher auch seit Jahren um mehr **Aufklärungsarbeit** bei der Bevölkerung in Hinsicht darauf, auf welche Pflanzenarten man in seinem Garten besser verzichten sollte. Darüber hinaus wird gezielt darüber informiert, wie man auf seinem Grundstück das Wasser sinnvoll mehrfach nutzen kann. Man kann z.B. sein Abwasser von Dusche, Badewanne, Waschmaschine, Waschbecken und Spüle in gesonderten Tanks auf seinem Grundstück auffangen und dieses „Grey Water" zum Bewässern des Gartens verwenden. Dabei muss man sich nur beim Verwenden starker chemischer Mittel zurückhalten und biologisch abbaubare Shampoos, Seifen, Spül- und Waschmittel etc. einsetzen, die ohnehin umweltverträglicher sind. Man kann aber auch ganz einfach seine Duschzeiten verkürzen, die Toilette umrüsten auf eine mit Stoppschalter, effizientere Wasch- und Spülmaschinen einsetzen u.v.m. Für die vielfältigen Möglichkeiten machen die australischen Wasserversorgungsbetriebe in zunehmendem Maße Werbung. Für die Installation eines Regenwassertanks zum Auffangen und Nutzen von Regenwasser auf Privatgrundstücken gibt es vom Staat attraktive Subventionen.

Trotz dieser Appelle an die Adresse des Endverbrauchers hat man jedoch jahrelang auf der Seite der Wasserunternehmen nicht auf die Zeichen der Zeit geachtet. Mit einer jährlichen **Bevölkerungszuwachsrate** von 2,14 % in Queensland, 2,07 % in Western Australia, 1,98 % im Northern Territory, 1,52 % in Victoria, 1,24 % im Australian Capitol Territory, 0,99 % in South Australia, 0,91 % in New South Wales und 0,70 % in Tasmania steigt natürlich auch der Wasserkonsum [39].

Man hat dies bei den Wasserunternehmen nicht berücksichtigt und muss nun notgedrungen mit Restriktionen die Notbremse ziehen, bis man alternative Ressourcen erschlossen hat. Mit den jährlich **erhöhten Quoten für Migranten** wird die Bevölkerungszahl in jedem Fall weiter wachsen, ein Mehr an Regen und Grundwasser ist jedoch nicht zu erwarten – eher im Gegenteil.

Was bedeutet der Wassermangel jedoch für Australien auf lange Sicht? Eine für den Endverbraucher direkt spürbare Folge ist z.B. der hohe Gemüsepreis in Australien, denn für dessen Anbau braucht man recht viel Wasser. Solange man keine preisgünstigen Meerwasserentsalzungsanlagen bauen kann und darüber hinaus keine preiswerte Möglichkeit findet, das Wasser zu verteilen, wird dieser Trend sich weiter fortsetzen, und **landwirtschaftliche Produkte werden immer teurer werden.** Stark betroffen ist auch die australische Viehzucht, die in den vergangenen Dürrejahren einen deutlichen Dämpfer bekommen hat. Die Folge: auch die Preise für Fleisch – insbesondere Lamm – sind seit dem Jahr 2000 weit über die Inflationsrate hinaus angestiegen.

Die chronische Wasserknappheit auf dem australischen Kontinent, die sich zudem in der Zukunft durch den zu beobachtenden Klimawandel eher verstärken als verbessern wird, bewirkt auch, dass sich die Besiedlung des australischen Kontinents nicht willkürlich ausbreiten kann. Die Menschen sind gezwungen, sich weiterhin verstärkt in den schon existierenden Metropolen niederzulassen, da man dort alles dafür tut, die Wasserversorgung zu gewährleisten. Wie bereits im Kapitel „Viel Platz und Natur ..." dargelegt, lassen sich auch die neuen Migranten meist in den Metropolen nieder. Dies führt zu einer **Verknappung an Wohnraum** und zwangsläufig zu einem Ansteigen der Immobilienpreise. Der australische Traum, nach dem jede Familie in einem Einfamilienhaus wohnt, ist daher für viele junge Australier heute schon fast unerreichbar geworden (⇨„Traumland Australien?, Boomende Wirtschaft, Der private Wohlstand"). Ganz abgesehen davon, dass auch die horizontale räumliche Ausdehnung der Städte an ihre Grenzen stößt und den Australiern ein verstärkter Hausbau in die Höhe - wie in New York City - auf Dauer nicht erspart bleiben wird.

Vor diesem Hintergrund wurde auch schon mehrfach die Frage nach einer **nachhaltigen und tragbaren Bevölkerungsgröße** für Australien laut. Kritiker der von der ehemaligen Howard-Regierung verfolgten und nunmehr von der Rudd-Regierung fortgeführten Bevölkerungspolitik bemängeln daher die durch die recht hohen Einwanderungsquoten vorangetriebene jährliche durchschnittliche Wachstumsrate von 1,2 % seit Beginn des 21. Jahrhunderts.

Boomende Wirtschaft

Die deutschen Medien berichten mit Begeisterung vom „australischen Wirtschaftswunder". Und tatsächlich klingen die Wirtschaftsdaten für Australien seit Beginn der 1990er Jahre für deutsche Ohren erfreulich. Während man in Deutschland mit einer Rezession zu kämpfen hatte, ging und geht es in Australien stets weiter bergauf. Die **durchschnittliche Wachstumsrate** lag 1997 bis 2007 bei 3,5 %, und das bei einer moderaten Inflationsrate von unter 3 %[40].

Wie wird sich die australische Wirtschaft jedoch langfristig entwickeln? Ein endloses Wachstum hat es schließlich in der Weltwirtschaftsgeschichte noch nicht gegeben. Die bisherigen **Schwachpunkte der australischen Wirtschaft** wie das chronische Leistungsbilanzdefizit (Australien importiert mehr Waren und Dienstleistungen, als es exportiert), die hohe private Auslandsverschuldung (z.B. durch Bankkredite bei ausländischen Banken) sowie die andauernde Schwäche des verarbeitenden Sektors sind nach OECD-Einschätzung von Mai 2006 jedoch auf dem Wege zur Besserung. Dieser Trend wurde auch nach neuerer Einschätzung von der OECD 2008 bestätigt[41].

Der private Wohlstand

Der **Immobilienboom,** der mit dem Zuschlag für Sydney als Austragungsort der Olympischen Sommerspiele 2000 begann, hat seinen Zenit überschritten. Die Spekulation mit Grundstücken und Wohnungen hat sich für die Australier merklich bezahlt gemacht. Wo vor der Olympiade in Sydney ganze Stadtviertel leer standen und verwahrlost aussahen, wimmelt es jetzt vor Luxusapartments, schicken Cafés, Restaurants und einer entsprechend betuchten Klientel. Dies gilt auch für die Städte Melbourne, Brisbane, Canberra, Hobart und Perth, die nach und nach im Spekulationsspiel und mit einem „Faceliftingprogramm" für ihre City nachzogen. Selbst das lange Zeit wirtschaftlich kränkelnde Adelaide erlebte mit Verspätung seinen eigenen Immobilienboom. Die Folge: Wo man vor 2000 noch zum „Spottpreis" ein Haus in der City oder am Strand kaufen konnte, muss man nun horrende Summen hinlegen.

Woher kam der plötzliche Reichtum? Das Geld für die Immobilienspekulation kam nicht etwa aus dem Sparstrumpf, sondern wurde mit Krediten bezahlt – nicht selten mit Geldern ausländischer Banken. Die Folge: eine zunehmende **Verschuldung privater Haushalte,** d.h. es wurde mehr konsumiert, als an Einkommen effektiv verfügbar war. Die negative Sparquote der Privathaushalte 2003 von -3,6 % hat sich jedoch ab 2007 wieder ins Positive gekehrt und soll nach Schätzung der OECD bis 2009 den Wert von 2,5 % erreichen[42]. Man sieht die Veränderung auf den Straßen: Vor den frisch renovierten oder gebauten Häusern parken die neuesten Automodelle, die Wohnzimmer sind gefüllt mit großen Plasma-TV-Bildschirmen, Home-Entertainment-Systemen u.a. Man „hat jetzt alles", und damit geht auch die private Kreditnachfrage zurück.

Dazu beigetragen hat auch die Anhebung des Zinsniveaus auf 5,6 % (2005) und später auf 7,25 % (2008) durch die australische Zentralbank (Dez. 2001 noch bei Tiefstand 4,25 %, Jan. 1990 hingegen bei 17,5 %!), wodurch die **Hypothekenzinsen** wieder in die Höhe getrieben wurden[43]. Damit ging den Konsumenten schlicht und einfach das Geld aus, was ein Platzen der „Immobilienspekulationsblase" verhinderte, was man Anfang 2004 noch befürchtet hatte. Es kam lediglich zu einem langsamen und gesunden Einpendeln der Immobilienpreise auf einem niedrigeren Niveau.

Was bedeutet das nun für die gegenwärtigen **Lebenshaltungskosten?** Während Migranten um das Jahr 2000 herum noch mit vergleichsweise niedrigen Lebenshaltungskosten in Australien rechnen konnten, sind die Preise dort seitdem in allen Bundesstaaten und Territorien merklich emporgeschnellt.

In den einzelnen Bundesstaaten und Territorien sah der **durchschnittliche wöchentliche Verdienst** für eine Vollzeitstelle im Jahre 2008[44] wie folgt aus (Angaben in $):

	Männer	Frauen
• **ACT:**	1439,80	1225,40
• **NSW:**	1291,70	1052,20
• **NT:**	1241,20	1009,60
• **QLD:**	1194,60	985,90
• **SA:**	1163,80	953,50
• **TAS:**	1106,60	963,60
• **VIC:**	1233,80	1024,10
• **WA:**	1487,30	1035,70

Der **Einkommenssteuersatz** ist in Australien grundsätzlich etwas höher als in Deutschland (⇨ unten). In Australien fallen wiederum weniger Abzüge für die **Sozialversicherung** an, was sich allerdings auch in den geringeren Leistungen im Bedarfsfall widerspiegelt. Im Finanzjahr 2005/06 hatte man in Australien bereits den Steuersatz gesenkt, um dann erneut im Finanzjahr 2008/09 die Einkommensgrenzen zwischen den einzelnen Steuerstufen auf folgende Formel zu erhöhen (zu versteuerndes Jahreseinkommen – Steuersatz):

- **0–6000 $:** null
- **6001–34.000 $:** 0,15 $ für jeden Dollar über 6000 $
- **34.001–80.000 $:** 4200 $ plus 0,30 $ für jeden Dollar über 34.000 $
- **80.001–180.000 $:** 18.000 $ plus 0,40 $ für jeden Dollar über 80.000 $
- **über 180.000 $:** 58.000 $ plus 0,45 $ für jeden Dollar über 180.000 $

Für Privatpersonen mit einem geringen Einkommen sind gewisse Kosten **von der Steuer absetzbar** *(Low Income Tax Offset)*. Dasselbe gilt u.a. für Personen, die bestimmte staatliche Beihilfen empfangen *(Beneficiary Tax Offset)* oder aber finanziell abhängige Ehefrauen *(Dependent Spouse Tax Offset)*.

Zusätzlich zum genannten Steuersatz kommt zum Schluss noch die **Medicare-Abgabe** von mindestens 1,5 % des zu versteuernden Einkommens für die staatliche Krankenversicherung obendrauf[45] (mehr zum Thema Medicare im Kapitel „Traumland Australien?, Gesellschaftliche Grundwerte, Wohlstand: Staatssache").

Trotz des vergleichsweise hohen Steuersatzes habe ich noch nie eine Beschwerde von einem deutschen Migranten gehört, dass ihm in Australien das Leben zu teuer sei. Die **Lebensqualität** bemisst sich für viele Einwanderer anscheinend nicht nach einem wohlgefüllten Bankkonto, sondern liegt in den vielen anderen Annehmlichkeiten eines Lebens in Australien.

Die Australier selbst sehen das zum Teil etwas anders. Etwa **eine Million Australier leben** immerhin dauerhaft **in Übersee** – allen voran in Europa und den USA. Als Gründe für ihre „Flucht" gaben die Übersee-Australier bei einer Umfrage der Australischen Industrie- und Handelskammer im Jahr 2003 an, dass sie in Übersee nun einmal ein bedeutend höheres Einkommen bezögen und überdies weitaus weniger Steuern zahlten als in Australien. Auch zum Thema „Lebensqualität in Australien" haben sie oftmals eine andere Meinung, denn abgesehen von den finanziellen Nachteilen dort empfinden sie vor allem die geografische Isoliertheit des Kontinents und die dadurch eingeschränkten Reisemöglichkeiten als Nachteil[46].

Australischer Steuerkalkulator

Wer schon einmal wissen möchte, wie viel Steuern er in Australien zahlen müsste, kann sich den ungefähren Satz durch den vereinfachten Kalkulator der australischen Steuerbehörde errechnen lassen: http://calculators.ato.gov.au/scripts/ASP/SimpleTaxCalc/main.asp.

Über 90 Prozent aller Opale werden in Australien gefördert

Zugpferde für das Wachstum

Das Zugpferd für die Aufbesserung des Leistungsbilanzdefizits soll vor allem der **Export nach Asien** werden – allen voran nach China. Wenn man bedenkt, dass so ziemlich jedes in Australien gekaufte Produkt die Aufschrift „Made in China" trägt, mag das auf den ersten Blick verwundern, aber für die rasant wachsende Konsumgesellschaft aus der chinesischen Mittelschicht braucht das Land Rohstoffe. Die neuen Luxuskarossen, Eigenheime etc. werden schließlich nicht aus Luft gebaut. Die ebenfalls wachsende Mittelschicht in Indien und der Einkommenszuwachs im Nahen Osten resultieren z.B. in einer größeren Nachfrage nach Goldschmuck. Australien kann darüber hinaus den Export von Weizen, Wolle, viehwirtschaftlichen Produkten, Obst, Gemüse, Kohle und LNG (Flüssigerdgas) nach Indien steigern. Japan braucht weiterhin Kohle und Eisenerz. Rohstoffe wie Eisenerz, Kohle, Nickel, Kupfer und Gold hat Australien in ausreichendem Maße zu bieten[47].

Mit dem Export der Rohstoffe kann nicht nur das Leistungsbilanzdefizit ausgeglichen werden - zumindest solange die australischen Bergbaugesellschaften nicht ganz an chinesische Unternehmen verkaufen, die vermehrt Kaufangebote unterbreiten. In der **Bergbaubranche** wurde durch große Unternehmen wie BHP Billiton und Rio Tinto aufgrund der starken Nachfrage fleißig investiert, z.B. in die Goldbergwerke im Pilbara und die Kohlebergwerke der Ostküste. Darüber können sich auch die Arbeitnehmer im Bergbau freuen, die ohnehin schon die höchsten Wochengehälter Australiens einstreichen. 2005 waren es durchschnittlich 1628 $ für Männer und 1189 $ für Frauen[48].

Der Rohstoffreichtum ist aber nicht der einzige Trumpf im Ärmel der Australier. Schließlich ist der **Dienstleis-**

tungssektor für die Erwirtschaftung von 72 % des Bruttosozialproduktes verantwortlich. Vier von fünf der australischen Beschäftigten sind in dieser Branche tätig. Somit ist es kein Wunder, dass die Bevölkerungsmehrheit in den australischen Metropolen lebt (⇨„Traumland Australien?, Viel Platz und Natur ..."). Der Dienstleistungbereich umfasst viele einzelne Branchen, und nicht alle tragen gleich stark zur Wirtschaft bei. Besonders starkes Wachstum gab es seit 2002, abgesehen vom Immobiliensektor, auch in den Branchen Telekommunikation, kulturelle und rekreative Dienstleistungen, Gesundheits- und Sozialdienste, Gastgewerbe sowie Transport und Lagerung [49].

Die **Tourismusbranche** gehört nominell zwar nicht zu den schnellsten Zugpferden für das wirtschaftliche Wachstum Australiens, aber sie zeigt ein beständiges Wachstum und weiteres Potenzial für die Zukunft. Drei Viertel des Umsatzes werden allein durch den inneraustralischen Tourismus generiert, das letzte Viertel durch internationale Besucher. Dies verwundert nicht weiter, denn Reisen in andere Länder sind von dem australischen Kontinent aus im Vergleich zu von Europa aus sehr kostspielig. Der Inselstaat liegt nun einmal etwas isoliert auf der Südhalbkugel der Erde.

Besonders der internationale Tourismus ist jedoch noch weiter ausbaufähig und wird daher sehr wertgeschätzt (⇨„Traumland Australien?, Viel Platz und Natur ..."). Allein 2005/06 konsumierten internationale Besucher Güter im Wert von mehr als 20 Mrd. $, immerhin 10,5 % des australischen Dienstleistungsexportes [50].

Hemmschuh Infrastruktur

Obwohl die Branchen Transport und Lagerung zu den Wachstumsbranchen Australiens gehören, sind diese indirekt jedoch zwei Sorgenkinder der australischen Wirtschaft. Der Transport- und Lagerungsbedarf wächst u.a. aufgrund der gestiegenen Nachfrage für Bergbauprodukte so schnell, dass die vorhandene **Infrastruktur** nicht mithalten kann. Gemäß dem Business Council of Australia könnte das australische Bruttosozialprodukt jährlich um 2 % bzw. 20 Milliarden australische Dollar wachsen, wenn die dringend notwendigen Investitionen in die rückständige Infrastruktur getätigt würde, wie in den beiden BCA-Reports von 2005 und 2007 gefordert wurde [51].

Zum Zeitpunkt des Zusammenschlusses der fünf britischen Kolonien New South Wales, Victoria, Western Australia, Queensland und Tasmania sowie der Provinz South Australia zu den heutigen sechs Bundesstaaten im Commonwealth of Australia am 1. Januar 1901 war das **Eisenbahnnetz** relativ weit entwickelt. Statt nach der Gründung des föderalen Staates einen nationalen Infrastrukturplan zu entwickeln, überließ man die Verantwortung für die Organisation und Finanzierung des Schienennetzes den jeweiligen Bundesstaaten. Investionenen in die Infrastruktur konzentrierten sich im 20. Jahrhundert daher auf den

Straßenbau und öffentlichen Nahverkehr innerhalb der regionalen Zentren rund um die Metropolen. Die **Vernetzung der nationalen Märkte** wurde dabei vernachlässigt[52]. Während das wesentlich kleinere Deutschland allein über ein Schienennetz von 43.800 km Länge verfügt[53], sind auf dem riesigen Kontinent Australien lediglich 41.461 km[54] in Gebrauch!

Noch dazu sind die Metropolen Australiens erst seit 1995 durch ein Schienennetz mit einer einzigen Spurweite verbunden, sodass die Züge in einem durchfahren können, statt Passagiere und Güter teuer auf einen anderen Waggon mit der passenden Spurweite umzuladen. Das australische Schienennetz läuft noch immer auf vier verschiedenen Spurweiten. Werden diese Diskrepanzen nicht gelöst und kommt es dadurch zu Verzögerungen beim Transport von Waren zu den internationalen australischen Häfen, verliert der Standort Australien zwangsläufig an Attraktivität für ausländische Investoren.

Arbeitskräfte gesucht

Australien brilliert mit einer niedrigen **Arbeitslosenquote** von nur 4,3 % (Juli 2008), die voraussichtlich noch weiter fallen wird[55]. Damit hat der australische Arbeitsmarkt fast den Status der Vollbeschäftigung erreicht. Das reicht jedoch nicht aus, um einen langfristigen Wohlstand zu garantieren. Genau wie alle anderen westlichen Länder hat Australien mit einer relativ geringen Bevölkerungswachstumsrate von 1,43 % und somit einer **Überalterung der Bevölkerung** zu kämpfen[55a].

Derzeit wird in Australien eine **Altersrente** *(Age Pension)* für Männer und Frauen ab 65 Jahren gezahlt. Diese Altersvorsorge besteht aus einer steuerfinanzierten Grundrente, deren Höhe je nach Einkommen und Vermögen des Antragstellers und seines Lebenspartners bemessen wird. Die Rente dient grundsätzlich nur der Absicherung eines gewissen Existenzminimums und wird jährlich in ihrer maximalen Höhe für Vollrenten und Teilrenten festgelegt. Im Gegensatz zu Deutschland handelt es also nicht um eine Leistung, die sich am bisherigen Arbeitseinkommen des Rentenempfängers orientiert.

Um ältere Arbeitnehmer **länger im Arbeitskräftepool** zu behalten, zahlt die australische Regierung fünf Jahre lang einen Bonus, wenn man den Antrag auf die Altersrente noch mindestens ein Jahr hinausschiebt.

Um die Altersversorgung der alternden Bevölkerungen besser garantieren zu können, hat die australische Regierung 1992 unabhängig von der steuerfinanzierten Grundrente zusätzlich die sogenannte **Super(annuation)** eingeführt. Für diese Art der garantierten Betriebsrente werden derzeit minimal 9 % des Einkommens des Arbeitnehmers direkt vom Arbeitgeber in einen Rentenfonds *(Super Fund)* eingezahlt. Man kann diese Art der Rente jedoch auch privat aufstocken, um so im Alter eine bessere Versorgung zu gewährleisten (⇨„Neuanfang in Australien, Versicherungen, Rentenversicherung"). Viele Australier scheiden schon vor ihrem 65. Lebensjahr aus dem Erwerbsleben aus und finanzieren ihren Lebensunterhalt aus der Superannuation, bis sie je nach ihren Einkommensverhältnissen zusätzlich einen Anspruch auf die gesetzliche Rente haben.

Mit diesen beiden Rentensystemen legt die australische Regierung die Verantwortung für die Rente der älteren, pensionierten Generation nur noch teilweise in die Hände der jungen, arbeitenden Bevölkerung. Damit soll das Dilemma abgemildert werden, dass die junge, nachrückende Generation für eine ungleich größere ältere Bevölkerungsgruppe immer höhere Steuern in die Rentenversicherung einzahlen muss.

Um das Ungleichgewicht zwischen rentenzahlender und rentenbeziehender Bevölkerung abzumildern, versucht man u.a. ältere Arbeitnehmer, Langzeitarbeitslose und Alleinerziehende wieder ins Boot der Beschäftigten zu holen. In der boomenden Wirtschaft sind ausreichend Arbeitsplätze vorhanden, sie bietet auch genügend Raum für eine **Teilnahme der Frauen am Erwerbsleben.** Aber bezahlten Mutterschaftsurlaub gibt es z.B. nicht in Australien. Eltern haben zusammen lediglich das Recht auf maximal 52 Wochen unbezahlten Elternurlaub *(Parental Leave)* nach der Geburt oder Adoption eines Kindes. Für die Dauer der Abwesenheit bleibt ihnen der Arbeitsplatz erhalten. Somit können sowohl Mutter oder Vater diesen Elternschaftsurlaub in Anspruch nehmen[55b].

013aa Foto: at

In der Realität sind es jedoch fast immer die Frauen, aber selten für die vollen 52 Wochen.

Das lässt sich auch an den statistischen Zahlen ablesen, denn in Australien finden sich mit ca. 12 % fast doppelt so viele Kinder unter drei Jahren in Kinderkrippen u.Ä. wieder wie in Deutschland, wo nur ca. 7 % in dem Alter in Kinderkrippen u.Ä. betreut werden (der OECD-Durchschnitt liegt bei ca. 25 %)[56]. Australische Frauen kehren also recht schnell nach der Geburt ihres Kindes ins Berufsleben zurück und nehmen daher die Möglichkeiten der Kinderbetreuung in Anspruch. Die Zahl der Kinder im Vorschulalter (über drei Jahre) in Betreu-

Auch der australische Staat verzeichnet niedrige Geburtenraten

ungseinrichtungen liegt in Deutschland (ca. 75 %) hingegen knapp über dem OECD-Durchschnitt (ca. 72 %), während Australien weit darunter liegt (ca. 55 %)[57]. Über kurz oder lang verabschieden sich also doch viele australische Frauen ganz aus dem erwerbstätigen Leben und übernehmen die Kinderbetreuung selbst.

Das **Fehlen von flexiblen Teilzeitstellen** in ihrem Fachgebiet lässt ihnen oft keine andere Wahl, zumal man in diesen Stellen vergleichweise weniger Aufstiegschancen hat. Andere wiederum können sich aus Kostengründen keine langfristige Kinderbetreuung leisten – insbesondere, wenn sie mehrere Kinder haben.

All dies wirkt sich auch nicht eben günstig auf die **Geburtenrate** aus. So bekommen insbesondere Australierinnen, die ein Hochschulstudium absolvieren, gar keine oder recht spät und wenige Kinder. Sie lassen sich zunächst lieber Zeit, den Kredit für ihr Studium abzustottern, bevor sie sich weitere Kosten für die Bildung ihrer eigenen Kinder aufhalsen (⇨„Traumland Australien?, Gesellschaftliche Grundwerte, Investition Bildung")[58]. Kinder werden in zunehmendem Maß als „Luxusanschaffung" empfunden.

Um gute Bedingungen für eine Erhöhung der gegenwärtigen Geburtenrate von 1,79 Kindern pro erwachsener Frau (2005)[58a] zu schaffen, müssten familienfreundlichere Regelungen für Kinderbetreuung im Vorschulalter, Mutterschaftsurlaub und -geld, mehr Teilzeitarbeitsregelungen für Männer und Frauen etc. geschaffen werden. Die halb scherzhaft gemeinte Aufforderung „Have one for Mum, one for Dad and one for the Country" (Bekomm' ein Kind für die Mutter, eins für den Vater und eins für den Staat) des australischen Finanzministers *Peter Costello* im Jahr 2004 reicht nun einmal nicht aus, um die australische Bevölkerung zum Kinderkriegen zu animieren. Auch die Einführung des **Mutterschaftsgeldes** *(Maternity Payment)* für jedes neugeborene Kind bietet keinen ausreichenden Anreiz. Die einmalig gezahlte Summe ist ohnehin so gering, dass diese oftmals nur die medizinischen Kosten einer Geburt bezuschusst, die nicht komplett durch die staatliche Krankenversicherung Medicare übernommen werden.

Dass Australien überhaupt eine Bevölkerungswachstumsrate von 1,43 % gegenüber etwa Deutschland mit 0,04 % verzeichnen kann, liegt vor allem am australischen **Einwanderungsprogramm**[58b]. Der dringende Bedarf an erwerbstätiger Bevölkerung wird einfach mit ausländischen Migranten gedeckt. Aus diesem Grund werden im Migrantenstrom vor allem junge Menschen mit guter Ausbildung über die *Skilled Migration* zur Einwanderung eingeladen. Damit wird zumindest kurzfristig ein Loch in der Sozialversicherungskasse gestopft, denn diese Migranten müssen die Steuern voll zahlen, dürfen aber in den ersten zwei Jahren kaum Sozialversicherungsleistungen beziehen. Sie liegen dem australischen System somit zunächst nicht auf der Tasche. Wenn sie jedoch nicht nach ihrer Pensionierung in ihr Ursprungsland zurückkehren, erhöhen sie auf lange Sicht nur die Zahl der Rentenempfänger, und somit geht die Rechnung nicht auf.

Im Gegenteil, denn für jeden Migranten, der langfristig zur alternden Bevölkerung gehören wird, müssten diese entsprechend viele Kinder in Australien bekommen. Einwandererfamilien der ersten Generation, die als Fachkräfte ins Land einwanderten, bekommen eher wenige Kinder, da der Prozess der Einwanderung und des Aufbaus eines neuen Lebens in Australien viel Zeit und Geld kostet, wobei Kinder oftmals zunächst eine Belastung darstellen[58c].

Ein weiterer Grund für das Einwanderungsprogramm für Fachkräfte ist der herrschende **Mangel an hochqualifizierten Fachkräften** in Australien, da viele dieser Kräfte ins Ausland abwandern. Zwar scheinen die **Studentenzahlen** in Australien in die Höhe zu schnellen, aber davon waren 2006 allein 26 % ausländische Studierende (1995 waren es nur 7,6 %). Damit hat sich die Zahl der ausländischen Studierenden in Australien seit 1995 mehr als verdreifacht. Die Zahl der australischen Studenten hat sich im gleichen Zeitraum deutlich langsamer erhöht[59].

Problematisch ist die **Abwanderung der hochqualifizierten australischen Fachkräfte ins Ausland.** Während 1985 nur 69.600 australische Staatsbürger und Halter einer Daueraufenthaltsgenehmigung für einen Zeitraum von mindestens zwölf Monaten oder für immer ins Ausland gingen, waren es 2005 mit ca. 158.000 schon mehr als doppelt so viele. 2005 gingen davon 64 % in OECD-Länder. Ein Drittel der australischen Abwanderer ist zwischen 25 und 34 Jahre alt. Die frisch in Australien ausgebildeten Fachkräfte verlassen das Land somit gleich nach ihrem Studium und verbringen ihre ersten Arbeitsjahre oder gleich den Rest ihres Lebens im Ausland. Diesen Trend der Abwanderung nennt man in Australien auch „Brain Drain" („Gehirn-Abfluss"), da beinahe 42 % der australischen Abwanderer einen Hochschulabschluss haben, wohingegen nur 7 % der gesamtaustralischen Bevölkerung einen solchen vorweisen kann. Es sind finanzkräftige Steuerzahler, die dem australischen Staat fehlen. Dabei sind es überdies mehr Frauen als Männer, die ins Ausland abwandern, woraus wiederum keine positive Geburtenrate für Australien resultiert[60].

Das durch die Abwanderung der australischen Fachkräfte entstandene Loch versucht man wiederum mit Migranten zu füllen. Daher bekommt man auch als Einwanderungswilliger „Bonuspunkte" für Berufsqualifikationen, an denen es in Australien am meisten fehlt (⇨„Wege zum Visum, Einwandern als Fachkraft"). Dennoch können Migranten nur eine kurzfristige Lösung sein. Langfristig müssen die hochqualifizierten Arbeitskräfte aus Australien selbst kommen, und die Regierung wird Strategien entwickeln müssen, diese Arbeitskräfte auf dem australischen Arbeitsmarkt zu halten bzw. diese lange vor Beginn des Rentenalters für ihn zurückzugewinnen.

Gesellschaftliche Grundwerte

Wer schon einmal in Australien war, erzählt oftmals begeistert von der „lässigen Lebensart" der Australier. Dies ist nicht allein mit Sonnenschein und wirtschaftlichem Aufschwung zu erklären, sondern muss seine Wurzeln in der Art und Weise haben, wie die Australier ihr Zusammenleben gestalten.

Demokratische Grundlagen

Der 1901 gegründete australische Staat Commonwealth of Australia (Australischer Bund) ist ein moderner demokratischer Staat mit einer vergleichbaren Verwaltungsstruktur wie Deutschland. Die Legislative, Exekutive und Judikative werden zwischen der föderalen Bundesregierung und den sechs gleichwertig stimmberechtigten **Bundesstaaten** (New South Wales, Queensland, South Australia, Tasmania, Victoria, Western Australia) sowie zwei **Territorien** mit eingeschränktem Selbstverwaltungsrecht (Australian Capital Territory, Northern Territory) geteilt. Die höchste Instanz der australischen Judikative ist der **Oberste Gerichtshof,** der High Court of Australia. So weit klingt das alles vertraut, aber bei Gericht geht es doch etwas anders zu. In strafrechtlichen Verfahren entscheiden **Geschworene** über die Schuld oder Unschuld des Angeklagten. Der Richter bestätigt das Urteil *(Verdict)* der sogenannten Jury und legt das Strafmaß fest.

Die **föderale Bundesregierung** ist zuständig für Bereiche wie Außenpolitik, Handel, Einwanderung und Verteidigung, aber auch für bestimmte Steuern (z.B. Mehrwertsteuer) und Sozialfürsorge, während die **Regierungen der sechs Bundesstaaten und der zwei selbstverwaltenden Territorien** für Bildungs-, Gesundheits-, Verkehrs- und Bauwesen, die infrastrukturelle Versorgung mit Wasser, Strom, Telefonverbindungen etc. sowie für die Bewirtschaftung ihres Bundesstaates zuständig sind. Die **nationale Politik** für diese Bereiche wird jedoch wiederum durch die föderale Bundesregierung festgelegt. Darüber hinaus gibt es in allen Bundesstaaten bzw. Territorien auch noch die Local Councils, in denen Entscheidungen auf Gemeindeebene getroffen werden, ähnlich wie in Deutschland.

Der moderne australische Staat ist eine konstitutionelle Monarchie mit einer **Verfassung.** Darin wird z.B. die Glaubensfreiheit garantiert, aber das Recht der freien Meinungsäußerung ist darin nicht verankert. Im Gegensatz zu den Verfassungen anderer Länder sind in der Australiens wenig individuelle Rechte oder Menschenrechte festgelegt. Man baut in diesen Bereichen auf das bürgerliche Recht bzw. Gewohnheitsrecht. Die australische Verfassung basiert somit auf der parlamentarischen Tradition des ehemaligen britischen Mutterlandes, enthält aber auch Elemente der US-amerikanischen Konstitution.

Australien ist eine **parlamentarisch-demokratische Monarchie,** denn obwohl es ein von Großbritannien unabhängiger Staat ist, wird das britische Staatsoberhaupt, derzeit *Königin Elizabeth II.,* auch als **Staatsoberhaupt von Australien** anerkannt. Die Queen erfüllt jedoch vornehmlich **repräsentative Aufgaben.** Da sie dieser Pflicht natürlich nicht in allen 16 Reichen nachkommen kann, in denen sie als Staatsoberhaupt anerkannt ist (u.a. auch Neuseeland und Kanada), hat die britische Monarchin in Australien mehrere Repräsentanten: einen **Generalgouverneur** (in seiner Funktion vergleichbar dem deutschen Bundespräsidenten) in der Commonwealth-Regierung und jeweils einen **Gouverneur** in den sechs Bundesstaaten. Die Repräsentanten der Queen dürfen im Grunde lediglich auf Anraten der demokratisch gewählten australischen Minister Entscheidungen treffen.

Die Staatsgeschäfte werden geführt durch das **Kabinett** unter Vorsitz des Regierungschefs. Dies ist der australische **Premierminister** (vergleichbar mit dem deutschen Bundeskanzler). Das Kabinett besteht aus den wichtigsten Ministern der Regierung, ausgewählt durch den Premierminister.

Die Legislative Australiens liegt beim **föderalen Bundesparlament** (Federal Parliament). Es besteht aus **zwei Kammern** mit 150 Sitzen im Abgeordnetenhaus bzw. Unterhaus oder Volkskammer (House of Representatives = Lower House; vergleichbar mit dem deutschen Bundestag) und 76 Sitzen im Senat bzw. Oberhaus oder Staatenhaus (Senate = Upper House; vergleichbar mit dem deutschen Bundesrat). Alle Gesetzesvorlagen müssen durch beide Kammern angenommen werden, um in Kraft treten zu können.

Alle Bundesstaaten haben ein **eigenes Parlament,** das mit kleinen Variationen im Prinzip so ähnlich wie das föderale Bundesparlament aufgebaut ist. Die Parlamente von New South Wales, Victoria und Western Australia haben zwei Kammern, die sich **Legislative Council** und **Legislative Assembly** (in South Australia und Tasmania House of Assembly genannt) nennen. In Queensland wurde Ersteres 1922 abgeschafft. Das Australian Capital Territory und das Northern Territory haben jeweils nur eine Legislative Versammlung mit einer Kammer.

Auch wenn die Verwaltungsstruktur nicht völlig fremd ist, so unterscheidet sie sich doch so von der deutschen, dass man sich spätestens bei seiner Einbürgerung einmal näher damit befassen sollte; sonst fällt es schwer, bei den **Wahlen** eine informierte Entscheidung zu treffen. Näheres hierzu findet sich im Exkurs „Wählen in Australien" im Kapitel „Längerfristige Eingliederung, Staatsbürgerschaft, Vorteile".

Faire Chancen für jeden

Eines der wichtigsten **Ideale** der australischen Gesellschaft ist das **Prinzip des „Fair Go",** einer fairen Chance für jedermann – unabhängig von Geschlecht, Hautfarbe, Herkunft, Glauben, politischer Gesinnung, sexueller Orientierung u.a.

Die ersten freien Siedler, die 1793 in die britischen Kolonien Australiens zo-

Australien-Übersicht
Cobo
Penins
Melville Island
Bathurst Island
Darwin
Timor Sea
Cape Bougainville
Katherine
INDIAN
OCEAN
Wyndham
Cape Leveque
Kimberleys
Broome
Halls Creek
Wolfe Creek Crater
NO
TE
TANAM
DESER
Port Hedland
Barrow Island
Karratha
GREAT SANDY DESERT
MacDonn
Mount Liebig
1524
Exmouth
PILBARA
Ningaloo Reef
WESTERN
GIBSON DESERT
Paraburdoo
LITTLE SANDY DESERT
Shark Bay
Uluru (Ayers Rock)
863
Dirk Hartog Island
AUSTRALIA
Meekatharra
GREAT VICTORIA DESERT
Mount Magnet
Leonora
Geraldton
Kalgoorlie-Boulder
NULLARBOR PLAIN
YILGARN
Perth
Freemantle
Great Australian Bi
Bunbury
Bluff Knoll
1095
Stirling Range
Esperance
Cape Leeuwin
Albany
1000 m
500 m
200 m
0
500 km
SOUTHERN

Torres Strait
Cape York
Wessel Islands
Cape Wessel
Gove Peninsula
Cape York Peninsula
Groote Eylandt
Gulf of Carpentaria
Roper
Wellesley Islands
Great Barrier Reef
Coral Sea
Coral Sea Islands
Cook Town
Cairns
Great
Atherton Tablelands
Townsville
Charters Towers
Mackay
Tennant Creek
Mount Isa
QUEENSLAND
SOUTH PACIFIC OCEAN
Alice Springs
SIMPSON DESERT
Longreach
Dividing
Rockhampton
Gladstone
Hervey Bay
Bundaberg
Fraser Island
Maryborough
Charleville
STRZELECKI DESERT
TIRARI DESERT
Lake Eyre
STURT STONY DESERT
Sunshine Coast
Brisbane
Moreton Is.
Stradbroke Is.
Gold Coast
Surfers Paradise
Range
Marree
Flinders Ranges
Bourke
Moree
Grafton
Round Mountain 1615
Darling
Broken Hill
NEW SOUTH WALES
Port Augusta
Port Pirie
Mt. Barrington 1585
Blue Mountains
Newcastle
Orange
Lithgow
Sydney
Adelaido
Mildura
Murrumbidgee
Wagga Wagga
Wollongong
Murray
Canberra/ Australien Capital Territory
Kangaroo Island
Albury
Mt. Kosciuszko 2228
VICTORIA
Ballarat
Melbourne
Mount Gambier
Torquay
TASMAN SEA
King Island
Bass Strait
Fiddlers Island
OCEAN
Cradle Mountain 1545
Devonport
Launceston
Mt. Ossa 1617
TASMANIA
Freycinet Peninsula
Maria Island
Hobart
South East Cape
Bruny Island

gen, hatten Großbritannien hinter sich gelassen, weil sie für sich dort keine Chance auf eine rosige Zukunft sahen. Sie entflohen bewusst der Ungerechtigkeit europäischer Standesunterschiede, religiöser oder politischer Verfolgung und fingen gleichberechtigt neu an. Dieses Ideal einer **egalitaristischen Gesellschaft** wurde im Laufe der australischen Geschichte durch die Gründung des parlamentarisch-demokratischen Staates Commonwealth of Australia 1901 weiter gestärkt.

Mit der Unabhängigkeit von Großbritannien stellte sich jedoch auch die Frage nach der **nationalen Identität.** Diese versuchten die australischen Soldaten insbesondere im Ersten Weltkrieg durch Patriotismus für ihr Land zu beantworten. Sie zogen als Verbündete der Briten in einen Krieg fern von ihrem Heimatland und bezahlten somit nach ihrem Selbstverständnis ein „Blutgeld" für die Staatengründung.

In den Schützengräben Europas wurde das australische Grundprinzip der *Mateship,* **Kameradschaft,** gestärkt – der Zusammenhalt über die Grenzen von Hautfarbe, gesellschaftlichem Stand und Religionszugehörigkeit hinweg. Allerdings war dieses Prinzip vorwiegend den Männern vorbehalten, die ja auch statistisch in der Überzahl waren. Erst seit 1979 gibt es in Australien etwas mehr Frauen als Männer[61].

Heute präsentiert sich Australien als eine **multikulturelle Gesellschaft.** Seit 1945 sind mehr als sechs Millionen Menschen aus allen Kontinenten nach Australien eingewandert. Dies hat die Bevölkerung auf über 21 Millionen im Jahr 2008 anwachsen lassen[62]. Die Frage nach einer nationalen Identität ist angesichts dieser Tatsache bis heute ein wichtiges Thema in der australischen Politik geblieben, das besonders zu Beginn des Jahres 2001 auf vielfältige Art und Weise diskutiert wurde – 100 Jahre nach Entstehen des modernen australischen Staates.

Die australische Verfassung garantiert **Glaubensfreiheit.** Man muss im Gegensatz zum beliebten Auswanderungsland USA im Gerichtssaal auf keine Bibel schwören, es finden sich keine religiösen Aussagen auf der Währung wie z.B. in den USA mit „In God We Trust". Es gibt keinen verpflichtenden Religionsunterricht an den staatlichen Schulen, wie es in Deutschland der Fall ist (wenn man nicht von seinen Eltern freigestellt wird oder nach Erreichen der „Religionsmündigkeit" selbst darüber entscheiden darf). Lediglich an Privatschulen haben die Kirchen oftmals großen Einfluss (⇨ „Traumland Australien?, Gesellschaftliche Grundwerte, Investition Bildung").

Die Mehrheit der Australier ist – bedingt durch die Einwanderungsgeschichte – **christlichen Glaubens.** Bei der letzten Volkszählung 2006 gaben 26 % der Bevölkerung an, Katholiken zu sein, 19 % bezeichneten sich als Anglikaner, und rund 19 % gaben an, einem anderen christlichen Glauben zu folgen[64] (in Deutschland geben 62 % der Bevölkerung an, katholisch oder evangelisch zu sein[63]). Das bedeutet nicht notwendigerweise, dass sie diesen Glauben auch praktizieren, aber sie sind zumindest mit den üblichen christlichen Wertvorstellungen aufgewachsen. 6 % der Australier folgen einem nicht-christlichen Glauben (2,1 % Buddhisten, 0,8 % Hindus, 1,7 % Muslime und 0,5 % Juden, 0,6 % andere). 18,7 % gaben an, keiner Glaubensrichtung anzugehören und 11,9 % machten keine Angaben [64].

Intoleranz bezüglich des Glaubens nach Art Nordirlands oder Ex-Jugoslawiens, die in kämpferischen Auseinandersetzungen resultiert, kennt man in Australien nicht, schließlich sind viele Migranten vor dieser Art der Konflikte nach Australien geflüchtet. Natürlich gibt es immer wieder Verunsicherungen gegenüber bestimmten religiösen Gruppen, wie z.B. gegenüber dem Islam seit dem Anschlag auf das World Trade Center am 11. September 2001.

Intoleranz gegenüber **Hautfarben und Rassen** wird in Australien offiziell ebensowenig geduldet – auch wenn es diese in der australischen Geschichte immer wieder gegeben hat und geben wird. Wann immer z.B. die Arbeitslosigkeit ansteigt, die Steuerbelastung oder soziale Ungerechtigkeit zunimmt, wird ein Sündenbock gesucht, und das sind fast immer Migrantengruppen, die irgendwie anders sind als die anglo-keltische Masse. Anfangs waren es die Strafgefangenen und die Iren, im 19. Jahrhundert die Chinesen, Kanaka, Inder und Italiener, während des Ersten Weltkrieges dann die Deutschen und alle Asiaten, zur Zeit des Zweiten Weltkriegs dann eigentlich alle außer den Briten und Iren, und seit Mitte des 20. Jahrhunderts sind es die jeweils aktuellen Flüchtlinge und Asyl Suchenden. Hat man die einen akzeptiert, hat man „Angst" vor den nächsten, die man noch nicht kennt.

Die neuen Migranten kommen zudem oft selbst mit Vorurteilen aus ihren Heimatländern nach Australien. Das gilt auch für Deutsche, die oft mit Vorbehalten gegenüber Farbigen, Gastarbeitern, Aussiedlern, Asylbewerbern etc. herangewachsen sind.

Der ständige Zustrom von anders denkenden Menschen, die in einer anderen Gesellschaft als der australischen „vorgeformt" wurden, sorgt für einen besonders **dynamischen Dialog** bei Einwanderungsfragen in Australien. Auch, wenn Vorurteile gegenüber bestimmten Gesellschaftgruppen natürlich auch in Australien existieren, nimmt doch der Großteil der Bevölkerung die demokratischen Prinzipien ihres Staates sehr ernst und arbeitet fortwährend an der Umsetzung einer egalitaristischen Gesellschaft, in der man bestrebt ist, niemand zu diskriminieren. Die offizielle Politik Australiens hat seit Beendung der *White Australia Policy* (der rassistischen Politik des „Weißen Australien") in den 1970er Jahren im Vergleich zu Europa tatsächlich zu einem höheren Grad an Toleranz und Akzeptanz in der Gesellschaft geführt.

In der **gegenwärtigen multikulturellen Politik** definiert man es als die bürgerliche Pflicht aller australischen Einwohner, die demokratischen Strukturen Australiens zu unterstützen, damit Freiheit und Gleichheit garantiert bleiben und die Vielfalt der australischen Gesellschaft weiter gedeiht.

Des Weiteren haben alle Australier im Rahmen der australischen Gesetze das Recht, ihre eigene Kultur und ihre eigene Religion zu leben. Sie müssen im Umkehrschluss das gleiche Recht für Menschen anderer Kulturen und Religionen respektieren. Auch haben alle Australier ein Recht auf gleiche Behandlung und Möglichkeiten – frei von Diskriminierung aufgrund von Rasse, Kultur, Sprache, Religion, Lebensraum, Geschlecht oder Geburtsort. Es sollen alle Einwohner gleichermaßen zum sozialen, politischen und wirtschaftlichen Leben in Australien beitragen können und ihrerseits von den Vorteilen profitieren, die aus der Vielfalt der Bevölkerung resultieren.

Auch im **Umgang zwischen Mann und Frau** bemüht man sich um Gleichstellung. Ende des 19. Jahrhunderts erwarben die Frauen das Wahlrecht, in den 1960er Jahren protestierten sie gegen die Reduzierung ihrer Rolle auf Hausfrau und Mutter und erkämpften sich mehr Gleichberechtigung. In der dritten Welle der feministischen Bewegung Australiens in den 1990er Jahren erkannte man jedoch, dass Frauen noch immer unter einer „Glass Ceiling" sitzen – einer unsichtbaren Barriere, die sie ab einem gewissen Punkt am Fortkommen in einer beruflichen oder politischen Laufbahn hindert. Die Mehrheit der Machtpositionen in Politik, Bildung und Wirtschaft sind noch immer von Männern besetzt. Außerdem bekommen Frauen in denselben beruflichen Positionen durchschnittlich immer noch 15 % weniger Lohn als Männer (⇨„Traumland Australien?, Boomende Wirtschaft, Der private Wohlstand") [65].

Obwohl sich das Gleichgewicht zwischen den Geschlechtern im Laufe der australischen Geschichte verbessert hat, sind die gesellschaftlichen Strukturen noch immer sehr stark von der traditionellen **Dominanz der Männer** geprägt. Nach wie vor existiert die Gleichstellung der Frau nur auf dem Papier. Ihr wird in der Regel eine Doppelt- oder Dreifachbelastung zugemutet, wenn sie neben der Mutterschaft erfolgreich berufstätig oder gar zusätzlich politisch aktiv sein will. Von politischer Seite fehlt in dieser Hinsicht noch ein lebbares und bezahlbares Konzept für die Kinderbetreuung (⇨„Traumland Australien?, Boomende Wirtschaft, Arbeitskräfte gesucht"). Außerdem hapert es noch bei der gesellschaftlichen Akzeptanz von Vätern, die in Elternschaftsurlaub gehen, Teilzeit arbeiten und sich ebenbürtig um die Kindererziehung kümmern.

Während der sexuellen Revolution der späten 1960er und -70er Jahre kämpften auch die australischen **Homosexuellen** um ihre Gleichstellung. 1885 wurde der sexuelle Kontakt zwischen Männern in Großbritannien und all seinen Kolonien erstmals kriminalisiert. Dies wurde erst ab 1972 wieder rückgängig gemacht. South Australia machte den Anfang, die anderen Bundesstaaten und Territorien zogen schrittweise nach. Als absolutes Schlusslicht änderte Tasmania erst im Jahre 1997 seine Gesetzgebung. Es verwundert also nicht weiter, dass die Intoleranz gegenüber Schwulen und

Lesben dort noch besonders groß ist[66]. Am tolerantesten geht es in den australischen Großstädten zu – allen voran Sydney und Melbourne.

Wirft man einen Blick in die australischen Medien, findet man z.B. in den Leserbriefen der qualitativ hochwertigen und eher linksgerichteten Zeitungen „The Age" und „Sydney Morning Herald" recht aufgeschlossene Kommentare zum Thema Homosexualität. Liest man hingegen die Boulevardzeitung „The Herald Sun" oder den „Daily Telegraph" aus *Rupert Murdochs* Imperium, bietet sich ein konträres Bild. Auf den staatlichen TV-Sendern SBS und ABC gibt es immer wieder Filme, Serien und Reportagen, die Homosexualität thematisieren, während solche Inhalte bei den kommerziellen Privatsendern aus dem Hause *Murdoch* nur allzu gern ausgespart werden.

In der Politik gibt es in Australien, abgesehen vom Oberhaupt der Grünen Partei, *Bob Brown,* keine weiteren bekennenden Homosexuellen. Auf politischer Ebene bleibt es nach wie vor ein Stigma, was durch die extrem konservative Regierung unter *John Howard* nicht gerade verbessert wurde.

Der Staat bemüht sich, in allen Bereichen der Gleichstellung die Barrieren in den Köpfen durch **Information und Bildung** abzubauen. Diese jahrelange Anti-Diskriminierungspolitik hat in einem Großteil der Bevölkerung schon zu einem toleranteren Umgang miteinander geführt.

Allerdings ist der wundeste Punkt in Australien sicherlich noch immer der Umgang mit den **einheimischen Aboriginal-Völkern und den Torres Strait Islanders,** die von den zu Australien gehörenden Inseln zwischen Australien und Papua-Neuguinea stammen. Als die australische Kolonie 1788 aufgebaut wurde, lebten schätzungsweise zwischen 300.000 und 1 Mio. Aborigines auf dem Kontinent, 2006 waren es ca. 517.200[67]. Tausende von ihnen starben in den Jahren der Besiedlung des Kontinents an von den Europäern eingeschleppten Krankheiten oder wurden bei Auseinandersetzungen mit den Siedlern getötet. Man behandelte sie als „schwarze Barbaren", deren Wünsche und Rechte man nicht ernst nehmen musste.

Im Namen des *Protection Act* (Schutzgesetzes), das in der zweiten Hälfte des 19. Jahrhunderts in allen australischen Kolonien zum Schutz der indigenen Völker erlassen wurde, bestimmte der australische Staat auch nach der Gründung des modernen Commonwealth of Australia 1901 über sie. Sie hatten nicht annähernd dieselben Rechte wie die anderen australischen Einwohner: Bis 1957 hatten sie nicht einmal die australische Staatsbürgerschaft; durch ein Volksreferendum wurde ihnen 1967 erstmals das Wahlrecht zugestanden; bis in die 1970er Jahre wurden „Halbblutkinder" von ihren Müttern getrennt und in weißen Pflegefamilien und Heimen großgezogen; u.a. in Queensland bekamen die Aborigines bis 1987 geringere Löhne als ihre nicht-indigenen Kollegen; 1992 wurden ihnen erstmals wieder Landrechte zuerkannt. Damit habe ich nur einige Meilensteine aufgezählt.

Die ungleiche Behandlung der indigenen Völker über zwei Jahrhunderte hat das Verhältnis zwischen der indigenen und nicht-indigenen Bevölkerung nachhaltig negativ beeinflusst. Die **zaghaft in Gang kommende Wiedergutmachungspolitik** *(Reconciliation Policy)* des australischen Staates vermag die klaffende Wunde nicht schnell zu schließen. Der Zugang zu Bildung ist für die indigene Bevölkerung noch immer nicht so selbstverständlich wie für den Rest der australischen Einwohner. Auch die gesundheitliche Versorgung der indigenen Bevölkerung fällt weit hinter dem Landesdurchschnitt zurück. Aber es ist zumindest schon ein **neues Zusammengehörigkeitsgefühl** unter den Aborigines entstanden – egal ob vollblütig oder „fast weiß" –, das sich auch immer weiter auf engagierte nicht-indigene Australier ausweitet. Damit kann man auf eine Verbesserung des Zusammenlebens in Zukunft hoffen.

Trotz all dieser Widersprüche, was die nationale Identität des jungen Landes angeht, gibt es eine deutliche Gemeinsamkeit aller neuen und alten Australier. Sie besteht in dem gemeinsamen Glauben an das bereits erklärte Prinzip des „Fair Go", das man in letzter Konsequenz für alle Einwohner Australiens wünscht. Dies erfährt man denn auch als neuer Migrant oder auch nur als Tourist, dem die Australier offen und freundlich gegenübertreten. Das informelle **„du" gilt für jedermann,** man redet sich gleich mit dem Vornamen an, und distanzierende Anreden wie „Herr", „Frau" oder andere Titel werden nur sehr selten verwendet. Damit kann erst gar keine Steifheit im zwischenmenschlichen Umgang aufkommen (Näheres zum alltäglichen Miteinander ⇨ „Traumland Australien?, Lebensart, Umgangsformen").

Die festgefahrenen Hierarchien zwischen Menschen unterschiedlichen Standes, die in Deutschland nach wie vor Bestandteil der Gesellschaft sind, gibt es in Australien kaum. Wer sich als etwas Besseres darstellt, wird von den Australiern eher mit Ablehnung gestraft, da dies dem erklärten Ziel der egalitären Gesellschaft widerspricht. Ziel ist es, sich *low-key* („einen Ton tiefer") zu geben, d.h., man sollte **Unauffälligkeit und Zurückhaltung** anstreben, auch wenn man z.B. materiell besser gestellt ist oder eine höhere Ausbildung genossen hat als andere.

Das sind zumindest die Ideale, an die die Australier glauben, auch wenn diese natürlich nicht von allen gelebt werden. Auch Australien ist ein Land mit deutlichen **sozialen Unterschieden,** die ebenso wie hierzulande aus Unterschieden der Herkunft, der Bildung und des Wohlstands resultieren. Und natürlich finden sich auch dort Menschen mit ähnlichem Hintergrund und ähnlichen Interessen zusammen. Doch anders als z.B. im alten Mutterland Großbritannien werden soziale Unterschiede nicht als sonderlich verpflichtend für den Umgang miteinander gesehen.

Auch das australische Schulsystem trägt seinen Teil zum Gleichheitsprinzip bei, da die meisten Kinder dort die Gesamtschule besuchen, statt wie hierzulande sehr früh auf die drei Schulformen Hauptschule, Realschule und Gymnasium „verteilt" zu werden, was fast schon klassengesellschaftliche Grenzen schafft (⇨„Traumland Australien?, Gesellschaftliche Grundwerte, Investition Bildung"). In den meisten Fällen pflegen Australier ihre alten (Schul-) Freundschaften, auch wenn der eine Politiker und der andere Türsteher in einem Pub geworden ist.

Zuweilen schießen die Australier in ihrem Egalitarismus jedoch über das Ziel hinaus und diskriminieren Menschen, die mit Stolz von einer Errungenschaft oder erbrachten Leistung sprechen. Dieses Phänomen nennt man **„Tall Poppy Syndrome"**. Die „hoch gewachsene Mohnblume", die also über die Masse hinausgewachsen ist, muss abgesäbelt werden. Dieses Absäbeln ist dann nicht länger das noble Ziel des Egalitarismus, sondern ein Zwang zur Konformität bzw. Assimilation – und das ist eine Form der Diskriminierung. Gerade neue Migranten aus europäischen Ländern bekommen diese **„kalte Schulter"** schnell einmal zu spüren, wenn sie sich mit ihren Statussymbolen, ihrem Bildungsweg oder mit zu vielen Erzählungen von der großen weiten Welt brüsten.

Es trifft aber auch die vielen hochqualifizierten australischen Arbeitskräfte, die in vielen Fällen direkt nach ihrem Studium ins Ausland abgewandert sind und eine Rückkehr nach Australien auch wegen des *Tall Poppy Syndrome* nicht gerade für attraktiv halten (⇨„Traumland Australien?, Boomende Wirtschaft, Arbeitskräfte gesucht").

Wohlstand: Staatssache

In einer demokratischen Gesellschaft ist ein Staat nur so gut wie seine Einwohner und umgekehrt. Was ist also in Australien so anders, dass es Jahr um Jahr höher auf der Rangliste des **Human Development Index** der Vereinten Nationen klettert? Dieser Index misst zurzeit für 177 Länder vergleichend den „Stand der menschlichen Entwicklung", basierend auf den drei Kriterien **Bruttoinlandsprodukt pro Einwohner, Lebenserwartung** und **Bildungsgrad** (gemessen anhand von Alphabetisierungsrate und Einschulungsrate). Seit 1998 bewegt sich Australien auf den ersten fünf Rängen dieses Indexes; im letzten Human Development Report aus dem Jahr 2007/08 besetzt Australien nach Norwegen und Island nunmehr bereits **Platz 3.** Im gleichen Zeitraum sind z.B. die USA von einst Platz 3 im Jahr 1998 auf Platz 12 abgerutscht, Deutschland von Platz 14 auf Platz 22[68].

Ein wichtiger Faktor für die Messung des Wohlstands ist auch das Maß an **Sozialleistungen.** In Australien gibt es zahlreiche Leistungen wie staatliche Arbeitslosenhilfe, Gesundheitsvorsorge, Studiengelder, Altersrente, Witwen- und Waisenrente.

Insgesamt ist die **Gesundheitsversorgung** in Australien – insbesondere in den dicht bevölkerten Stadtgebieten der australischen Metropolen – auf einem vergleichbaren Niveau wie die in Mitteleuropa. In einem stark urbanisierten Bundesstaat wie New South Wales findet man auch in den kleineren regionalen Zentren **Krankenhäuser,** die auch die Bereiche Geburtshilfe, Pädiatrie, Chirurgie und Rehabilitation abdecken. Darüber hinaus gibt es private Krankenhäuser mit Abteilungen für Psychiatrie, Chirurgie, Rehabilitation und Langzeitversorgung. In den wenig besiedelten Gebieten gibt es aber weitaus weniger Krankenhäuser und Ärzte. Die Gesundheitsversorgung wird hier durch **Flugambulanzen** gewährleistet, die den Arzt im Bedarfsfall zum Patienten fliegt bzw. diesen zum nächsten Krankenhaus. Im Northern Territory beispielsweise gibt es nur zwei große Krankenhäuser, die alle Abteilungen haben: Darwin und Alice Springs. Kleinere öffentliche Krankenhäuser mit lediglich den wichtigsten Abteilungen gibt es darüber hinaus in Katherine, Nhulunbuy und Tennant Creek.

Für die Krankenversorgung stehen in Australien die **Allgemeinärzte** *(General Practitioners)*, die **Gemeinschaftspraxen** *(Medical Centres)* und im Notfall die Krankenhäuser zur Verfügung. Wie es auch früher in Deutschland war (und teilweise wieder ist), kann man nicht einfach einen **Spezialisten** aufsuchen, sondern muss immer erst zu seinem Hausarzt gehen. Es obliegt dann seiner Entscheidung, ob eine Überweisung zum Spezialisten notwendig ist. Neben oben genannten Anlaufstellen gibt es auch noch sogenannte **Gemeinde-Gesundheitszentren** *(Community Health Centres)*, die gehalten sind, die Kosten möglichst niedrig zu halten. Sie bieten Krankenpflege, Patientenschulungsprogramme, Physiotherapie, zahnärztliche oder ärztliche Behandlung, psychische/soziale Therapie und Sozialfürsorge an.

Die **staatliche Krankenversicherung** heißt Medicare. Der Beitragssatz beläuft sich zurzeit auf 1,5 %, er wird vom monatlichen Einkommen einbehalten. Besserverdienende mit einem Jahreseinkommen ab 50.000 $ zahlen zusätzlich 1 % ihres Einkommens, wenn sie keine private Zusatzversicherung haben. Sofern man bei Medicare registriert ist, werden mindestens 85 % der vom Staat genehmigten Tarifgebühren gezahlt. In der kostenlosen Behandlung eingeschlossen sind in der Regel Arztbesuche, Röntgenaufnahmen, Blutuntersuchungen, Behandlungen in staatlichen Krankenhäusern und weitere Leistungen. Darüber hinaus werden Medikamente über das *Pharmaceutical Benefits Scheme* (PBS) bezuschusst. Stellt ein Arzt jedoch mehr als die Tarifgebühren in Rechnung, muss der Patient für den Differenzbetrag selbst aufkommen.

Nicht gedeckt durch Medicare sind der Krankenwagentransport, Zahnbehandlungen, Physiotherapie, Sehhilfen, chiropraktische oder heilpraktische Behandlung sowie die Unterbringung in Privatkrankenhäusern. Eine **private Zusatzversicherung** ist daher empfehlenswert, an deren Abschluss die australische Regierung sich derzeit je nach Alter der ältesten Person auf der Police mit 30–40 % des Versicherungsbeitrags finanziell beteiligt (⇨„Neuanfang in Australien, Versicherungen, Krankenversicherung“).

Hat man eine Daueraufenthaltsgenehmigung für Australien erhalten, hat man wie ein australischer Staatsbürger ein Anrecht auf **Sozialleistungen** wie z.B. staatlichen Wohnraum, Mietzuschüsse, Medicare, Arbeitslosengeld, Waisen-, Witwen-, Behinderten- oder Altersrente etc. (⇨„Längerfristige Eingliederung, Brennpunkte, Sozialleistungen"). Allerdings muss man als Halter einer Daueraufenthaltsgenehmigung in der Regel zunächst die Zwei-Jahres-Regel erfüllen, d.h. man muss mindestens 104 Wochen ununterbrochen mit einer Daueraufenthaltsgenehmigung in Australien gelebt haben, bevor man Sozialleistungen beantragen kann. Ausgenommen von der Zwei-Jahres-Regel sind lediglich bestimmte Zahlungen an Familien mit Kindern (⇨„Neuanfang in Australien, Kinder, Kindergeld").

Zu den Sozialleistungen gehört auch **Newstart Allowance** (Arbeitslosenunterstützung), schlicht „The Dole" genannt. Die Regeln sind recht streng, und man ist verpflichtet, sich aktiv um eine neue Stelle zu bemühen und an passenden **Weiterbildungsmaßnahmen** teilzunehmen. Sie werden auch zu gemeinnützigen Tätigkeiten herangezogen, wie z.B. Parks reinigen. Diese **„Work for the Dole"** genannte Beschäftigungsform wird jedoch nur geringfügig vergütet.

Auch für die **Arbeitslosenunterstützung** gilt, dass Migranten zunächst die Zwei-Jahre-Wartefrist abwarten müssen, bevor sie im Bedarfsfall ein Anrecht hierauf haben. Es ist daher sehr wichtig, dass man als Migrant schnell eine Arbeit findet oder im Zweifelsfall ein finanzielles Polster hat, um Durststrecken der Arbeitslosigkeit aus eigener Tasche überbrücken zu können.

In Australien gibt es auch **staatlichen Wohnraum.** Ein Anrecht auf diesen oder **Mietzuschüsse** hat man jedoch nur, wenn man seit zwei Jahren eine Daueraufenthaltsgenehmigung oder aber die australische Staatsbürgerschaft hat und zudem die je nach Bundesstaat festgelegte Einkommensgrenze unterschreitet (⇨„Neuanfang in Australien, Das neue Heim").

Wenn man wirklich bedürftig ist, wird einem in Australien mit einer der vielen Sozialleistungen auch weitergeholfen. Wirkliche Armut ist daher – zumindest außerhalb der indigenen Gemeinden – selten anzutreffen, auch wenn die Kluft zwischen unterer Mittelschicht und Superreichen in Australien als Folge des Wirtschaftsbooms immer größer wird. Eine gleichmäßige Verteilung des Reichtums gibt es in einem marktwirtschaftlichen Staat wie Australien ebenso wenig wie in Deutschland.

Investition Bildung

Migranten mit Kindern oder Kinderwunsch machen sich oft Gedanken um die Qualität der Schulausbildung in Australien. Da das Land in der **PISA-Studie** der OECD in den Jahren 2000, 2003 und 2006 sehr gut abgeschnitten hat, muss man sich mit einer australischen Schulbildung im internationalen Vergleich auf keinen Fall verstecken. Australien erreichte in den Bereichen Lesen, Mathematik und naturwissenschaftliche Bildung Ergebnisse, die deutlich über dem OECD-Durchschnitt lagen.

Während darüber hinaus ein Drittel der Einwandererkinder der zweiten Generation in vielen europäischen Ländern, darunter auch Deutschland, besonders im Bereich Mathematik sogar unter dem PISA-Durchschnitt liegt, weisen Einwandererkinder in Australien eine sehr gute Bildung vor[69]. Das spricht auch für die grundsätzliche Bildungspolitik des Landes.

Wer sich für den kompletten **PISA-Bericht** für Australien für das Jahr 2006 interessiert, kann diesen unter www.acer.edu.au/news/2007_PISA.html herunterladen.

In Australien herrscht vom 6. bis zum 15. Lebensjahr **Schulpflicht** (in Tasmania bis zum 16. Lebensjahr). Grundsätzlich hat man in Australien die Wahl zwischen staatlichen Schulen *(Public Schools)* und Privatschulen *(Private Schools)*.

Etwa ein Viertel aller australischen Schulen sind **Privatschulen,** die vorwiegend nach britischem Vorbild funktionieren. Sie nehmen zumeist hohe Schulgebühren, bieten aber nicht automatisch eine bessere Ausbildung. Außerdem folgen sie oftmals einer bestimmten Religion oder pädagogischen Ausrichtung (es gibt z.B. auch in Australien Montessori-Schulen und Waldorf-Schulen). Die katholischen Schulen stehen in dem Ruf, preiswerter zu sein als andere Privatschulen. Für ein Schuljahr muss man an Privatschulen mit 5000 bis 22.000 $ rechnen (siehe auch Online-Kostenrechner für Sekundarschulen (und Universitäten) unter www.asg.com.au). Hinzu kommen Kosten für Bücher, Schulausflüge, Schuluniform etc.

Die Mehrheit der Privatschulen sind im Übrigen entweder reine Mädchen- oder Jungenschulen, viele werden auch als Internate geführt. Die meisten **staatlichen Schulen** sind dagegen **koedukativ.** Sie fordern nur ein geringes Schulgeld, aber auch hier müssen die Eltern zusätzlich für Bücher und eventuell für eine Schuluniform etc. aufkommen.

Staatliche Schulen sind der direkten Aufsicht der **Bundesbehörde für Erziehung und Bildung** unterstellt, aber auch die Lehrpläne der Privatschulen werden von der staatlichen Schulaufsicht kontrolliert, und ihre Prüfungsordnungen entsprechen denen der staatlichen Schulen. Im Gegensatz zu diesen sind Privatschulen jedoch unabhängig in der Auswahl des Lehrpersonals und der Schüler.

Der australische Staat investierte 2007 6,1 % des Bruttosozialproduktes in den Bildungssektor, davon entfielen 28,7 Mrd. $ auf die Schulbildung und 19,2 Mrd. $ auf die Hochschulbildung[70]. In Deutschland wurden 2006 vergleichbare 6,2 % des Bruttoinlandsprodukts auf Bildung verwendet[71]. In beiden Ländern sind die staatlichen Investitionen in die Bildung rückläufig. Dennoch, dass Fächer „wegen Lehrermangel nicht erteilt" werden, wie es z.B. in meiner Schulzeit in NRW in den 1980er Jahren vorkam (und auch heute noch vorkommt), kennt man in Australien nicht. Für alle Fachgebiete gibt es **immer ausreichend Lehrer.** An den weiterführenden staatlichen Schulen kamen z.B. 2007 auf einen Lehrer 12,3 Schüler (in privaten Schulen ein Lehrer pro 11,9 Schüler). Anfang der 1990er Jahre waren es mit 12,7 Schülern pro Lehrer auch kaum mehr[72]. Überfüllte Klassenräume, bei denen der Lehrer nicht mehr in der Lage ist, sich um die Förderung eines einzelnen Kindes zu kümmern, gibt es in Australien nicht.

Auch Erzählungen von überfüllten Hörsälen, in denen man nicht einmal einen Sitzplatz bekommt, sind für australische Ohren unfassbar, obwohl dies in Deutschland an vielen Fakultäten den Hochschulalltag bestimmt. Die australischen **Hochschulen** profitieren finanziell von der Verdreifachung der ausländischen Studierenden von 7,6 % im Jahre 1995 auf 26 % im Jahre 2006[73]. Denn die ausländischen Studierenden müssen die teils recht happigen **Studiengebühren** voll zahlen. Dennoch liegen diese in Australien weit unter denen in den USA oder Großbritannien. Damit ist Australien im Vorteil bei der Vermarktung des „Produktes Bildung" mit dem angenehmen Nebeneffekt, dass damit die einst schlechte Finanzlage der Universitäten etwas aufgebessert werden konnte. Andererseits werden den Universitäten mehr und mehr Gelder aus staatlicher Quelle gestrichen; sie sind somit gezwungen, noch mehr Auslandsstudenten als „zahlende Kunden" zu gewinnen.

Daraus entwickelt sich jedoch möglicherweise eine Abhängigkeit, und es wird kritisiert, dass sich die vielen Auslandsstudenten einen Studienplatz einfach „erkaufen", womöglich ohne wirklich talentiert zu sein. Dies würde langfristig dem Qualitätsstandard der Universitäten schaden, da man die voll zahlenden Auslandsstudenten nur selten durchfallen ließe und sich dadurch das Bildungsniveau verschlechtere. Ob das wirklich so ist, lässt sich derzeit nicht belegen. Fest steht jedoch, dass die meisten Auslandsstudenten Australien nach Abschluss ihres Studiums wieder verlassen und ihre Fähigkeiten für einen anderen Staat einsetzen, während in Australien ein Mangel an qualifizierten Fachkräften herrscht (⇨„Traumland Australien?, Boomende Wirtschaft, Arbeitskräfte gesucht").

Die meisten Eltern in Australien geben ihre Kinder schon mit vier Jahren, also zwei Jahre vor Beginn der Schulpflicht, in eine **Vorschule** (*Pre-School* in New South Wales, Victoria, im Australian Capital Territory und Northern Territory) bzw. in einen **Kindergarten** (*Kindergarten* in Queensland, Tasmania und South Australia). Dort werden die Kinder je nach Bundesstaat bzw. Territorium für zehn bis 12,5 Stunden wöchtenlich betreut. Ein Jahr vor Beginn der Schulpflicht kommen die Kinder dann fünf Tage wöchentlich ganztags (in Queensland nur halbtags) in die **nächste Vorschulstufe,** genannt *Preschool* (bzw. je nach Einrichtung und Bundesstaat oder Territorium auch *Kindergarten, Preparatory, Reception oder Pre-Primary*).

Sowohl die Vorschule als auch die Kindergärten sind oft an eine Grundschule angeschlossen. Entsprechend gibt es auch hier staatliche, kostenfreie Einrichtungen und private Einrichtungen, die eine Gebühr verlangen. Private Kindergartenplätze können bis zu 70 $ pro Tag kosten[73a].

Es gibt auch noch die sogenannten **ABC Learning Centres.** Das sind privat finanzierte, als Aktiengesellschaften organisierte Kindergärten. Sie kosten in der Regel nicht mehr als staatliche Kindergärten und sind je nach Höhe der staatlichen Zuschüsse zur Kinderbetreuung *(Child Care Benefit)* ab 6 $ pro Tag sehr günstig.

Noch vor dem Kindergarten oder der Vorschule können die Eltern ihre Sprösslinge zur **Kinderbetreuung** *(Day Care)* bringen. In diesem Bereich gibt es eine Vielzahl an Einrichtungen und Initiativen in staatlicher und privater Hand (⇨„Neuanfang in Australien, Kinder, Kinderbetreuung“).

Die **Grundschule** *(Primary School)* beginnt für die meisten Kinder mit fünf Jahren. Ihr Besuch ist für alle australischen Kinder Pflicht. Dort werden **acht Themengebiete** gelehrt: Lesen und Schreiben, Gesundheit und Sport, eine Fremdsprache, Mathematik, Naturwissenschaften, Gesellschaft und Umwelt, Technologie sowie Kunst und Musik. Neben diesen Fächern werden den Kindern in ihrer gesamten Ausbildungszeit jedoch auch **Werte** wie Respekt, Freundschaft, Toleranz und Hilfsbereitschaft vermittelt. Vielleicht ist das ja der Schlüssel zu der freundlichen und zuvorkommenden Art der meisten Australier.

Nach Beendung der **sechs Grundschuljahre** findet in der Regel keine Prüfung statt. Über die weitere Laufbahn des elf- oder zwölfjährigen Kindes an der **weiterführenden Schule** *(High School* bzw. *Junior Secondary School)* wird anhand seiner Leistungen in den vergangenen sechs Jahren entschieden. In Australien gibt es dabei keine Unterscheidungen zwischen Haupt- und Realschule oder Gymnasium. Es handelt sich im Grunde immer um **Gesamtschulen,** an denen alle Schüler gemeinsam unterrichtet werden. Es gibt auch keine festen Klassenverbände, sondern man trifft je nach Unterrichtsstunde auf verschiedene Schüler. Dies fördert wiederum die persönliche Entwicklung eines Kindes.

Vielfältig ist das **Fächerangebot:** Neben den Pflichtfächern Englisch, Mathematik und Naturwissenschaften können die Schüler Wahlfächer belegen. Bei den weiterführenden Schulen gibt es durchaus auch Spezialisierungen auf ein gewisses Fachgebiet, z.B. Sport, Technologie, Sprachen, Kunst, Landwirtschaft etc. sowie spezielle Kurse für hochbegabte Kinder.

Australier trauen ihren Ohren kaum, wenn sie hören, dass deutsche Eltern am Ende der Grundschule nach nur vier Jahren eine **Entscheidung über den Bildungsweg** des Kindes treffen. Insbesondere Migrantenkinder und Kinder von Arbeiterfamilien werden in Deutschland so vorschnell von ihren Eltern in ein Schulsystem mit niedrigeren Ansprüchen gesteckt. Unter ihnen sind mit Sicherheit auch viele begabte Kinder, die ohne entsprechende Förderung hinter ihren Möglichkeiten zurückbleiben werden. In Australien gibt es daher aus gutem Grund nur eine Form der Gesamtschule, auf der alle Kinder die gleichen Chancen haben.

Obwohl die Schulpflicht mit Abschluss des 10. Schuljahres (oder im Alter von 15 Jahren) endet, setzen die meisten australischen Jugendlichen ihre Schulbildung für das 11. und 12. Schuljahr an einer **höheren weiterführenden Schule** *(Senior Secondary School* bzw. *College)* fort.

In der höheren weiterführenden Schule gibt es **keine vorgeschriebenen Lehrinhalte** mehr. Die Schüler stellen mit Hilfe der Lehrer und Studienberater einen individuellen Lehrplan zusammen, der zu ihrem gewünschten zukünftigen Berufsbild passt. Dabei gibt es Fachgebiete, die sich zur Vorbereitung auf ein handwerkliches, künstlerisches, medizinisches oder technisches Berufsfeld oder aber zur Vorbereitung auf ein akademisches Studium eignen.

An australischen Schulen arbeiten nicht nur Rektoren, Lehrer und Hausmeister, sondern auch **Berater** *(Counsellors)*. Diese stehen den Schülern und deren Familien zur Verfügung für alle Belange des Schullebens, z.B. Lernprobleme, Verhaltensauffälligkeiten, Sonderunterricht, Vorbereitung des Berufslebens, aber auch zur Bewältigung persönlicher Probleme. Diese Form der Hilfeleistung vermisst man im deutschen Schulwesen in der Regel gänzlich (das Tätigkeitsfeld von z.B. Schulpsychologen ist im Vergleich deutlich eingeschränkter), dabei liegen die Vorteile einer solchen Beratung auf der Hand. Im Übrigen werden in der gesamten Schulzeit auch die Eltern viel stärker in die Schulaktivitäten miteinbezogen als hierzulande.

Nach insgesamt zwölf Schuljahren schließt man seine Schulbildung in der Regel mit einem **Schlussexamen** ab, entweder mit dem *Higher School Certificate* bzw. *Leaving Certificate*, das man mit der deutschen **Fachhochschulreife** gleichsetzen kann, oder mit dem *Matriculation Certificate*, vergleichbar mit dem deutschen **Abitur** bzw. der **allgemeinen Hochschulreife.** Letzteres ist dabei die Voraussetzung zum Besuch einer Hochschule bzw. Universität. Je nach Bundesstaat bzw. Territorium wird die allgemeine Hochschulreife etwas anders genannt:

- **ACT:** *ACT Year 12 Certificate*
- **NSW:** *Higher Education Certificate (HSC)*
- **NT:** *Northern Territory Certificate of Education (NTCE)*
- **QLD:** *Senior Certificate*
- **SA:** *South Australian Certificate of Education (SACE)*
- **TAS:** *Tasmanian Certificate of Education (TCE)*
- **VIC:** *Victorian Certificate of Education (VCE) und Victorian Certificate of Applied Learning (VCAL)*
- **WA:** *WA Certificate of Education*

Die australischen Schulen sind in der Regel **Ganztagsschulen,** d.h. der Unterricht beginnt gegen 9 Uhr und endet am Nachmittag gegen 15.30 Uhr. An vielen Schulen gibt es außerdem noch **Nachmittagsbetreuung** *(After School Care)*.

Das australische **Schuljahr** beginnt wie bei uns nach den Sommerferien. Da der Sommer auf der südlichen Hälfte der Erdhalbkugel jedoch in die Zeit von Dezember bis Februar fällt, sind die Sommerferien zugleich die Weihnachtsferien. Das Schuljahr endet also kurz vor Weihnachten im Dezember mit den Zeugnissen *(Reports)*. Das Schuljahr ist in vier Quartale gegliedert, wobei man jeweils drei Wochen **Schulferien** zwischen den einzelnen Quartalen hat, nur zu den Weihnachts- bzw. Sommerferien gibt es sechs Wochen Ferien. Damit berufstätige Eltern nicht die ganzen Ferien mit dem Kind zu Hause sitzen müssen, werden **Programme für die Schulferien** *(School Holiday Programs)* angeboten.

Man sieht, im Grunde lässt die Schulbildung in Australien nichts zu wünschen übrig, aber mit den **Kosten für die Schulbildung** werden die australischen Eltern heutzutage weitgehend allein gelassen. Es gibt aber durchaus auch Kindergeld in der Form von Steuervorteilen für australische Staatsbürger sowie Halter einer Daueraufenthaltsgenehmigung oder eines vorläufigen *Partner Visa,* wenn diese eine festgeschriebene Einkommensgrenze unterschreiten (⇨„Neuanfang in Australien, Kinder, Kindergeld“).

Will man sich nach abgeschlossener Schulbildung noch weiterbilden, gibt es zahlreiche Möglichkeiten **zur Ausbildung oder zum Studium** an Berufsschulen, technischen Schulen, Fachhochschulen und Universitäten. In jedem Bundesstaat gibt es Schulen für *Vocational Education and Training* (VET) oder *Technical and Further Education* (TAFE), bei denen man eine **berufsorientierte Ausbildung** erhält. Typischerweise dauert diese Ausbildung zwei Jahre; es fallen auch Gebühren an. Diese Art von Ausbildung ist oftmals mit einer Auszubildendenstelle bei einem Arbeitgeber verbunden, der dann auch die Ausbildung bezahlt.

Ein Studium an der **Universität** oder **Technischen Universität** dauert drei bis vier Jahre bzw. bis zu sechs Jahren, wenn man einen höheren Abschluss wie z.B. einen Doktortitel anstrebt. Manche Kurse kann man auch als Fern- oder Teilzeitstudium belegen.

Generell wird in Australien nicht zwischen Fachhochschulen und Universitäten unterschieden. Um anspruchsvolle von weniger anspruchsvollen Hochschulen zu unterscheiden, kann man sich höchstens am **Ranking** der jeweiligen Universität orientieren. Die angesehensten Universitäten Australiens haben sich zur so genannten „Group of Eight“ zusammengeschlossen (⇨ www.go8.edu.au).

Alle Studiengänge werden einer Gebührenkategorie zugeordnet, je nach Kosten des Studiums und/oder der Höhe des zu erwartenden Einkommens des Absolventen. Sozial- und geisteswissenschaftliche Studiengänge kosten am wenigsten, juristische und medizinische am meisten, und die naturwissenschaftlichen liegen irgendwo dazwischen. Die **Studiengebühren** *(Tuition Fees)* liegen bei 9000 bis 30.000 $ jährlich.

Als australischer Staatsbürger oder Halter einer humanitären Daueraufenthaltsgenehmigung bekommt man im Rahmen von **HECS-HELP** eine Ermäßigung von 20 % auf die regulären Studiengebühren, wenn man die Summe komplett im Voraus bezahlt. Ansonsten haben diese Personen die Möglichkeit, sich die Kosten für den Studienplatz durch den australischen Staat vorstrecken zu lassen. Der Staat treibt diese zinsfreie Summe erst nach Studienabschluss ein, wenn der Student berufstätig ist. Sobald der ehemalige Student die Einkommensgrenze von 39.824 $ jährlich (2007/08) überschreitet, werden die **Studiengebühren anteilig auf die Steuerschuld angerechnet** und schrittweise an den Fiskus abbezahlt. Je nach Bruttoeinkommen werden jährlich 4 bis 8 % des Verdienstes an das australische Finanzamt gezahlt. Es gibt jedoch Anreize, mit der Zahlung der Gebühren frühzeitig zu beginnen: Rückzahlungen während des Studiums oder regelmäßige Zahlungen, die über die verpflichtenden Raten hinausgehen, werden mit einem Rabatt von 10 % auf die Gesamtsumme belohnt[74].

Dennoch führen diese **„nachlaufenden" Studiengebühren** zu einer enormen individuellen Verschuldung und können Studierwillige aus einkommensschwachen Schichten von vornherein von der Aufnahme eines Hochschulstudiums abschrecken.

Zur **Förderung** des Studiums oder der Ausbildung von Studenten aus weniger starken finanziellen Verhältnissen gibt es derzeit zwei Unterstützungszahlungen, die man als australischer Staatsbürger oder Halter einer Daueraufenthaltsgenehmigung in Anspruch nehmen kann, sofern man die dafür festgelegte Einkommensgrenze unterschreitet: Ist man 16 bis 24 Jahre alt und studiert vollzeitlich bzw. macht vollzeitlich eine Lehre oder ist als arbeitssuchend gemeldet und nimmt an Arbeitsmaßnahmen von Centrelink teil, hat man ein Anrecht auf **Youth Allowance.** Die Zahlung beträgt ca. 195 bis 465 $ pro 14 Tage, je nach Alter und Vorhandensein eigener Kinder. Ist man 25 Jahre oder älter und studiert vollzeitlich bzw. macht vollzeitlich eine Lehre, kann man **Austudy Payment** als Zuschuss zur Finanzierung des Studiums oder der Lehre bekommen. Diese beträgt ca. 356 bis 465 $ pro 14 Tage, je nachdem, ob man Kinder hat oder nicht. Darüber hinaus gibt es auch noch das Förderprogramm **Abstudy** für indigene Australier[74a].

Aber diese staatlichen Förderprogramme schaffen kaum Abhilfe für die sozial-ökonomisch benachteiligten Einwohner Australiens, ihr Anteil an den Studierenden bleibt weiterhin relativ gering.

015aa Foto: eg

Verloren geglaubte Werte

Die Familie Lampert, das sind *Frank* (38), *Silvana* (35), ihre beiden Söhne *Marvin* (10) und *Justin* (6) sowie *Dino,* ihr Deutscher Schäferhund, der seit November 2003 mit zur Familie gehört. *Frank,* ursprünglich aus dem Raum Frankfurt/Main, hat sechs Jahre im Raum Darmstadt gelebt und war dort zuletzt als Geschäftsstellenleiter einer großen Versicherungsgesellschaft tätig. *Silvana* kommt ursprünglich aus dem Raum Frankfurt/Oder und war bis zur Geburt von *Marvin* Angestellte der Oberfinanzdirektion in Köln. Dort haben sich die beiden auch kennen gelernt und geheiratet.

Der Wunsch, nach Australien auszuwandern keimte in *Frank,* nachdem er 1993 nach seinem BWL-Studium für vier Monate als Backpacker durch Australien gereist war. Nach einem gemeinsamen Urlaub Down Under 1999 hatte der **„Australien-Virus"** auch *Silvana* gepackt, und die beiden planten gemeinsam ihre Auswanderung über das *Skilled Independent Visa.* Nach zwei Jahren harter Arbeit und Planung erhielten sie ihr Visum und zogen im Oktober 2001 nach Melbourne. Mitte 2002 kauften sie ein Haus in Aspendale Gardens, ca. 20 km südöstlich der Stadt.

Sie genießen nun die ausgesprochene **„Ausländerfreundlichkeit" und Kinderfreundlichkeit** sowie die Tatsache, dass es keine Rolle spielt, woher man kommt. In Melbourne leben 140 verschiedene Nationalitäten friedlich miteinander, respektieren die individuellen Wertvorstellungen, Religionen und Traditionen. „Es ist die Vielfalt und Verschiedenheit der Menschen, die dieses Land einzigartig macht", finden die beiden, und sie sind froh darüber, ein Teil dieser Gemeinschaft zu sein.

Als sie im September 2004 in Deutschland waren und einkauften, standen zehn Leute Schlange an der Kasse eines Geschäftes. Eine Frau hatte ein weinendes Baby auf dem Arm. Keiner kam auf die Idee, die Mutter vorzulassen. Das ist in Australien zum Glück meist ganz anders! **Kinder stehen an erster Stelle,** und der Staat fördert Familien, wo er nur kann. Es gibt Horte und Kindergärten an jeder Ecke, neue Schulen werden gebaut. Die Lehrer lieben Kinder. Sie unterrichten nicht, sie „arbeiten zusammen"!

Nach Meinung von *Frank* und *Silvana* gibt es in Australien noch **Werte,** die in Deutschland schon lange verloren gegangen sind. *Frank* kann sich nicht erinnern, dass in seiner Schulzeit derlei vermittelt worden wären. In Australien werden hingegen ab dem Kindergarten Werte wie Respekt, Freundschaft, Toleranz, Verständnis und Hilfsbereitschaft gelebt [Anm. d. Autorin: ⇨ www.valueseducation.edu.au]. Die Kinder sollen ohne Vorurteile gegenüber anderen Nationalitäten aufwachsen. Jeder bekommt eine Chance. Wenn ein Kind schlechter Englisch kann, dann bekommt es **kostenlosen Zusatzunterricht.** Kein anderes Kind würde es deswegen aufziehen. *Marvin* und *Justin* sprachen am Anfang kein Wort Englisch. *Marvin* kam nach zwei Wochen in den Kindergarten und bekam alle nur erdenkliche Unterstützung, um ihn möglichst schnell zu integrieren. Nach wenigen Wochen war er in der Lage zu kommunizieren, und im Januar 2002 wurde er ohne Probleme eingeschult.

Frank räumt ein, dass es natürlich auch in Australien Streitereien zwischen den Schülern gibt, aber wenn diese zu weit gehen oder gegen oben genannte Wertvorstellungen verstoßen, dann wird eingeschritten. Nicht mit Strafe, sondern mit Aufklärung und konstruktiver Hilfestellung!

Bei den *Lamperts* daheim wird **Deutsch gesprochen,** damit die Kinder die Sprache nicht verlernen. Obwohl *Marvin* und *Justin* somit zweisprachig aufwachsen, haben sie den typisch australischen Akzent. *Marvin* geht seit 2005 samstags zum **Deutschunterricht** an einer der vielen Sprachschulen, die fast alle Sprachen (von Kroatisch bis Suaheli) lehren. Auf diese Weise übt er zusätzlich das Lesen und Schreiben und lernt außerdem andere deutschsprachige Kinder in Melbourne kennen. Beim VCE-Schulabschluss (vergleichbar mit dem Abitur) gibt es später Bonuspunkte für das Beherrschen einer Fremdsprache. *Justin* (er wurde mit knapp fünf Jahren eingeschult) ist nun schon in der 2. Klasse und genießt die Schule sehr. Er lernt nun außerdem Französisch als dritte Sprache.

Was ist in Australien so „anders"? Obwohl viele Gesetze weitaus strenger sind als in Deutschland, z.B. Tempo- und Alkohollimits, aber auch Steuergesetze, und obwohl auch die verhängten Strafen wesentlich höher sind, herrscht hier nach Einschätzung der *Lamperts* ein Gefühl des Friedens, der Freiheit und des **„Alles-ist-möglich".** Die stärker gelebte Toleranz ermöglicht ein freieres Leben und gibt gleichzeitig Kraft und Ansporn, neue Ziele in Angriff zu nehmen. Dies spiegelt sich auch in der Wirtschaft wider, die seit Jahren boomt. Wer eine gute Idee hat, findet hier die Möglichkeit und Unterstützung, diese auch umzusetzen.

Natürlich **spielt auch das Wetter eine Rolle,** denn zum Beispiel trübe, nasskalte Wintertage gehören für die *Lamperts* der Vergangenheit an.

Die **Lebensqualität** ist aus *Franks* und *Silvanas* Sicht in Australien um einiges höher. Sie haben seit 2002 ein eigenes großes Haus mit schönem Garten, nette Nachbarn und viele Spielgefährten für die Kinder. Das Auto muss vor der Haustür nicht abgeschlossen werden, und eine Alarmanlage gibt es auch nicht im Haus. Die Kinder können unbekümmert mit den anderen Kids in ihrer Straße, einer Sackgasse, spielen, und oft sehen sie sie den halben Tag nicht. Die Kriminalitätsrate in der Gegend ist verschwindend gering, und **Nachbarschaftshilfe** wird groß geschrieben.

Frank verdient zwar weniger als damals in Darmstadt, und doch hat er so viel mehr Lebensqualität! Auch hat er in Australien z.B. nur 20 Tage Urlaub und acht bezahlte Kranktage pro Jahr. Die gesetzliche Krankenversicherung Medicare zahlt keine Zahnbehandlung oder Krankentransporte. Trotzdem möchte er nicht mehr tauschen! Früh morgens, wenn er mit den Hund laufen geht, hört er die Kakadus kreischen, sieht Pelikane zum Meer fliegen und die Sonne aufgehen. Sie haben zwar in Deutschland auch gut gelebt und „alles" gehabt, aber in Australien haben sie andere Dinge, die ihnen einfach wichtiger sind! **Melbourne ist ihre Heimat** geworden.

Viele, typisch deutsche Alltagsprobleme sind in Australien einfach nicht vorhanden. Einkaufen kann man, wenn es einem passt: nach Feierabend in den Baumarkt oder sonntags in den Aldi-Filialen (gibt es auch schon in einigen australischen Städten). Die Angestellten in den Behörden sind auf typisch australische Weise **freundlich, hilfsbereit und engagiert.** Man will den Menschen wirklich helfen. Dass sich Kunden sich regelmäßig mit einem herzlichen „Thanks for your help" bei ihm bedanken, hatte *Frank* in den 13 Jahren, die er in der Versicherungsbranche in Deutschland tätig war, so gut wie nie gehört.

Sie müssen sich nicht auf ihre zwei Wochen „Mallorca" im Sommer freuen, denn im Grunde empfinden sie hier jeden Tag als Urlaub. Bis zum Strand ist es nur zehn Gehminuten, und dort haben sie das, was sie vorher umständlich per Flugzeug besuchen mussten! Das Urlaubsgefühl hält seit ihrer Ankunft 2001 in Australien vor und scheint nicht enden zu wollen. Noch gibt es viel zu entdecken und eine Menge zu unternehmen!

Lebensart

Australien ist ein noch relativ junges Land auf der politischen Weltkarte. Der Kontinent, der bereits 45.000 bis 60.000 Jahre lang durch einheimische Völker besiedelt gewesen war, blieb bis ins 18. Jahrhundert eine undefinierte Größe auf der geografischen Weltkarte der Europäer. Im Laufe der Kolonialisierungsgeschichte entwickelte sich dann in dem Schmelztiegel für Migranten unterschiedlicher Herkunft eine ganz eigenständige Lebensart, größtenteils diktiert durch die raue Wildnis, die die Siedler bei ihrer Ankunft vorfanden.

Auch wenn die anglo-keltische Bevölkerung den Grundstock der heutigen australischen Bevölkerung bildete, hat sich die australische Gesellschaft doch sehr unterschiedlich zu ihrem ehemaligen Mutterstaat Großbritannien entwickelt. Welche Gemeinsamkeiten die Australier heute noch mit den Bewohnern der Britischen Inseln haben und welche Lebensart die moderne australische Gesellschaft heute kennzeichnet, soll in den nachfolgenden Kapiteln beleuchtet werden.

Umgangsformen

Fast jeder, der von einer Australienreise zurückkehrt, ist angetan von der **offenen, freundlichen Art der Australier.** Ihnen scheinen fast immer ein Lächeln und ein paar nette Worte auf den Lippen zu liegen. Hilfsbereitschaft wird überall groß geschrieben, sei es beim Einkaufen, auf den Ämtern, bei einer Autopanne, bei ganz alltäglichen Missgeschicken oder aber im echten Notfall. Die Australier haben anscheinend einfach Sonne im Herzen – Ausnahmen bestätigen natürlich auch hier die Regel.

Der übliche informelle Umgangston trägt auch dazu bei. Zwar verwendet man z.B. auch in Großbritannien das **informelle „you“,** aber dort darf man nicht jedermann ohne Nachnamen, Rang oder Titel anreden. In Australien hingegen spricht man sich auch im Geschäftsbereich, in der Politik etc. einfach mit dem **Vornamen** an – in der Regel auch, wenn es sich um den Firmenboss handelt. Dabei gleiten die Australier jedoch nie in eine zu persönliche Ebene ab, sondern pflegen einen sehr respektvollen Umgang miteinander.

Zu diesem Umgang gehört auch eine gewisse **Zurückhaltung und Unaufdringlichkeit.** Beim ersten Kennenlernen gibt man einander in geschäftlichen Situationen die rechte Hand zur Begrüßung, im privaten Bereich eher nur, wenn man einander durch eine dritte Person vorgestellt wird. Sonst stellt man sich höchstens selbst namentlich vor, ohne sich dabei die Hand zu geben. Erst wenn man sich mit Menschen richtig gut angefreundet hat, umarmt man sie und gibt Freunden des anderen Geschlechts einen Kuss auf die (zumeist linke) Wange.

Höflichkeit gehört in Australien einfach zum täglichen Miteinander, und zwar sowohl verbal mit „Please“, „Thank you“, „Excuse me“ und „Sorry“ bei jeder sich bietenden Gelegenheit als auch mit Gesten, z.B. wenn man in der Schlange steht und jemandem mit einer Handbewegung den Vortritt lässt. Dabei haben die Floskeln oder Gesten keinen steifen Charakter, sondern wirken natürlich und aufrichtig.

Man schätzt **Verlässlichkeit und Pünktlichkeit,** wobei man nicht auf die Minute genau erscheinen muss, aber die wartende Person zumindest telefonisch verständigt, falls man sich bei einer festen Verabredung mehr als fünf Minuten verspäten sollte. Auf Einladungen oder Geschäftsanfragen wird man häufig mit dem französischen Kürzel „RSVP" *(Répondez, s'il vous plaît)* um eine schnelle Antwort gebeten.

Die **Kleidungsetikette** verzichtet ebenfalls auf jegliche Steifheit – einzige Ausnahme sind Angestellte in den hochkarätigen Büros der Metropolen. Ansonsten heißt der Dresscode im Arbeitsleben „smart casual" (sportlich-leger). Im Privaten zieht man sich einfach bequem an, und auf eine Party geht man in seinen liebsten Wohlfühlklamotten, gleich welchen Stiles.

Der Hang zur Zurückhaltung und Unaufdringlichkeit geht auch damit einher, dass Australier in der Regel wenig bis kein Interesse an einer Konversation über Markennamen, Verdienst, Rang, Stand, Religion, Schulbildung oder Ähnliches haben. Zwar pflegt man auch in Australien in gewissen Kreisen **Klassenunterschiede,** doch diese Elitegrüppchen, z.B. an Sydneys North Shore und in den Eastern Suburbs oder in Perths Peppermint Grove, sind in der Minderheit.

Egal ob im privaten oder geschäftlichen Bereich, Australier äußern (fast) nie direkte Kritik am Gegenüber. Das sorgt natürlich erst einmal für **mehr Harmonie** im Umgang miteinander. Das Gros der Australier bemüht sich im Sinne des „Fair Go" um **ein hohes Maß an Neutralität.** Auch kontroverses Diskutieren und Argumentieren wird von den meisten Australiern als eher unangenehm empfunden, und somit werden Themen wie religiöse Zugehörigkeit oder politische Ausrichtung in der Regel tunlichst vermieden. Es sei denn, man kennt sich schon sehr gut, und selbst dann diskutiert man solche Themen nur im engsten Kreis.

Auf frisch eingewanderte Europäer wirkt diese Art der „Konfliktvermeidung" oft erst einmal befremdlich, unter Umständen empfindet man die Alltagskonversation als **etwas oberflächlich** oder zumindest wenig inspirierend. Es dauert eine Weile, bis man sich an diesen neuen „Unterhaltungs-Code" gewöhnt hat und das harmonische und relaxte Miteinander zu schätzen weiß. Dennoch suchen viele Migranten gezielt den Kontakt zu anderen Einwanderern, weil ihnen die „europäischen" Gespräche fehlen.

Arbeitsmoral und Lebensgenuss

Statistisch betrachtet **arbeiten die Australier mehr als die Deutschen.** Laut OECD-Bericht von 2005 ist die Zahl der jährlichen Arbeitsstunden für Australier seit 1970 nur geringfügig gesunken, während die Deutschen die

Zahl der Arbeitsstunden drastisch gesenkt haben. Im Jahr 2006 z.B. arbeitete ein australischer Arbeitnehmer durchschnittlich 1728 Stunden (1970 noch 1912 Stunden), ein deutscher 1433 Stunden (1970 noch 1960 Stunden) [75]. Wie schon im Kapitel „Der private Wohlstand" geschildert, zahlen die Australier obendrein mehr Steuern. Das Geheimnis der Australier und ihrer lässigen Lebensart muss somit im **Savoir-vivre** liegen, der Kunst, das Leben zu genießen. Und das ist schlussendlich der Grund, warum so viele Auswanderer auch heute noch ihr Lebensglück in Australien suchen.

Australisches Savoir-vivre

Mit einer rein statistischen Messung der absolvierten Arbeitsstunden lässt sich das Arbeitsleben in Australien sicherlich nicht erfassen. Spricht man allerdings mit bereits eingewanderten Deutschen in Australien über das **Arbeitsklima** dort, wiederholen sich immer wieder zwei Aussagen: Einerseits die positive Einschätzung im Sinne von „Es ist einfach vieles nicht so verkniffen wie in Deutschland", andererseits das kritischere Urteil, „dass Australier einfach nichts so richtig schnell und effizient erledigen können".

Der oben beschriebene freundliche Umgangston ist maßgeblich dafür verantwortlich, dass alles etwas lockerer zugeht. Ein anderer Faktor ist der **scheinbar grenzenlose Optimismus** der Australier, der in dem viel zitierten Ausspruch „She'll be right!" (Es wird schon werden) immer und überall mitschwingt. Darin kommt auch zum Ausdruck, dass man in Australien viele Probleme mit Kompromissen und per Improvisation löst.

Nimmt man es mit der Präzision zu genau, empfindet man diese etwas spielerische und ungenau definierte Arbeitsweise der Australier dann nur allzu leicht als fast schon dilettantisch. Man ist mitunter halt zu sehr an die lebenslang in Deutschland erlernten Verhaltensmuster gewöhnt und hat nun mit der neuen, flexiblen Art der Australier so seine Probleme. Dies gilt insbesondere auch für die Art der Australier, (fast) nie direkt zu sagen, was sie stört. Dies sorgt zwar für ein angenehmes Arbeitsklima, aber es lässt einen oft auch länger als nötig „um den heißen Brei herumreden". Das kann zunächst etwas gewöhnungsbedürftig sein, weil man nun lernen muss, viel mehr **zwischen den Zeilen zu lesen.**

Die **Lockerheit in der australischen Arbeitswelt** kann einem also anfangs schon Probleme bereiten, sei es am eigenen Arbeitsplatz, sei es, wenn man als Kunde Leistungen in Anspruch nehmen möchte. So kann es vorkommen, dass das „deutsche Adlerauge" nach dem Besuch eines **Handwerkers** mit Ungnade auf etwas lässiger verarbeitete Fugen blickt oder auf Steckdosen, die recht unorthodox in Schulterhöhe angebracht wurden. Bevor man nun aber womöglich darauf verfällt, sich gezielt deutschstämmige Handwerker zu suchen, die in den Metropolen mit „deutscher Präzisionsarbeit" werben, sollte man besser versuchen, sich eine ebenso **relaxte Einstellung zuzulegen** wie die Einheimischen. Auf Dauer geht man so deutlich entspannter durchs australische Leben.

Ein Gefühl der Verkniffenheit in Bezug auf den Arbeitsplatz kann auch darum nicht aufkommen, weil man Arbeit und Freizeit in Australien nicht so strikt voneinander trennt und die Kollegen untereinander auch persönlichen Kontakt halten (so ist z.B. auch das Phänomen „Mobbing" hier eher unbekannt). Freitags zieht man mit seinen Arbeitskollegen zur **Beer o'clock** („Stunde des Biers") in den Pub oder auch nur in einen dafür vorgesehenen Raum in der Firma. Nicht selten veranstaltet man auch gleich ein Barbecue zum Wochenabschluss irgendwo auf dem Firmengelände. Gemeinsam lässt man die Arbeitswoche ausklingen und entspannt sich bei ein paar Drinks.

Die Grenzen zwischen **Arbeit und Vergnügen** sind da fließend. Man kann schon einigermaßen abschalten, bevor man nach Hause geht, und hat sich in vielen Fällen mit befreundeten Arbeitskollegen gleich für ein paar weitere Drinks in einem anderen Pub verabredet. Der Freitagabend kann beginnen! Freitag ist für berufstätige Australier *der* Tag schlechthin zum Ausgehen.

Der Samstag und Sonntag sind dann bestimmt von Freizeitaktivitäten, die **möglichst viel Entspannung** versprechen. Da die Mehrheit der Bevölkerung in den küstennahen Metropolen lebt, haben die beliebtesten Freizeitaktivitäten oftmals mit einem Besuch am Strand zu tun: Schwimmen, Surfen, Baden, Sonnen, Beach-Volleyball, Segeln etc. Der Fantasie sind keine Grenzen gesetzt. Auch die nahe gelegenen Nationalparks oder Weinregionen werden gern angesteuert. Beliebte Freizeitbeschäftigung ist auch das Barbecue mit Freunden, bei dem man quasi den ganzen Tag im Garten oder an einer öffentlichen Barbecue-Anlage „herumhängt".

Kulturelle Aktivitäten wie Museums-, Konzert- und Theaterbesuch etc. sind in Australien im Vergleich zu Europa weitaus weniger beliebt. Die Ausnahme bilden moderne Musik- und Kulturfestivals in den Parkanlagen der Städte. Diese werden gerne für Familienausflüge und ganztägige Picknicks mit Freunden genutzt.

Nicht zu vergessen sind auch **die großen Volkssportarten** Cricket in den Sommermonaten sowie Rugby oder Australian Rules Football in den Wintermonaten. Diese Sportarten sind so beliebt, dass Fans begeistert alle Heimspiele „ihres" Clubs besuchen oder sogar zu den Auswärtsspielen übers Wochenende in eine andere Stadt fliegen. Auch der Fußball, wie wir ihn kennen, liegt seit der Weltmeisterschaft 2006 voll im Trend und ist besonders bei Einwandererfamilien der ersten oder zweiten Generation aus klassischen Fußballländern beliebt. Eine Hooligan-Szene kennt Australien zum Glück (noch) nicht, und so sind sportliche Großereignisse ein ungefährliches Freizeitvergnügen für die gesamte Familie.

Gesetze und Gewohnheiten

Australien ist ein Rechtsstaat mit einer ähnlichen Bürokratie und ähnlichen Gesetzen wie in Deutschland. Dennoch gibt es ein paar erklärungsbedürftige Gesetze, die eine andersartige Lebensart in Australien mit sich bringt. Hierbei geht es vor allem um Alkoholkonsum, Rauchen und Gepflogenheiten in der Gastronomie.

Alkoholausschank und -verkauf ist in Australien noch immer stark reglementiert. Um einen Pub betreten, Alkohol kaufen oder ihn in der Öffentlichkeit trinken zu dürfen, muss man über 18 Jahre alt sein. Lediglich innerhalb von Privathäusern dürfen auch Minderjährige ab 14 Jahren Alkohol trinken.

Darüber hinaus darf **Alkohol nicht überall in der Öffentlichkeit getrunken** werden. Es gibt sogenannte *Dry Areas* („Trockengebiete") bzw. *Alcohol-free Zones,* in denen der Genuss von Alkohol und selbst der Besitz einer geöffneten Flasche mit Alkoholischem verboten ist. Gemütlich mit Freunden am Strand sitzen und eine Flasche Wein trinken, kann man somit in der Regel vergessen, denn gerade Strände und öffentliche Parks sind mittlerweile in allen australischen Städten zu *Dry Areas* erklärt worden. Wird man von der Polizei erwischt, kann man direkt mit einer Geldstrafe bis zu 1250 $ belegt werden (abhängig von der Schwere des Verstoßes und dem jeweiligen Bundesstaat/Territorium).

Auch auf vielen **Festivals** und in den **Sportstadien** ist Alkoholausschank und -konsum auf einige wenige Bereiche beschränkt. Dabei wird im allgemeinen Bereich meist ausschließlich Bier, das zudem oftmals weniger Alkohol als gewöhnlich hat, in Plastikbechern ausgeschenkt. Lediglich in den elitären Mitgliederbereichen gibt es auch Wein. Das Mitbringen von alkoholischen Getränken ist auf Festivals und in den Stadien gänzlich verboten. Mit diesem Maßnahmen soll Trunkenheit in der Öffentlichkeit und die oftmals damit einhergehende Gewaltbereitschaft deutlich reduziert werden.

In **Pubs und Restaurants** mit einer Alkoholausschanklizenz ist man darüber hinaus angehalten, keinen Alkohol an bereits betrunkene oder auch nur angeheiterte Personen auszuschenken. Wenn man mit einem winzigen Schwips ankommt, kann es passieren, dass man nur noch nicht-alkoholische Getränke bekommt. Dies kann für Europäer durchaus gewöhnungsbedürftig sein.

Um insbesondere den gefährlichen Cocktail **Alkohol und Autofahren** zu entschärfen, werden als Hilfestellung für junge Leute bei der Einschätzung ihres Alkoholkonsums scheckkartengroße **Informationskarten** verteilt, die definieren, was ein *Standard Drink* ist und wie viele man davon als Frau oder Mann stündlich konsumieren kann, um unter der Promillegrenze von 0,5 zu bleiben.

Für **Fahranfänger,** die noch keinen vollwertigen Führerschein bzw. einen Führerschein auf Probe haben und mit sogenannten *L-Plates* (*Learner* = Lernender) bzw. *P-Plates* (*Provisional* = vorläufig) fahren müssen, sowie für berufsmäßige Fahrer gilt je nach Bundesstaat oft die **Null-Promille-Grenze.**

017aa Foto: at

Innerstädtisches „Trockengebiet“

Oftmals sind die Trinkverbote in der Öffentlichkeit im Grunde **gegen die Aborigines gerichtet,** die sich insbesondere in Parkanlagen der Städte versammeln. Das Alkoholismusproblem dieser Menschen wird auf diese Weise natürlich nicht gelöst, sondern verlagert sich nur in andere Bereiche der Stadt. Am größten ist das Alkoholproblem in den isolierten Aborigines-Gemeinschaften im australischen Outback, wo auch große Arbeitslosigkeit herrscht.

Durch das vor allem bei männlichen Aborigines häufige Alkoholproblem sind die Einkommensverhältnisse der betreffenden Familie bedroht, und es kommt auch häufig zu Gewalt gegen Frauen und Kinder. Aus diesem Grund ist der Verkauf und Besitz von **Alkohol**

in vielen Aborigines-Gemeinschaften verboten; auch als Durchreisender durch das Land von Aborigines ist der Besitz oder Verkauf von alkoholischen Getränken strikt verboten. Bei einem Verstoß muss man mit Geldstrafen um 1000 $ oder mit einer Freiheitsstrafe von bis zu sechs Monaten rechnen. Im Northern Territory gibt es seit 1983 überdies das umstrittene „Zwei-Kilometer-Gesetz", wonach im Radius von zwei Kilometern um ein für den Alkoholausschank lizensiertes Lokal kein Alkohol in der Öffentlichkeit getrunken werden darf. Letzteres führt jedoch nur zu einer hohen Zahl an Konflikten zwischen Polizei und Aborigines.

Damit haben die Besonderheiten rund um das Thema Alkohol jedoch noch kein Ende. In allen Bundesstaaten und im Australian Capital Territory fällt auf, dass dort einfach **kein Alkohol in den Getränkeabteilungen der Supermärkte** zu finden ist (Ausnahme: Northern Territory). Möchte man Bier, Wein oder Spirituosen kaufen, muss man dafür sogenannte *Bottle Shops* aufsuchen. Diese sind traditionellerweise in einem Seitenflügel der australischen Pubs untergebracht, manche davon sogar in der Form eines *Drive-in*. Neben den *Bottle Shops* in den Pubs gibt es in den Großstädten auch immer mehr Ladenketten, die ausschließlich Alkohol verkaufen.

Die nächste Überraschung erlebt man beim Essengehen, denn längst **nicht jedes Restaurant hat eine Schanklizenz.** In kleinen Orten findet man oft ein Schild mit der Aufschrift „BYO welcome" in den Lokalen. „BYO" steht für *Bring Your Own,* und hiermit ist Alkohol gemeint, in der Regel aber nur Wein und Sekt. Bier darf man seltener und starke alkoholische Getränke niemals mitbringen. Man gibt seine Flasche der Bedienung, die diese öffnet und das Nass in passende Gläser einschenkt. Für diesen Service fällt manchmal eine sogenannte *Corkage Fee* (Korkgebühr) an, die pro Person oder Flasche berechnet wird. Gibt es in dem Lokal auch eine Weinkarte, sprich eine Alkoholverkaufslizenz, ist diese Gebühr mitunter sehr hoch.

Damit ist das Thema „Alkohol" noch immer nicht erschöpft, denn im Pub gibt es auch ein Ritual, das die Australier von den britischen Inseln übernommen haben. Ist man in einer Gruppe unterwegs, bestellt man die Getränke grundsätzlich nicht nur für sich selbst, sondern **ordert reihum eine Runde** für die gesamte Clique – und zwar als Mann oder Frau. Als Mann muss man dabei auch die entsprechende Trinkfestigkeit mitbringen, während man bei Frauen durchaus nachsichtiger ist und akzeptiert, dass diese vielleicht nur Nicht-Alkoholisches trinken (mit zunehmendem Alter – ab ca. 40 Jahren – ist das Thema Trinkfestigkeit dann immer weniger relevant).

Getränke muss man in australischen Pubs, aber auch in Cafés oder Bistros in der Regel **an der Theke bestellen und sofort bezahlen,** am Tisch wird man dort nicht bedient. Das Gleiche gilt auch fürs Essen. Hierfür bekommt man meist nach dem Bezahlen eine

Nummer in die Hand gedrückt, die aufgerufen wird, wenn man sich sein Gericht am Tresen abholen kann. Ein Schild macht in der Regel auf diese Gepflogenheiten aufmerksam, z.B. „Please order here". Den vollen Tischservice bekommt man nur im Restaurant, wo oft darauf hingewiesen wird, dass man sich auch nicht einfach einen Tisch aussuchen darf, sondern erst nach einem Tisch fragen muss. Ein Schild mit der Aufschrift „Please wait to be seated" macht dies deutlich.

Auch in Australien ist **Rauchen mehr und mehr verpönt,** mit 10 bis 14 $ pro Schachtel sehr teuer und in allen geschlossenen öffentlichen Gebäuden verboten. Ständig kommen weitere Verbote hinzu, die das Rauchen auch am Arbeitsplatz, in Einkaufszentren, Restaurants, Cafés und sogar in Pubs untersagen. Während in Deutschland 37 % der erwachsenen Männer und 28 % der Frauen rauchen, sind es in Australien nur 19 % Männer und 16 % Frauen[76]. Das verdankt sich einer erfolgreichen Anti-Raucher-Politik: Die Tabaksteuer wird beständig erhöht, damit Zigaretten unattraktiv teuer werden, Tabakwerbung ist z.B. in Victoria schon seit 1976 in den Medien verboten, und seit 1973 gibt es landesweit Gesundheitswarnungen auf den ohnehin größeren australischen Zigarettenschachteln. Der Verkauf oder die Weitergabe von Tabakwaren an Personen unter 18 Jahren ist verboten. An jeder Tabakverkaufstheke im Supermarkt oder Ähnlichem lädt ein Schild mit den Lettern „Quit" („Gib's auf") dazu ein, die angegebene Telefonnummer zu wählen, unter der man beraten wird, wie man das Rauchen aufgeben kann.

Sicherheit

Es gibt immer wieder Touristen, die sich davor fürchten, nach Australien zu fahren, weil sie von Hai- und Krokodilangriffen, tödlichen Spinnen und Schlangen, Buschbränden oder dem Hitzetod auf einsamer Landstraße in den Medien gehört haben. In der Tat gibt es in Australien eine Vielzahl an **Gefahren in der Natur,** die man in Deutschland nicht kennt (⇨„Neuanfang in Australien, Allgemeine Tipps, Gefahren in der Natur"). Dennoch ist die Sterberate in Australien nicht höher als die in Deutschland. Die durchschnittliche **Lebenserwartung** (bei Geburt) für Männer liegt bei 78,7 Jahren, die für Frauen bei 83,5 Jahren[77]. Damit ist die Lebenserwartung von Australiern geringfügig höher als die von Deutschen mit ca. 76,89 Jahren für Männer und 82,25 Jahren für Frauen[78].

Einen **Krieg** auf australischem Boden hat es noch nie gegeben, wenn man einmal von den Bombenangriffen der Japaner während des Zweiten Weltkriegs absieht. Die Berufsarmee Australiens war jedoch immer wieder als alliierte Einheit an Einsätzen in anderen Ländern beteiligt, weil sie sich mit dem ANZUS-Vertrag von 1952 gegenüber den USA verpflichteten, diesen bei Kriegshandlungen beizustehen. Im Gegenzug würde Australien dann der militärische Schutz der USA

018aa Foto: eg

gewährt. Seit Unterzeichnung des Abkommens war Australien an jeder kriegerischen Auseinandersetzung der USA militärisch beteiligt, seien es der Korea-Krieg, Vietnam, Afghanistan oder Irak, um nur einige zu erwähnen.

Trotz dieser Involvierung blieb Australien bislang anscheinend **uninteressant für politisch motivierte Terroranschläge.** Der einzige Anschlag seit dem 11. September, bei dem australische Todesopfer zu beklagen waren, waren die sogenannten *Bali Bombings* am 12. Oktober 2002, als eine Bombe in einem Nachtclub in Kuta auf Bali fast 200 Menschen in den Tod riss, 92 von ihnen junge australische Touristen.

Deutsche Migranten fühlen sich in australischen Städten, hier Melbourne, oft sicherer als in deutschen

Wirft man einen Blick in eine Statistik, die aufzeigt, wie viele Menschen in den OECD-Ländern jährlich ein- oder mehrmals **einer Straftat zum Opfer fallen,** so war diese Zahl mit 30 % der Bevölkerung für Australien im Jahr 2000 mit Abstand am höchsten unter allen OECD-Ländern [79], was jedoch von australischen Politikern von der Hand gewiesen wird, da sich die OECD-Statistik offenbar auf veraltete und nicht vergleichbare Daten stützte. In jedem Fall ist Diebstahl das am häufigsten erfasste Delikt, gefolgt von Einbruch [80]. Interessanterweise fühlen sich deutsche Migranten in Australien dennoch oftmals sicherer als in der alten Heimat. Familien, die z.B. in einem der Vororte von Melbourne wohnen, geben an, dass sie dort keine Angst vor Kindermördern haben und nicht einmal ihr Auto abschließen. Und das, obwohl die Mehrheit der Diebstähle und Verbrechen allgemein in den Städten stattfinden. Der Grund für dieses **subjektiv größere Sicherheitsempfinden** liegt darin, dass die Australier in der Regel hilfsbereiter, freundlicher und zuvorkommender sind. Dadurch hat man allein einfach ein besseres Gefühl und weniger Angst.

Ein Wort zur **Drogenkriminalität:** In Australien gelten diesbezüglich ähnliche Gesetze wie in Deutschland. Die am häufigsten konsumierte Droge in Australien (neben Alkohol) ist **Cannabis.** Im Jahr 2005/06 gingen 71 % aller Verhaftungen wegen Drogenkonsums auf das Konto von Cannabisbesitz, gefolgt von 15 % für Amphetamine[81]. Der Besitz von geringen Mengen Cannabis wurde jedoch bereits 1987 von South Australia als erstem Bundesstaat **entkriminalisiert,** d.h., wird man mit geringen Mengen für den persönlichen Gebrauch erwischt, zahlt man lediglich ein geringes Bußgeld. 1992 entkriminalisierte auch das Australian Capital Territory den Besitz geringer Mengen, 1996 das Northern Territory und 2003 Western Australia. Die restlichen Bundesstaaten debattieren das Thema noch. Andere Drogen bleiben weiterhin gänzlich **illegal** (z.B. Heroin, Kokain, Halluzinogene, Steroide), ihr Besitz ist strafbar.

Neben den illegalen Drogen werden in Australien auch viele legale Mittel als Drogen konsumiert. Dazu gehört vor allem das **Schnüffeln von Kraftstoff und Lösungsmitteln,** z.B. in Klebstoff. Im Northern Territory sind dies beliebte Drogen, allen voran bei den sozial und finanziell Schwachen wie z.B. den Aborigines, aber auch bei Jugendlichen generell. Leider führt der Konsum immer wieder zu Todesfällen.

Ein besonderes Problem bietet sich in australischen Lokalen mit eher jüngerem Publikum. Hier sollte man keinesfalls sein Getränk unbeaufsichtigt lassen. Es ist kein Ammenmärchen, dass einem in der Zwischenzeit jemand starke Alkoholika oder Drogen in den Drink kippen könnte. Bei diesem sogenannten **Drink Spiking** („Getränkefrisieren") sind in 84 % aller gemeldeten Fälle Frauen das Ziel des Übergriffs, der meist mit sexuellem Missbrauch endet[81a]. In den restlichen Fällen wurde der unwissende Konsument ausgeraubt oder sogar nur „zum Spaß" seiner Freiheit beraubt. Denn besonders, wenn Drogen in den Drink gemischt werden, verliert der Betroffene jegliche Kontrolle über sich selbst und kann sich am nächsten Morgen an nichts erinnern (dies ist selbst mir auf einer Recherchereise widerfahren, glücklicherweise ohne gravierendere Folgen, wie ich im Nachhinein rekonstruieren konnte. Ich habe mich „lediglich" stundenlang auf einer Toilette übergeben). Hat man also sein Getränk doch einmal unbeaufsichtigt gelassen, sollte man es besser nicht mehr anrühren und sich ein neues holen.

020aa Foto: eg

Die Entscheidung

In diesem Kapitel werden die häufigsten Motive für eine Auswanderung sowie ihre möglichen Konsequenzen vorgestellt. Ein Exkurs beleuchtet die Geschichte deutscher Migranten in Australien. Hat man sich für eine Auswanderung entschieden, findet man hier hilfreiche Tipps zur Vorbereitung auf diesen Schritt, etwa zur Verbesserung seiner Englischkenntnisse, zur Ortswahl in Australien und zum Auswandern mit Kindern. Weitere Themen: Kulturwechsel, räumliche Entfernung, Kontakte mit anderen Migranten und Australiern, Beziehungsprobleme, Migrationsstatistiken.

Auch das Strandleben in Australien hat seine zwei Seiten

Übersicht

Man sollte seine Beweggründe und mögliche Konsequenzen der Auswanderung möglichst kritisch beleuchten. Eine Auswanderungsentscheidung hat nun einmal tiefgreifende Auswirkungen auf das weitere Leben. Die bloße Vorstellung, dass in Australien alles besser ist und werden wird, reicht nicht aus. Zumal es ein sehr subjektives Urteil ist, ob es irgendwo „besser" ist. Alljährlich werden die australischen Botschaften mit Anfragen zur Einwanderung bombardiert, während Schätzungen zufolge ca. eine Million australischer Staatsbürger dauerhaft außerhalb des Kontinents leben. Ganz nach dem englischen Sprichwort „The grass is always greener on the other side of the fence" empfinden diese Auslandsaustralier vor allem europäische Länder als Himmel auf Erden, während es viele Europäer geradezu magisch nach Australien zieht.

Mit der Einstellung, es „einfach mal zu versuchen" und bei Nichtgelingen wieder **nach Deutschland zurückzukehren,** ist einem oftmals nicht geholfen. Eine Rückkehr nach Deutschland bedeutet nämlich nicht, dass man dort weitermachen kann, wo man vorher aufgehört hat. Bei einer Rückkehr wandert man im Grunde wiederum in ein neues, fremdes Land aus, denn in der Zwischenzeit hat man sich selbst verändert, und das alte Heimatland auch. Man fängt also quasi fast wieder bei Null an, was zumindest aus beruflicher Hinsicht ein echtes Problem darstellen kann.

So mancher unzufriedene Migrant kehrt zunächst nach Deutschland zurück, ist dort dann aber auch nicht glücklich und bricht wiederum nach Australien auf. Dieser **„Jo-Jo-Effekt"** hindert ihn jedoch daran, Wurzeln zu schlagen, und gerade die Verankerung in einem Freundes- und Gesellschaftskreis ist für das Wohlbefinden eines Menschen so wichtig.

Nicht zuletzt verursacht eine gescheiterte Auswanderung erneut **hohe Kosten,** denn die Rücklagen, die man einst zur Auswanderung nach Australien benötigte, braucht man nun auch wieder zur Rückkehr nach Deutschland. Das „Scheitern" in Australien besteht allerdings oft darin, dass es mit dem Traumjob nicht so richtig geklappt hat, und man hat nun ein weitaus weniger dickes Geldpolster zur Verfügung.

Dies gilt im Übrigen in gewisser Weise auch für das **Weiterwandern innerhalb Australiens** selbst. Es gibt viele Geschichten von Auswanderern, die sich z.B. zunächst in Sydney niederließen, dann aber doch nach Perth wollten und schließlich nach Queensland. Ein Blick auf die Karte verrät, dass jeder Umzug in einen anderen Bundesstaat fast genauso viel kostet wie der Umzug von Deutschland nach Australien. Die Entfernungen sind so groß, dass der logistische Aufwand einfach enorm ist.

Die Motivation zum Auswandern

Es ist nie ein einziger Moment, das den Wunsch auslöst, seiner Heimat den Rücken zu kehren. Alle Migranten, mit denen ich gesprochen habe, hatten sehr **vielfältige Gründe,** die sie letztlich zum Auswandern bewegten.

Wirft man einen Blick in die Zeitgeschichte der Auswanderung, gibt es jedoch grundsätzlich **zwei Hauptbeweggründe,** die Menschen dazu antreiben, die Kultur zu verlassen, in der sie aufgewachsen sind und die sie am besten kennen – mit all ihren Vor- und Nachteilen. Einmal sind das **politische bzw. gesellschaftliche Umstände,** die fast immer auch negative **wirtschaftliche Folgen** für die Betroffenen hatten. Zum anderen ist es die **Liebe.**

Liebe

Die Liebe ist bekanntlich eine Kraft, die Menschen redensartlich dazu befähigt, Berge zu versetzen. Die Chroniken der Menschheitsgeschichte und die Liebesromane in den Regalen der Buchhandlungen und Bibliotheken spiegeln dies wider. Und so bewegt die Liebe auch viele Menschen, ihrem geliebten Partner bis ans andere Ende der Welt zu folgen. Allerdings lohnt es sich auch hier, einen kritischen Blick auf alle Konsequenzen zu werfen, die ein Auswandern aus Liebe mit sich bringen kann.

Gerade im Bereich der Auswanderung aus Liebe gibt es deutlich **mehr Geschichten vom Scheitern** als bei Personen oder Familien, die in der Auswanderung selbst die Erfüllung ihrer Träume sehen. Mit Scheitern der Beziehung innerhalb des „Probezeitraums" von zwei Jahren, in dem man als Migrant nur ein vorläufiges Visum hat, ist in der Regel auch die Auswanderung gescheitert. Auch ohne die Belastung durch eine Auswanderung gehen viele junge Beziehungen binnen ein, zwei Jahren auseinander. Wenn man sich noch nicht allzu lange kennt, sollte man sich daher gut überlegen, ob die Beziehung eine solche Belastungsprobe aushält.

Solange man nur ein *Provisional Partner Visa* hat, ist man in vielerlei Hinsicht von seinem australischen Partner abhängig. Dieser fungiert in der Regel als **Bürge für den ersten Zwei-Jahres-Zeitraum,** in dem man als Migrant kein Anrecht auf die australischen Sozialleistungen hat. Kommt der Partner jedoch in eine angespannte finanzielle Lage, kann diese Belastung schnell zu groß für die junge Liebe werden.

Durch das Gefühl, von dem australischen Lebensgefährten **abhängig zu sein,** weil man ohne den Fortbestand der Beziehung kein Aufenthalts- und Arbeitsrecht mehr für Australien hat, verhält man sich in der Beziehung unter Umständen **nicht so offen,** wie es wünschenswert wäre. Differenzen zwischen den jungen Liebenden, die in einer „normalen Beziehung" längst zur Sprache gekommen wären, werden hier häufig nicht thematisiert. Die „abhängige" Person schluckt das eine oder andere. Der australische Lebens-

021aaFoto: gd

Freiheit und Sicherheit

Giselher Dietrich, geb. 1970, kommt ursprünglich aus Siegen in NRW und ist ausgebildeter Koch. Nach einigen Jahren des Berufslebens zog es ihn jedoch ins Ausland. Zunächst ging er nach Südafrika und arbeitete in Kapstadt. Als Nächstes zog es ihn nach Irland und schließlich für vier Jahre nach Mosambik, wo er auch seine heutige Lebensgefährtin kennen lernte. Mit ihr zog er dann auch noch für ein weiteres Jahr zum Arbeiten nach Saudi Arabien.

Zwischendurch machte der Weltenbummler eine Motorradtour durch ganz Afrika - von Kapstadt bis heim nach Siegen. In Kapstadt fielen ihm damals die **Werbeschilder der Migration Agents auf,** die Hilfe bei der Auswanderung nach Australien anboten. Das brachte ihn schließlich auf die Idee, dass Australien als dauerhafter Standort vielleicht auf etwas für ihn sein könnte. Er liebte das tropische Klima und hatte in jedem Fall wenig Lust, ins regnerische Siegerland zurückzukehren. Australien schien ihm ein Land zu sein, in dem es auch eine Freiheit wie die Afrikas gibt, aber kombiniert mit der Sicherheit der westlichen Welt.

Während er eine Managementausbildung an der Hotelfachschule in Lausanne in der Schweiz absolvierte, stellte er 2001 seinen Antrag für die *General Skilled Migration* und bekam das Visum auch. 2002 kam er zunächst allein nach Sydney. Sechs Monate später ließ er seine mosambikanische Lebensgefährtin, ihre jugendlichen Zwillinge aus einer vorangegangenen Beziehung und ihren gemeinsamen vierjährigen Sohn mit einem Touristenvisum nachkommen. Später beantragte sie ein dauerhaftes Partnervisum, welches auch erteilt wurde.

In Australien erlebte *Giselher* zunächst eine **unangenehme Überraschung:** Auch wenn die australische Regierung die *Skilled Migration* unterstützt, bedeutet das noch

gefährte weiß nichts von diesen unterdrückten Gefühlen und reagiert umso überraschter, wenn diese nach Erhalt der Daueraufenthaltsgenehmigung plötzlich als „geballte Ladung" ans Tageslicht kommen.

Ein anderer typischer Grund für die Trennung sind die **interkulturellen Unterschiede,** die oftmals erst nach ein, zwei Jahren deutlich zum Tragen kommen. Auch wenn es auf den ersten Blick nicht den Anschein haben mag, dass z.B. die deutsche und die australische Gesellschaft sich grundlegend unterscheiden, so sind die Unterschiede doch vorhanden und können zu vielen Missverständnissen führen. Wenn man sich nicht schon länger kannte, ist diese zusätzliche Belastung neben dem Stress, den eine Migration als solche schon mit sich bringt, oftmals zu viel.

Hat man zwar mit dem australischen Lebensgefährten schon länger in z.B. Deutschland zusammengelebt, ist aber **selbst noch nie länger in Aus-**

lange nicht, dass alle Arbeitgeber die Einwanderer mit Kusshand begrüßen. Es war für *Giselher* **gar nicht so einfach, einen Job zu bekommen.** Zumal die Arbeitgeber immer Berufserfahrung in Australien im Lebenslauf sehen wollten. Dass man jahrelang im Ausland erfolgreich gearbeitet hatte, bedeutete da plötzlich recht wenig, sagte es doch nur bedingt etwas über die Fähigkeit aus, sich auf australische Bedingungen und Kollegen einstellen zu können.

Erschwerend kam hinzu, dass in Australien vieles doch anders funktioniert: die Art, in ein Haus einzuziehen, ein Bankkonto zu eröffnen etc. **Der ganze bürokratische Kram war anders als gewohnt.** *Giselher* hatte sich auch nicht explizit auf seine Wahlheimat vorbereitet. Er war zuvor nicht einmal in Australien gewesen. Aufgrund seiner Erfahrungen in den afrikanischen Ländern hatte er schlicht angenommen, dass er sich schon schnell anpassen würde. Dass ein zeitlich begrenzter Urlaubsaufenthalt doch etwas ganz anderes ist als der Aufbau einer neuen Existenz in einem anderen Land, hatte er sich nicht wirklich klar gemacht.

Giselher bekam schließlich doch einen Job als Küchenchef und ließ sich zunächst in Castle Hill, einem Vorort von Sydney, nieder. Danach bekam er eine Stelle als Kochlehrer in einem College in Sydney. Nebenher schloss er eine Ausbildung zum *Migration Agent* (MAPKEE) ab, um in Zukunft Einwanderern mit Rat und Tat zur Seite stehen zu können. Damit will er den „Neuen", die Probleme ersparen, die er selbst am Anfang hatte.

Darüber hinaus war es auch keineswegs sein Ideal, nach Australien auszuwandern, um sich lediglich in einem von Sydneys Vororten niederzulassen. Er sehnt sich immerhin nach **einem Pendant zum afrikanischen Busch.** Sein Traum ist es, sich letztendlich im tropischen Queensland niederzulassen – irgendwo in einem schläfrigen Küstenort – und dort über Korrespondenz als *Migration Agent* tätig zu sein. Er wünscht sich ein relaxtes Leben in einer satten, tropisch-grünen Vegetation. Mittlerweile hat er es bis zur Central Coast in New South Wales geschafft und arbeitet noch an zwei Tagen die Woche in Sydney, den Rest der Zeit arbeitet er von zu Hause aus als *Migration Agent.* Aber aufgeschoben ist ja schließlich nicht aufgehoben, und er verliert seinen Zukunftstraum nicht aus dem Blick. Früher oder später werden er und seine Familie sicherlich nach Queensland umziehen können.

tralien gewesen, kommt es auch oft zu Problemen. Man sollte nach Möglichkeit schon häufiger mit seinem australischen Partner in die zukünftige Heimat reisen, bevor man eine Auswanderungsentscheidung trifft. Wenn man sich an dem zukünftigen Wohnort nicht wohl fühlen kann, führt das zu einer großen und vor allem einseitigen Belastung der Beziehung. Die Überwindung des Kulturschocks (⇨„Längerfristige Eingliederung, Kulturschock?") fällt nicht immer leicht.

Um in solchen Fällen trotz gescheiterter Liebesbeziehung in Australien bleiben zu wollen, muss man selbst auch wirklich diesen Wunsch haben. Viele **kehren nach Ende der Beziehung in ihr Heimatland zurück,** auch wenn sie bereits eine Daueraufenthaltsgenehmigung haben. Sie sehnen sich insbesondere in dieser Lage nach ihren alten Freunden und ihrer Familie.

Dem Impuls, am liebsten in das alte Heimatland zurückzukehren, haben andere wiederum nicht nachgegeben, weil sie z.B. mit dem ehemaligen australischen Partner ein **gemeinsames Kind** haben. Zum Wohl des Kindes bleiben sie dann in Australien. Andere bleiben dort, weil sie in Australien **Karriere** gemacht haben und nun im ehemaligen Heimatland wieder bei Null anfangen müssten.

All diese **„Was-Wäre-Wenn-Szenarien"** sollte man durchaus einmal beherzt für sich durchspielen und sich die Frage stellen, ob man auch ohne seinen Partner in Australien leben möchte.

Dies gilt im Übrigen auch dann, wenn man als deutsche Frau mit seinem deutschen Lebensgefährten nach Australien auswandert. Bei den meisten auswanderenden deutschen Paaren ist es nämlich der Mann, der den Wunsch hierzu hat.

Der **Kulturschock ist für die auswandernden Frauen oftmals größer** als für die Männer. Dies ist insbesondere dann der Fall, wenn die Frauen zunächst nicht so gut Englisch sprechen, in Australien erst einmal nicht berufstätig sind oder gar mit kleinen Kindern zu Hause bleiben (müssen). Auf diese Weise lernen sie selbst nur mühsam neue Freunde kennen und fühlen sich doppelt einsam, während der Mann durch seine neuen Arbeitskollegen häufig schon einen kleinen Bekanntenkreis aufbaut.

Insbesondere bei deutsch-australischen Paaren, die in die Stadt zurückkehren, aus der der australische Lebensgefährte stammt, kommt es zu zusätzlichen Anpassungsproblemen. Der australische Partner **schlüpft sozusagen wieder in sein altes Leben** mit seinen alten Freunden hinein, während der deutsche „Neuling" erst einen eigenen Freundeskreis finden muss.

Mehr noch als in anderen Beziehungen sollte man bei einer Auswanderung aus Liebe über all diese Themen schon vorab mit seinem Partner offen reden, um spätere Missverständnisse zu vermeiden.

Politische, gesellschaftliche und wirtschaftliche Gründe

Alljährlich wanderten zwischen 2003 und 2007 574.800 Menschen aus anderen Teilen der Welt nach Deutschland ein. Im gleichen Zeitraum wanderten 161.100 Deutsche ins Ausland ab [82]. Die Zahl der Menschen, die sich in Deutschland eine neue Zukunft aufbauen wollen, ist somit vier Mal so groß wie die der Deutschen, die das Land verlassen. Die meisten Migranten, die zwischen 1999 und 2004 nach Deutschland einwanderten, stammten übrigens aus Polen, der Russischen Föderation, Kasachstan, der Türkei, Serbien und Montenegro sowie Italien [83]. Das Leben und die Zukunftsaussichten in Deutschland werden also durchaus unterschiedlich beurteilt; der Wunsch nach Auswanderung scheint eine Frage der eigenen Herkunft und Perspektive zu sein.

Schätzungen zufolge leben **ca. eine Million Australier dauerhaft im Ausland.** Die Zahl australischer Staatsbürger, die das Land für einen Zeitraum von mindestens zwölf Monaten verlassen, hat sich zwischen 1985 und 2005 mehr als verdoppelt. 2005 gingen davon 64 % in OECD-Länder. Als **Gründe für die Auswanderung** nannten 43 % der Befragten bessere Berufschancen, 36 % die Förderung ihrer professionellen Entwicklung, und 32 % gaben an, aufgrund der höheren Gehälter in andere OECD-Länder ausgewandert zu sein. 23 % sind wegen der Lebensart in ein anderes OECD-Land ausgewandert, 22 % wegen einer Liebesbeziehung, und 15 % für eine Ausbildung bzw. ein Studium [84].

Somit erscheint es durchaus **paradox,** dass Deutsche heute nach Australien auswandern, weil sie sich dort bessere Berufschancen erhoffen, während Australier aus dem gleichen Grund Australien u.a. in Richtung Europa verlassen. In einer Umfrage der Australischen Industrie- und Handelskammer im Jahr 2003 gaben die dauerhaft in Übersee lebenden Auslandsaustralier vornehmlich vier Gründe an, weswegen sie nicht nach Australien zurückkehren würden: 1) weil der Steuersatz in Australien zu hoch sei; 2) weil es schwer sei, dort einen gleichwertigen Job zu bekommen; 3) weil die geografische Isoliertheit Australiens von größeren Märkten oder Geschäftsmöglichkeiten nachteilig sei; 4) weil die australischen Steuersätze für Firmen unattraktiv seien [85].

Vor diesem Hintergrund sollte man sich auch klarmachen, dass man sich als deutscher Migrant, der sich von der Auswanderung nach Australien eine finanzielle Besserstellung verspricht, erst einmal nicht von den nach Deutschland eingewanderten Menschen unterscheidet, die dort oftmals abfällig (und inhaltlich nicht korrekt) als **„Wirtschaftsflüchtlinge"** bezeichnet werden. Dabei ist es sicherlich ein vernünftiger Impuls, zugunsten des eigenen und des Familienwohls ein Nest am bestmöglichen Standort zu bauen. In Australien gibt es diese negative Einstellung gegenüber Migranten seltener, da man sich seit Beginn der modernen australischen Geschichte als multikulturelles Einwanderungsland versteht.

In Australien ist man **gegenüber Auswanderern nicht negativ eingestellt.** Im Gegenteil: Auf die Frage der Australischen Industrie- und Handelskammer im Jahr 2003, was die Australier über ihre ins Ausland abgewanderten Landsleute denken, gaben 75 % der Befragten an, sie betrachteten die expatriierten Australier als erfolgreiche Menschen. Nur 10 % äußerten die Meinung, die Auswanderer „ließen Australien im Stich" [86]. Der vom „Manager Magazin" 2006 ins Leben gerufene Blog zum Thema „Deutsche Migranten" spricht hingegen eine ganz andere Sprache. Darin werden die aus Deutschland auswandernden Menschen oft mit wenig positiven Kommentaren bedacht [87].

Insgesamt wandern jedoch mehr Deutsche als Australier dauerhaft aus ihrem Land aus. Während nur fast jeder dreißigste von 100 in Australien geborenen Staatsbürgern (über einen Zeitraum von 15 Jahren) sein Heimatland verlässt (2,8 %), sind es in Deutschland mehr als doppelt so viele (6,1 %). Die höchste Expatriierungsrate unter den OECD-Ländern hat jedoch Irland mit 29,3 %, gefolgt von Neuseeland (19,3 %), Mexiko (13,5 %), Griechenland (8,8 %), Großbritannien (7,6 %) und dann eben Deutschland[88].

Wirft man einen Blick in die Geschichte der deutschen Auswanderung nach Australien (⇨Exkurs „Geschichte der deutschen Migranten in Australien"), stellt man fest, dass das Gros der deutschen Migranten in der Vergangenheit nach Australien ausgewandert ist, um gesellschaftlichen Repressalien oder einer schlechten Wirtschaftslage in Deutschland zu entfliehen. Die Geschichte lehrt jedoch, dass sich das Blatt immer mal wieder wendet. Ich möchte dies deshalb so nachdrücklich betonen, weil das **Wirtschaftswachstum,** das Australien seit den 1980er Jahren erlebt, im Grunde zeitlich versetzt zum Wirtschaftsaufschwung in Europa stattfindet. Bedenkt man überdies, dass es kein endloses Wachstum gibt, bedeutet dies in letzter Konsequenz auch, dass das derzeitige Wirtschaftswachstum in

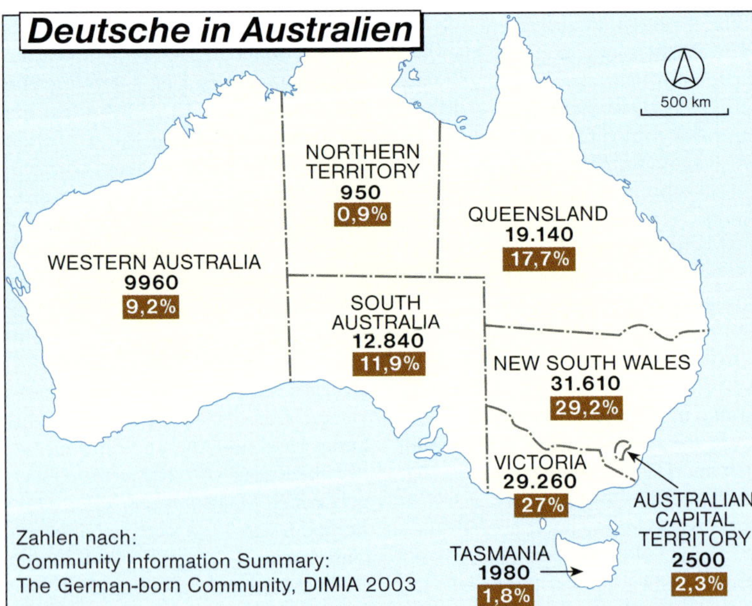

Geschichte der deutschen Migranten in Australien

Deutsche Migranten bis 1914

Die ersten Deutschen, aber auch Österreicher und Schweizer, kamen als Strafgefangene auf Schiffen aus England nach Australien. Großbritannien war Ende des 18. Jahrhunderts als **Wiege der Industrialisierung** oftmals das Ziel von Arbeitsuchenden aus den ärmeren Gebieten Deutschlands, die jedoch nicht alle in den englischen Bergwerken und Fabriken Arbeit fanden. So manch einer suchte da sein Heil in einem Diebstahl oder Einbruch, wurde erwischt und dann gemeinsam mit unzähligen anderen Gefangenen ab 1788 in die **Strafgefangenenkolonien** nach Australien verschickt.

Zwei Jahre, nachdem 1836 die freie Provinz South Australia gegründet worden war, kamen dort auch die ersten vier Schiffe mit vorwiegend **lutheranischen Deutschen** an, die sich der von *Friedrich Wilhelm III.* verordneten Liturgie nicht unterordnen wollten[89]. Bis zu Beginn des Ersten Weltkrieges sollten noch viele deutsche Siedler aus den vorwiegend protestantischen Gebieten im östlichen und zentralen Deutschland folgen. Heute zählt man 108.240 in Deutschland geborene australische Einwohner.

Ca. 80 % der deutschen Migranten wanderten über den Hamburger Hafen aus. Die Auswanderungsstatistiken Hamburgs und die Einwanderungsstatistiken von South Australia zeigen, dass 37 % dieser Deutschen Handwerker, 33 % Bauern, 12 % Arbeiter (vor allem Bergbau), 9 % Händler und 1 % Fachkräfte (einschließlich Pastoren und Missionare) waren; die restlichen 8 % gingen diversen Berufen nach. Diese ausgewogene Verteilung der Berufszweige erlaubte ihnen, **recht exklusive, selbstversorgende Dorfgemeinschaften** aufzubauen, wie z.B. in den heutigen Städtchen Hahndorf, Bethany, Lobethal und Tanunda unweit von Adelaide[90].

Insgesamt wurden 1901 bei der Volkszählung 38.352 Deutsche in Australien registriert[91]. Zwischen den 1850er und 1870er Jahren erreichte Mitteleuropa ein **wirtschaftliches Tief.** Missernten, politische Instabilität im Zuge der gescheiterten Revolution von 1848, Überbevölkerung und die allzu langsame Landwirtschaftsreform führten dazu, dass sich die Bevölkerung ohne Landbesitz zunehmend benachteiligt fühlte. Die deutschen Migranten gingen nun vorwiegend aus wirtschaftlichen Gründen nach Australien. Hunderte deutsche landwirtschaftliche Arbeiter und Handwerker wurden vor allem aus Schlesien und Sachsen angeworben und in den australischen Kolonien Victoria, New South Wales und Queensland angesiedelt. In Victoria und New South Wales lockte vor allem der Goldrausch. 1871 waren 7 % der Bevölkerung Queenslands gebürtige Deutsche; diese ließen sich vorwiegend in der Region rund um Brisbane nieder. Am Rand von Melbourne entstanden z.B. Germantown (heute Grovedale) und Neumecklenburg (heute Thomastown).

Das Ziel der neuen deutschen Migranten war es, Land zu erwerben, wo sich ihre Familien **dauerhaft niederlassen** konnten. Sie bauten Kirchen und gründeten auch deutschsprachige Schulen. Die Gesellschaftsstrukturen blieben in den ländlichen Regionen von patriarchalen und konservativen Strukturen dominiert, die sich von den Städten stark unterschied[92].

Anti-deutsches Klima rund um die Weltkriege

Seit den 1880er Jahren entwickelten sich die Deutschen zu einem festen und **integrierten Teil der anglo-australischen Gesellschaft,** in der sie sich selbst auch als Australier mit kulturellen deutschen Wurzeln definierten. Sie wollten von der Gesellschaft nicht als „anders" identifiziert werden. Im Zuge dessen ließ die Pflege des „Deutschtums" immer weiter nach, was von den bestehenden Deutschen Clubs stark kritisiert wurde. Man wertete diese Entwicklung als Verlust der eigenen Identität, und einige sahen in den anfänglichen politischen und militärischen Erfolgen des jungen Deutschen Reichs einen Grund für **einen neuen deutschen Nationalstolz.**

Dies passte aber gar nicht zu den Vorbereitungen zur Gründung eines geeinten australischen Staates (statt den bis daher separaten Kolonien und der freien Provinz South Australia). In einer Zeit, in der Großbritannien die **Gründung eines unabhängigen Australien** unterstützte, war es sozusagen politisch äußerst unkorrekt, das Deutsche Reich als Feind Großbritanniens zu befürworten, welches z.B. in den Ereignissen im Vorfeld zum **Burenkrieg in Südafrika** gegen Großbritannien Stellung bezogen hatte.

Insbesondere die Rüstungsbemühungen des Deutschen Reiches auf dem Gebiet der Marine waren Großbritannien ein Dorn im Auge und führten letztlich dazu, dass dieses sich trotz der Interessenkonflikte in Afrika mit Frankreich einigte. Analog zur Zuspitzung der Ereignisse, die zum Ersten Weltkrieg führten, nahm in Australien die **anti-deutsche Stimmung** zu. Im Laufe des Ersten Weltkrieges nahmen die öffentliche Hetze gegen die deutschstämmige Bevölkerung, Beschädigung oder Zerstörung ihres Eigentums sowie körperlichen Angriffe auf sie stetig und in Heftigkeit zu. Hinzu kamen Spionage-Vorwürfe, Kündigung von Arbeitsverhältnissen, Enteignung und Internierung. Veröffentlichungen in deutscher Sprache, Deutschunterricht an lutheranischen Schulen und deutsche Vereine wurden nunmehr verboten. Deutschsprachige Ortsnamen wurden angliziert. Zum Kriegsende wurden 696 Deutsche deportiert; 4620 meldeten sich freiwillig zur Repatriierung ins Deutsche Reich. Die **Repressalien gegen die deutsche Bevölkerung** waren vielfältig und heftiger als in jedem anderen Bündnisland Großbritanniens. Wenn man bedenkt, dass nur ca. 100.000 Personen der 5-Millionen-Bevölkerung in Australien deutscher Abstammung waren, kann man die überzogene Feindseligkeit gegenüber den einst so geschätzten deutschen Einwanderern heute nur schwer nachvollziehen.

Dazu beigetragen hat jedoch einerseits eine **wirtschaftlich motivierte Propaganda** von australischen und britischen Herstellern, die Deutschland als Konkurrent auf dem australischen Markt ausschalten wollten. Andererseits gab es die Notwendigkeit einer **politischen Propaganda,** die die zunehmende australische Todesziffer in den europäischen Schützengräben zu rechtfertigen vermochte. Schließlich zog man nur aus Loyalität zum alten Mutterland Großbritannien in den Krieg in Europa.

Die tragische Schlacht am 25. April 1915 in **Gallipoli** (Osmanisches Reich), wo die Australier an der Seite der Alliierten gegen die Türken als Verbündete der Deutschen kämpften, ist wohl das am häufigsten erwähnte Blutbad in den australischen Geschichtsbüchern. Insgesamt wies Australien am Ende des Ersten Weltkriegs die traurige Bilanz der **höchsten Todesquote unter den Alliierten** auf: 65.000 Todesopfer.

Die australische Regierung sah sich in den folgenden Jahren genötigt, zur Erhöhung der Bevölkerungzahl Menschen aus ausgewählten europäischen Ländern zum Einwandern zu bewegen. Doch während der **Weltwirtschaftskrise** 1929 bis 1937 kam der Einwanderungsstrom fast zum Erliegen, und die wirtschaftliche Not sorgte wieder für Unruhe und neue Rassenkonflikte in Australien. Aufgrund der seit Staatengründung 1901 verfolgten **White Australia Policy** (Politik des Weißen Australien) rich-

Das Migration Museum in Adelaide

tete sich der Unmut nun vor allem gegen Italiener und Jugoslawen. Die einzigen Einwanderer während dieser Zeit waren ca. 7000 jüdische Flüchtlinge aus Deutschland und Österreich, zu deren Aufnahme sich Australien nach der Reichskristallnacht verpflichtet hatte. Von den ehemals 38.352 Deutschen in Australien bei der Volkszählung im Jahre 1901 waren 1947 nur noch 14.567 übrig.

Nach dem Zweiten Weltkrieg empfand man in Australien eine noch größere Notwendigkeit, die Bevölkerung „aufzustocken", weil man nach eigener Einschätzung u.a. den Luftangriffen japanischer Bomber auf Darwin und weiteren Luftangriffen auf andere Ziele im Norden des australischen Kontinents vollkommen hilflos ausgeliefert gewesen war. Einem weiteren Krieg auf australischem Boden könne man nur mit einer starken australischen Bevölkerung die Stirn bieten. Das **Migrationsprogramm** sah eine Bevölkerungszunahme um 1 % pro Jahr vor, wobei man jedoch keine nicht-weißen oder asiatischen Menschen aufnehmen wollte. Durch die negativen Erfahrungen mit den Japanern während des Zweiten Weltkrieges sah sich die Regierung in der *White Australia Policy* bestärkt.

Von dieser Politik sollten u.a. die Deutschen profitieren, die vor dem Ersten Weltkrieg als **besonders anpassungs- bzw. assimilationsfähig** gegolten hatten und denen überdies nun wieder positive Eigenschaften zugeschrieben wurden: Fleiß, Bescheidenheit, Gründlichkeit, Verlässlichkeit etc. Das ältere Feindbild gegenüber asiatischen und südländischen Völkern nahm wieder oberhand und ließ das während der beiden Weltkriege gezielt aufgebauschte Image vom „bösen Deutschen" schnell in den Hintergrund rücken. In den 1950er

Die Entscheidung

022aa Foto: eg

019aa Foto: eg

Viele Auswanderer träumen von einem idyllischen Landleben

und -60er Jahren gehörten Deutsche wieder zu den gern gesehenen Einwanderern in Australien, und sie kamen mithilfe der zahlreichen Auswanderungsprogramme zu Tausenden[93].

1961 wurden 109.315 gebürtige Deutsche in Australien registriert. Die Einwanderungsmöglichkeit hatten die Deutschen dem **Abkommen zwischen Westdeutschland und Australien** zu verdanken, nach dem pro Jahr 3000 Deutsche finanzielle Unterstützung für die Überfahrt erhielten und weiteren 1000 Personen eine Einreiseerlaubnis gewährt wurde[94].

Einwanderung seit 1969

Mit dem Ende des Wirtschaftsbooms 1969 mehrten sich die besorgten Stimmen, ob Australien die jährliche Anzahl von 185.000 Einwanderern überhaupt in die australische Gesellschaft integrieren könne, und so wurde die jährliche **Quote** von Jahr zu Jahr weiter gesenkt und 1975 wegen der steigenden Arbeitslosenrate schließlich auf 50.000 festgelegt.

Seit 1972 war die Einwanderung jedoch an keinerlei Bedingung bezüglich Nationalität, Rasse oder Finanzkraft mehr geknüpft gewesen, die **White Australia Policy war offiziell beendet.** Alle Migranten konnten nunmehr auch schon drei Jahre nach Einwanderung die australische Staatsbürgerschaft beantragen.

Etwa 1977 begann die **moderne australische Einwanderungspolitik,** die davon geprägt war, dass die australischen Behörden wählerischer wurden und die Eignung eines Einwanderers auf seinen Willen zur Integration und den Grad seiner beruflichen Qualifikation hin überprüften. Unabhängig davon wurde jedoch auch **ein Strom an Flüchtlingen** aufgenommen. Zwischen 1975 und 1980 kamen die meisten Migranten (abgesehen von Großbritannien und Neuseeland) aus Vietnam, dem Libanon, Südafrika, Malaysia, Jugoslawien, von den Philippinen, Zypern, Italien, Chile, den USA, Griechenland, Hongkong, der Türkei, Deutschland, China, Indien, der UdSSR, den Niederlanden, Kanada, Irland, Singapur, Polen, Papua-Neuguinea, Indonesien, Korea, Sri Lanka, Malta, Fidschi und Ägypten (Zahlen absteigend in dieser Reihenfolge), und die Einwohnerzahl stieg bis 1984 auf über 15 Mio.[95]

Die Deutschen, die seit 1969 nach Australien kamen, waren zunehmend höher qualifizierte Fachkräfte, die sich daher auch vorwiegend **in den Großstädten** niederließen, während die Nachkriegsmigranten vermehrt auf dem Land eine neue Existenz aufgebaut hatten. Während die früheren Siedler South Australia und Queensland besonders bevorzugten, entschieden sich die neuen deutschen Migranten vorwiegend für New South Wales und Victoria. Anders als die Einwanderer des 19. Jahrhunderts bildeten sie auch keine Dorfgemeinschaften oder Gruppen in Vororten, sondern ließen sich nunmehr unabhängig voneinander, weit verteilt in den Städten nieder. Außerdem wurden nun mehrheitlich Ehen mit Nicht-Deutschen eingegangen [96].

Die Zahl der Deutschen in Australien blieb zwischen den Volkszählungen 1961 und 1996 stabil zwischen 110.000 und 115.000. Gemäß der Volkszählung 1996 hatten 75,5 % der deutschgeborenen, in Australien lebenden Personen die australische Staatsbürgerschaft angenommen [97].

Einwanderung im 21. Jahrhundert

Während die ersten Migranten noch vorwiegend aus religiösen Gründen auswanderten, rücken mit dem Eintritt ins 21. Jahrhundert wieder einmal die **wirtschaftlichen Gründe** in den Vordergrund. Laut Jahresbericht 2007 des Raphaels-Werkes steigt die Zahl der deutschen Auswanderer seit Jahren kontinuierlich an. Entsprechend mehren sich die Anfragen beim Raphaels-Werk: 2001 waren es nur 43 % deutsche Ratsuchende, 2007 bereits 75,35 %. Gründe für die Bereitschaft Deutschland zeitlich befristet oder unbefristet zu verlassen, sind nach wie vor beruflicher und wirtschaftlicher Art, sowie die anhaltende Diskussion um die Gesundheitsreform, vermeintlich hohe und ungerechte Steuerbelastung, geplante weitere Absenkungen der Alterssicherung sowie eine allgemeine Unzufriedenheit über die ökonomische und soziale Entwicklung in Deutschland [98].

Schaut man einmal auf die Zahlen, wie viele Deutsche die Bundesrepublik tatsächlich langfristig verlassen, liest man in der **Außenwanderungsstatistik** des Statistischen Bundesamtes, dass sich im Jahr 2003 127.267 Deutsche aus der Republik abmeldeten: 55,8 % gingen in ein anderes europäisches Land, 25,6 % in ein außereuropäisches Land, darunter immerhin 1,5 % nach Australien (⇨ Tabelle „Abmeldungen von Deutschen im Jahr 2003") [99]. Neuere statistische Daten diesbezüglich liegen leider nicht vor.

2007 ließen sich allein beim Raphaels-Werk 14.460 Ratsuchende bezüglich einer dauerhaften oder zeitlich befristeten Aus-

Abmeldungen von Deutschen im Jahr 2003

Gesamt	**127.267**	**100 %**
in andere europäische Länder	70.963	55,8 %
davon z.B.		
Schweiz	11.225	8,8 %
Polen	10.262	8,1 %
Österreich	6903	5,4 %
Frankreich	6864	5,3 %
Spanien	6769	5,3 %
Großbritannien	6264	4,9 %
Niederlande	3345	2,6 %
Italien	3083	2,4 %
Belgien	2471	1,9 %
Russland	1854	1,4 %
Türkei	1602	1,2 %
Schweden	1231	0,9 %
Griechenland	1040	0,8 %
in Länder außerhalb Europas	**32.617**	**25,6 %**
davon z.B.		
USA	12.325	9,6 %
Kanada	2442	1,9 %
Australien	1923	1,5 %
Brasilien	1114	0,8 %
Südafrika	973	0,7 %
Neuseeland	569	0,4 %
Japan	526	0,4 %
ohne Angabe	23.687	18,6 %

wanderung in einer der Beratungsstellen beraten. Dabei wird vermutet, dass in vielen Fällen auch Familienangehörige mit auswandern und man somit die Zahl der Ratsuchenden mit dem Faktor 2 multiplizieren kann. Das Raphaels-Werk geht somit davon aus 2007 mindestens 30.000 Menschen in der Frage der Auswanderung weitergeholfen zu haben. Die **Top Ten unter den Zielländern** waren Kanada (11,21 %), USA (8,85 %), Spanien (7,1 %), Australien (6,24 %), Schweden (5,27 %), Schweiz (5,21 %), Österreich (4,57 %), Großbritannien (4,45 %), Dänemark (3,42 %) und Norwegen (3,42 %)[100].

Die Beratungsstellen des Deutschen Roten Kreuzes in Chemnitz, Halle, Potsdam und Schwerin registrierten 2003 von Deutschen weitere 1646 Auswanderunganfragen, 2013 Anfragen bezüglich Auslandstätigkeit und 204 Anfragen in Bezug auf Heirat im Ausland. Davon interessierten sich 56,8 % für europäische Länder, und danach führt Australien mit 7,9 %, gefolgt von den USA (7,4 %), Kanada (6,9 %), Neuseeland (4,3 %) und Südafrika (2,5 %)[101]. Neuere Zahlen liegen hier leider nicht vor.

Ähnliche Ergebnisse ergab auch die Umfrage der Marplan Forschungsgesellschaft von 2003; demnach **träumt jeder Dritte davon, Deutschland zu verlassen** und dauerhaft in einem anderen Land zu leben. Das begehrteste Ziel bei den Befragten war Australien (14,8 %) gefolgt von Spanien (14,3 %), den USA (13,7 %), Italien (12,1 %), Kanada (10,2 %), Frankreich (6,6 %), Neuseeland (4,5 %), der Schweiz (4,0 %) und Österreich (3,8 %). Bei Männern ist Australien auf Platz Eins, während es für Frauen erst nach Spanien und Italien rangiert. Die meisten europäischen Ziele, aber auch Kanada, werden vorwiegend von Personen zwischen 35 und 54 Jahren bevorzugt, Australien und Neuseeland von 25- bis 34-Jährigen. Die Hälfte aller Befragten, die von den USA träumt, war 14 bis 24 Jahre alt[102].

Tatsache ist, dass der Strom der deutschen Migranten nach Australien mit Eingang ins 21. Jahrhundert ständig zugenommen hat (⇨ Tabelle „Einwandererstrom aus Deutschland seit 1999"). Zwischen Juli 1999 und Juni 2007 haben sich insgesamt über 10.000 Deutsche mit einem Migrationsvisum in Australien niedergelassen. Mit 30,8 % sind die meisten von ihnen nach New South Wales gegangen, 20,5 % nach Victoria, 19,9 % nach Queensland, 11,5 % nach Western Australia, 5,7 % nach South Australia, 1,7 % nach Tasmania, 1,5 % in das Northern Territory und 1,8 % in das Australian Capital Territory[103]. Die Verteilung der Deutschen in Australien entspricht der Bevölkerungsverteilung aller australischen Einwohner.

Einwandererstrom aus Deutschland seit 1999

	99/00	00/01	01/02	02/03	03/04	04/05	05/06	06/07
NSW	288	328	351	371	409	401	501	447
VIC	204	202	200	245	239	269	360	343
QLD	188	232	207	245	236	204	354	336
WA	140	122	85	144	144	162	187	176
SA	67	49	72	59	79	67	94	84
TAS	17	13	20	14	20	20	35	29
NT	23	6	15	14	24	17	20	27
ACT	20	32	18	16	26	21	19	25
ohne Angabe	68	40	45	62	105	100	75	174
insgesamt	1015	1024	1013	1170	1282	1261	1645	1641

Auf den Spuren der Migrationsgeschichte

Einmal in Australien angekommen, lohnt sich beizeiten ein Besuch der Museen u.Ä. zum Thema Einwanderung. Dort wird die Einwanderungsgeschichte Australiens – auch die der deutschen Einwanderer – auf anschauliche Weise vorgestellt.

- **Adelaide:**
Migration Museum,
www.history.sa.gov.au/migration/migration.htm
- **Melbourne:**
Immigration Museum,
http://museumvictoria.com.au/Immigrationmuseum
- **Sydney:**
Migration Heritage Centre,
www.migrationheritage.nsw.gov.au
- **Launceston:**
Past Lives, New Beginnings ...
Migration and Tasmania, Queen Victoria Museum and Art Gallery at Inveresk,
www.qvmag.tas.gov.au

Interessant is darüber hinaus die folgende Internetseite zum Thema „Multikulturelles Australien":

- **Making Multicultural Australia,** www.multiculturalaustralia.edu.au – eine tolle Website über die Geschichte und Gegenwart der multikulturellen australischen Gesellschaft mit interessantem Audio-Material, Interviews, TV-Ausschnitten und Auszügen aus diversen Publikationen

- Eine interessante Anschaffung ist auch das **Buch** „The Australian People – An Encyclopedia of the Nation, its People and Their Origins" von *James Jupp,* Angus and Robertson Publishers 1988. Es ist *das* Nachschlagewerk zur Geschichte aller in Australien lebenden Migranten. Es ist gleichzeitig auch ein Nachschlagewerk für Weltgeschichte aus dem besonderen Blickwinkel von Migranten.

Australien nicht von ewiger Dauer sein kann. Es ist wichtig, die **Möglichkeit einer zukünftigen Rezession** bei seiner Auswanderungsentscheidung in Betracht zu ziehen, da man es in der Regel nur einmal dauerhaft schafft, ein neues Leben in einem anderen Land aufzubauen. Eine Rückwanderung nach Deutschland zu einem späteren Zeitpunkt stellt vielleicht eine Möglichkeit für die eigenen Kinder dar, aber weniger für einen selbst.

Auch über die Chancen, die man als Einwanderer tatsächlich auf dem australischen Arbeitsmarkt hat, sollte man sich realistische Vorstellungen machen, ebenso über die Arbeitsbedingungen dort. Selbst, wenn Australien derzeit gezielt Arbeitskräfte anwirbt, ist dies keine Garantie für einen lukrativen Arbeitsplatz (⇨„Neuanfang in Australien, Arbeit").

Konsequenzen

Menschen, die auswandern möchten, erhoffen sich hiervon natürlich erst einmal nur positive Konsequenzen: Sie glauben, bessere Arbeitsbedingungen, schöneres Wetter, nettere Menschen vorzufinden, insgesamt freier, weniger beengt leben zu können etc. Aber es gibt halt auch im Traumland mehr als nur die Schokoladenseite. Auch mit den möglichen negativen Konsequenzen einer Auswanderung muss man sich im Entscheidungsprozess auseinandersetzen. Diese kann man grundsätzlich in zwei Kategorien einteilen: zum einen die Folgen der enormen räumlichen Entfernung von Deutschland, zum anderen die Konsequenzen, die sich aus dem Kulturwechsel ergeben (können).

Räumliche Entfernung

In ein Land, einen Kontinent auf der anderen Seite der Erdkugel auszuwandern, ist in vielerlei Hinsicht ein größeres Wagnis, als seine Fühler in Richtung Spanien, Frankreich oder Ostküste der USA auszustrecken.

So sind z.B. enorme finanzielle Belastungen damit verbunden. Die **Kerosinpreise** werden in den kommenden Jahren eher steigen als fallen, und ein alternativer preiswerterer Kraftstoff für den Flugzeugantrieb ist nicht in Sicht. Auch die Kosten für die Flugsicherung und die Flughafensteuern haben in den letzten Jahren stark zugelegt – ein Trend, der sich aller Voraussicht nach weiter fortsetzen wird.

Innerhalb Europas bzw. auf eher kürzeren Strecken bieten immer mehr Fluggesellschaften die Flüge zu attraktiven Preisen an. Im Bereich Langstreckenflüge haben die Gesellschaften seit dem Hype um die Olympischen Spiele in Sydney 2000 **immer mehr Verbindungen aus ihrem Flugplan gestrichen.** British Airways fliegt z.B. nur noch nach Sydney, nicht mehr nach Brisbane, Melbourne oder Perth, Qantas bedient nur noch London und Frankfurt, aber z.B. nicht mehr Paris. Auch wenn die Tourismusbehörden in Australien sich bemühen, weitere Anreize für den Ausbau des internationalen Tourismus in Australien zu schaffen, so ist davon auszugehen, dass die derzeitige Zahl der internationalen Touristen in Australien nicht signifikant steigerbar ist. Doch ohne steigende Nachfrage wird es auch kein steigendes Angebot geben, und je geringer das Angebot, desto geringer die Konkurrenz und desto höher die Preise.

Noch in Europa, mag man sich nach Australien sehnen, aber in den meisten Fällen holt einen dort schnell das Heim- bzw. Fernweh nach Europa ein. Während man sich als in Europa lebende Person vielleicht leisten kann, einmal im Jahr nach Australien in den Urlaub zu fliegen, ist es andersherum schwieriger: erstens, weil man in **Australien in der Regel weniger Geld verdient,** und zweitens, weil man sich durch den **Wechselkurs** für den vergleichsweise teuren Euro auch noch weniger für sein Geld leisten kann.

Es wird also teuer, regelmäßig nach Europa zu fliegen, um die Familie zu

besuchen. Noch teurer wird es mit der ganzen Familie, wenn man Kinder hat. Man sollte sich daher auch fragen, ob man damit leben kann, **seine Familie in Europa auf Dauer selten persönlich zu sehen.** Wird man auch noch damit zurechtkommen, wenn z.B. die Eltern alt und gebrechlich werden? Was ist, wenn man selbst eine Familie gründet und Kinder bekommt? Kann man sich vorstellen, diesen Lebensabschnitt ohne die Unterstützung seiner Eltern und anderer Verwandter zu meistern?

Die Australier, die dauerhaft im einem der anderen OECD-Länder leben, nennen als einen der Gründe für ihre Auswanderung aus Australien auch die **Lebensart.** Das beinhaltet beispielsweise, dass man in den USA und Europa wesentlich schneller und preiswerter in andere Kulturkreise reisen kann. Auf dem gesamten australischen Kontinent gibt es nun einmal nur ein Land: Australien. Auch, wenn seine Bewohner ursprünglich aus so ziemlich allen Ländern der Welt stammen, so sind sie doch nach einigen Jahren von ihrem Heimatland weitgehend entfremdet und auf dem besten Weg, Australier zu werden. Eine kulturelle Vielfalt, wie man sie vor allem in

Die Weite des Raums hat auch Nachteile (Motiv: Purnululu-Nationalpark in Western Australia)

Europa auf kleinstem Raum kennt, gibt es in Australien nicht. Die Landschaft, das kulturelle und kulinarische Angebot sind überall ähnlich. Man muss schon eine Flugreise nach Asien oder zu den Pazifikinseln antreten, um wirkliche Abwechslung zu erleben. Das ist jedoch teuer (obwohl es auch in Australien immer mehr Billigflugangebote nach Asien gibt, aber wie lange noch angesichts der Kerosinpreise?). Viele europäische Migranten befällt somit oftmals **Sehnsucht nach den in Europa möglichen Kurzreisen** in benachbarte Länder. Kann man in Zukunft darauf verzichten, „mal eben" in ein anderes Land und somit in eine völlig andere Kultur einzutauchen? Kann man sich damit anfreunden, dass die eigenen Kinder mit weitaus weniger Auslandserfahrung aufwachsen? Freut man sich auf die asiatischen und pazifischen Nachbarländer?

Kulturwechsel

Die Auswanderung und Umsiedlung in ein anderes Land wird immer ein **Verlust des Heimatgefühls** zur Folge haben. Gerade dieses Gefühl gibt Menschen in der Regel Halt in ihrem alltäglichen Leben und trägt somit zu ihrem Wohlbefinden bei. An dem neuen Wohnort muss man sich ein neues Gefühl der Zugehörigkeit aufbauen, damit man sich langfristig wohlfühlen kann. Dies braucht in der Regel jedoch seine Zeit.

Eine oftmals unterschätzte Komponente bei multikulturellen Beziehungen und dem Wohnortswechsel in eine andere Kultur ist, wie man selbst darauf reagieren wird. Es ist auf keinen Fall mit einem Urlaubsaufenthalt in einem anderen Land zu vergleichen, denn im Alltag lebt es sich nun einmal ganz anders. Nach der ersten Freude und Aufregung über den Neustart in Australien stößt man schnell bei sich selbst auf Unverständnis. Man ist schnell frustriert oder verwirrt, weil man den **australischen Kodex** nicht kennt oder nachvollziehen kann. Man kennt eben nur die Verhaltensweisen, Behördenprozeduren und Arten, Dinge zu erledigen, die man sein Leben lang in Deutschland erlernt hat. Jetzt plötzlich steht man als Erwachsener wieder da wie ein Kind und muss alles von Neuem lernen – und das schnell (⇨ „Längerfristige Eingliederung, Kulturschock?").

Wenn man jedoch in einer neuen Kultur dauerhaft Fuß fassen und vor allem glücklich werden will, muss man loslassen und vertrauen können, neugierig und offen sein für alles, aber vor allem muss man lernen wollen. Der Erfolg einer Einwanderung hängt vor allem von der Fähigkeit des Migranten ab, sich **auf die neue Heimat einzulassen** und sich an die australische Gesellschaft und Lebensweise anzupassen. Man kann nicht erwarten, dass sich die australische Gesellschaft für den Migranten ändert. Zwar will man von politischer Seite die Bevölkerungszahl mit jungen, qualifizierten Auswanderern aufstocken, doch die australischen Einwohner selbst warten nicht sehnsüchtig auf jeden Migranten. Daran hat auch der Jupp-Report von

1986 nichts geändert, der empfahl, dass sich auch die australische Gesellschaft mehr an die Migranten anpassen müsse, die sie zur Einwanderung einlade[104].

An einen ganz einfachen Leitsatz sollte man sich stets erinnern, wenn man droht, in eine überkritische Haltung gegenüber der australischen Gesellschaft abzugleiten: **„Es ist nirgendwo grundsätzlich besser, sondern einfach nur anders".** Damit hat man den ersten Schritt zur Akzeptanz bereits getan, und genau das wird man für lange Zeit tun müssen: Neues akzeptieren. Das ständige Vergleichen sollte man dabei unterlassen und stattdessen alles mit größter Neugier kennen lernen.

Der Schlüssel zu einer einfacheren Auswanderung ist in jedem Fall ein **möglichst gutes Verständnis der englischen Sprache.** Wenn man sich nicht so gut auf Englisch verständigen kann, wird die gesamte Auswanderungserfahrung in jedem Fall schwieriger, dies gilt insbesondere für mit auswandernde Partnerinnen, deren Englischkenntnisse oftmals schlechter sind als die des Hauptantragstellers. Es ist daher von höchster Bedeutung, schon vor der Auswanderung nach Australien aktiv seine Englischkenntnisse zu verbessern und nach Ankunft dort daran weiterzuarbeiten (⇨„Die Entscheidung, Empfehlungen, Sprache" und „Neuanfang in Australien, Erwachsenenbildung, Englischkurse").

Familien mit Kindern stellen in den Auswanderungsforen im Internet immer wieder die Frage, in welchem Alter eine Auswanderung für ihre Kinder zumutbar ist. Diese Frage lässt sich sicherlich nicht pauschal beantworten, doch grundsätzlich gilt wohl: **Je jünger die Kinder sind, desto weniger Probleme** haben sie bei der Eingliederung in die neue Gesellschaft und beim Erlernen der neuen Sprache. Relativ unproblematisch ist daher die Auswanderung mit Kleinkindern und Kindern im Grundschulalter. In der Grundschule wird noch spielerisch an Lerngebiete herangegangen. Die Kinder müssen dann zwar nach der Grundschule noch einmal die Schule wechseln und sich entsprechend an eine neue Umgebung, neue Lehrer und neue Mitschüler gewöhnen, aber dann sind sie bereits in einer vergleichbaren Lage wie alle anderen Kinder (⇨„Neuanfang in Australien, Kinder, Einschulung").

Ein **Auswanderung mit Jugendlichen in der Pubertät** kann hingegen schon eher problematisch werden. Die Pubertät ist ohnehin schon eine sehr schwierige Zeit für Heranwachsende, und eine zusätzliche Belastung durch einen Kulturkreiswechsel ist da nicht unbedingt von Vorteil. Hinzu kommen die **sprachlichen Probleme.** Ist man einmal in der weiterführenden Schule, werden die Unterrichtsinhalte zunehmend komplexer, und man benötigt ein entsprechend umfassenderes Vokabular, um diese zu begreifen und sich zu ihnen äußern zu können. Somit liegen die Probleme der Kinder, die erst in einem höheren Alter ausgewandert sind, oft in der Ausdrucksweise.

Bis zur Pubertät hat sich auch bei zweisprachig aufgewachsenen Kindern in der Regel **eine Sprache als die deutliche Muttersprache entwickelt.** Die Umstellung auf eine andere, sprich die englische Sprache, ist dann nicht mehr so einfach. Eine andere Sprache ist nicht nur durch eine andere Grammatik und ein anderes Vokabular gekennzeichnet, sondern steht auch in engstem Zusammenhang mit Ausdrucksweise und Gestik, Denk- und Analysearten sowie Humor. Diese Feinheiten einer anderen Sprache erfasst man mit fortgeschrittenem Alter nicht mehr so schnell.

Die **Denkweise von Jugendlichen** ist in der Pubertät auch schon sehr eingeschliffen, und somit ist es für sie genauso schwer wie für Erwachsene, sich an die andersartige Mentalität der Australier zu gewöhnen; jüngeren Kindern fallen diese Unterschiede oft noch nicht einmal auf.

Frauen, die mit Kindern auswandern, empfinden die neue Situation häufig als sehr belastend, weil sie sich neben den eigenen Belangen zusätzlich um die der Kindern kümmern müssen, die überdies vielleicht sehr unglücklich über die Auswanderung sind. Bekommt die Frau hingegen ihr erstes Kind in Australien, wächst sie selbst zusammen mit dem Kind und dem Lebensgefährten in das australische System hinein, und sie empfindet in der Regel weniger Stress.

Empfehlungen zur Vorbereitung

Die meisten Migranten waren bereits einmal oder gar einige Male in Australien, bevor sie sich zum Auswandern dorthin entschlossen haben. Vereinzelt gibt es jedoch Migranten, die zuvor noch nie einen Fuß auf australischen Boden gesetzt haben. Dies ist bei den australischen Behörden zu Recht nicht gern gesehen. Schließlich birgt es die Gefahr, dass diese Menschen mit **falschen Vorstellungen** nach Australien kommen. Die Folge: Sie können sich nicht dauerhaft an die australischen Verhältnisse anpassen und wandern schließlich wieder aus.

Auf den Einwanderungswebsites der einzelnen Bundesstaaten, die qualifizierte Kräfte für die Einwanderung vorschlagen, wird daher ausdrücklich erklärt, dass vorangegangene Besuche im jeweiligen Bundesstaat positiv bewertet werden. Ebenso von Vorteil sind Verwandte, Freunde, eine Ausbildung oder Geschäftskontakte dort.

Selbst wenn man sich sicher ist, dass man auswandern möchte, von der Idee bis zur Umsetzung können bis zu zwei Jahre vergehen. Man kann in diesem Zeitraum schon vieles zur Vorbereitung auf sein neues Leben in Australien tun. Und auch, wenn man seine Entscheidung noch nicht getroffen haben sollte, helfen die nachfolgenden Tipps, sich gezielt über das Leben in Australien zu informieren und sich ein realistisches Bild der potenziellen neuen Heimat zu machen.

Ein etwas anderer Urlaub

- Täglich lokale **Tageszeitungen** lesen, mit besonderem Augenmerk auf Stellenangeboten, Immobilien zur Miete und zum Kauf, lokalen Nachrichten und Politik
- Alle **Vororte** der Stadt erkunden, z.B. gezielt die Immobilienangebote aus der Zeitung abklappern und die Infrastruktur mit Supermärkten etc. auskundschaften
- Möchte man mit Kindern auswandern, sollte man Besichtigungstermine bei ein, zwei **Schulen** machen (zusätzlich auch bei deutschsprachigen Schulen, wenn man die Kinder zweisprachig erziehen will).
- So viel wie möglich **öffentliche Verkehrsmittel** verwenden; dort kann man ganz ungezwungen einen Einblick in den Alltag zukünftiger Mitmenschen bekommen.
- Touristische **Pubs** meiden, sondern abends in Lokale gehen, die offensichtlich von Einheimischen besucht werden
- Wenn man ein Fan einer bestimmten **Sportart** oder **Freizeitbeschäftigung** ist, sollte man ein paar Vereine besuchen und versuchen, vorübergehend mitzumachen (⇨„Längerfristige Eingliederung, Vereine").
- Des Öfteren einen **„Bummel" in den Gewerbegebieten** der Stadt machen. Auf diese Weise lernt man die Stadt besser kennen. Hier verstecken sich meist Möbelgeschäfte, Autohändler, Baumärkte und natürlich endlos viele potenzielle Arbeitgeber. Je mehr Geschäftsnamen man kennt, desto schneller wird man hinterher auch fündig – das Gefühl der Fremdheit verschwindet.
- Kontakt mit **Expat-Gruppen oder deutschen Vereinen** in der Region suchen (⇨„Längerfristige Eingliederung, Soziale Kontakte, Expat-Gruppen" und „Deutsches"). Dort lernt man vielleicht Migranten kennen, die einem mit Tipps für die eigene Auswanderung weiterhelfen können.
- Unter www.immi.gov.au findet man in der Rubrik „Living in Australia", „Settle in Australia", „Beginning a Life" die Booklets mit den **aktuellen Informationen zum Einwandern** in die einzelnen Bundesstaaten und Territorien. Mit dessen Hilfe kann man die darin genannten Institutionen schon einmal alle abklappern. Auf diese Weise lernt man sowohl die Stadt als auch das zukünftige Leben als Migrant schon ein wenig kennen.

Tipps zur Ortswahl

Sobald die Auswanderungspläne konkrete Form annehmen, sollte man eine **längere Reise** in sein Traumland buchen, um sich einen persönlichen Eindruck vom Alltagsleben Down Under zu verschaffen (⇨ Kasten). Hierbei sollte man gezielt die Region bereisen, in der man später auch leben möchte. Entscheidungshilfen hierbei können die Websites der Bundesstaaten und Territorien sein (⇨„Anhang, Lese-, Hör- und Filmtipps, Internetlinks zu den Bundesstaaten und Territorien").

Pflichtlektüre

Spätestens jetzt ist es an der Zeit, sich gründlich und im Detail über alles zu informieren, was man nach seiner Ankunft in Australien zu erledigen hat. Als erste Lektüre dient dazu das Kapitel „Neuanfang in Australien", in dem man viele Internetlinks findet zu den Institutionen, bei denen man in der ersten Zeit nach seiner Ankunft Wichtiges zu erledigen hat.

Da es im Rahmen dieses Buches nicht möglich ist, für jede Stadt und jeden Vorort die passenden Adressen zu

024aa Foto: eg

„Zum ersten Mal hatte Freiheit eine richtige Bedeutung ...“

Stefan Mummert, Jahrgang 1969, lebt heute in einem Vorort von Melbourne. Auf meine Frage, was ihn bewogen hat, nach Australien auszuwandern, gab er mir folgenden Einblick in seine Lebensgeschichte, die vor allem für viele ehemalige DDR-Bürger vertraut klingen wird:

Stefan wurde in Hoyerswerda in der ehemaligen DDR geboren und lebte dort bis kurz nach der Wiedervereinigung. Seine Erwartungen waren groß, als es auf einmal hieß **„Die Mauer ist gefallen“,** und er träumte wie viele von einem Leben in einer besseren Gesellschaft. Er sollte jedoch zu den vielen „Ossis“ gehören, die von der Art der Umsetzung der heiß ersehnten Wiedervereinigung bitter enttäuscht wurden. Mit dem **neuen Deutschland konnte er nie so richtig warm werden,** da es die „Ossis“ als Menschen mit anderer Geschichte und anderer Kultur gar nicht richtig wahrnahm, sondern von ihnen die bedingungslose „Assimilation“ in die westdeutsche Gesellschaft verlangte.

Ein Ereignis im Jahre 1991 in *Stefans* Heimatstadt Hoyerswerda sollte den Funken für den Auswanderungswunsch entzünden. Kurz bevor er in dem Jahr nach Regensburg in Bayern umzog, um dort Deutsch und Geschichte auf Lehramt zu studieren, **griff eine Rechtsradikalengruppe aus Hoyerswerda zwei Asylantenheime** der Stadt an. Obwohl die Täter letztendlich eine Minderheit darstellten, war *Stefan* beschämt und schockiert über seine Heimatstadt; dies war nicht die Art von Gesellschaft, in der er leben wolte.

Aus heutiger Sicht waren die auf sozialer Ebene missglückte Wiedervereinigung und der Angriff der Rechtsradikalen die beiden Erfahrungen, die dazu führten, dass er **Australien** später **als eine weitaus liberalere und demokratischere Gesellschaft** empfand - ob dies nun wahr ist oder nicht.

Nach einer Berufsausbildung als Lagerist und Gabelstaplerfahrer in Frankfurt/Oder legte er im Sommer 1989 im zweiten Anlauf sein Abitur auf der Abendschule in Hoyerswerda ab.

Als *Stefan* 1995 an der Regensburger Uni studierte, bekam er ein Stipendium für einen Englischkurs und ein Auslandssemester. Er entschied sich für die australische Sydney University. Er wählte Australien statt z.B. Großbritannien, weil er sich sagte: „Ich kann jederzeit auf eigene Faust nach Großbritannien gehen. Also warum das Stipendium nicht bestmöglich gebrauchen und in das am weitesten entfernte Land gehen?“ Außerdem hatte er einen PhD-Studenten aus Sydney an der Regensburger Uni kennen gelernt und dieser ermunterte ihn, nach Australien zu gehen. Ein Jahr lang studierte er schließlich Englisch, Linguistik und Geschichte in Sydney.

Stefan erinnert sich heute noch an den Moment, als zum ersten Mal am Hafen von Sydney stand. Er erfuhr ein **unvergessliches Gefühl von Freiheit.** Ihm gefiel insbesondere der kulturelle Mix in Sydney, an der Sydney University und im International House (Studentenwohnheim für ausländische Studierende), wo er während der zweiten Hälfte seines Sydneyaufenthalts wohnte. Woher man kam, oder dass man einen Akzent hatte, schien niemanden zu interessieren. *Stefan* fühlte sich **akzeptiert in der australische Gesellschaft.** Im Gegensatz dazu wurde er in Bayern weiterhin als „Ossi" gelabelt.

Er kehrte 1996 jedoch zurück nach Regensburg und fiel seiner Umgebung auf die Nerven mit seiner Begeisterung für Australien. Es gab **viele Enttäuschungen nach seiner Rückkehr** an die bayrische Uni. Er war so stolz auf alles, was er an der Sydney University gelernt hatte. Die Reaktion seines Professors darauf war jedoch ein abwinkendes „Das ist nicht relevant für Deutschlehrer und deutsche Schulen." Australien war seither sein großer Traum und erklärtes Ziel. Außerdem **klingt „Ossi" schließlich fast wie „Aussie",** oder nicht?!

Von 1998 bis 2000 absolvierte er sein Aufbaustudium im Fach „Deutsch als Fremdsprache (DaF)" und arbeitete als wissenschaftliche Hilfskraft an der Universität Leipzig. Teil des Programms war ein Praktikum. Er hatte Glück und ergatterte wieder einen Platz an der deutschen Fakultät der Sydney University. So konnte er im Februar 1999 dorthin zurückkehren, und **es fühlte sich an wie eine Heimkehr.** Darüber hinaus verliebte er sich. Australien unter diesen Umständen im Juni 1999 wieder verlassen zu müssen, war einer der schwierigsten Momente in seinem Leben. Er musste jedoch sein Aufbaustudium in Leipzig abschließen. Außerdem gab es zu dem Zeitpunkt keine Chance, ein Visum mit Aufenthaltsgenehmigung für Australien zu bekommen.

Irgendwie schaffte er es erneut, ein einjähriges Stipendium für wissenschaftliche Forschungsarbeit zu bekommen, und kehrte im März 2000 zum dritten Mal zur Sydney University zurück. Er fand schließlich eine Stelle als Deutschlehrer an einer staatlichen Schule in Cranbourne, südöstlich von Melbourne, und zog daher im Januar 2001 nach Melbourne um. Das markierte den **Beginn seines realen, alltäglichen Lebens in Australien.** Die Liebe und Beziehung hielten jedoch letztendlich leider nicht dauerhaft.

2003 bekam er seine Daueraufenthaltsgenehmigung. Er arbeitete als Lehrer für Deutsch, Geografie und Geschichte an einer Privatschule in Glen Waverley in Melbourne, wo er schließlich auch als Koordinator der Sprachenabteilung tätig war. Seit April 2005 arbeitet er jedoch an seinem Doktorat an der Monash University in Melbourne und lehrt dort Deutsch.

Seine Auswanderung nach Australien hat er nie bereut. Im September 2004 reiste er durch Deutschland und begriff erst, in welchem Ausmaß er **Australier geworden** war. Natürlich ist er irgendetwas dazwischen, einerseits deutsch bzw. ostdeutsch, fährt einen Volkswagen, trinkt nur europäisches Bier, erhält deutsche Traditionen aufrecht und schaut jeden Morgen und Abend die deutschen Nachrichten der Deutschen Welle. Er liebt Australien – trotz vieler Dinge, die er dort geradezu passioniert hasst und trotz der Tatsache, dass er dort nur wenige wahre Freunde hat. Er möchte seine Doktorarbeit abschließen, vielleicht in die Lokalpolitik gehen – und sich neu verlieben. Die doppelte Staatsbürgerschaft hat er inzwischen auch. Australien ist nun seine Heimat, und er hat hier mehr erreicht, als es aus seiner Sicht jemals in Deutschland möglich gewesen wäre.

Viel vermisst er nicht, nur gute, lange Zeitungsartikel, die fehlen ihm schon. Aber sonst? In Melbourne gibt es ja zum Glück vier Jahreszeiten, und die vielen Alleen mit den europäischen Bäumen erinnern ihn an sein einstiges Zuhause in Deutschland. Und auch die von ihm sehr geschätzten Wurstwaren europäischer Art gibt es in Melbourne problemlos zu kaufen ...

nennen, sollte man sich vor der Abreise den für den beabsichtigten Wohnort passenden Ratgeber mit den Adressen aus dem Internet herunterladen (www.immi.gov.au, in der Rubrik „Living in Australia", „Settle in Australia", „Beginning a Life").

Sprache

Wenn man bislang noch nicht an der Verbesserung seiner Englischkenntnisse gearbeitet hat, so sollte man spätestens jetzt damit beginnen. Wenn man nicht schon hervorragende Englischkenntnisse mitbringt, sind **Schwierigkeiten bei der Stellensuche** vorprogrammiert.

Die ideale Art, sich auf das australische Englisch und ein Leben in englischer Sprache einzustimmen, ist, ab sofort sein **Fernseh-, Lese- und Radiopensum** mit australischen Inhalten in englischer Sprache zu füllen. Im deutschen Fernsehen wird zwar alles synchronisiert, aber zum Glück gibt es ja DVDs. Im Anhang habe ich daher im Kapitel „Filmtipps auf DVD" eine lange Liste mit **australischen Filmen** zusammengestellt, die man kaufen und in der Wartezeit auf das Visum schon in Deutschland anschauen kann (mit ein wenig Glück gibt es vielleicht den einen oder anderen Titel auch in einer gut sortierten Videothek). Deutsche Untertitel haben die in Australien gekauften Filme meist nicht, aber man kann den Film ja auch mehrfach anschauen und dabei zum Wörterbuch greifen – das ist ohnehin besser als Untertitel, denn die geben das wirklich Gesagte oft nur verkürzt wieder. Außerdem wird man in Australien ja auch keine deutschen Untertitel mehr haben und sich an die dauernde Berieselung mit der englischen Sprache gewöhnen müssen. Je eher man sein Ohr schult, desto besser.

Abgesehen von australischen Filmen helfen natürlich auch britische und amerikanische Produktionen beim Schulen des Englischverständnisses, auch wenn die Aussprache und gewisse Vokabeln in Australien nun einmal anders sind. Wenn man eine **Satellitenantenne** hat, kann man diese auf den Satelliten Astra 2D richten lassen, über den der **britische Sender BBC** je nach Standort mehr oder minder gut zu empfangen ist (FTA-Receiver auf Position 28,2° Ost).

Zum gezielten Üben der Sprache gibt es auf der **Internetseite des BBC** auch die Sparte „Languages", auf der sich alles um das Lernen der englischen Sprache dreht (www.bbc.co.uk/worldservice/learningenglish).

Auch auf der **Internetseite** des australischen **ABC** gibt es gute Video-on-Demand-Programme zum Verbessern seiner Englischkenntnisse (www.abc.net.au/vod/education).

Für die in Deutschland seit dem Zweiten Weltkrieg stationierten britischen Truppen gibt es auch nach wie vor den **britischen Armee-Sender BFBS,** der an die Radioformate der BBC angelehnt ist. Man kann ihn in weiten Teilen Westfalens sowie in Bonn und Berlin empfangen (Frequenzen ⇨ www.ssvc.com/bfbs/map_global.htm).

In naher Zukunft haben die Nachrichten, die Deutschland und Europa betreffen, nur noch wenig alltägliche Relevanz im Leben Down Under. Warum also nicht gleich mit dem Lesen der **australischen Nachrichten** beginnen, damit man schon ein Gefühl für seine neue Heimat entwickelt und nebenher auch mehr Englisch liest und lernt? So ziemlich jede Zeitung und jeder Fernsehsender Australiens hat auch eine Online-Ausgabe. Im Anhang gibt es im Kapitel „Lese, Hör- und Filmtipps" eine umfassende Liste mit Links zu den australischen Online-Publikationen.

Für diejenigen, die eine Internetverbindung per DSL haben, gibt es noch eine besondere Möglichkeit, ihr Hörverstehen des australischen Englisch zu verbessern: der **Radio-Live-Stream** des staatlichen australischen TV- und Rundfunksenders ABC (⇨„Anhang, Lese, Hör- und Filmtipps, Radio und TV im Internet"). Das Angebot ist vielfältig: Moderne australische Musik auf dem Sender Triple J, klassische Musik, nationales Radioprogramm mit Nachrichten und Reportagen, Lokalradio, Weltnachrichten aus australischer Sicht u.a. Darüber hinaus kann man von der Website auch Fernsehsendungen und -reportagen als **Video on Demand** herunterladen.

Neben all diesen Möglichkeiten kann man natürlich auch gezielt anfangen, z.B. alle **in diesem Buch genannten Internetseiten** zu besuchen und sich somit nicht nur inhaltlich auf den Neuanfang in Australien vorzubereiten, sondern gleichzeitig in das Vokabular einzutauchen, das man bei seinem Neuanfang dann auch verstehen und selbst anwenden können sollte. Auf der Website www.cultureandrecreation.gov.au kann man sich auch unter dem Stichwort „Australian Stories" in einige wissenswerte Fakten über Australien aus den Bereichen Kultur und Freizeit vertiefen.

Sicherlich hört und liest man immer wieder Begriffe, die man bislang noch nicht kannte und die auch in keinem **Wörterbuch** aufgeführt sind. Die herkömmlichen Schul- und Wörterbücher tragen dem australischen Englisch leider kaum Rechnung. Auch die großen Wörterbuch-Verlage Langenscheidt und PONS haben ihre Wörterbücher kaum um das australische Englisch erweitert. Aber wer kann es ihnen verdenken, denn in Australien selbst wird erst seit 1981 das Macquarie-Wörterbuch und seit 1988 das **Australian Oxford Dictionary** der australischen Sprache herausgegeben. Eines der wichtigsten australischen Wörterbücher, das die australischen Begriffe korrekt aus australischer Sicht (auf Englisch) erläutert, ist denn auch das **Macquarie Dictionary,** welches sich für 18,95 $ pro Jahr auch online nutzen lässt, bis man sich in Australien eine gedruckte Ausgabe kauft (www.macquariedictionary.com.au).

Kontakte

Man ist von Australien unendlich begeistert und spricht ständig von seinem Urlaub dort und von der Idee, nach dorthin auszuwandern? Nicht

Buch- und CD-Tipps zum Englischlernen

- **Kauderwelsch Englisch für Australien – Wort für Wort,** Reise Know-How Verlag
  Hier wird das australische Englisch in seinen Besonderheiten vorgestellt.
- **Kauderwelsch Australian Slang,** Reise Know-How Verlag
  Mit diesem Band lernt man die Alltagssprache Australiens kennen.
- **Kauderwelsch Englisch – Wort für Wort,** Reise Know-How Verlag
  Mit dem handlichen, unkomplizierten Sprechführer kann man sofort mit der Konversation loslegen: Die Grammatik wird in einfacher Sprache so weit erklärt, dass es möglich ist, ohne viel Paukerei mit dem Sprechen zu beginnen, wenn auch nicht gerade druckreif. Alle Beispielsätze werden doppelt ins Deutsche übertragen: zum einen Wort für Wort, zum anderen in „ordentliches" Hochdeutsch. So wird das fremde Sprachsystem sehr schnell durchschaubar.

- Zu den oben genannten Bänden ist im Reise Know-How Verlag ergänzendes Audiomaterial erschienen. Der **Aussprache-Trainer** begleitet die Bände. Er macht die wichtigsten Sätze und Redewendungen des Konversationsteils der Kauderwelsch-Bücher auf Audio-CD hörbar.

- **Kauderwelsch digital Englisch,** Reise Know-How Verlag
  Diese CD-ROM für den heimischen PC kombiniert Kauderwelsch-Buch und Audiomaterial. Das Buch erscheint Seite für Seite auf dem Bildschirm, erweitert um die Möglichkeit, sich per Mausklick fast jedes fremdsprachige Wort vorsprechen zu lassen. Mit dem Vollprogramm Adobe Acrobat können zusätzlich Anmerkungen eingefügt, Textstellen markiert und Bookmarks gesetzt werden. Als Zugabe ist der Kauderwelsch AusspracheTrainer ebenfalls auf der CD-ROM. Er kann sowohl am PC als auch in allen Audio-Geräten abgespielt werden.

immer finden die Freunde und Familie dieses Thema so spannend wie man selbst. Schließlich würde es für sie auch den Verlust eines Familienmitglieds oder eines Freundes bedeuten. Darüber hinaus waren sie vielleicht noch nie in Australien und können einfach nicht nachvollziehen, wovon man die ganze Zeit so schwärmt. Bevor man seine Familie und Freunde mit dem Thema überstrapaziert, sollte man sich ganz einfach neue australienbegeisterte Gesprächspartner suchen. In vielen deutschen Städten gibt es eigens zu diesem Zweck eingerichtete sogenannte **Australien-Stammtische.** Eine aktuelle Liste kann man im Internet unter www.australien-info.de/daten-stammtische.html nachschlagen. Überdies gibt es eine Vielzahl an **Yahoo-Gruppen,** in denen sich Australienbegeisterte tummeln: http://de.groups.yahoo.com (Suchbegriff „Australien" eingeben). Hier ist auch die von mir gegründete Yahoo-Gruppe **http://de.groups.yahoo.com/group/Australien-Auswanderer** zu finden, auf der sich zukünftig hoffentlich viele Leser dieses Buches und andere Interessierte zum Austausch von Informationen tummeln (⇨„Bitte an meine Leser"). Darüber hinaus kann man es auch unter diesen Adressen versuchen:

- http://dir.groups.yahoo.com („Regional", „Countries", „Australia")
- http://uk.dir.groups.yahoo.com („Regional", „Countries", „Australia")
- http://au.dir.groups.yahoo.com („Regional", „Countries", „Australia")

Ideal ist es außerdem, wenn man bei seiner Australien-Reise einige **australi-**

sche Freunde kennen gelernt hat und mit diesen nun in E-Mail-Kontakt steht. Auch so lernt man die Mentalität der Australier ein wenig besser kennen, kann ihnen gezielt Fragen über das Land stellen oder sich einfach nur allgemein austauschen. Damit bekommt man sicherlich nach und nach ein umfassendes, realistisches Bild von Australien und kann seine Entscheidung für oder wider das Auswandern etwas reflektierter treffen.

Hat man auf der Reise keine Australier kennen gelernt bzw. keine, mit denen man auch nach der Rückkehr nach Deutschland in Kontakt blieb, kann man sich auch aktiv **„Brieffreunde"** zum E-Mailen oder Chatten über das Internet suchen. Ideal sind z.B. Australier, die ihre Deutschkenntnisse verbessern wollen. Man findet sie z.B. über www.mylanguageexchange.com (unter dem Stichwort „PenPals"). Man kann aber auch einfach die unzähligen Internetplattformen zum Thema durchsuchen, indem man bei Google den Suchbegriff „Pen Pal" oder „Pen Friend" und zusätzlich „Australia" eingibt. Eine von vielen ist z.B. http://penfriends.net/australia.html.

Möchte man **Australier in Deutschland** kennen lernen, kann man es auch auf der Internetseite www.homesick.com.au versuchen, wo in der Sparte „Global Australian", „Communities", „Europe" einige Kneipen und andere Treffpunkte in Deutschland genannt werden, in denen sich Australier bei einem Anflug von Heimweh versammeln könnten. Hier gibt es auch Informationen über Cricket-, Australian-Football- und Rugby-Clubs in Deutschland. In Hannover gibt es darüber hinaus noch die **Deutsch-Australische Gesellschaft** (www.gas-h.de), die ihre Mitglieder über die Yahoo-Gruppe http://de.groups.yahoo.com/group/australienstammtisch-hannover auf dem Laufenden hält.

Wohnt man in einer populären deutschen Touristenstadt, kann man auch überlegen, **reisende Australier bei sich zu beherbergen.** Auch hier gibt es einige Websites, auf denen man Reisenden kostenlos für ein paar Tage eine Schlafgelegenheit anbieten kann. Natürlich ist dies nicht auf Australier beschränkt, aber man kann ja angeben, dass man sich ganz besonders über diese freut. Zwei der vielen Anbieter sind www.hospitalityclub.org oder www.couchsurfing.com. Der angenehme Nebeneffekt: Man kann bei seiner Reise in Australien das System auch umgekehrt nutzen und kostenlos bei Australiern zu Hause übernachten.

Gut ist es auch, Kontakt zu bereits **nach Australien ausgewanderten Deutschen** zu suchen. Gute Anlaufstellen dafür sind z.B. das Forum „(Dauerhaftes) Auswandern" auf www.australien-info.de oder der Chat, das Forum und das Gästebuch auf www.infobahnaustralia.com.au.

Auswandern mit Kindern

Kinder reagieren stärker auf eine solch einschneidende Veränderung wie einen Umzug in ein anders Land als Erwachsene. Wandert man **mit Kleinkindern** aus, sollte man ihnen nicht zu früh von dem bevorstehenden Umzug erzählen. Für sie ist das Konzept, in ein „ganz weit entferntes Land" auszuwandern, nicht begreiflich. Man sollte Kinder jedoch spielerisch an das neue Land heranführen, in dem man z.B. anfängt, ihnen ungezwungen englische Begriffe und Ausdrücke beizubringen. Man kann dazu englischsprachige Kinderbücher, CDs oder Spielzeug kaufen (z.B. über das Internet aus den USA oder England). Aber natürlich funktioniert das auch im ganz normalen Alltag, indem man Dinge und Gegenstände im Haushalt englisch und deutsch benennt, beim Durchblättern eines deutschen Bilderbuches zur Abwechslung die Bilder mit englischen Worten beschreibt etc. Im Kleinkindalter lernen Kinder andere Sprachen spielerisch – es macht ihnen Spaß. Und wenn man in Australien angekommen ist, klingt die neue Umwelt nicht mehr so fremd für sie.

Idealerweise kauft man auch ein **Kinderbuch,** das von einem Umzug handelt, und liest seinen Kindern diese Geschichte immer wieder vor. So lernen sie die traurigen und glücklichen Gefühle im Hinblick auf einen Umzug besser kennen. Es hilft ihnen, sich später in der realen Situation mit den Personen aus der Geschichte identifizieren zu können. Kann man kein passendes Buch finden, sollte man dennoch eine solche Umzugsgeschichte erzählen – und zwar immer wieder dieselbe. Man kann sie auch in einem Bild wiedergeben – so wie man sich den zukünftigen Wohnort vorstellt – und dem Kind ebenfalls Gelegenheit geben, die Geschichte in selbstgemalten Bildern umzusetzen.

Eventuell sollte man über die Auswanderung auch schon einmal mit der Kindergärtnerin sprechen, die das Thema auch im **Kindergarten** einbauen kann. Zudem werden dort vielleicht auch aus anderen Ländern frisch zugezogene Kinder sein.

Schulkindern sollte man im Gegensatz zu Kleinkindern schon sehr früh von einer geplanten Auswanderung erzählen und sie so früh und aktiv wie möglich in den Vorbereitungsprozess miteinbeziehen. Es hilft, wenn sie sich als wichtige Helfer hierbei verstehen. Es ist schließlich ein neues, aufregendes Abenteuer!

Man kann dazu auch einen besonderen **Kalender mit dem Countdown** zur Auswanderung basteln. Tag für Tag sollte man diesem Kalender gemeinsam eine Viertel- oder halbe Stunde widmen. Darin kann man gemeinsam wichtige Schritte der Auswanderung eintragen oder auch einfach nur gemütliche Abende mit den Kindern und anderen Familienmitgliedern einplanen, in denen man Diashows, Filme etc. zum Thema anschaut. Das hilft zur Einstimmung auf das neue Zuhause und steigert den „Abenteuerwert".

Das geliebte Haustier kann Kindern die Auswanderung erleichtern

004aa Foto: eg

Man kann sich auch noch etwas mehr Mühe geben und in den Kalender **besondere Geschenke** einbauen, die das Kind später in der neuen Heimat einlösen kann, z.B. einen Gutschein für den Besuch eines australischen Wildparks. Der Fantasie sind hier keine Grenzen gesetzt.

Kann das Kind schon lesen und schreiben, sollte man sich die Mühe machen und einen **australischen Brieffreund** für das Kind - oder für die gesamte Familie - suchen (⇨„Die Entscheidung, Empfehlungen zur Vorbereitung, Kontakte“). Eventuell gibt es in der Gemeinde auch **Austauschprogramme** mit einer australischen Gemeinde. Oder man hilft selbst dabei, etwas derartiges zwischen Gemeinden oder auch nur zwischen Schulen zu initiieren. Man hilft dabei im Übrigen nicht nur seinen Kindern, sondern baut auf diese Weise auch gleich Kontakte zu Australiern in der zukünftigen Heimat auf.

Hat man in Deutschland **Haustiere,** sollte man diese - wenn für das Tier zumutbar - in jedem Fall mit nach Australien auswandern lassen. Weiß man jetzt schon, dass dies nicht möglich ist, sollte man das Tier schon lange vor der Auswanderung bzw. dem Zusammenpacken des Hausrats an z.B. seine Eltern verschenken. Dabei kann man als Begründung z.B. angeben, dass die Eltern das Tier brauchen und ohne es ganz einsam wären. Kinder werden den Verlust dann nicht negativ mit der Auswanderung verknüpfen.

Wenn man jedoch Haustiere liebt und es in Australien auch zeitlich und organisatorisch wieder möglich ist, eines zu halten, sollte man schon bald nach der Ankunft ein neues Haustier anschaffen. Es wird dem Kind helfen, wenn es in der neuen Umgebung einen ersten treuen Freund hat.

025aa Foto: eg

Der Visumantrag

Hat man sich zur Auswanderung entschlossen, findet sich in diesem Kapitel einen Überblick über den Antragsprozess vom ersten Papierschnipsel an bis zum Erhalt der Daueraufenthaltsgenehmigung. Informations- und Beratungsstellen werden vorgestellt, zu den Hauptvisumarten finden sich Checklisten mit den wichtigsten Dokumenten sowie Angaben, wo man welche Formulare bekommt und wie man sie korrekt ausfüllt, wieviel Zeit man für den Antragsverlauf einplanen muss und welche Kosten anstehen. Weitere Themen: Qualifikationsnachweise, Pflichten in der Wartezeit, Beglaubigungen und Übersetzungen, Überprüfung der Familien- und Partnerbeziehungen.

Der Weg zum Visum kann lang sein

Informationsstellen

Seit Recherche und Veröffentlichung dieses Buches können sich einerseits die detaillierten Bestimmungen für die einzelnen Einwanderungsarten geändert haben, andererseits ist es im Rahmen des Buches auch gar nicht möglich, jedes Detail für alle Antragsarten wiederzugeben. Daher sollte man sich in jedem Fall zusätzlich in die derzeit gültigen Einwanderungsbestimmungen der DIAC einlesen (⇨ folgendes Kapitel).

DIAC

Die **kompletten Infos** zu allen Einwanderungsmöglichkeiten mit ihren Erfordernissen bis ins letzte Detail gibt es ausschließlich auf der DIAC-Website **www.immi.gov.au/immigration.htm** in englischer Sprache. Nachfolgende Informationsquellen dienen nur zur groben Vorinformation und helfen dabei, sich für eine Antragsart zu entscheiden.

Die DIAC-Abteilung der Australischen Botschaft in Berlin bietet unter www.germany.embassy.gov.au (Stichwort „Visa und Einwanderung") einige wenige **Grundinformationen** in deutscher Sprache an. Allerdings führen die Links zu den vertiefenden Informationen auch wieder auf die englischsprachige DIAC-Internetseite.

Zur Vorinformation eignen sich auch die **Booklets** über folgende Antragsarten: *Partner Migration, Child Migration, Parent Migration, Other Family Migration, Employer Sponsored Migration, General Skilled Migration, Business Skills Entry* und *Special Migration.* Diese Broschüren kann man sich unter www.immi.gov.au/allforms/booklets/booklets.htm kostenlos im PDF-Format herunterladen und bei Bedarf ausdrucken (empfehlenswert ist allerdings die Verwendung als Datei, wenn man gleichzeitig online ist, denn darin sind empfohlene Internetseiten als Hyperlinks unterlegt, d.h. man kommt durch Anklicken automatisch auf die empfohlene Website).

Will man sich **während eines Australienaufenthaltes** bei der DIAC über die Einwanderungsmöglichkeiten als qualifizierte Fachkraft *(Skilled Migration)* informieren, kann man sich unter Tel. 1300 364 613 zum Ortstarif beraten lassen (Mo–Fr 9–16 Uhr). Unter Tel. 131 881 (Mo–Fr 9–16 Uhr) gibt es u.a. Informationen über Visa zur Familienzusammenführung, Touristenvisa und temporäre Geschäftsvisa.

Gemeinnützige Berater

Hat man sich durch den Wald an Einwanderungsbestimmungen gelesen, tauchen mit Sicherheit die ersten Detailfragen auf, die unter Umständen im Rahmen dieses Buches nicht alle beantwortet werden konnten. Es ist daher empfehlenswert, sich zusätzlich bei einer gemeinnützigen Beratungsstelle persönlich mit jemanden über seine konkreten Fragen zur Aus- und Einwanderung zu unterhalten. Diese Stellen arbeiten nach dem Prinzip **„Hilfe zur Selbsthilfe"**, sie werden einem also den Papierkram rund um den Einwanderungsantrag nicht abnehmen, aber sie können immer wieder hilfreiche Tipps geben. Eine solche kostenlose Beratung lohnt sich auch dann, wenn man sich später eventuell doch entschließt, die Dienste eines kommerziellen Einwanderungsberaters in Anspruch zu nehmen.

Für jedermann

Das gemeinnützige **Raphaels-Werk** wurde 1871 gegründet, um Migranten zu informieren und beim Auswanderungsprozess zu begleiten. In seinen Beratungsstellen in 19 deutschen Städten kann man sich kostenlos individuell beraten lassen.

Darüber hinaus gibt das Bundesverwaltungsamt (BVA) in Köln **einige Schriften zum Thema „Auswandern"** heraus. Seit 1959 hat das BVA die Aufgabe, alle für die Auswanderung bedeutsamen Unterlagen zu sammeln und auszuwerten sowie die Auskunfts- und Beratungsstellen der Wohlfahrtsverbände in allen Angelegenheiten des Auswanderungswesens zu unterstützen und zu beraten. Die so entstandenen Schriften des BVA können bei den jeweiligen Beratungsstellen für Auswanderer und Auslandstätige z.B. beim Raphaels-Werk gegen eine Schutzgebühr erworben werden. Eine Übersicht über die Publikationen des BVA und des Raphaels-Werks findet man unter www.raphaels-werk.de („Informationsschriften"), wo man diese auch online bestellen kann.

- **Raphaels-Werk,** Adenauerallee 41, 20099 Hamburg, Tel. (040) 284079116, Fax 284079150, onlineberatung@raphaels-werk.de, www.raphaels-werk.de

Für Schwule und Lesben

Für Schwule und Lesben, die eine *Partner Migration* anstreben, gibt es in Australien weitere hilfreiche Ansprechpartner, die sich besonders gut mit den Regeln für ein *Interdependency Visa* auskennen: die **Gay and Lesbian Immigration Task Force (GLITF).** Es gibt jeweils eine Organisation in Adelaide, Brisbane, Melbourne und Sydney. Die professionelle Beratung durch die registrierten Einwanderungsberater ist kostenlos, wenn man einmal für einen Jahresbeitrag von 50 bis 90 $ Mitglied geworden ist. Diese Organisationen setzen sich im Übrigen auch in der Politik aktiv für die Verbesserung der Einwanderungsgesetze im Hinblick auf gleichgeschlechtliche Paare ein.

- **GLITF Adelaide,** PO Box 6003, Halifax Street Post Office, Adelaide SA 5000, Tel. (08) 8411 1099, queries@sa.glitf.org.au, www.sa.glitf.org.au
- **GLITF Brisbane,** PO Box 378, Paddington QLD 4064, Tel./Fax (07) 3367 0731, info@glitf.powerup.com.au, www.glitf.powerup.com.au
- **GLITF Melbourne,** PO Box 2387, Richmond South VIC 3121, Tel. 0431 738 526, info@glitfvic.org.au, www.glitfvic.org.au
- **GLITF Sydney,** PO Box 400, Darlinghurst NSW 1300, Tel. (02) 9283 4031, info@glitf.org.au, www.glitf.org.au

Kommerzielle Berater

Wer sich mit der Masse der auszufüllenden Formulare und der Flut an einzelnen Bestimmungen überfordert fühlt, kann sich auch an einen kommerziellen Einwanderungsberater *(Migration Agent)* wenden, deren Zahl ständig steigt. Für ihre Dienste bei einer *Skilled Migration* verlangen sie durchschnittlich **1500 bis 3850 $.** Auf der MARA-Internetseite gibt es unter dem Stichwort „Agent Fees" eine Übersicht darüber, was die Berater im vergangenen Jahr je nach Einwanderungsart durchschnittlich verlangt haben (⇨ unten). Dies ist jedoch kein verbindlicher Preiskatalog für deren Dienste. Man sollte daher bei mehreren Beratern ein Angebot einholen.

Will man einen kommerziellen Einwanderungsberater einschalten, sollte man in jedem Fall einen bei der MARA (Migration Agents Registration Authority) **registrierten Einwanderungsberater** beauftragen. Diese sind an den Verhaltenskodex der MARA gebunden. MARA geht jeder Beschwerde über einen dort registrierten Berater nach und leitet, falls nötig, Disziplinarmaßnahmen ein. Zum Recherchezeitpunkt dieses Buches waren u.a. 3669 Berater in Australien, zwei in Deutschland, sechs in den Niederlanden, zwei in der Schweiz, fünf in Irland und 61 in Großbritannien bei MARA registriert.

Unter denen in Australien registrierten Beratern sind einige aus Deutschland eingewanderte, die ihre Dienste demnach auch in deutscher Sprache anbieten. Lässt man sich die Liste aller in Australien registrierten Berater anzeigen, erkennt man sie leicht an ihren deutschen Namen. Übrigens: Auf die Tätigkeit als kommerzieller Einwanderungsberater in Australien ohne Registrierung bei der MARA stehen bis zu zehn Jahre Haft.

Hat man noch Zweifel, welche Einwanderungsberater empfehlenswert sind, kann man sich von den gemeinnützigen Beratern einige **Personen empfehlen lassen** (⇨„Der Visumantrag, Informationsstellen, Gemeinnützige Berater"). Darüber hinaus kann man sich auf den zahlreichen Auswanderungsforen im Internet (⇨„Der Visumantrag, Informationsstellen, Internet-Foren") umsehen, mit welchen registrierten Beratern aus europäischen Nachbarländern oder aus Australien die frisch ausgewanderten Deutschen gute Erfahrungen gemacht haben.

- **MARA,** auf der Webseite www.themara.com.au kann man sich kostenlos unter „Find an Agent" eine Liste von registrierten Beratern anzeigen lassen. Für Beschwerden über einen registrierten Berater muss man sich schriftlich an MARA (PO Box Q1551, QVB NSW 1230, Australien, oder Fax (02) 9299 8448 oder themara@themara.com.au) wenden; für weitere Informationen: Tel. (02) 9299 5446.
- **MIA (Migration Institute of Australia),** unter www.mia.org.au kann man sich kostenlos bei „Online Directory" eine Liste der registrierten Berater anzeigen lassen. Im Gegensatz zu der MARA-Liste stellen sich die einzelnen Berater hier kurz vor, d.h. eine Entscheidung über die Eignung des entsprechenden Beraters ist einfacher zu treffen.

Im Verhaltenskodex der MARA ist festgelegt, dass ein Berater auf die Anfrage des Kunden hin zunächst einen Dienstleistungskatalog *(Statement of Services)* erstellen muss, in dem er darlegt, was genau er vorhat und wie viel das kosten wird. Erst wenn der Kunde diesem Katalog zustimmt, ist der Berater offiziell beauftragt.

Internet-Foren

Im Internet gibt es eine schier endlose Zahl an Websites mit Informationen für Australienbegeisterte in deutscher und englischer Sprache. Diese bieten fast alle ein Forum zum Thema „Auswandern“ an, wo man anderen Lesern seine Fragen stellen kann. Hier werden die interessantesten Websites mit solchen Foren vorgestellt:

- **www.australien-info.de** – bietet u.a. ein Forum zum dauerhaften Auswandern. Ist nicht nur sehr beliebt, sondern dort sind auch immer hilfreiche Leser unterwegs, die Fragen beantworten. Auf dieser Website gibt es auch Informationen über Australien-Stammtische in ganz Deutschland.
- **www.infobahnaustralia.com.au** – australische Website in deutscher Sprache, auf der bereits nach Sydney Ausgewanderte die Fragen im Australien-Forum beantworten. Außerdem gibt es einen Chatroom, der von Australienbegeisterten und „neuen Australiern“ besucht wird.
- **www.australien-ausbildung.com** – diese deutsche Website befasst sich vorwiegend mit dem Thema „Studium in Australien“, aber bietet auch ein Forum zum Thema „Auswandern“ an.
- **http://britishexpats.com** – es zieht weitaus mehr britische Auswanderer nach Australien gibt als deutsche; hier wird das Thema in den Foren ebenfalls umfassend diskutiert (in englischer Sprache).
- **Yahoo-Gruppen** – es gibt eine Vielzahl an Yahoo-Gruppen, bei denen man unter dem Stichwort „Australien“ bzw. „Australia“ diverse Newsgruppen zum Thema finden kann: http://dir.groups.yahoo.com, http://uk.dir.groups.yahoo.com, http://au.groups.yahoo.com oder http://de.groups.yahoo.com. Am besten schaut man einmal, was einem gefällt, und wird probehalber hier und da Mitglied. Im Buch werden auch einige spezielle Gruppen empfohlen. Ich selbst habe beispielsweise http://de.groups.yahoo.com/group/Aus

Pro und Contra: Migration Agents

Die Meinungen darüber, ob die Beauftragung eines kommerziellen *Migration Agents* eine lohnende Investition zugunsten einer erfolgreichen Einwanderung ist oder nicht, gehen stark auseinander. Hier ein paar Argumente zur Entscheidungsfindung:

Pro:

- Begibt man sich in die Hände eines guten Einwanderungsberaters, hat man jederzeit **einen kompetenten Ansprechpartner** für alle Fragen und macht sich weniger Sorgen.
- Bei der MARA registrierte Berater müssen alljährlich einen Punktetest bestehen, um auch für das kommende Jahr registriert zu bleiben. Für kommerzielle Berater kostet das derzeit jährlich 1760 $. Berater, die seit Längerem in diesem Berufsfeld arbeiten, sind daher **vermutlich zu Recht erfolgreich.**

Contra:

- Die **DIAC** versichert nachdrücklich, dass man einen Visumantrag mithilfe der von ihnen zur Verfügung gestellten Informationen und mithilfe der DIAC-Mitarbeiter selbstständig stellen kann.
- Manche Berater stellen die Lage zu positiv dar und drängen ihre Kunden zu einem Einwanderungsantrag, obwohl wenig Aussicht auf Erfolg besteht. Sie ziehen oft von vornherein einen Kampf vor Gericht in Betracht, der sich **für sie finanziell lukrativ** gestaltet.
- Sich als **Einwanderungsberater bei der MARA** nach bestandenem MAPKEE *(Migration Advice Professions's Knowledge Entry Exam)* registrieren zu lassen, ist mit dem Bestehen einer Führerscheinprüfung zu vergleichen. Damit ist jedoch nicht gewährleistet, dass der „Fahrer“ seine Insassen dann auch auf dem schnellsten und sichersten Weg zum Ziel fährt! Die Registrierung ist somit kein Garant für Leistung, Erfolg oder einen fairen Preis, sondern sie hilft nur beim Aussieben der ganz und gar schwarzen Schafe.

tralien-Auswanderer als Forum für die Leser dieses Buches und andere Interessierte ins Leben gerufen (⇨„Bitte an meine Leser“ im Vorspann dieses Buches).

Erfordernisse und Dokumente

Grundsätzlich gilt: Wer bei der Antragsstellung alle Bedingungen auf den Punkt genau erfüllt, hat gute Chancen, seinen Traum von der Auswanderung nach Australien auch wirklich wahr zu machen. Die einzelnen Schritte für das gewünschte Visum sollte man daher auf der Website **www.immi.gov.au/immigration.htm** Link für Link durcharbeiten.

Dieses Kapitel enthält nützliche Tipps zu den Erfordernissen und benötigten Dokumenten bei den verschiedenen Visumarten.

Checklisten

Die folgenden Checklisten sollen nur widerspiegeln, welche Art von Dokumenten man für die Antragstellung der zwei häufigsten Einwanderungsarten *Skilled Migration* und *Partner Migration* **voraussichtlich benötigen wird.** Je nach genauer Antragsart gibt es unterschiedliche Erfordernisse, die aus den relevanten Internetseiten und Antragsformularen klar hervorgehen. Hier sind nur solche aufgelistet, die für Anträge von Deutschland aus von Bedeutung sind.

Die australische Botschaft in Berlin weist ausdrücklich darauf hin, dass man bei den Anträgen für ein **Partnervisum** die **Checklisten auf ihrer Website www.germany.embassy.gov.au** (Stichwort „Visa und Einwanderung“, „Einwandern als Partner oder Familienmitglied“, „Migrating as a Partner“) nutzen soll (die von denen im Booklet 1 abweichen), da diese eigens für Antragsteller an der Australischen Botschaft Berlin zusammengestellt wurden, damit der Antrag so schnell wie möglich bearbeitet werden kann.

Skilled Migration

Dokumente für den gültigen Antrag:

- **Checkliste** mit Anlagennummerierung
- **Antragsformular(e),** die für die Visumart laut Checkliste zutreffen
- **Unterschrift auf dem „Australian Values Statement“**
- **Nachweis über gezahlte Visumgebühr**
- **Geburtsurkunde** des Antragstellers als beglaubigte Kopie (übersetzt) als Altersnachweis
- **Englischtestergebnis** im IELTS-Test mit der TRF-Nummer (TRF = *Test Report Form*) oder Nachweis einer Ausbildung in englischer Sprache
- **Berufsanerkennung** der zuständigen australischen Institution im Original, nur für das Berufsfeld auf der SOL-Berufsliste, mit dem man sich für ein *Skilled Migration Visa* bewirbt
- **Nachweis der relevanten Berufserfahrung:** Arbeitgeberreferenzen, Lohnabrechnungen, Arbeitsvertrag(-verträge), Steuerbescheid(e); alle als beglaubigte Kopie(n) (übersetzt)
- **Nachweis eines zweijährigen Studiums in Australien:** Abschlusszeugnis der Bildungseinrichtung und Übersicht über Kursinhalte jeweils als beglaubigte Kopie(n)
- **Benennung eines Einwanderungsberaters**
- **Nominierung durch australischen Bundesstaat oder Territorium**
- **Bürgschaft durch einen australischen Verwandten**

Zusätzliche Dokumente für den Punktetest:

- **Nachweis der Fähigkeiten des mit einwandernden Lebensgefährten:** Berufsanerkennung im Original, Geburtsurkunde zum Altersnachweis als beglaubigte Kopie (übersetzt), Englischtestergebnis im IELTS-Test mit der TRF-Nummer (⇨ oben) oder Nachweis der Ausbildung in englischer Sprache, Nachweis aktueller Berufserfahrung oder australischer Ausbildung
- **MODL-Punkte mit Arbeitsplatzangebot** durch ein australisches Unternehmen, das die Bedingungen erfüllt
- **Nachweis über Studium und Wohnung im regionalen Australien**
- **Nachweis über Berufserfahrung in Australien**
- **Nachweis, dass man eine oder mehrere Fremdsprachen beherrscht**

Persönliche Dokumente:

- **Geburtsurkunde** der Kinder als beglaubigte Kopien (übersetzt) mit Namen beider Elternteile für alle Personen, für die der Einwanderungsantrag gestellt wird
- **Heiratsurkunde oder Nachweis für De-facto-Beziehung oder Scheidungspapiere oder Sterbeurkunde** als beglaubigte Kopie (übersetzt) für Antragsteller und/oder mit einwandernde Personen
- **Erklärung, warum der Lebensgefährte nicht einwandert** oder später nachkommt
- **Nachweise für Sorgerechtsvereinbarung von Kindern,** wenn das Kind nur mit einem Elternteil einwandert und der andere Elternteil zurückbleibt, als beglaubigte Kopien (übersetzt)
- **Nachweise für abhängige Personen über 18 Jahre** als beglaubigte Kopien (übersetzt)
- **Englischtestergebnis für jede mit einwandernde Person über 18 Jahre** im IELTS-Test mit der TRF-Nummer (⇨ oben) oder Nachweis einer Ausbildung in englischer Sprache
- **Zwei aktuelle Passfotos** für alle einwandernden Personen sowie alle abhängigen Personen, die nicht mit einwandern
- **Entlassungspapiere vom Wehrdienst** für alle antragstellenden Personen, die Wehrdienst geleistet haben, als beglaubigte Kopien (übersetzt)
- **Nachweis für Namensänderungen** als beglaubigte Kopien (übersetzt)
- **Bei Bürgschaft durch einen australischen Verwandten:** Nachweis der Verwandtschaft durch beglaubigte Geburts- und/oder Heiratsurkunde (übersetzt), Nachweis der Identität als australischer Staatsbürger, australischer Einwohner mit Daueraufenthaltsgenehmigung oder berechtigter neuseeländischer Staatsbürger, Familienstammbaum, eventuell Nachweis über Wohnort des Sponsors in den letzten zwölf Monaten

Zusätzliche persönliche Dokumente auf Anfrage:

- **Polizeiliches Führungszeugnis** im Original für Antragsteller, dessen Eltern und Kinder, für alle Länder, in denen diese ab ihrem 16. Lebensjahr mindestens zwölf Monate gelebt haben
- **Gesundheitszeugnis** im Original, für alle Personen, für die der Einwanderungsantrag gestellt wird

Partner Migration

Füllt man den Antrag online aus, bekommt man dabei nicht nur viele hilfreiche Tipps und Hinweise, sondern am Ende generiert das Programm automatisch eine Checkliste für die erforderlichen Dokumente, die man als Beleg beibringen muss.

Im Original:

- **Antragsformulare,** die für die Visumart laut Checkliste zutreffen
- **Jeweils ein Passfoto** vom Antragsteller, den mit einwandernden Kindern und des australischen Lebensgefährten
- **Polizeiliches Führungszeugnis** für Antragsteller und davon abhängige Personen (ob sie mit einwandern oder nicht) für alle Länder, in denen diese ab ihrem 16. Lebensjahr mindestens zwölf Monate gelebt haben
- **Kreditkarteneinzugsvollmacht für Visaantragsgebühr**
- **Schriftliche Erklärung** des australischen Lebensgefährten, wie dieser seine Bürgschaftsverpflichtung erfüllen wird

- **Relationship Pro-Forma** (⇨„Der Visumantrag, Erfordernisse und Dokumente, Persönliche Überprüfung, Ehestand"), wenn man nicht schon über ein Jahr verheiratet ist
- **Gesundheitszeugnis** für den Antragsteller und die davon finanziell abhängigen Personen (auch wenn diese nicht mit einwandern wollen), ausgestellt durch einen der Vertragsärzte

Als beglaubigte Kopie:

- **Geburtsurkunde** des Antragstellers und aller mit einwandernden Personen. Darauf müssen die Namen beider Elternteile stehen.
- **Nachweise für Sorgerechtsvereinbarung von Kindern unter 18 Jahren,** wenn das Kind nur mit einem Elternteil einwandert und der andere Elternteil zurückbleibt (vorausgesetzt, das Kind ist von einem früheren Lebensgefährten)
- **Nachweise für abhängige Personen über 18 Jahre**
- **Nachweis der Identität des „australischen" Lebensgefährten** für einen der vier möglichen Status des Lebensgefährten: 1) bei gebürtigen australischen Staatsbürgern durch den australischen Reisepass oder eine Geburtsurkunde; 2) bei australischen Staatsbürgern, die die australische Staatsbürgerschaft nach ihrer Geburt angenommen haben: Urkunde über die australische Staatsbürgerschaft; 3) bei nicht-australischen Staatsbürgern mit einer dauerhaften Aufenthaltsgenehmigung für Australien: Nachweis dieser Genehmigung; 4) bei berechtigten neuseeländischen Staatsbürgern: Nachweis der Aufenthaltsdauer in Australien und der beständige Verbindung zu Australien
- **Heiratsurkunde,** wenn vorhanden
- **Verlautbarung der bevorstehenden Heirat,** wenn man mit das *Prospective Marriage Visa* beantragt hat; muss von einem registrierten Trauungsberechtigten (inklusive seiner Registrations-Nummer) in Australien ausgestellt sein und den beabsichtigten Heiratstermin angeben
- **Scheidungsurteile und Nachweise von Sorgerechtseinkünften,** wenn zutreffend
- **Entlassungspapiere vom Wehrdienst** für alle antragstellenden Personen, die in den letzten zehn Jahren Wehrdienst geleistet haben

Als Fotokopie, wenn man das Relationship Pro-Forma ausfüllen muss:

- **Reisepass** des Antragstellers und allen mit einwandernden Personen
- **Auswahl von Fotos,** die den Antragsteller und seinen Lebensgefährten bei verschiedenen Anlässen zeigen (keine Fotoalben)
- **Nachweis über die gemeinsame Wohnung,** z.B. gemeinsamer Mietvertrag, gemeinsame Registrierung beim Bürgeramt, Haushaltsrechnungen mit beiden Namen
- **Nachweise über Kontakte** während räumlicher Trennungen, z.B. Telefonrechnungen, Ausdrucke der E-Mail-Eingänge (nicht die persönlichen E-Mails selbst), Briefumschläge, in denen persönliche Korrespondenz verschickt wurde (nicht die Briefe selbst) etc.
- **Nachweise über gemeinsame Reisen und soziale Aktivitäten,** z.B. Mitgliedschaften im gleichen Club, Flugtickets, schriftliche Einladungen von anderen etc.

Persönliche Überprüfung

Die „Katze im Sack" will Australien verständlicherweise nicht dauerhaft ins Land lassen, daher gehört zum Antragsverfahren auch eine Überprüfung des Antragstellers und je nach Antragsart auch eine Überprüfung seines Umfelds.

Identitätsnachweis

In der Regel benötigt zum Nachweis seines Alters eine (übersetze und beglaubigte) Kopie der **Geburtsurkunde.** Das gilt auch für die Personen, die mit dem Antragsteller zusammen einwandern wollen.

Hat man einen Antrag gestellt, um mithilfe eines „australischen" Verwandten einzuwandern, müssen auch folgende Nachweise für die Identität und den Wohnort des Australiers erbracht werden:

- **Nachweis des Status als Australier:** Australier müssen ihre Staatsbürgerschaft durch eine beglaubigte Kopie ihrer australischen Geburtsurkunde bzw. ihres Staatsbürgerschaftszertifikats (bei späterer Einbürgerung) belegen.

  Australische Einwohner ohne australische Staatsbürgerschaft müssen eine beglaubigte Kopie ihrer Daueraufenthaltsgenehmigung und der Reisepassseite mit den persönlichen Daten vorlegen.
- **Wohnortsnachweis:** Beide oben genannten Personengruppen müssen einen Beleg für ihren Wohnort erbringen, z.B. Grundbesitzurkunde, Mietvertrag, Rechnungen (z.B. aktuelle Telefon-, Stromrechnungen auf den Namen des Verwandten an der Wohnanschrift).
- **Verwandtschaftsnachweis:** Der Grad der Verwandtschaft muss belegt werden, z.B. durch Geburts-, Heirats- oder Namensänderungsurkunden, Familienbücher etc.

Personenstand

Egal, welches Visum man beantragt, man wird immer Angaben zum Ehestand *(Current Marital Status)* machen müssen. Dabei gibt es in der Regel sieben **Ankreuzmöglichkeiten:** nie verheiratet, verwitwet, geschieden, getrennt, verlobt, verheiratet und als Letztes „in einer eheähnlichen festen Beziehung ohne Trauschein" *(De facto Relationship)* lebend.

Auf den Formularen für die *Partner Migration* findet man auch die Ehestandskategorie *„Interdependent Relationship"*, womit in der Regel eine **gleichgeschlechtliche Beziehung** gemeint ist. Ein gleichgeschlechtlicher Lebenspartner kann mit einem *Partner Migration Visa* nach Australien einwandern, wenn sein Partner selbst „Australier" ist. Gleichgeschlechtliche Paare können jedoch nicht zusammen aus Deutschland nach Australien einwandern, wenn keiner von beiden „Australier" ist (⇨„Wege zum Visum, Einwandern aus Liebe").

Kreuzt man auf dem Einwanderungsantrag an, dass man verheiratet oder verlobt ist bzw. in einer De-facto-Beziehung lebt, wird man gefragt, ob der Lebensgefährte mit einwandert. Verneint man dies, muss man eine schriftliche Erklärung anhängen, auf der man erklärt, **ob der Lebensgefährte später nachkommt,** und wenn ja, warum nicht jetzt. Kreuzt man an, dass man (vom Ehepartner) getrennt lebt, muss man beim Notar eine eidesstattliche Versicherung mit dem Namen des Ehepartners, Datum der Heirat, Datum der Trennung und **Absichtserklärung für die Scheidung** abgeben.

Die Einwanderungsbehörde stuft **De-facto-Paare, Verlobte** und auch **gleichgeschlechtliche Paare** als (fast) gleichwertig mit verheirateten Paaren ein. Während **Ehefrauen oder Ehemänner,** die bei Antragstellung schon länger als zwölf Monate miteinander verheiratet sind, als Beleg für ihre Ehe in der Regel nur die Heiratsurkunde vorlegen müssen, müssen De-facto-Paare, Verlobte, gleichgeschlechtliche Paare und weniger als zwölf Monate Verheiratete die Dauerhaftigkeit und Ernsthaftigkeit ihrer festen Beziehung auf dem Formular „Relationship Pro-Forma" **glaubwürdig belegen** können. Dazu gehören:

- **Kennenlerngeschichte:** Beide Partner müssen eine schriftliche und unterzeichnete Erklärung mit folgenden Infos abgeben: wann, wie und wo sie sich zum ersten Mal getroffen

0266aa Foto: eg

Eindrucksvolle Landschaft bei Kununurra in Western Australia

haben, wie sich die Liebesgeschichte entwickelt hat, wann sie eine Beziehung miteinander eingegangen und wann sie zusammengezogen sind, welche Zeiträume sie zusammen und welche getrennt verbracht haben, wie sie die Beziehung in Zeiten der räumlichen Trennung aufrechterhalten haben, inwieweit sie ihre persönliche Situation zusammengelegt haben – finanziell oder häuslich, welchen Freizeitaktivitäten sie zusammen nachgehen, welche besonderen Momente sie zusammen erlebt haben, z.B. gemeinsame Urlaube, wie sie sich eine gemeinsame Zukunft vorstellen und was an der Beziehung oder dem Partner besonders ist.

- **Fotos,** auf denen das Paar bei verschiedenen Anlässen zusammen mit anderen (am besten den Zeugen, ⇨ unten) zu sehen ist (nicht mehr als sechs)

- **Nachweis für das Zusammenleben,** z.B. Beweise für gemeinsame Finanzen, Haushaltskosten, Bankkonten, Versicherungspolicen im Namen beider Personen, Kauf- oder Mietvertrag für Wohnung oder Haus, Quittungen für Großanschaffungen in beider Namen, Briefe, adressiert an beide Partner an derselben Adresse, gemeinsame Mitgliedschaft in Sport- oder Freizeitclubs etc.
- **Nachweis von Kontakt in Zeiten räumlicher Trennung** durch aufgeschlüsselte Telefonrechnungen, Ausdruck des E-Mail-Eingangs (nicht die persönlichen Mails selbst), an einander adressierte Briefumschläge (nicht die persönlichen Briefe selbst) etc.
- **Belege für gemeinsame Reisen und soziale Aktivitäten,** z.B. Mitgliedschaft in den gleichen Clubs, Boarding Passes von gemeinsamen Flügen, Ein- und Ausreisestempel im Pass mit denselben Daten, Einladungen, die deutlich an beide Partner gerichtet sind etc.
- **Bestätigung der Beziehung durch zwei Personen,** die mindestens 18 Jahre alt sind und das Paar kennen. Ideal sind Australier, die sich als solche ausweisen können (sie verwenden Formular 888). Sie müssen für Antragsteller eines *Spouse* oder *Interdependency Visa* mittels einer Erklärung die Beziehung des Paares bestätigen. Darauf muss z.B. angegeben werden, seit wann und woher man das Paar kennt, seit wann es zusammen ist, wie häufig man es sieht, ob man an die Beziehung glaubt und warum (nicht). Hat man keinen australischen „Zeugen", können auch europäische Zeugen eine solche Erklärung abgeben (dies ist jedoch mit der australischen Botschaft in Berlin abzustimmen, es wird dann nicht Fomular 888 verwendet, sondern ein einfaches Blatt Papier). Das Schreiben darf auch getippt sein, muss aber in Anwesenheit eines Rechtsanwalts handschriftlich gegengezeichnet werden. Damit ist es dann eine eidesstattliche Versicherung.
- Als De-facto-Paar, bei dem beide Deutsche sind, muss man keine **eidesstattliche Erklärung** über die Dauerhaftigkeit und Ernsthaftigkeit der festen Beziehung abgeben. Aber es lohnt sich, dies trotzdem zu tun, denn auf diese Weise kann man den Visumantrag über nur einen Hauptantragsteller abwickeln (was finanziell günstiger ist).

Für Paare, deren **Liebesbeziehung auf australischem Boden** ihren Anfang nahm, ist es oft schwer, den Nachweis für eine mindestens zwölf Monate bestehende Beziehung zu erbringen, denn ein Touristenvisum gilt z.B. maximal zwölf Monate. Wenn man sich also nicht mit einem anderen temporären Visum als Student, Working Holiday Maker oder als Arbeitnehmer mit zeitlich befristetem Visum in Australien aufhielt, wird es schwierig – zumal man sich ja selten gleich am Ankunftstag in einen Einheimischen verliebt.

In solchen Fällen ist es oft günstiger, wenn der australische Partner für eine gewisse Zeit mit dem deutschen Partner z.B. nach Deutschland umzieht, denn dort kann man sein Touristenvisum problemloser verlängern und kommt somit leichter auf die nachzuweisenden zwölf Monate – zumindest wenn es dem australischen Partner gefällt, ein Jahr lang in Deutschland zu leben.

Kinder und andere Abhängige

Alle **Kinder unter 18 Jahren** werden als abhängig betrachtet und können in der Regel mit dem Antragsteller zusammen einwandern. Unter gewissen Voraussetzungen kann jedoch auch ein unverheirateter Verwandter als abhängige Person eingestuft werden.

Zur Klärung der Identität muss für jede abhängige Person eine **Geburtsurkunde** vorgelegt werden, für ein adoptiertes Kind außerdem die **Adoptionspapiere.** Bestehen Zweifel vonseiten der DIAC, wird auch ein DNA-Test zum Nachweis der Verwandtschaft verlangt.

- Das eigene Kind, ein Stiefkind aus einer früheren Beziehung, ein adoptiertes Kind bzw. die abhängige Person darf **nicht verheiratet** sein, **verlobt** sein oder in einer festen **(De-facto-)Beziehung** leben.
- Eine Person **über 18 Jahre** wird nicht als abhängig angesehen, es sei denn, sie kann nachweisen, dass sie zur Befriedigung ihrer Grundbedürfnisse finanziell auf den antragstellenden Elternteil angewiesen ist. Dieser Zustand der Abhängigkeit muss auch schon seit mindestens zwölf Monaten anhalten.
- Kinder, die aufgrund einer **geistigen oder körperlichen Behinderung** nicht ihr eigenes Geld verdienen können, werden als abhängige Personen gewertet, egal, ob sie bei den Eltern wohnen oder nicht. Diese Kinder müssen angegeben werden, egal, ob sie mit einwandern oder nicht.
- Vom Antragsteller **abhängige erwachsene Verwandte** werden nur anerkannt, wenn nachgewiesen werden kann, dass sie verwandt (auch Stiefverwandte erlaubt) und alleinstehend sind. Darüber hinaus müssen sie nachweislich voll auf den Antragsteller angewiesen sein (keine andere Person oder Institution leistet den Großteil der Hilfe). Diese Person muss in der Regel für einen bedeutenden Zeitraum beim Antragsteller wohnhaft gewesen sein. Diese abhängigen Personen müssen immer angegeben werden, egal, ob sie mit einwandern oder nicht.
- **Alleinerziehende Personen** müssen schriftlich nachweisen können, dass sie das alleinige Sorgerecht haben (Sterbeurkunde des Partners, Gerichtsbeschluss, Vormundschaftsbeschluss für Stiefkinder).
- Wandert der andere Erziehungsberechtigte nicht mit dem Antragsteller und dem gemeinsamen Kind aus, muss dieser die **Mitnahme des Kindes schriftlich genehmigen.**
- Abhängige Kinder und andere Personen müssen die **Gesundheitskriterien** erfüllen, egal, ob sie mit einwandern oder nicht.

Gesundheitszeugnis

Das australische Einwanderungsprogramm ist eine „Investition in das Humankapital" des Landes und versucht eine Lücke im Arbeitsmarkt zu schließen. Die Migranten sollen überdies helfen, die Folgen der zu geringen Geburtenrate und der zunehmend überalternden Gesellschaft zu mindern. Das bedeutet, **junge, gesunde Menschen sind gefragt,** die noch lange zum Bruttosozialprodukt des Landes beitragen und in die Sozialversicherungen und Gesundheitsvorsorge einzahlen können, ohne dem Staat allzu früh selbst auf der Tasche zu liegen.

Aus diesen Gründen verlangt die Einwanderungsbehörde auch ein Gesundheitszeugnis, bevor es einen Antrag auf Einwanderung genehmigen kann. Somit müssen der **Antragsteller sowie Ehepartner/Lebensgefährte und deren Kinder** sich einer ärztlichen Untersuchung unterziehen – auch wenn Partner oder Kinder nicht mit einwandern! Diese könnten jedoch potenziell später nachkommen und werden daher schon jetzt auf ihre Gesundheit geprüft.

Nachfolgende ärztliche Untersuchungen werden für das geforderte Gesundheitszeugnis durchgeführt. Darüber hinaus kann der *Medical Officer of the Commonwealth* (MOC) weitere Tests verlangen, wenn diese notwendig erscheinen.

- **Röntgenaufnahme:** für alle Personen ab elf Jahren. Bei schwangeren Frauen wird diese erst nach Geburt des Kindes durchgeführt, was den Visumantrag um die entsprechende Wartezeit verzögert.
- **HIV-Test:** für alle Personen ab 15 Jahren; auch für jüngere Personen, wenn diese adoptiert sind, irgendwann einmal ein Bluttransfusion erhalten haben oder es Indikationen gibt, die einen Test erforderlich machen; alle Personen, die als Arzt, Zahnarzt, Kranken-

schwester oder -pfleger in Australien arbeiten wollen. Ist man infiziert, wird deswegen nicht automatisch das Visum verweigert, der Umstand fließt jedoch in die Beurteilung des Antrags mit ein.

- **Hepatitis-Test:** für alle Schwangeren; alle Personen, die als Arzt, Zahnarzt, Krankenschwester oder -pfleger in Australien arbeiten wollen. Ist man infiziert, wird deswegen nicht automatisch das Visum verweigert, der Umstand fließt jedoch in die Beurteilung des Antrags mit ein.
- **Übergewicht:** für alle Antragsteller. Stellt man bei der Untersuchung durch das Übergewicht verursachte Krankheiten wie Diabetes, Herzkrankheiten oder Arthritis fest, wird dies in der Regel als negativ gewertet und führt in den meisten Fällen zur Ablehnung des Visumantrags.
- **Allgemeiner Gesundheitszustand:** Der Antragsteller wird gefragt, ob er je operiert wurde oder im Krankenhaus war, Anzeichen für Tuberkulose oder Epilepsie hat(te), unter Angstzuständen leidet, jemals in psychiatrischer Behandlung war, unter hohem Blutdruck, Herzproblemen, Schmerzen im Rücken, Nacken oder Gelenken, Magen- oder Darmbeschwerden leidet oder litt, eine Infektion, Krankheit oder Verletzung für mehr als zwei Wochen hatte, Nieren- oder Blasenbeschwerden oder Diabetes hat(te), ob man irgendwelche Medikamente regelmäßig einnimmt, ob man je drogensüchtig war, ob man Alkohol trinkt und/oder raucht und wie viel, ob man physisch oder geistig behindert ist, ob man Sozialleistungen aufgrund einer medizinischen Indikation erhält und ob aktuell eine Schwangerschaft vorliegt. Untersucht werden: Größe, Gewicht, Blutdruck, Atmung, Nervensystem, geistige Verfassung, Intelligenz, Magen, Darm, Motorik, Haut (diese wird auch auf Einstichstellen von Injektionen untersucht), Lymphdrüsen, Brust, Schilddrüse, Nase, Mund, Zähne, Ohren/Gehör, Sehvermögen und der Urin.

Das Gesundheitszeugnis ist in der Regel **ein Jahr lang gültig.** Ist der Visumprozess nicht binnen dieser Frist abgeschlossen, muss man ein neues Zeugnis erstellen lassen. Musste man ein Formular unterzeichnen, in dem man sich zur Verbesserung seines Gesundheitszustandes verpflichtete (etwa bei starkem Übergewicht), ist das Zeugnis nur sechs Monate gültig. Die **Kosten** für die Untersuchungen muss der Antragsteller tragen.

Lebt man in Deutschland und hat sich z.B. für ein *Skilled Migration Visa* beworben, bekommt man die Formulare für die gesundheitliche Untersuchung mit einer Liste **anerkannter Vertragsärzte** in Deutschland zugeschickt. In Deutschland gibt es derzeit über 35 solcher von der australischen Regierung anerkannten Vertragsärzte in 15 deutschen Städten.

Die aktuelle Liste dieser Ärzte findet man auf www.germany.embassy.gov.au (Stichworte „Visa und Einwanderung", „Hinweise zur Antragsstellung").

Man muss sich bei der Untersuchung **durch einen gültigen Reisepass ausweisen** können. Darüber hinaus muss man eine Kopie der Personenseite im Reisepass mitbringen. Ebenfalls mitzubringen sind die korrekten Formulare, die auf der Checkliste angegeben werden. Ist man Brillen- oder Kontaktlinsenträger, muss man diese Sehhilfen ebenfalls bei der allgemeinen Untersuchung mitbringen. Gibt es bereits vorhandene Röntgenaufnahmen, sind diese bei der amtsärztlichen Untersuchung mitzubringen. Leidet man aktuell unter einer bestimmten Krankheit, sollte man die Unterlagen seines behandelnden Arztes mitbringen.

Lebt man in Australien und bewirbt sich als Quereinsteiger (⇨„Wege zum Visum, Quereinsteiger"), muss man in der Regel das Gesundheitszeugnis bei Health Services Australia erstellen lassen, bevor man sich für das gewünschte Visum bewirbt. Dazu lädt man sich das Formular von der DIAC-Internetseite herunter und vereinbart einen Termin auf der Internetseite www.healthoz.com.au/online_booking/immigration_bookings.html.

Das Ergebnis der ärztlichen Untersuchung bekommen die antragstellenden Personen grundsätzlich nicht zu sehen. Die **Ärzte entscheiden selbst nicht** über den Gesundheitszustand der Antragsteller, sie geben lediglich die Resultate der Untersuchungen an die australischen Behörden weiter.

065aa Foto: eg

Polizeiliches Führungszeugnis

Auch wenn die moderne Geschichte Australiens vor über 225 Jahren mit der Verschickung von Strafgefangenen aus den englischen Gefängnissen auf den Kontinent begann, so nimmt der heutige australische Staat nur noch Migranten mit makellosem polizeilichen Führungszeugnis auf. In diesem wird neben den vollständigen Personalien hauptsächlich verzeichnet, ob die betreffende Person vorbestraft ist oder nicht. Man muss das Zeugnis auf Anfrage für jedes Land beschaffen, in dem man in den letzten zehn Jahren vor der Antragstellung insgesamt zwölf Monate gelebt hat. Wenn man z.B. in den letzten zehn Jahren vier Mal für jeweils drei Monate in Australien war, braucht man somit auch ein australisches Führungszeugnis.

Für die meisten Visumarten müssen der **Antragsteller und die mit ihm auswandernden Personen (ab 16 Jahren)** ein polizeiliches Führungszeugnis anfordern.

In Deutschland muss man das sogenannte **Privatführungszeugnis** persönlich beim Bürgeramt (bei dem man gemeldet ist oder üblicherweise wohnt) unter Vorlage des Personalausweises oder Reisepasses anfordern. Es wird dann nach Erstellung durch das Bundeszentralregister in Bonn an die gewünschte Adresse geschickt. Die **Gebühr** für ein polizeiliches Führungszeugnis beträgt in Deutschland derzeit 13 €.

Wohnt man **bei Antragstellung außerhalb von Deutschland,** beantragt man das Privatführungszeugnis bei der nächsten diplomatischen Vertretung Deutschlands oder aber schriftlich beim Bundeszentralregister (Bundesamt für Justiz, Sachgebiet IV 2.1 – Externe Auskunft, 53094 Bonn, ⇨ auch www.bundeszentralregister.de unter „Strafrecht", „Bundeszentralregister").

Diejenigen, die in Australien studiert oder eine Ausbildung gemacht haben bzw. mit einem *Working Holiday Visa* unterwegs waren, müssen neben dem deutschen Führungszeugnis zusätzlich ein polizeiliches Führungszeugnis *(Penal Clearance Certificate)* bei der **Australian Federal Police (AFP)** anfordern (Criminal Records, Australian Federal Police, Locked Bag 1, Weston ACT 2611). Man muss dazu das entsprechende DIAC-Formular *(Police Records Check)* einreichen und die Gebühr an die AFP überweisen (derzeit 32,73 $). Für Personen, die Angestellte der **Bundeswehr** waren, müssen dem Visumantrag die Entlassungspapiere der Bundeswehr, aus denen Rang und Tätigkeit hervorgehen, beigelegt werden.

Typisch rote Erde am Stadtrand von Broome, Western Australia

Der Antrag wird **abgelehnt,** wenn:

- der Antragsteller ein schwerwiegendes Vorstrafenregister hat;
- man mit Personen verkehrt, die verdächtigt werden, in kriminelle Aktivitäten verwickelt zu sein oder einmal darin verwickelt waren;
- ein Risiko besteht, dass der Antragsteller in Australien kriminelle Aktivitäten plant, jemanden in Australien belästigen wird, einen Teil der australischen Gesellschaft verunglimpft, Unfrieden in Australien stiften wird oder Aktivitäten plant, die der australischen Gesellschaft schaden.

Wenn möglich, sollte man das polizeiliche Führungszeugnis bereits **zusammen mit dem Visumantrag einreichen.** In manchen Fällen benötigt man hierfür jedoch zunächst einen Brief von der DIAC. Man sollte das Zeugnis in keinem Fall zu früh beantragen, da es in der Regel nur eine **Gültigkeitsdauer von drei Monaten** hat.

Das polizeiliche Führungszeugnis muss im Übrigen dem Visumantrag im **Original** beigelegt werden, nicht als Kopie.

Bürgschaft

Hat man einen Antrag gestellt, um mithilfe eines „australischen" Verwandten nach Australien einzuwandern, braucht man eine **Bürgschaft** (*Assurance of Support*, AOS). Wandert man hingegen als Lebensgefährte eines Australiers ein, liegt es im Ermessen der DIAC, ob ein AOS verlangt wird oder nicht (abhängig davon, für wie wahrscheinlich es die Behörde hält, dass der Migrant das Sozialsystem in Australien belasten könnte). Für alle *Skilled Migration Visa* benötigt man seit 1.9.2007 keine Bürgschaft seines Verwandten mehr, auch wenn man mithilfe des Verwandten einwandert.

In jedem Fall muss der Bürge entweder ein Verwandter in Australien, der australische Lebenspartner oder eine andere australische Person sein, die finanziell diese Bürgschaft übernehmen kann. Diese Person muss eidesstattlich versichern, für die Dauer von zwei Jahren nach der Einwanderung für alle Sozialhilfeleistungen des Einwanderers aufzukommen, sodass diese nicht von der australischen Gemeinschaft getragen werden müssen (bei einem Elternteil mit einem *Contributory Parent Visa* muss der Bürge dies sogar für zehn Jahre garantieren). Man verpflichtet sich mit der Bürgschaft auch, die Migranten im Notfall für die Dauer von zwei Jahren häuslich unterzubringen und dafür zu sorgen, dass sie die eventuell noch notwendigen Englischkurse besuchen (⇨„Neuanfang in Australien, Erwachsenenbildung, Englischkurse"). Die Bürgschaft muss bei Centrelink beantragt werden (www.centrelink.gov.au).

Für die Bürgschaft muss eine **Kaution** von 5000 $ für den antragstellenden erwachsenen Migranten und 7000 $ für zwei Erwachsene bei der Commonwealth Bank of Australia hinterlegt werden (bei Elternteil mit einem *Contributory Parent Visa* sogar 10.000 $ für den antragstellenden Migranten und 14000 $, wenn es zwei Personen sind). Für diese Kautionshinterlegung wird in der Regel eine einmalige Gebühr in Höhe von 150 $ bei der Commonwealth Bank fällig.

Der Bürge selbst wird von Centrelink auf seine Eignung als Bürge geprüft. **Abgelehnt wird ein Bürge,** wenn dieser in seinen ersten zwei Jahren in Australien selbst vermehrt Sozialleistungen in Anspruch genommen hat oder ganz allgemein die Bürgschaftsverpflichtung finanziell nicht erfüllen kann. Man muss sich dann einen alternativen australischen Bürgen suchen, der statt des Verwandten oder des Lebensgefährten die Bürgschaft übernimmt, z.B. australische Verwandte des Lebensgefährten, der australische Arbeitgeber oder Freunde der australischen Verwandten. Auf die Angabe von falschen Informationen durch den Bürgen stehen bis zu zehn Jahre Haft und/oder eine Geldstrafe von bis zu 110.000 $.

Emu und Känguru, die den Schild auf dem australischen Wappen flankieren, sind nicht nur typisch australische Tiere, sondern sie sollen auch den Fortschritt des australischen Staates symbolisieren – beide können nämlich nicht rückwärts laufen

058aa Foto: eg

Formsache auf Formularen

- Auf den Formularen müssen **Vor- und Nachname** genau so geschrieben werden, wie sie auf dem Reisepass eingetragen sind.
- Die Formulare müssen **mit einem Kugelschreiber** ausgefüllt werden.
- Man muss die Formulare **in englischer Sprache ausfüllen.**
- Unzutreffende Fragen müssen mit **„n/a“** (**not applicable** = unzutreffend) ausgefüllt werden.
- Man muss den Visumantrag **unterzeichnen.**
- Alle zusätzlichen Dokumente dürfen **keine Originale** sein, es sei denn, dies wird ausdrücklich verlangt. Stattdessen müssen beglaubigte Kopien der Originale eingereicht werden.
- Alle zusätzlichen Dokumente müssen mit dem **Tagesdatum** versehen und **unterschrieben** werden.
- Für alle beigefügten Dokumente, die nicht englischsprachig sind, muss eine **beglaubigte Übersetzung** beigelegt werden.
- Man muss eine **Postanschrift** angeben können, an der man wohnhaft ist. Eine Postfachanschrift ist nicht gültig.
- Das Antragsformular und seine Anlagen dürfen **nicht in einen Hefter oder in Klarsichthüllen** gesteckt werden, sondern dürfen nur mit einer großen Büroklammer oder einem Clip in der Reihenfolge wie auf der Checkliste angegeben zusammengehalten werden (die Checkliste soll dabei das Deckblatt sein).
- Die DIAC weist darauf hin, dass man jederzeit dazu aufgefordert werden kann, **weitere Unterlagen** einzureichen. Während der Bearbeitungszeit des Antrags kann man auch jederzeit zu einer **Anhörung** eingeladen werden.

Antragsformular

Da sich die detaillierten Bestimmungen der australischen Einwanderungsbehörde jederzeit ändern können, sollte man diesbezüglich noch einmal unter **www.immi.gov.au** nachlesen. Je nach Visumart sind unterschiedliche Erfordernisse zu erfüllen und unterschiedliche Dokumente dem eigentlichen Antragsformular beizulegen. Alle notwendigen **Antragsformulare** und Informationen über **zusätzlich vorzulegende Dokumente** kann man von der oben genannten Internetseite kostenlos als PDF herunterladen.

In der Regel wird man gebeten, außer dem eigentlichen Antragsformular auch ein **Formular für statistische Zwecke** (Nr. 886) auszufüllen. Damit werden Informationen darüber gesammelt, wo sich die Migranten niederlassen, wie alt sie sind, wie gut ihre Englischkenntnisse sind, wie lange ihre Schulbildung und berufliche Ausbildung dauerte und welche Religionszugehörigkeit sie haben. Diese Informationen dienen dazu, die Dienstleistungen für Migranten zu verbessern.

Kosten

Grundsätzlich gilt: Man muss alle Kosten für den Visumantrag selbst tragen. Die **Kosten werden nicht erstattet,** auch wenn ein Antrag abgelehnt wird. Die Bearbeitungsgebühr für ein Visum wird **pro Antrag erhoben,** nicht pro Person, und schließt somit eventuell im Antrag enthaltene abhängige Familienmitglieder ein.

Die Bearbeitungsgebühr ist ausschließlich **per Kreditkarte in Euro** zu zahlen (in Deutschland werden VISA und Mastercard akzeptiert). Sofern man keinen Online-Antrag gestellt hat, kann man die Gebühr mit einer Kreditkarten-Einzugsvollmacht *(Credit Card Payment Authorization)* begleichen. Das entsprechende Formular kann man von der Website der australischen Botschaft in Berlin unter www. germany.embassy.gov.au (Stichwort „Visa und Einwanderung", „Visabearbeitungsgebühren", „Credit Card Authorisation Form") herunterladen.

Wie hoch die Bearbeitungsgebühr ist, hängt von der Art des Visums ab. Zunächst muss man eine **erste Rate** *(First Instalment)* zahlen. Wird dem Visumantrag von der Form her zugestimmt, wird man eventuell um Begleichung einer **Zweitzahlung** *(Second Instalment)* gebeten, mit der z.B. zusätzliche Kosten für mit einwandernde Lebensgefährten oder Kinder etc. gedeckt werden sollen.

Hat man für sich selbst oder einen mit einwandernden Angehörigen über 18 Jahren aufgrund **mangelhafter Englischkenntnisse** eine Zweitzahlung vornehmen müssen, hat man damit die Kosten für seine Teilnahme an den AMEP-Englischkursen in Australien beglichen (⇨„Neuanfang in Australien, Ankunft, Erwachsenenbildung, Englischkurse").

Nachfolgend ein Eindruck von den zu erwartenden Visumgebühren, basierend auf den Preisen von September 2008:

Skilled Migration und Business Visa

- **Fachkraft:** 2105 $; Zweitzahlung: 2925 $ für z.B. mit einwandernde Partner oder Kinder über 18 Jahre mit nicht ausreichenden Englischkenntnissen
- **Fachkraft mit Arbeitgeberunterstützung (dauerhafte Visumvariante):** 1420 $; Zweitzahlung: 5865 $ für Antragsteller mit weniger als „functional" Englischkenntnissen, 2925 $ für z.B. mit einwandernde Partner oder Kinder über 18 Jahre mit nicht ausreichenden Englischkenntnissen
- **Business:** 1175–4090 $; Zweitzahlung: 5865 $ für einen Antragsteller, dessen Englischkenntnisse nicht ausreichen, 2925 $ für mit einwandernde Partner oder Kinder über 18 Jahren mit nicht ausreichenden Englischkenntnissen

Darüber hinaus fallen weitere Kosten für Gesundheitszeugnisse, polizeiliche Führungszeugnisse, Übersetzungen, Beglaubigungen, die Bewertung der beruflichen Qualifikationen durch eine australische Behörde etc. an (siehe jeweiliges Kapitel).

Ein weiterer Kostenfaktor, den man berücksichtigen sollte, sind die **finanziellen Rücklagen,** die man für eine Einwanderung nach Australien zur Verfügung haben sollte. Abgesehen von den Umzugskosten sollte man mindestens 30.000 $ in Kapitalanlagen zur Verfügung haben zuzüglich je 50.000 $ für jede weitere mit einwandernde Person.

Partner Migration Visa und Visa für Verwandte

Bei Beantragung eines *Spouse Visa* oder *Interdependency Visa* entrichtet man nur eine einmalige Antragsgebühr. Der Antrag gilt dabei für die antragstellende Person und alle mit einwandernden, abhängigen Personen.

- **Lebensgefährte:** 1420 $
- **Nachkommendes Kind:** 1420 $
- **Nachkommender Elternteil:** 1420–2105 $; Zweitzahlung: 1235–31.555 $
- **Nachkommende andere Verwandte:** 870–1420 $; Zweitzahlung: 1235 $

Darüber hinaus fallen weitere Kosten für Gesundheitszeugnisse, polizeiliche Führungszeugnisse und eventuell notwendige Übersetzungen und Beglaubigungen für den Antragsteller sowie Bürgschaftskosten für den australischen Lebensgefährten an (siehe jeweiliges Kapitel).

Nachweis der Qualifikationen

Berufsanerkennung

Bei der Einwanderung als qualifizierte Fachkraft muss das Berufsfeld, mit dem man sich bewirbt, auf der SOL-, MODL- oder ENSOL-Berufsliste stehen. Anerkannt werden nur Berufe, denen ein Abschluss im dazu passenden **Studium** oder in einer dazu passenden **Berufsausbildung** zugrunde liegt.

Nur wenn man einen Beruf ausübt, in dem langjährige Berufserfahrung anstelle einer Ausbildung in dem Beruf geltend gemacht werden kann, hat man ohne Studium oder Berufsausbildung eine Chance. In diesem Fall muss durch beglaubigte Kopien von aussagekräftigen Referenzen der bisherigen Arbeitgeber in dem Berufsfeld bestätigt werden, dass man über ein fundiertes Wissen in diesem Berufsfeld verfügt. Zum Nachweis der Berufserfahrung müssen die **Referenzen** folgende Details enthalten (jedes einzelne ist wichtig!):

- Offizielles **Briefpapier** des Arbeitgebers, auf dem Logo, komplette Anschrift, Telefonnummer, Faxnummer, E-Mail-Adresse und Website gedruckt sind
- Name und Position des **Ansprechpartners,** der die Referenz verfasst und unterzeichnet hat, sollte unter der Unterschrift erneut aufgedruckt oder gestempelt worden sein. Die Rufnummer dieser Person muss im Brief für Rückfragen genannt werden.
- **Details zur Beschäftigung** sollten im Brief genau genannt werden: Zeitraum, Voll- oder Teilzeit (Zahl der Stunden), Position, die fünf wichtigsten Aufgaben in der Position, Gehalt.
- **Gehaltsabrechnungen** für den nachzuweisenden Zeitraum
- **Steuererklärungen** für den nachzuweisenden Zeitraum
- **Arbeitsverträge** für den nachzuweisenden Zeitraum

Oftmals wird man von der Institution zur Berufsanerkennung auch um ein **beglaubigtes Passfoto** gebeten. Dazu schreibt man einfach seinen Namen und sein Geburtsdatum auf die Rückseite des Fotos und lässt sich dieses beim Bürgeramt abstempeln, nachdem man sich mit seinem Reisepass identifiziert hat.

Stellt man einen Antrag für eines der *Skilled Migration Visa,* muss man beim Visumantrag schon die **Berufsanerkennung von einer australischen Institution** vorlegen. Die Kontaktinformationen für die zuständigen Institutionen findet man auf dem Formular „Skilled Occupation List (SOL) and Employer Nomination Scheme Occupation List (ENSOL)" unter www.immi. gov.au/allforms/pdf/1121i.pdf. Im Kasten „Australische Institutionen zur Berufsanerkennung" (⇨ unten) findet man eine Übersicht über die zum Recherchezeitpunkt aufgelisteten Institutionen.

Kann man den Beruf nicht sofort zuordnen, kann man unter **www.immi.gov.au/asri** über die englische Berufsbezeichnung die passende australische Institution zur Berufsanerkennung suchen.

Auf dem Visumantrag kann man sich **nur mit einem Berufsfeld** um einen Einwanderungsplatz bewerben, aber man kann unbegrenzt viele berufliche Qualifikationen einschätzen lassen, wenn man sich noch nicht sicher ist, mit welchem Beruf man sich bewerben möchte. Allerdings sind mit jeder Prüfung auch **Kosten** verbunden, je nach Institution zwischen 200 und 1200 $. Diese sind in der Regel per Zahlungsanweisung oder Scheck zu begleichen; von einigen Institutionen werden auch Kreditkartenzahlungen akzeptiert. Die **Bearbeitungszeit** ist je nach Berufsfeld unterschiedlich lang; sie variiert von zehn Tagen bis zu 16 Wochen.

Welche Angaben genau benötigt werden, um seinen Beruf anerkennen lassen zu können, wird auf den Internetseiten der einzelnen australischen Institutionen dargelegt.

Stellt man den Visumantrag, muss die Berufsanerkennung der australischen Institution in der Regel als beglaubigte Kopie beigelegt werden, und zwar zusammen mit den beglaubigten Dokumenten, anhand derer die Institution die Anerkennung erteilt hat. Vergeht einige Zeit zwischen der Berufsanerkennung und dem Visumantrag, sollte man beachten, dass die meisten Berufsanerkennungen eine **begrenzte Gültigkeitsdauer** haben. Ist diese überschritten, muss man den Beruf erneut anerkennen lassen.

Keine Gewähr!

Auch wenn die beruflichen Qualifikationen von der zuständigen australischen Institution als gleichwertig mit einem Beruf auf der SOL-, MODL- oder ENSOL-Berufsliste eingestuft werden und einem infolgedessen ein Visum bewilligt wird, ist dies **kein Garant dafür, dass man diesen Beruf** in einem der australischen Bundesstaaten oder Territorien auch **tatsächlich sofort ausüben kann.** In manchen Bundesstaaten und Territorien gibt es für bestimmte Berufe eigene Zulassungsvorschriften. In manchen Fällen kann verlangt werden, dass man eine Zusatzausbildung absolviert, bevor man den Beruf ausüben kann. Nähere Informationen erhält man bei den *Overseas Qualifications Units* in den jeweiligen Bundesstaaten und Territorien, ⇨ www.immi.gov.au/asri/os-qual-units.htm.

Erste Informationen kann man auch über die **Deutsch-Australische Industrie- und Handelskammer** einholen:

German-Australian Chamber of Industry and Commerce, Level 10, 39–41 York Street, Sydney NSW 2000, Tel. (02) 8296 0400, Fax (02) 8296 0411, info@germany.org.au, http://australien.ahk.de

Englischtest

Um sich für ein *Skilled Migration Visa* zu bewerben, muss man bei Visumantrag mit einem Handwerksberuf mindestens **„berufsspezifisches Englisch“** *(Vocational English)* nachweisen können. Diesen Nachweis erbringt man durch die Teilnahme an einem **IELTS-Englischtest,** bei dem man die

Australische Institutionen zur Berufsanerkennung

Für die Mehrheit der MODL-Berufe:

- **Trades Recognition Australia (TRA),** www.workplace.gov.au/tra

Soziale und medizinische Berufsfelder:

- **Australian Association of Social Workers (AASW),** www.aasw.asn.au („Become a Member", „Becoming a Social Worker", „Overseas Qualifications"
- **Australian College of Physical Scientists and Engineers in Medicine (ACPSEM),** www.acpsem.org.au („Special Pages", „Overseas")
- **Australian Dental Council (ADC),** www.dentalcouncil.net.au („Application for Assessment")
- **Australian Institute of Medical Scientists (AIMS),** www.aims.org.au („Assessments")
- **Australian Institute of Radiography (AIR),** www.air.asn.au („Overseas Qualifications")
- **Australian Institute of Welfare and Community Workers (AIWCW),** www.aiwcw.org.au („Assessment for Migration")
- **Australian Nursing and Midwifery Council (ANMC),** www.anmc.org.au („International Section")
- **Australian and New Zealand Society of Nuclear Medicine (ANZSNM),** www.anzsnm.org.au („Committees", „Accreditaton Board", „Skilled Migration & Overseas Qualification Assessment")
- **Australian Physiotherapy Council (APC),** www.apc.au („Assessment")
- **Australasian Podiatry Council (APodC),** www.apodc.com.au („Podiatry Education and Registration")
- **Australian Psychological Society (APS),** www.psychology.org.au („Membership", „Assessing Psychology Qualifications")
- **Council on Chiropractic Education Australasia (CCEA),** www.ccea.com.au („Working in Australia")
- **Council of Occupational Therapists Registration Board (COTRB),** www.cotrb.saboards.com.au („Assessment Process")
- **Dietitians Association of Australia (DAA),** www.daa.asn.au („Recognition of Overseas Qualifications")
- **State Chiropractors/Osteopaths Registration Board (SCORB),** je nach Bundesstaat/Territorium andere Website, ⇨ DIAC
- **Speech Pathology Association of Australasia (SPAA),** www.speechpathologyaustralia.org.au („Professional Strandards", „Overseas Recognition")

Für **Arztberufe** sollte man sich unter **www.immi.gov.au/skilled/general-skilled-migration/migration-medical.htm** informieren. Siehe auch:

- **Australian Medical Council,** www.amc.org.au („Accreditation & Recognition")
- **Doctor Connect,** www.doctorconnect.gov.au („Work as a Doctor in Australia")

Sonstige spezielle Berufsfelder:

- **Architects Accreditation Council of Australia (AACA),** www.aaca.org.au („International Issues")
- **Australian Computer Society (ACS),** www.acs.org.au („Non Residents", Skills Assessment")
- **Australian Institute of Management (AIM),** www.aim.com.au („Migration Assessment")
- **Australian Institute of Quantity Surveyors (AIQS),** www.aiqs.com.au („Migration and Employment", „Migration")
- **Australian Maritime Safety Authority (AMSA),** www.amsa.gov.au („Marine Qualifications", „Immigration Qualification Assessments")
- **Australian Pharmacy Council (APC),** www.pharmacycouncil.org.au („Skills Recognition")
- **Australasian Veterinary Boards Council (AVBC),** www.avbc.asn.au („Skills Assessment")

- **Civil Aviation Safety Authority (CASA),** www.casa.gov.au („Licences and Registrations“)
- **Certified Practising Accountants of Australia (CPAA),** www.cpaaustralia.com.au („Admission and Education“, „Qualifications Assessment“)
- **Institute of Chartered Accountants of Australia (ICAA),** www.icaa.org.au („Migration Assessment“)
- **Engineers Australia,** www.engineersaustralia.org.au („Migration Skills Assessment“)
- **Institution of Surveyors Australia (ISA),** www.isaust.org.au („Surveying and the Institution of Surveyors“, „Information for Assessment of Qualifications for Migration Purposes“)
- **National Accreditation Authority for Translators and Interpreters (NAATI),** www.naati.com.au („Accreditation and Testing“, „Overseas Qualifications“)
- **National Institute of Accountants (NIA),** www.nia.org.au („Immigration Assessment“)
- **Optometry Council of Australia and New Zealand (OCANZ),** www.ocanz.org („Examination“, „General Skilled Migration to Australia“)
- **State Legal Admission Authority (SLAA),** je nach Bundesstaat/Territorium andere Website, ⇨ DIAC
- **Teaching Australia (TA),** www.teaching-australia.edu.au („Skills Assessment for Migration“)
- **Vocational Education and Training Assessment Services (VETASSESS),** www.vetassess.com.au („Qualification Assessment for Migration“)

Note 5 in jedem der vier Bereiche Sprechen (15 Min.), Leseverständnis (60 Min.), Hörverständnis (40 Min.) und Schreiben (60 Min.) erzielen muss. Im Punktetest bekommt man für dieses Niveau 15 Punkte.

Bei den meisten anderen Berufssparten bekommt man die 15 Punkte für „kompetenten“ Sprachgebrauch *(Competent English),* wofür man im IELTS-Englischtest die Note 6 in jedem der vier Bereiche Sprechen, Lesen, Schreiben und Verstehen erreicht haben muss.

15 Punkte bekommt man auch ganz ohne Test, wenn man englischer Muttersprachler ist und dies durch einen gültigen Reisepass von Großbritannien, Kanada, Neuseeland, USA oder der Republik Irland belegen kann.

Beim *Skilled – Regional Sponsored (Provisional) Visa (Subclass 475)* und *Skilled – Regional Sponsored (Provisional) Visa (Subclass 487)* gibt es überdies die Kategorie „genehmigter kompetenter“ Sprachgebrauch *(Concessional Competent English),* wofür man im IELTS-Englischtest die Note 5,5 in jedem der vier Bereiche Sprechen, Lesen, Schreiben und Verstehen erreichen muss (= 15 Punkte). Bevor diese zwei Visumanträge bewilligt werden können, muss man jedoch weiterbildende Englischkurse arrangieren, an denen man ab Ankunft in Australien teilnehmen wird (⇨„Neuanfang in Australien, Erwachsenenbildung, Englischkurse“). Für Einwanderungsanträge reicht in der Regel ein Test mit dem sogenannten *General Training Module* aus.

027aa Foto: eg

Bei TAFE poliert man sein Englisch in Australien auf

Je nach Beruf, z.B. bei **medizinischen Berufen,** muss man „sachkundigen" Sprachgebrauch *(Proficient English)* vorweisen können. Dazu muss man im Academic Module des IELTS-Englischtests mindestens die Durchschnittsnote 7 in jedem der vier Bereiche Sprechen, Lesen, Schreiben und Verstehen oder aber mindestens die Note B in jedem der vier Bereiche des „Berufsenglischtests" *(Occupational English Test)* erreichen. Im Punktetest bekommt man 25 Punkte für dieses Niveau anerkannt. Den OET *(Occupational English Test)* muss man übrigens in der Regel schon als Teil der Berufsanerkennung ablegen (⇨ www.occupationalenglishtest.org).

Abgesehen davon, dass der Test für jedes *Skilled Migraton Visa* ein Muss ist, sollte man sich auch im eigenen Interesse nach Kräften bemühen, sein Englisch zu perfektionieren. Schließlich ist die Einwanderung mit dem Erhalt eines Visums noch längst nicht erfolgreich abgeschlossen! Nur wenn man es schafft, auch den gewünschten Arbeitsplatz zu ergattern, hat man eine Chance – und hierfür sind sehr gute Englischkenntnisse nun einmal Voraussetzung.

Insbesondere der Partner des Hauptantragstellers eines *Skilled Migration Visa* kann durch das Aufpolieren seiner Englischkenntnisse auf das erforderliche Niveau einiges an **Kosten vermeiden** (ganz abgesehen davon, dass man im Punktetest auch noch zusätzliche Punkte erhält). Denn wenn der Partner den IELTS nicht macht, muss man zusätzlich einen Betrag von 2925 $ (Stand: September 2008) für den Partner mit weniger als funktionalem Englisch zahlen (für *Functional English* muss man die Note 4,5 in den vier Bereichen des IELTS-Tests erreichen). Diese Zahlung berechtigt den Partner dann zwar zu maximal 510 Stunden Englischunterricht bei TAFE in Australien, aber diese Kurse teilen sich auf in Certificate I, II und III. Bei einem anfänglichen Interview wird ein Einstufungstest gemacht. Wenn man jetzt doch ein so gutes Englisch vorweist, dass man für einen Kurs der Stufe III eingeteilt wird, ist das Ganze ein teurer Spaß, denn dieser hat lediglich einen Unterrichtsumfang von 172 Stunden!

Zur Verbesserung der Englischkenntnisse ⇨ „Die Entscheidung, Empfehlungen zur Vorbereitung, Sprache“.

Beglaubigungen und Übersetzungen

Bis auf wenige Ausnahmen wie das polizeiliche Führungszeugnis oder z.B. die Berufsanerkennung der australischen Institution bei Antrag auf ein *Skilled Migration Visa* darf keines der geforderten Dokumente im Original eingereicht werden. Die DIAC fordert stattdessen beglaubigte Kopien. Sofern diese nicht englischsprachig sind, muss zusätzlich eine beglaubigte Übersetzung für die jeweilige beglaubigte Kopie vorgelegt werden.

Beglaubigungen

Beglaubigte Kopien sind **Fotokopien der Originaldokumente,** die durch einen Stempel und/oder die Unterschrift einer befugten Person als echte Kopien des Originals bestätigt werden. Dazu muss man das Original **in Deutschland** bei der Stadt-, Gemeinde- oder Landkreisverwaltung bzw. bei einem Gericht, Notar oder Pfarramt vorlegen, wo es mit der Fotokopie verglichen wird. Fotokopien von beglaubigten Kopien werden übrigens nicht akzeptiert.

Organisation des Englischtests

In Deutschland gibt es mehrere IELTS-Test-Zentren bei den Niederlassungen des British Council bzw. der Carl-Duisberg-Zentren in Berlin, Bremen, Dortmund, Düsseldorf, Freiburg, Hamburg, Hannover, Köln, Leipzig, Mannheim, München, Radolfzell, Saarbrücken und Stuttgart. Der Test kostet zum gegenwärtigen Zeitpunkt 170 €. Die Testergebnisse werden in der Regel zwei Wochen nach Teilnahme an die Teilnehmer verschickt. Das British Council und die Carl-Duisberg-Zentren bieten Vorbereitungsmaterialien (Heft und Audio-CD) für 30 € an. Auf ihren Internetseiten findet man jedoch auch eine Liste von empfehlenswerten Büchern sowie Internetlinks zur Vorbereitung auf den Test.

- **www.ielts.org** – hier kann man nachschlagen, wann der nächste Englischtest in Deutschland abgehalten wird (Stichwort „Germany“ auf der Leiste „IELTS Test Centre“ auswählen).
- **British Council,** www.britishcouncil.de („IELTS“)

Vorbereitungskurse gibt es bei:
- **Carl Duisberg Centrum,** www.cdc. de („IELTS“). Vorbereitungskurse für Einzelpersonen und Kleingruppen in Berlin, Dortmund, Hannover, Köln, Mannheim, München, Radolfzell und Saarbrücken.
- **GLS Berlin,** www.gls-sprachenzentrum.de („IELTS“). Vorbereitungskurse auf das Academic Module in Berlin.

Wenn man zu einer Kirchengemeinde gehört, ist die Beglaubigung beim Pfarramt die preisgünstigste Variante, denn dort wird dies in der Regel für Gemeindemitglieder kostenlos vorgenommen. Ansonsten muss man mit ungefähr 5 € pro Seite beim Bürgeramt bzw. 10 € pro Dokument beim Notar rechnen.

028aa Foto: eg

Vom Geschäftsmann zum Farmer

Helgo Hübner, geb. 1946, wanderte 1986 mit seiner Frau *Helga* nach Australien aus, nachdem sie 1979 schon fast ein Jahr im Rahmen einer zweijährigen Weltreise mit dem eigenen VW-Bus dort gewesen waren. Sie hatten sich in Nürnberg ein gut gehendes Frisörgeschäft mit mehr als zehn Mitarbeitern aufgebaut; eine sichere Existenz, aber dennoch fehlte etwas. Besonders *Helgo* **sehnte sich nach einer anderen Lebensart** und malte *Helga* immer wieder „Was-wäre-wenn-Szenarien" aus. Dabei festigte sich sein Wunsch, sich im Südwesten Western Australias niederzulassen, denn diese Region hatte ihm während ihrer Reise 1979 sehr gut gefallen.

Helga willigte ein, und sie begannen mit den Vorbereitungen für den Einwanderungsantrag. Das Ganze zog sich lange hin, denn auch damals waren die Einwanderungshürden sehr hoch. Doch endlich klappte es. *Helga* erwartete zu der Zeit ein Kind, und ihr Sohn *Gregor* wurde bereits in Kalgoorlie, der zweitgrößten Stadt Western Australias, geboren.

Sie wünschten sich beide, dass ihr Sohn **ländlich aufwachsen** sollte, so wie sie es selbst in ihrer Kindheit erlebt hatten. Daher kam ein Stadtleben für sie nicht in Frage. Im Südwesten Western Australias gibt es eine schöne, hügelige Landschaft, man erlebt dort den Wechsel der Jahreszeiten, und von Mai bis Oktober ist alles grün. Das Leben ist dort ruhig und sicher und das Klima wunderbar. In der Obstbau-Region um Donnybrook hatten sie auf ihrer damaligen Reise auch ein wenig bei der Apfelernte geholfen, um sich etwas Geld dazuzuverdienen. Hier konnte ihr Sohn *Gregor* so aufwachsen, wie sie es sich gewünscht hatten. Im Alter von zehn Jahren fuhr er schon mit dem Quadbike auf der Farm umher. Nach erfolgreichem Universitätsabschluss arbeitet er zurzeit in Japan.

Für die Familie *Hübner* war die Donnybrook-Gegend eine Traumregion, und so kauften sie sich hier eine **34 Hektar große Obstfarm,** von der heute ca. 20 Hektar mit Äpfeln, Birnen, Pflaumen und Avocados bepflanzt sind. Zuvor war die Farm eher schlecht als recht geführt worden. Die *Hübners* bepflanzten alles neu, denn die kunterbunte Obstmischung, die bislang auf der Farm geerntet wurde, entsprach nicht der Nachfrage. Von den früheren Bäumen blieben nur noch die für den Eigenbedarf übrig, z.B. Zitrone, Maulbeere und Feige. Für sich selbst pflanzten sie Aprikose, Nektarine, Kirsche, Orange, Mandarine, Pfirsich, Passionsfrucht und Persimone neu.

Das **Handwerk des Obstanbaus** lernten sie in diversen TAFE-Kursen, aber auch im Gespräch mit anderen Obstfarmern und

Beratern der Region, übers Internet und andere Literatur. Die geschäftliche Seite beherrschte *Helgo* ohnehin schon aus der Zeit mit dem Frisörmeisterbetrieb. 1994 ließen sie sich auch mit dem anerkannten Qualitätssicherungsstandard SQF 2000 *(Safe Quality Food)* zertifizieren, was damals kaum jemand machte. Damit konnten sie ihre Produkte jedoch noch erfolgreicher vermarkten.

Natürlich müssen sie viel arbeiten, aber sie sind **immer im Freien,** tragen ganzjährig kurze Hosen, außer wenn sie im Winter in die Stadt gehen. Zum Strand nach Bunbury sind es 40 Kilometer, 8 Kilometer fährt man nach Donnybrook, einer Kleinstadt mit guter Infrastruktur. Es geht den *Hübners* gesundheitlich und wirtschaftlich sehr gut. Sie sind sich der Tatsache bewusst, dass sie sich in Deutschland kein Haus mit 300 m² Wohnfläche leisten könnten. Allein ihr neuer Küchen-Ess-Bereich hat 90 m². Hier spielt sich ja auch das Leben im Haus ab. Zum Arbeitsplatz ist *Helgo* nur 30 Sekunden unterwegs, und wenn er draußen ist und sich umsieht, gehört weit und breit alles ihnen. Auf ihrem Land tummeln sich 40 Perlhühner, 21 Gänse, zwei Kakadus, zwei Hunde, Hühner, Hahn und Katze; das ginge auch nicht überall, denn das Viehzeug macht schon mal tüchtig Krach.

Zu Hause wird immer Deutsch gesprochen, und so wuchs ihr Junior *Gregor* zweisprachig auf. Das ist auch wichtig, denn sonst könnte er mit der Familie in Deutschland gar nicht kommunizieren; seine Großmutter und die Tanten sprechen kein Englisch. Er war auch schon drei Mal mit in Deutschland, um die alte Heimat der Eltern ein wenig kennen zu lernen. Ansonsten verbindet sie aber nur noch wenig mit der alten Heimat. Der Auswanderungstraum ist in Erfüllung gegangen, und bereut haben sie es nie.

Übersetzungen

Für alle deutschsprachigen Dokumente benötigt man nicht nur eine beglaubigte Fotokopie, sondern zusätzlich eine beglaubigte englischsprachige Übersetzung. Diese muss von einem staatlich geprüften Übersetzer vorgenommen werden; einen solchen kann man z.B. über die **Datenbank des BDÜ** (Bundesverband der Dolmetscher und Übersetzer e.V., Bundesgeschäftsstelle, Kurfürstendamm 170, 10707 Berlin, Tel. (030) 8871 2830, Fax 8871 2840, www.bdue.de) suchen, wo man praktischerweise das benötigte Fachgebiet angeben kann. Die Preise unterscheiden sich je nach Anbieter und Fachgebiet. Man sollte daher immer mehrere Angebote einholen, bevor man den Auftrag erteilt.

Reist man nach Australien, bevor man den Visumantrag abgibt, kann man seine Papiere dort kostengünstiger bei akkreditierten Übersetzern übersetzen lassen. Eine Liste dieser Fachleute erhält man bei der National Accreditation Authority for Translators and Interpreters (NAATI) unter www.naati.com.au.

Wenn man einmal **Halter einer Daueraufenthaltsgenehmigung oder australischer Staatsbürger** ist, werden notwendige Dokumente zur Niederlassung in Australien kostenlos durch die DIAC übersetzt. Dazu gehören z.B. Geburtsurkunde, Heiratsurkunde, Ausbildungsbescheinigungen und Arbeitgeberreferenzen. Dies muss jedoch binnen zwei Jahren nach Erhalt der Daueraufenthaltsgenehmigung oder der australischen Staatsbürgerschaft bei einem AMEP-Anbieter *(Adult Migrant English Program)* beantragt werden.

Bonus beim Punktetest

Bonus für MODL-Beruf

Möchte man die Bonuspunkte für einen Beruf auf der MODL-Liste bekommen, muss man mindestens ein Jahr binnen vier Jahren vor Antragsstellung in diesem oder einen nahe anverwandten Beruf gearbeitet haben. Kann man kein Arbeitsplatzangebot durch einen australischen Arbeitgeber vorweisen, bekommt man nur 15 Bonuspunkte.

Man bekommt 20 Punkte, wenn man ein Vollzeit-Arbeitsplatzangebot von einer australischen Firma in diesem Berufsfeld hat (diese muss seit 24 Monaten mehr als zehn Mitarbeiter beschäftigt haben). Man muss dieses Angebot durch Folgendes belegen können:

- Offizielles **Briefpapier,** auf dem das Logo, die komplette Anschrift, Telefonnummer, Faxnummer, die E-Mail-Adresse und die Website des zukünftigen Arbeitgebers gedruckt sind
- Der Name und die Position des **Ansprechpartners,** der das Arbeitsplatzangebot verfasst und unterzeichnet hat, sollte unter der Unterschrift erneut aufgedruckt oder gestempelt worden sein. Die Rufnummer dieser Person muss im Brief für Rückfragen genannt werden.
- **Details zur Beschäftigung** sollten im Brief genau genannt werden: die berufliche Stellung, die fünf wichtigsten Aufgaben in der Position und das Gehalt.
- **Details zum Unternehmen,** inklusive Beschäftigtenzahlen (Vollzeit) für die letzten zwei Jahre; nur wenn das Unternehmen seit mindestens zwei Jahren mindestens zehn Personen vollzeitbeschäftigt hat, kommt es als Arbeitgeber in Frage.

Bonus für Sprachen

Möchte man beim Punktetest die fünf Bonuspunkte für seine Sprachkenntnisse bekommen, muss man diese im Falle eines abgeschlossenen Sprachenstudiums durch beglaubigte Kopien des Hochschulzeugnisses sowie eines Briefes von der Universität belegen (alles zuzüglich beglaubigter Übersetzung). Für Sprachen, die man nicht studiert hat (wie z.B. Deutsch), muss man die Sprachkenntnisse durch eine Akkreditierung vonseiten der National Accreditation Authority for Translators and Interpreters (NAATI) belegen (www.naati.com.au).

Antragsverlauf

Im Rahmen dieses Buches kann kein detaillierter Antragsablauf für alle im Kapitel „Wege zum Visum" vorgestellten Visumarten dargestellt werden, zumal sich dieser auch schnell ändern kann. Dennoch sollen die folgenden Kapitel eine bessere Vorstellung vom Gesamtablauf schaffen.

Zeitplanung

Vorbereitungszeit

Die erste Frage ist, wie lange man eigentlich für den gesamten Prozess der Antragsstellung einplanen sollte. So pauschal kann das natürlich nicht beantwortet werden, weil es sehr von den persönlichen Umständen abhängig ist. Wenn jemand die Bedingungen für eine der Visumarten perfekt erfüllt, kann er sein Visum im **Idealfall schon nach zwei Monaten** in den Händen halten. In den meisten Fällen - insbesondere bei Anträgen auf ein *Skilled Migration Visa* - dauert es jedoch **bis zu zwei Jahren.**

Je früher man die Auswanderung plant, desto gezielter kann man sich darauf vorbereiten. Man kann z.B. als **Studierender oder Auszubildender** dafür sorgen, dass man das Studium bzw. die Berufsausbildung abschließt, die auf einen in Australien besonders gefragten Beruf vorbereitet und dort auch anerkannt wird. Um dann die für das Visum geforderte **Berufserfahrung** zu sammeln, muss man ein bis zwei Jahre einrechnen. Als schon im Berufsleben stehende Person kann man erwägen, bestimmte Zusatzqualifikationen zu erwerben, damit man damit die Bewilligungspunktzahl für das gewünschte Visum erzielt.

Bearbeitungszeit

Nachdem man seinen Antrag bei der DIAC eingereicht hat, wird dieser zunächst auf Vollständigkeit geprüft. Fehlt irgendetwas, wird sich die Behörde melden und die **fehlenden Dokumente nachfordern.** Der Antrag wird vorerst nicht weiter bearbeitet, bis diese fehlenden Unterlagen eingereicht werden. Liefert man diese nicht bis zum geforderten Datum, wird der Antrag ohne diese Information weiterbearbeitet (was eventuell zur Ablehnung führen kann).

Es kann auch vorkommen, dass man zu einem **persönlichen Interview** eingeladen wird. Nimmt man hieran nicht teil, wird der Antrag anhand der vorliegenden (womöglich unvollständigen) Informationen beurteilt und im Zweifelsfall abgelehnt.

War der Antrag vollständig, geht in der Regel binnen 14 Tagen eine Bestätigung über den Erhalt der Unterlagen per E-Mail an den Antragsteller (sofern man der Korrespondenz per E-Mail zugestimmt hat, was sehr zu empfehlen ist). Insgesamt galten 2007/08 durchschnittlich die folgenden Wartezeiten bis zur Bewilligung oder Ablehnung des Antrags für folgende Visumarten:

- **General Skilled Migration:** 12–15 Mon.
- **Skilled Regional Sponsored:** 7 Mon.
- **Employer Sponsored:** 5–7 Mon.
- **Business (Long Stay/Temporary):** 2–3 Mon.
- **Business Skills:** 9–15 Mon.
- **Partner Migration:** 1–6 Mon. (kürzere Bearbeitungszeit möglich, s.u.)
- **Child Migration:** 3–10 Mon.
- **Parent Migration (Contributory):** 9 Mon.

Hat man seinen Visumantrag gestellt und will wissen, mit welcher **voraussichtlichen Wartezeit** man konkret rechnen muss, kann man sich bei der Website **www.austimeline.com** registrieren. Nach Eingabe der Eckdaten bekommt man dort eine individuelle Einschätzung der Wartezeit. Man kann dort auch Einblick in den Antragsablauf anderer Antragsteller bekommen, was hilfreich bei der Planung des eigenen Visums sein kann.

Für **Partner Migration Visa** – insbesondere bei langjährigen Ehen oder aber langjährigen De-facto-Beziehungen, aus denen gemeinsame Kinder hervorgegangen sind – gibt es im Übrigen auch einen **Schnellservice,** den sogenannten *Accelerated Processing Service.* Dazu führt man zunächst ein telefonisches Beratungsgespräch mit der australischen Botschaft in Berlin, wobei die Qualifikation für den Schnellservice geprüft wird (Tel. (030) 700 129 129, Mo–Do 13–17 Uhr und Fr 13–16 Uhr). Mit qualifizierten Kandidaten wird dann ein Termin für ein persönliches Gespräch in der Botschaft in Berlin vereinbart. Der Sachbearbeiter *(Case Officer)* prüft dabei die Unterlagen, die man wie telefonisch vereinbart mitbringen sollte, und befragt die Partner kurz. Sofern man alle Unterlagen komplett vorzeigen kann und alle legalen Voraussetzungen für das Visum erfüllt, bekommt man es noch am gleichen Tag. Fehlen noch Unterlagen, müssen diese per Post nachgereicht werden. Siehe auch: www.germany.embassy.gov.au/beln german/partner_acc.html.

Rückfragen

Hat man bei der Vorbereitung des Visumantrags trotz der Informationen auf den DIAC-Internetseiten noch Rückfragen zu einzelnen Themen, kann man diese für einige Einwanderungsarten auch direkt per E-Mail bzw. über ein Webformular an die zuständige Stelle richten. Es müssen allerdings **konkrete Fragen** sein wie z.B. „Muss ich den IELTS-Test machen, obwohl ich drei Jahre in den USA gelebt habe?". Es werden **keine vorläufigen Einschätzungen** vorgenommen, ob ein Antrag Aussicht auf Erfolg hat oder man genügend Punkte für den Punktetest hat etc. Die E-Mails werden in der Regel innerhalb von drei Tagen beantwortet. Die Telefone in Australien sind Mo, Di, Do, Fr 9–16, Mi 9–13 Uhr besetzt (es gilt die Zeit im jeweiligen Bundesstaat).

- **Allgemeine Visafragen und Partner Migration:** Australische Botschaft in Berlin, Tel. (030) 700 129 129 (Mo–Do 13–17, Fr 13–16 Uhr), Fax (030) 2248 9293; Fragen per E-Mail nur für bereits in Berlin eingereichte Visaanträge: visaquestions.berlin@dfat.gov.au.
- **General Skilled Migration:** Adelaide Skilled Processing Centre, Tel. 1300 364 613 (Mo, Di, Do, Fr 9–16 Uhr, Mi 9–13 Uhr); hat man noch keinen Antrag gestellt und möchte sich über diese Visumart erkundigen, nutzt man das Online-Formular „General Skilled Migration Pre-Lodgement Enquiry Form"; hat man bereits einen Antrag gestellt und hat dazu weitere Fragen, nutzt man das Online-Formular „General Skilled Migration Post-Lodgement Enquiry Form"
- **Business Skills:** Perth Business Skills Processing Centre, Tel. (08) 9415 9215 (8–17 Uhr), Fax (08) 9415 9292; Fragen per E-Mail sind nur möglich über das Formular auf der Website: http://www.immi.gov.au/contacts/forms/email/eform-processing-centres.htm?42.
- **Contributory Parent and Parent Migration:** Perth Offshore Parents Centre, Tel. 1300 652 421 (Mo, Di, Do, Fr 9–16 Uhr, Mi 9–13 Uhr), Fax (08) 9415 9590; Fragen per E-Mail sind nur möglich über das Formular auf der Website: http://www.immi.gov.au/contacts/australia/processing-centres/perth-offshore-parents.htm.

Wird man **durch einen australischen Arbeitgeber gesponsert,** kann man sich mit Rückfragen nur an das Business Centre wenden, bei dem der australische Arbeitgeber den Antrag auf Sponsorenschaft gestellt hat. Die E-Mail-Adressen der Business Centres findet man unter www.immi.gov.au/contacts/australia/business-centres/index.htm.

Antragsadressen

Hat man alle erforderlichen Unterlagen und Dokumente zusammengetragen und auch die Visumgebühr gezahlt, schickt man den Antrag mit allen Anlagen an die zuständige Stelle.

Je nach Visumart muss man seinen Antrag von außerhalb Australiens oder im Land selbst stellen. Hier die Adressen für die wichtigsten im Buch vorgestellten Visumarten:

In Deutschland wohnhaft

- **Skilled Migration Visa:**

Per Post: Adelaide Skilled Processing Centre, DIAC, GPO Box 1638, Adelaide SA 5001, Australia

Per Kurierdienst: Adelaide Skilled Processing Centre, DIAC, 4th Floor, 55 Currie St, Adelaide SA 5000, Australia

Elektronisch: Neun *General Skilled Migration Visa* können online auf der Internetseite www.immi.gov.au/e_visa/general-skilled-migration.htm beantragt werden, von denen vier für derzeit in Deutschland wohnhafte Antragsteller sind: *Skilled - Independent (Migrant) Visa (Subclass 175), Skilled - Sponsored (Migrant) Visa (Subclass 176), Skilled - Regional Sponsored Visa (Subclass 475), Skilled - Recognised Graduate Visa (Subclass 476).* Man erhält dann per E-Mail eine Dokumenten-Checkliste, auf der auch erklärt wird, wie man die erforderlichen Unterlagen online an die DIAC schickt.

- **Partner Migration Visa:**

Diese Art von Antrag kann von allen in Deutschland wohnhaften deutschen Staatsbürgern nur bei der **Botschaft von Australien** in Berlin gestellt werden: Visaabteilung, Wallstraße 76–79, 10179 Berlin, für Besucher der Einwanderungsabteilung Mo, Mi, Fr 9–11 Uhr geöffnet.

Ist man **Kandidat für den Schnellservice,** muss man unter Tel. 030-700129129 (Mo–Do 13–17 Uhr, Fr 13–16 Uhr) einen persönlichen Termin vereinbaren.

- **Business Skills Visa:**

Per Post: Perth Business Skills Processing Centre, DIAC, Locked Bag 7, Northbridge WA 6865, Australia

Per Kurierdienst: Perth Business Skills Processing Centre, DIAC, Level 3, 166 Murray St., Perth WA 6000, Australia

- **Parent Migration Visa:**

Per Post: Perth Offshore Parents Centre, DIAC, Locked Bag 7, Northbridge WA 6865, Australia

Per Kurierdienst: Perth Offshore Parents Centre, DIAC, Level 3, 166 Murray St., Perth WA 6000, Australia

In Australien wohnhaft

- **Skilled Migration Visa:**

Elektronisch: Das *Skilled - Independent (Residence) Visa (Subclass 885), Skilled - Sponsored (Residence) Visa (Subclass 886), Skilled - Regional (Residence) Visa (Subclass 887), Skilled - Regional Sponsored (Provisional) Visa (Subclass 487)* und *Skilled - Graduate (Temporary) Visa (Subclass 485)* kann man online auf der Internetseite www.immi.gov.au/e_visa/general-skilled-migration.htm beantragen. Man bekommt dann per E-Mail eine Dokumenten-Checkliste zugeschickt, auf der auch erklärt wird, wie man die erforderlichen Unterlagen online an die DIAC schickt.

- **Partner Migration Visa:**

Persönlich bei der nächsten zuständigen DIAC-Behörde (⇨ unten) nach telefonischer Terminvereinbarung unter Tel. 131 881 (Mo–Fr 9–16 Uhr), da es so meist schneller geht als auf schriftlichem Wege

029aa Foto: eg

ACT/Braddon: Besuchsadresse: 3 Lonsdale St; Postadresse: GPO Box 717, Canberra ACT 2601; Fax (02) 6248 0479

NSW/Sydney: Besuchsadresse: 26 Lee St; Postadresse: GPO Box 9984, Sydney NSW 2001; Fax (02) 9032 4096

NSW/Parramatta: Besuchsadresse: 9 Wentworth St; Postadresse: GPO Box 9984, Sydney NSW 2001; Fax (02) 8861 4422

- **NT/Darwin:** Besuchsadresse: Pella House, 40 Cavenagh St; Postadresse: GPO Box 864, Darwin NT 0801; Fax (08) 8981 6245

QLD/Gold Coast: Besuchsadresse: 72 Nerang St, Southport; Postadresse: GPO Box 2868, Southport QLD 4215; Fax (07) 5591 5402

QLD/Cairns: Besuchsadresse: GHD Building, 85 Spence St, Level 2; Postadresse: GPO Box 1269, Cairns QLD 4870; Fax (07) 4051 0198

QLD/Brisbane: Besuchsadresse: 299 Adelaide St; Postadresse: GPO Box 9984, Brisbane QLD 4001; Fax (07) 3136 7152

SA/Adelaide: Besuchsadresse: 55 Currie St, Level 3; Postadresse: GPO Box 2399, Adelaide SA 5001; Fax (08) 8237 6699

TAS/Hobart: Besuchsadresse: 188 Collins St; Postadresse: GPO Box 794, Hobart TAS 7001; Fax (03) 6223 8247

VIC/Melbourne: Besuchsadresse: Casselden Place, 2 Lonsdale St; Postadresse: GPO Box 241, Melbourne VIC 3001; Fax (03) 9235 3300

VIC/Dandenong: Besuchsadresse: 51 Princes Highway; Postadresse: Private Mail Bag 5001, Dandenong VIC 3175; Fax (03) 9794 3100

WA/Perth: Besuchsadresse: City Central, 411 Wellington St; Postadresse: Locked Bag 7, Northbridge WA 6865; Fax (08) 9415 9286

- **Business Skills Visa:** Adresse ⇨„In Deutschland wohnhaft"; Tel. (08) 9415 9215 (8–17 Uhr), Fax (08) 9415 9292

Die australische Flagge

- **Parent Migration Visa:** Besuchs- und Kurieradresse: Perth Parents Processing Centre, DIAC, Level 3, 166 Murray St, Perth WA 6000; Postadresse: Perth Parents Processing Centre, DIAC, Locked Bag 7, Northbridge WA 6865, Australia; Tel. 1300 652 421 (Mo, Di, Do, Fr 9–16, Mi 9–13 Uhr), Fax (08) 9415 9590

Pflichten in der Wartezeit

Änderung von Informationen

Sollte sich im Bearbeitungszeitraum des Visums irgendetwas für den Antrag Relevantes ändern, ist die DIAC umgehend davon in Kenntnis zu setzen. Alle Änderungen sind **schriftlich per Brief, Fax oder E-Mail** mitzuteilen. Dabei muss man die Kundennummer *(Client ID)* und/oder die Nummer der Anfrage auf Genehmigung *(Permission Request ID)*, bei elektronischen Bewerbungen die Transaktionsnummer *(Transaction Reference Number)* und das Aktenzeichen *(File Number)* angeben. Zur Mitteilung von Änderungen gibt es verschiedene Formulare auf der DIAC-Website, siehe www.immi.gov.au/contacts/visa-enquiries/change.htm.

- **Wohnsitz:** Wenn man länger als 14 Tage unter einer anderen Anschrift wohnhaft ist, muss man der DIAC melden, wie lange man sich dort aufhalten wird. Fährt man z.B. in den Urlaub, kann die Kommunikation über einen laufenden Visumantrag auch über eine bevollmächtigte dritte Person laufen.
- **E-Mail-Adresse**
- **Faxnummer**
- **Arbeitsplatz**
- **Wechsel des Migrationsagenten**
- **Änderung der Kontaktdaten der bevollmächtigten Person**
- **Änderungen im Reisepass**

- **Trennung/Ableben** von Lebensgefährten bzw. abhängigen Personen
- **Heirat oder Verlobung**
- **Ernsthafte Erkrankung**
- **Geburt eines Kindes:** Der schriftlichen Mitteilung über die Geburt muss eine beglaubigte Kopie der Geburtsurkunde beigelegt werden.
- **Fehler im Visumantrag**

Änderungen können zu einer Ablehnung des Visumantrages führen, wenn man dadurch bestimmte Bedingungen nicht mehr erfüllt. Man sollte sich jedoch davon nicht dazu verleiten lassen, Änderungen nicht mitzuteilen; kommt die DIAC dahinter, kann ein bereits erteiltes Visum für ungültig erklärt werden!

Aufenthaltsort

Während man auf den Bescheid wartet, gibt es eine **Regel zum Aufenthaltsort,** die man aber dennoch unbedingt beachten sollte. Wenn man den Antrag für das Visum in Deutschland gestellt hat, darf man sich bei Visumerteilung nicht in Australien aufhalten. Umgekehrt muss man sich bei Visumerteilung in Australien aufhalten, wenn man den Antrag dort gestellt hat. Wenn man nicht binnen des in der Bewilligung angegebenen Zeitraums am richtigen Ort ist, kann das Visum abgelehnt werden.

Der Bescheid

Egal ob Ablehnung oder Bewilligung, man erhält immer von der zuständigen Behörde einen entsprechenden Bescheid.

Die Ablehnung

Erhält man einen ablehnenden Bescheid, wird heutzutage auch der Grund mitgeteilt; vor einigen Jahren war das noch nicht der Fall, und der Antragsteller musste im Grunde allein darauf kommen, was er bei seinem nächsten Versuch besser machen konnte.

In der Ablehnung sind Informationen enthalten, ob und wie man eine **Revision des Bescheids** beantragen kann, wenn man glaubt, dieser sei zu Unrecht negativ oder es habe sich mittlerweile etwas geändert, was die Ausgangsposition für einen Visumantrag verbessert. Dafür muss man die im Ablehnungsbescheid genannten Fristen einhalten (je nach Ablehnungsgrund sieben bis 70 Tage). In den meisten Fällen ist das *Migration Review Tribunal* (MRT) zuständig. Eine Revision ist allerdings **nicht gerade preiswert,** sie kostet 1400 $ (kann u.a. per Kreditkarte gezahlt werden). Auf der Website www.mrt-rrt.gov.au kann man das Antragsformular „Application Form M1" auf Revision herunterladen, welches man dann per Post an folgende Adresse richtet:

- **Migration Review Tribunal,** The Registrar, GPO Box 1333, Sydney NSW 2001, Australia

Übrigens: Wer bei Antragstellung in Australien wohnhaft war und ein Visum als Quereinsteiger beantragt hatte, bekommt in dem ablehnenden Bescheid auch das Datum mitgeteilt, bis zu dem er/sie **Australien verlassen** muss. Wenn man diese Frist nicht einhält, ist man in Zukunft für eine gewisse Zeitdauer nicht berechtigt, erneut nach Australien einzureisen. Außerdem wird man die Kosten der Ausweisung in voller Höhe zahlen müssen; zur Deckung werden notfalls ein in Australien erworbenes Gehalt oder auch Besitztümer gepfändet.

Es gibt in jedem Fall **keine Kostenrückerstattung** bei einem ablehnenden Bescheid.

Die Bewilligung

Je nachdem, für welches Visum man einen Antrag gestellt hat, bekommt man von der entsprechenden Behörde in Australien oder Berlin das Bewilligungsschreiben zugeschickt. Es enthält dann auch die Anweisungen, was als Nächstes zu tun ist. In der Regel wird man aufgefordert, seinen Reisepass (und die aller mit einwandernden Personen) mit einem A4-Rückumschlag (derzeit frankiert mit 1,45 Euro bis 500 g), einem Anschreiben mit Kontaktdaten für Rückfragen und einer Kopie des Bewilligungsbriefes an die **Botschaft nach Berlin** zu schicken:

- **Visa Services Section,** Australian Embassy, Wallstraße 76–79, 10179 Berlin

Deutsche Kinderausweise sind zur Visumausstellung nur dann zulässig, wenn eine komplette Seite im Pass für das Visum frei ist.

Man bekommt den Reisepass bzw. die Pässe in der Regel innerhalb einer Woche mit dem eingeklebten Visum zurück.

Für bestimmte **Partner Migration Visa** wird kein Visum eingeklebt, es bleibt rein elektronisch. Die australischen Zollbeamten können anhand der Reisepassnummer feststellen, dass für die Person ein Visum vorliegt. Es funktioniert somit genau wie ein elektronisches Touristenvisum für Australien. Man bekommt für jede bewilligte Person eine **Visumbewilligungsnummer** *(Visa Grant Number),* die man gut für den Fall der Fälle aufheben sollte.

Gültigkeit des Visums

Je nachdem, welches Visum bewilligt wurde, hat es eine Gültigkeitsdauer **von drei, vier oder fünf Jahren** (eine Ausnahme bildet das *Prospective Marriage Visa* mit nur neun Monaten, da man bis dahin heiraten und nachfolgend einen Antrag auf ein *Temporary Spouse Visa* stellen muss).

Auch wenn man schließlich seine Daueraufenthaltsgenehmigung erhalten hat, kann man damit nicht unbegrenzt von und nach Australien reisen. Vor Ablauf der Daueraufenthaltsgenehmigung sollte man ein **Resident Return Visa (RRV)** (Einwohner-Rückkehr-Visum) beantragen oder aber die australische Staatsbürgerschaft annehmen (⇨„Längerfristige Eingliederung, Staatsbürgerschaft").

In jedem Fall macht man sich **strafbar,** wenn man sich mit einem abgelaufenen Visum in Australien aufhält. Man gilt dann als illegal und wird so schnell wie möglich abgeschoben (auf eigene Kosten). Eine spätere Rückkehr nach Australien kann dann endgültig verwehrt werden!

059aa Foto: at

Verlassen der Heimat

In diesem Kapitel erfährt man, welche Schritte man nach Erhalt seines Visums einleiten muss und welche Entscheidungen nun anstehen. Es wird erklärt, welche Behördengänge und Kündigungen nun folgen, welche Dinge man problemlos in die neue Heimat mitnehmen kann und welche besser nicht. Soll das Haustier mitkommen, und wenn ja, wie bereitet man dies vor? Wie transportiert man seinen Hausrat am besten und kostengünstigsten? Weitere Themen: Zoll- und Quarantänevorschriften, Fahrzeugtransport, Containersharing, Geldtransfer nach Australien, Rentenanspruch, Versicherungen, Verkaufen, Verschenken und Entsorgen von Hausrat.

Die Sushi-Matten
kann man ruhig mitnehmen,
seinen Herd jedoch nicht unbedingt

Übersicht

Von dem Moment an, in dem man sein Einwanderungsvisum in Händen hält, muss man schnell handeln, denn es hat nur eine begrenzte Gültigkeit hinsichtlich der Ersteinwanderung. Lässt man die Frist verstreichen, verfällt das Visum.

Bevor man seine Heimat endgültig verlässt, gibt es eine ganze Menge zu organisieren. Damit man den Überblick nicht verliert, sollen in diesem Kapitel die wichtigsten Schritte beschrieben werden, die man zur Vorbereitung seiner endgültigen Auswanderung treffen sollte. Dabei gilt es einerseits, einen bürokratischen Schlussstrich unter das Leben in Deutschland zu ziehen, andererseits muss man Entscheidungen treffen, was mit seinen materiellen Gütern geschehen soll (nimmt man sie nach Australien mit oder nicht?), und zu guter Letzt muss man den Transport nach Australien organisieren.

Der bürokratische Schlussstrich

Im Laufe seines Lebens in Deutschland ist man mit zahlreichen Ämtern, Arbeitgebern, Vermietern, Banken, Versicherungen etc. in Kontakt gekommen, mit denen man jetzt Schritt für Schritt abschließen muss in Vorbereitung auf seinen neuen Lebensabschnitt in Australien.

Postanschrift

Bevor man die einzelnen Unterpunkte Schritt für Schritt erledigt, gibt es eine grundsätzliche Frage zu klären: Welche Adresse wird man als Postanschrift für die nähere Zukunft bei den vielen notwendigen Kündigungen und Abmeldungen nennen? In der Regel hat man ja in Australien **noch keine feste Anschrift** und leider auch keine Postfachadresse. Bevor man den Institutionen und Ämtern eine Interimsadresse in Australien nennt, die sich schon wenige Wochen später wieder ändert, ist es sinnvoller, z.B. die elterliche Adresse in Deutschland oder die einer anderen **Vertrauensperson in Deutschland oder auch Australien** anzugeben, mit der man ständig in Kontakt stehen wird. Man sollte hierbei nicht versäumen, wichtigen Behörden wie z.B. dem Finanzamt auch den Grund für die Adressänderung mitzuteilen.

Auch seine Freunde, Bekannten und Verwandten sollte man nicht vergessen. Denen teilt man die Änderung am besten preiswert über eine Massen-E-Mail mit. Personen ohne Internetanschluss kann man ja schnell eine Postkarte schicken oder sie anrufen. Für den Fall, dass man jemanden vergessen hat, lohnt es sich, spätestens fünf Tage vor Auszug einen **Nachsendeantrag** bei der Post zu stellen. Für sechs Monate kostet dieser Service 15,20 €, für zwölf Monate 25,20 €. Man kann dies online auf der Website www.efiliale.de unter „Nachsendeservice/Lagerservice" in Auftrag geben.

Für die Kündigung des **Postfaches,** das man bislang vielleicht unterhielt, muss man jedoch persönlich zur entsprechenden Postfiliale gehen.

Kündigungen

Bankkonten

Hier sollte man sich sehr früh darüber Gedanken machen, ob man sein **Bankkonto in Deutschland** für eine Übergangszeit oder gar langfristig beibehält. Zunächst einmal ist es vielleicht noch gar nicht sicher, ob man wirklich dauerhaft in Australien bleiben kann, wenn man zunächst nur eine zeitlich befristete Aufenthaltsgenehmigung hat. Darüber hinaus wird einem der **Dispokredit** als langjähriger Kunde einer Bank nicht so schnell gekündigt oder reduziert. Schließlich vergehen leicht die ersten zwei Jahre, bis man seine Daueraufenthaltsgenehmigung endlich bekommen hat. Und erst dann werden die australischen Banken großzügiger mit der **Vergabe von Krediten** – z.B. für den Kauf eines Hauses.

Viele Auswanderer behalten ihre Kontoverbindung in Deutschland auch, weil es ihnen bei der Rückkehr nach Deutschland – und sei es nur für einen Urlaubsbesuch – etwas mehr Flexibilität gibt. **Internet-Banking** macht heutzutage ohnehin alles sehr leicht. Für den Fall, dass man etwas einmal nicht online erledigen kann, sollte man eine Vertrauensperson in Deutschland als **Bevollmächtigen** eintragen lassen, so dass diese im Notfall die erforderlichen Bankgeschäfte abwickeln kann. Sollte dies nicht möglich sein, kann man auch ein **Treuhandkonto** einrichten.

Im Allgemeinen lohnt es sich, auch einmal nachzuhaken, ob die bisherige Bank in Deutschland auch **die besten Konditionen** hat, wenn man von Australien aus Geld abheben oder einzahlen möchte. Das **Postbankkonto** z.B. mag in Deutschland preiswert gewesen sein, aber die Nutzung im Ausland ist auf Dauer sehr kostspielig.

Man sollte auch nicht vergessen, ein eventuelles **Schließfach** bei der Bank zu kündigen, **Daueraufträge** zu stornieren und eine Entscheidung über die bei der Bank laufenden **Sparverträge** u.Ä. zu treffen. Je nachdem, wie man das Geld angelegt hat, lohnt sich eine verfrühte Auslösung oft nicht.

Wenn man sein deutsches Konto behält und noch keine **Kreditkarte** hat, sollte man eine solche in jedem Fall beantragen, denn man braucht sie schon zum Begleichen der Visaantragsgebühr und später in Australien ist es auch von Vorteil, eine zu besitzen.

Ein weiterer Grund, der dafür spricht, ein Konto in Deutschland zu behalten, ist der **Geldtransfer nach Australien.** Zunächst einmal hat man ja noch keine Bankverbindung dort und müsste somit sein Vermögen in bar oder in Form von Reiseschecks nach Australien einführen. Alternativ könnte man natürlich alles auf das Konto einer Vertrauensperson in Deutschland überweisen, aber praktisch ist das nicht gerade.

Preiswert, aber kompliziert

Zum Recherchezeitpunkt empfahl ein Auswanderer auch noch diese preiswerte, aber komplizierte Variante: Man eröffnet bei der Deutschen Kreditbank (DKB) in Deutschland ein neues Konto mit einer kostenlosen VISA-Kreditarte (www.dbk.de). Einmal in Australien, hebt man dann nach und nach von seinem deutschen Konto mit der VISA-Kreditarte gebührenfrei täglich 1000 $ von einem Geldautomaten (ATM) der ANZ-Bank ab (Höchstsumme bei Abheben an Geldautomaten) und zahlt das Geld dann bar auf sein neues australisches Konto ein.

Die Mitnahme von Bargeld nach Australien muss ab **10.000 $** aufgrund des Geldwäsche-Gesetzes beim australischen Zoll deklariert werden. Aus dem gleichen Grund muss man auch beim deutschen Zoll Bargeldbeträge ab 15.000 € deklarieren, wenn man diese über eine deutsche Grenze außer Landes schafft. Dies gilt auch für Reiseschecks!

Ein Tipp unter Auswanderern ist, sein deutsches Konto zu behalten (mit Maestro- und Kreditkarte) und bei Ankunft in Australien ein **Konto bei der ANZ Bank** zu eröffnen. Zwar gibt es noch viele andere Banken in Australien, aber diese ist in puncto Wechselkurse und Gebühren die preiswerteste. Ist man dann einmal in Australien, überweist man die gewünschte Summe von seinem deutschen auf das australische Konto.

Möchte man den Zeitpunkt für den **günstigsten Wechselkurs** abwarten, lohnt es sich, die „Online-Wechselstube" Ozforex zu beauftragen, die einen speziellen Service für den Geldtransfer von Migranten anbietet (www.ozforex.com.au/personalMoving.htm). Ihre Gebühren liegen dabei in der Regel unter denen der Banken und anderer Wechselstuben.

Als Letztes sollte man seine langjährige Bank in Deutschland bitten, eine **Bankreferenz** (am besten gleich auf Englisch) zu erstellen. Diese ist hilfreich, wenn man bei einer australischen Bank einen Kredit aufnehmen möchte. In der Referenz sollte bescheinigt werden, wie lange man Kunde bei der Bank war, dass man immer pünktlich und in vollem Umfang seine Kredite zurückgezahlt hat etc.

Arbeit

Hat man direkt eine Daueraufenthaltsgenehmigung bekommen und steht noch in einem Arbeitsverhältnis, gilt es dieses zum nächstmöglichen Datum zu **kündigen.** Vielleicht lässt der Arbeitgeber auch mit sich reden, und man kann dank eines eventuell noch ausstehenden Resturlaubs früher ausscheiden – schließlich braucht man jetzt viel Zeit zum Organisieren der vielen Details. Um auf Verständnis zu hoffen, sollte man allerdings den Arbeitgeber beizeiten über seine Auswanderungspläne informieren.

Hat man nur ein temporäres Einwanderungsvisum, kann man vielleicht mit dem Arbeitgeber zunächst einmal einen Zeitraum für einen **Sonderurlaub** oder ein **Sabbatical** aushandeln. Auch in dem Fall sollte man ihn früh genug von seinen Plänen informieren.

Es lohnt sich, den Arbeitgeber „zum Verbündeten zu machen", denn schließlich braucht man von ihm noch ein letztes **Arbeitszeugnis** und kann ihn auch als **Referenz** angeben. Ein potenzieller australischer Arbeitgeber wird ihn vielleicht anrufen und sich über Sie erkundigen.

Noch ein Tipp für das Arbeitszeugnis: Will man Geld für eine spätere Übersetzung ins Englische sparen, sollte man das Zeugnis gleich in Englisch erstellen lassen.

Wohnung

Sobald man sich sicher ist, das Visum für die Einwanderung nach Australien zu bekommen, sollte man seine **Wohnung schriftlich kündigen** und eventuell für eine Übergangsperiode bis zur Abreise bei Verwandten oder Freunden Quartier beziehen. Man braucht ja auch einiges an Zeit, um den Hausrat zu verkaufen, verschenken und verschicken – und wer will schon zum Schluss in seiner Wohnung im Schlafsack auf dem Boden schlafen müssen?

Die häufig geltende **Kündigungsfrist** von drei Monaten ist schon recht lang. Der letzte Kündigungstermin ist in der Regel der dritte Werktag eines Monats zum Ende des übernächsten Monats. Je nach Kündigungsfrist sollte man jedoch versuchen, sich mit dem Vermieter auf einen Nachmieter zu einigen, damit man nicht noch monatelang in Deutschland Miete für eine Wohnung zahlen muss, die man schon längst verlassen hat.

Für wertsteigernde Elemente wie Einbauküche, Teppich-, Parkett- oder Laminatboden, die in der Wohnung verbleiben, sollte man mit dem Vermieter oder Nachmieter eine **Ablösesumme** vereinbaren (⇨„Verlassen der Heimat, Was zieht mit um?").

Zusammen mit dem Vermieter sollte man bei der Wohungsbegehung ein **Übergabeprotokoll** verfassen, in dem der Zustand der Wohnräume beschrieben wird. Das sollte man auch gleich mit dem Übergabeprotokoll bei Einzug vergleichen. So erspart man sich späteren Ärger mit dem Vermieter, der einen vielleicht für Schäden verantwortlich machen will, die im Protokoll nicht erwähnt sind. Auch **Zählerstände für Gas, Wasser und Strom** sollte man in das Übergabeprotokoll aufnehmen.

Oft ist man per Mietvertrag dazu verpflichtet, bei Auszug **zu renovieren.** Mit etwas Glück kann man jedoch mit den Nachmietern vereinbaren, dass sie diesen Part übernehmen. So hat man dann mehr Zeit für die Organisation seines bevorstehenden Umzugs zur Verfügung. Aber Achtung: Nach einem Urteil des Bundesgerichtshofes sind Renovierungsklauseln in Mietverträgen oft unwirksam. Gibt es Probleme, kann man sich vom Deutschen Mieterbund beraten lassen (Tel. 099 12 000 12, Infos auch auf www.mieterbund.de).

Wurden bei der Wohnungsübergabe keine Schäden bemängelt, alle Schlüssel zurückgegeben und alle Möbel aus der Mietsache geräumt, ist der Vermieter verpflichtet, die **Kaution plus Zinsen** sofort an den Mieter zurückzuzahlen. Manchmal möchte der Vermieter einen Teil der Kaution einbehalten, um damit die ausstehenden **Betriebskostenzahlungen** abzudecken. Er muss diese Betriebskostenabrechnung jedoch spätestens zwölf Monate nach Ende des Abrechnungszeitraumes vorlegen.

Wenn man ein gutes Verhältnis zu seinem Vermieter hat, sollte man ihn vorsorglich bitten, eine Referenz zu verfassen, die man dann eventuell seinem zukünftigen Vermieter in Australien vorlegen kann. Am besten ist es, diese würde gleich in englischer Sprache verfasst, so spart man sich später zusätzliche Übersetzungs- und Beglaubigungskosten (⇨„Neuanfang in Australien, Das neue Heim, Wohnraum mieten“).

Auch eine eventuell angemietete **Garage** und Ähnliches sollte man bezeiten kündigen.

Sollte man eine **Eigentumswohnung oder ein Haus** haben, wird es kniffeliger. Ist man finanziell gezwungen, es kurzfristig vor der Auswanderung zu **verkaufen,** erzielt man unter Umständen aufgrund des Zeitmangels nicht den gewünschten Preis.

Wenn man zunächst nur ein temporäres Visum hat und es sich finanziell leisten kann, das Eigentum nicht sofort zu veräußern, kann man dafür auch einen **Mieter suchen.** Vielleicht kommt man ja doch noch nach Deutschland zurück, und dann wäre es gut, nicht wieder bei Null beginnen zu müssen.

Allerdings ist es auch nicht gerade einfach, von Australien aus eine Immobilie in Deutschland zu verwalten. Wenn man nicht gerade eine verlässliche Vertrauensperson in Deutschland hat, die diese Aufgabe übernimmt, muss man einen **Verwalter** betrauen, und dieser kostet Geld. Da ist es fraglich, ob die Mieteinnahmen überhaupt alle Kosten decken und diesen Aufwand rechtfertigen.

Strom, Wasser, Gas

Mit der Wohnungsaufgabe endet auch die Nutzung von Strom, Wasser, Gas, Fernwärme etc. Man sollte die **Zählerstände,** die man bei der Endabnahme der Wohnung zusammen mit dem Vermieter abgelesen hat, zusammen mit seiner Kundennummer und der neuen Postanschrift an die Versorgungsbetriebe weitergeben. Oftmals kann man dies auf der Internetseite des Versorgungsbetriebes erledigen. Wenn man sein Eigentum untervermietet oder veräußert, sollte man dies natürlich auch veranlassen. Man sollte auch nicht vergessen, dem Müllentsorgungsunternehmen zu kündigen, falls die Kosten für die **Müllabfuhr** nicht bereits mit den Mietnebenkosten abgegolten wurden. Für eventuelle Nachforderungen oder Probleme sollte man seine neue Anschrift in Australien mitteilen.

Ebenfalls kündigen sollte man bestehende **Wartungsverträge** für Geräte wie Heizungsanlagen, Wasser- und Gasthermen u.Ä.

Telefon, Handy, Internet und Fernsehen

Alles, was an die Wohnung gebunden ist, z.B. **Festnetztelefon, Internetverbindung, Kabelfernsehen** und **Premiere Pay-TV,** sollte man rechtzeitig kündigen; oftmals gelten Kündigungsfristen von bis zu drei Monaten (⇨„Verlassen der Heimat, Der bürokratische Schlussstrich, Abmelden bei Behörden, GEZ“).

Den **Handyvertrag** hingegen will man eventuell noch eine Weile behalten, bis man sich in Australien ein neues *Mobile Phone* oder eine neue SIM-Card besorgt hat. In dem Fall sollte man dem Mobilfunkprovider jedoch seine neue Postanschrift für die Rechnungen zur Verfügung stellen. Einige Provider bieten auch die Möglichkeit an, die Rechnungen per E-Mail zu verschicken oder sie als Download auf ihrer Website zur Verfügung zu stellen. Dafür gibt es dann oftmals einen kleinen Preisnachlass auf der Rechnung. Wenn man sein bisheriges Handy auch in Australien mit einer australischen SIM-Card zu nutzen gedenkt und das Handy bislang noch nicht SIM-lock-frei war, sollte man sich bei seinem bisherigen deutschen Provider nach den Kosten für die Freischaltung erkundigen.

Versicherungen

Auch hier gibt es eine Menge Brücken abzubrechen; die Liste der Versicherungen, die man im Laufe der Jahre angehäuft hat, kann ziemlich lang sein.

Bei den **Versicherungen, die den bisherigen Wohnraum betreffen,** wie z.B. Hausrats-, Wohngebäude-, Mietrechtschutz-, Haus-, Grundbesitz- oder Gebäudewasserschadensversicherung, ist klar, dass man sie kündigt. Gleiches gilt z.B. für die Kfz-, Berufsunfähigkeits-, private Arbeitslosen- und Rechtsschutzversicherung, da auch diese an das Fahrzeug, die Arbeitsstelle oder ganz allgemein **an den Standort Deutschland geknüpft** sind.

Bevor man jedoch seine **Krankenversicherung** kündigt, sollte man sich beim Hausarzt und Zahnarzt noch einmal richtig durchchecken lassen und alle wichtigen Arzttermine erledigen, denn ist man erst einmal in Australien, wird es in der Anfangsphase zunächst teuer, wenn man keine Daueraufenthaltsgenehmigung hat. Als Halter einer zeitlich befristeten Aufenthaltsgenehmigung muss man sich zunächst privat versichern (⇨„Verlassen der Heimat, Der bürokratische Schlussstrich, Sonstiges, Medizinisches“). Hat man eine private Krankenversicherung und ist sich noch nicht sicher, ob man wirklich die Auswanderung schafft (weil man z.B. nur eine zeitlich befristete Aufenthaltsgenehmigung hat), kann man für einen geringeren monatlichen Beitrag eine **Anwartschaftversicherung** bei der deutschen Versicherung abschließen. Damit sichert der Versicherer zu, nach der Anwartschaftszeit den Versicherungsschutz wieder zu den alten Bedingungen zu gewähren. Überdies muss man in der Anwartschaftszeit nur einen stark reduzierten Anwartschaftsbeitrag zahlen. Die gesetzlichen Krankenkassen sind nicht verpflichtet, diesen Service anzubieten. Die Tarifbeiträge für solche Anwartschaftsversicherungen schwanken in der Regel zwischen 5 und 30 %. Eventuell kann es sich daher lohnen, vor der Auswanderung nach Australien noch die Krankenkasse zu wechseln, um so eine günstige Anwartschaft abschließen zu können.

Egal ob gesetzliche oder private Krankenversicherung, in beiden Fällen sollte man darauf achten, dass der Versicherungsschutz noch **bis ca. drei Monate nach der Abreise** nach Australien gültig ist. Denn sollte einem auf dem Weg dorthin etwas zustoßen, das unter Umständen die gesamten Auswanderungspläne vereitelt, ist man zumindest in dieser Zeit noch versichert.

Aus dem gleichen Grund kann man auch erwägen, seine **Unfallversicherung** noch bis ca. drei Monate nach Abreise beizubehalten. Die günstigste Vorgehensweise bespricht man am besten mit einem Mitarbeiter seiner Versicherung.

Bei anderen Versicherungen gibt es jedoch mehr zu bedenken, vor allem, wenn man nur eine zeitlich befristete Aufenthaltsgenehmigung hat und sich noch nicht sicher ist, ob es mit der Daueraufenthaltsgenehmigung klappen wird. Zieht man bei Nichtgelingen der Auswanderung nach Australien eine eventuelle Rückwanderung nach Deutschland in Betracht, sollte man mit seinem Versicherungsmakler alle Möglichkeiten durchsprechen. Bei einer **Lebensversicherung** oder **privaten Rentenversicherung** z.B. kann das vorläufige Beibehalten vorteilhaft sein. Man sollte hier die **Laufzeit** und **Rückkaufswerte** genau prüfen, bevor man eine Entscheidung trifft. Die Auszahlung der privaten Rentenversicherung kann man in Australien wiederum in einer *Super(annuation)* anlegen. Dies ist eine australische kapitalgedeckte Rente, ähnlich der Betriebsrente oder der Riesterrente (⇨„Neuanfang in Australien, Versicherungen, Rentenversicherung“).

Übergangsweise kann es von Vorteil sein, seine **private Haftpflichtversicherung** beizubehalten, da diese auch für im Ausland entstandene Schäden aufkommt. Allerdings muss eine entsprechende längerfristige Auslandsdeckung beim Versicherer angefragt werden.

Für einige Versicherungsarten wie Kranken- oder Kfz-Versicherung ist es für die Neuversicherung in Australien von Vorteil, sich die bisherigen **Beitragszeiten** beim deutschen Versicherer **schriftlich bestätigen** zu lassen. Im Falle der Kfz-Versicherung kann man auf diese Weise beim neuen australischen Versicherungsunternehmen auch seinen Schadensfreiheitsrabatt

(No Claim Bonus) weitgehend anerkennen lassen und zahlt somit geringere Beiträge. Am besten lässt man sich diese Bestätigung gleich auf Englisch ausstellen, sonst kann man das Dokument aber auch in den ersten Wochen nach seiner Ankunft in Australien kostenlos bei der DIAC übersetzen lassen (⇨„Neuanfang in Australien, Allgemeine Tipps, Übersetzungen und Dolmetscher"). Ideal ist es, wenn der deutsche Versicherer in Australien ein Tochter- bzw. Schwesterunternehmen hat, denn dieses erkennt am ehesten die deutschen Beitragszeiten bzw. den Schadensfreiheitsrabatt in voller Höhe an. Oftmals sind die Prämien bei diesen großen internationalen Versicherungen aber auch höher als bei kleineren australischen Unternehmen. Ein Vergleich lohnt sich immer.

Abonnements und Mitgliedschaften

Man abonniert so allerhand im Laufe der Zeit, z.B. **Zeitungen, Zeitschriften,** oder man hat ein **Konzertabonnement** u.Ä. Darüber hinaus ist man vielleicht Mitglied bei einem **Buchclub, Sportverein, Fitnessclub, Automobilclub,** einer **Bibliothek, Kirchengemeinde** etc. oder hat eine **Dauerkarte** für das Schwimmbad, die Sauna, eine Parkgarage, eine **Kundenkarte** der Deutschen Bahn oder für den Nahverkehr etc. Fast alle haben eines gemeinsam: Man hat sich vermutlich für ein Jahr verpflichtet und diesen Betrag im Voraus gezahlt. Gerade deshalb ist es wichtig, diese Dienste frühzeitig zu kündigen – im Grunde schon, wenn man sich ernsthaft um einen Visumantrag zur Auswanderung bemüht und sich so gut wie sicher ist, dass es klappen wird. Denn hat man das Visum einmal in Händen, ist es meist für eine fristgerechte Kündigung schon zu spät, und man bezahlt noch ein Jahr drauf, auch wenn man den Dienst gar nicht mehr in Anspruch nehmen kann.

Abmelden bei Behörden

Einwohnermeldeamt

Hier sollte man sich offiziell als Auswanderer abmelden, sonst flattert weiterhin Post an die alte Anschrift, z.B. Wahlaufforderungen. Die Abmeldung kann persönlich oder schriftlich erfolgen. Auf manchen Gemeinde-Websites geht es sogar online.

Finanzamt

Den Steuerausgleich, den man in Deutschland normalerweise zu Beginn eines neuen Jahres durchführt, kann man im Falle der Auswanderung bereits im laufenden Steuerjahr erledigen. Man wendet sich dazu an das zuständige Finanzamt unter Vorlage der Lohnsteuerkarte, der Abmeldung vom Einwohnermeldeamt, dem Reisepass mit Visum sowie einer Kopie des Flugtickets nach Australien. Die **Steuerrückerstattung,** die man dann vielleicht erhält, erfolgt jedoch nur unter Vorbehalt. Man wird in der Regel zum Ende des Steuerjahres aufgefordert, die Höhe seiner Einkünfte in Australien anzugeben. Dabei macht das Finanzamt dann einen Progressionsvorbehalt geltend, der die Steuerrückerstattung wiederum schrumpfen lässt. Im Gegenzug kann man jedoch auch Werbungskosten (Bewerbungskosten in Australien, Fahrtkosten für eine Stellensuche dort, Umschreibekosten für den deutschen Führerschein, Mietwagenkosten für die erste Zeit in Australien, Flugtickets, Versand des Eigentums als beruflich bedingte Umzugskosten, Kosten für Wohnungs-Erstausstattung wie elektrische Geräte und Möbel) geltend machen. Das mindert wiederum den Betrag, der der Progression unterliegt.

Grundsätzlich gibt man seine **Steuererklärung** nur im neuen Wohnort an, an dem man dauerhaft lebt – also zukünftig in Australien. Doch auch hier gibt es Ausnahmen. **Mietgewinne von Immobilien** in Deutschland sind auch weiterhin in Deutschland zu versteuern, und das gilt auch für den Gewinn aus dem Verkauf einer Immobilie innerhalb der Spekulationsfrist (derzeit zehn Jahre).

Diese in Deutschland gezahlten Steuern kann man dann aufgrund des **Abkommens zur Vermeidung von Doppelbesteuerung** zwischen Australien und Deutschland von 1975 auf die zu zahlenden Steuern in Australien anrechnen.

Falls man daran denkt, **im laufenden Steuerjahr** Immobilien in Deutschland zu verkaufen, sollte man rechtzeitig einen australischen und eventuell auch einen deutschen Steuerberater konsultieren, damit diese Summe als Vermögen bei der Einwanderung gewertet wird und nicht als zu versteuerndes Einkommen. Rücksprache sollte man auch in Bezug auf **Erbschaften** halten, die unter Umständen anstehen.

Am besten hält man bezüglich aller Details mit seinem bisherigen **Finanzamt** bzw. **Steuerberater** Rücksprache. Die Steuerersparnis durch eine gute Beratung ist in der Regel höher als das zu zahlende Honorar.

Agentur für Arbeit

Wenn man aktuell Leistungen von der Agentur für Arbeit bezieht, sollte man sich persönlich dort abmelden.

Kreiswehrersatzamt

Deutsche im Ausland sind grundsätzlich **wehrpflichtig.** Alle männlichen Personen müssen nach Vollendung des 17. Lebensjahres eine Genehmigung des zuständigen Kreiswehrersatzamtes einholen, wenn sie aus Deutschland auswandern. Die Anschrift des zuständigen Amtes kann man im Internet unter www.terrwv.bundeswehr.de erfahren. Die Genehmigung wird in der Regel nur dann nicht erteilt, wenn man bereits einen **Einberufungsbescheid** erhalten hat. Hat man bis zum 32. Lebensjahr keinen solchen Bescheid erhalten, muss man keine Genehmigung mehr einholen. Meldet man sich nicht ordnungsgemäß ab, kann der Reisepass eingezogen werden.

Mit der erforderlichen Genehmigung ruht jedoch die Wehrpflicht. Sofern man fortan seine Lebensgrundlage im Ausland, sprich Australien hat, wird man nicht mehr zum Wehrdienst nach Deutschland abbestellt.

Gleiches gilt im Übrigen auch für anerkannte **Kriegsdienstverweigerer,** die anstelle des Wehrdienstes Zivildienst leisten. Sie müssen sich auch dann beim Bundesamt für den Zivildienst abmelden, wenn dieser schon abgeleistet wurde.

GEZ

Damit man nicht auf einmal in Australien Rechnungen von der deutschen Gebühreneinzugszentrale erhält, sollte man sich von der Website www.gez.de unter „Online-Service" das Abmeldeformular herunterladen und ausgefüllt per Post an die GEZ, 50656 Köln, oder an die Faxnummer 0180 582 1030 schicken. Die Abmeldung wird jedoch immer erst zum Monatsende wirksam.

Fahrzeugzulassungsstelle

Zur **Abmeldung** muss man bei der Zulassungsstelle den **Fahrzeugbrief,** den **Fahrzeugschein** und die **Kennzeichen** vorlegen. Eine Abmeldung empfiehlt sich auch dann, wenn man das Fahrzeug verkauft. Es kommt leider immer wieder zu Problemen, wenn der neue Halter schon mit dem Fahrzeug fährt, ohne es umgemeldet zu haben, und dann einen Unfall baut.

Braucht man für eine Probefahrt mit einem Kaufinteressenten wieder ein Kennzeichen, kann man bei der Zulassungsstelle sogenannte **Kurzzeitkennzeichen** beantragen (gelten maximal fünf Tage). Man braucht dazu eine ausgefüllte Versicherungsbestätigung und den gültigen Personalausweis oder Reisepass des Halters (bei Firmen außerdem die Gewerbeanmeldung bzw. den Handelsregisterauszug).

Wenn man zu der Minderheit gehört, die das eigene Fahrzeug **mit nach Australien nimmt,** muss es lediglich bei der Zulassungsstelle abgemeldet werden (⇨„Verlassen der Heimat, Was zieht mit um?").

BAföG-Amt

Studenten, die aktuell noch Leistungen nach dem Berufsausbildungs-Förderungs-Gesetz beziehen, müssen den Umzug nach Australien beim Amt für Ausbildungsförderung (⇨ www.bafoeg.bmbf.de für Adressen) und dem Bundesverwaltungsamt (BVA) melden. Personen, die derzeit noch ihr **BAföG zurückzahlen,** müssen ihren Umzug ebenfalls beim BVA melden. Von der Website www.bva.bund.de (Stichpunkt „Aufgaben", „BAföG", „Mitteilungspflicht") kann man sich das Formular zur Anschriftenänderung herunterladen.

Dem BVA sind auch jegliche **Änderungen der Einkommens- und Familienverhältnisse** mitzuteilen, sofern man bislang von der Rückzahlungspflicht freigestellt war.

Familienkasse, Kindergarten, Schule

Wenn man **Kindergeld** u.Ä. von der Familienkasse bezieht, muss man sich und das Kind bzw. die Kinder hier persönlich abmelden.

Man sollte auch nicht vergessen, sein Kind bzw. seine Kinder beim Kindergarten oder bei der Schule abzumelden.

030aa Foto: rg

Grundbuchamt

Wenn man in Deutschland noch Immobilien besitzt, sollte man beim Grundbuchamt einen **Zusteilungsbevollmächtigen** in Deutschland ernennen, der die Regelung oder Verwaltung des Objektes vor Ort übernehmen kann.

Seine Rentenansprüche aus Deutschland kann man in Australien geltend machen

Sonstiges

Rentenanspruch

Seit dem 1. Januar 2003 gibt es ein **Sozialversicherungsabkommen** zwischen Deutschland und Australien. Es betrifft Altersrenten, Behindertenrenten, Pflegegeld für Partner von australischen Empfängern einer Behinderten- oder Altersrente, Renten, die an verwitwete Partner gezahlt werden, z.B. die Erziehungsrente für Alleinstehende und die Hinterbliebenenbeihilfe, sowie die Vollwaisenrente. Hat man länger als 60 Kalendermonate in die Rentenversicherung in Deutschland eingezahlt, hat man ein Anrecht auf die deutsche Rente, sobald man in Australien das Rentenalter erreicht hat. Bei der Berechnung der Rentenhöhe werden jedoch nur die selbst eingezahlten Rentenbeiträge berücksichtigt, nicht der Arbeitgeberanteil. Seine **Rentenansprüche** aus Deutschland macht man in Australien problemlos über Centrelink geltend. Das Sozialversicherungsabkommen gewährleistet auch, dass man bei einer Rückkehr nach Deutschland dort seine Rentenansprüche aus der Arbeitszeit in Australien geltend machen kann (⇨„Rückkehr nach Deutschland, Tipps zur Rückwanderung, Rentenanspruch").

Damit man diese Rente später in Australien auch beantragen kann, sollte man sich von dem deutschen Rentenversicherungsträger einen **Rentenanspruch-Kontoauszug** erstellen lassen. Hier hat man dann noch einmal Gelegenheit zu prüfen, ob auch wirklich alle Anspruchszeiten registriert wurden. Was neben den Beitragszeiten (Arbeitszeitraum, in dem Beiträge gezahlt wurden) noch für Anspruchszeiten bestehen, kann man am besten in der Info-Broschüre der Deutschen Rentenversicherung nachlesen („Arbeiten in Deutschland und in Australien", www.deutsche-rentenversicherung-bund.de). Hier erfährt man auch, zu welchem Zeitpunkt die Rente beantragt werden kann.

Wenn man zunächst nur ein temporäres Visum hat und sich noch nicht sicher ist, ob man tatsächlich dauerhaft nach Australien auswandert, kann man erwägen, weiterhin freiwillig Pflichtbeiträge in die deutsche Rentenversicherung einzuzahlen. Dies ist insbesondere dann interessant, wenn man damit die **Wartezeit für die Rente** erfüllt.

Weitere Informationen gibt es bei dem deutschen Rentenversicherungsträger, an den man den letzten Beitrag bezahlt hat. Seit dem 1. Januar 2005 wurde jeder neuversicherte Arbeitnehmer durch die Datenstelle der Rentenversicherung einem Rentenversicherungsträger zugeordnet. Diesen sollte man seinen Unterlagen entnehmen können. Für Neuversicherte vor 1. Januar 2005 gelten die alten Ansprechpartner:

- **Rentenversicherung der Arbeiter:** Deutsche Rentenversicherung (ehemals LVA) Oldenburg-Bremen, Huntestr. 11, 26135 Oldenburg, Tel. (0441) 9270, Fax 927 563, www.deutsche-rentenversicherung-oldenburg-bremen.de
- **Rentenversicherung der Angestellten:** Deutsche Rentenversicherung Bund (ehemals BfA), 10704 Berlin, Tel. (030) 8651, Fax 8652 7240, www.deutsche-rentenversiche rung-bund.de
- **Deutsche Rentenversicherung Knappschaft-Bahn-See** (für alle, die einen einzigen Beitrag an die Bahnversicherungsanstalt, die Knappschaft oder die Seekasse entrichtet haben): Hauptverwaltung, Pieperstr. 14–28, 44789 Bochum, Tel. (0234) 3040, Fax 3046 6050

Wenn man **weniger als 60 Kalendermonate** Beiträge in die deutsche Rentenversicherung eingezahlt hat, kann man sich den selbst eingezahlten Anteil (ohne Arbeitgeberanteil) auszahlen lassen, sobald man australischer Staatsbürger geworden ist und die deutsche Staatsbürgerschaft aufgegeben hat (⇨„Längerfristige Eingliederung, Staatsbürgerschaft, Vorteile").

Hat man noch weitere Fragen zum deutschen Rentenanspruch, kann man auch die **Onlineberatung** (Chat) oder das Expertenforum auf der Website www.deutsche-rentenversicherung-bund.de (unter „Beratung“) nutzen, um Fragen allgemeinerer Natur zu klären. Individuellere Fragen werden per E-Mail unter meinefrage@drv-bund.de beantwortet.

Internationaler Führerschein

In den ersten drei Monaten nach Einreise kann man in Australien mit seinem deutschen Führerschein Auto fahren, aber auch dann ist man in den meisten Bundesstaaten verpflichtet, ebenfalls einen internationalen Führerschein vorzeigen zu können. Wenn man schließlich einen australischen Führerschein beantragt, muss man in den meisten Bundesstaaten nicht einmal eine Prüfung ablegen (⇨„Neuanfang in Australien, Verkehrsmittel, Eigenes Auto, Führerschein“).

Den internationalen Führerschein kann man bei der **Führerscheinstelle des Straßenverkehrsamts** beantragen. Man muss dazu einen gültigen deutschen Führerschein vorlegen. Hat man noch den alten rosafarbenen oder gar den grauen Schein, ist es wahrscheinlich, dass man sich zunächst einen neuen Führerschein in Scheckkartengröße ausstellen lassen muss; dafür wird natürlich eine zusätzliche Gebühr erhoben. Ein überflüssiges Prozedere, da der deutsche Führerschein je nach Bundesstaat und Territorium in Australien beim Umschreiben wieder ungültig wird. Vielleicht hat man ja Glück und kann den deutschen Bearbeiter bei der Führerscheinstelle überzeugen, „eine Auge zuzudrücken“ und den bürokratischen Umweg über den Führerschein in Scheckkartengröße wegzulassen.

Familiendokumente

Es gibt so manches amtliche Dokument, das man mit nach Australien nehmen sollte, wie z.B. die **Geburtsurkunde,** sofern vorhanden Stammbuch und **Familienbuch** mit allen dazugehörigen Urkunden, eventuelle **Scheidungsurteile, Annullierungspapiere** oder die **Sterbeurkunde** eines früheren Ehepartners. Diese braucht man auch in Australien spätestens dann wieder, wenn man heiraten möchte. Idealerweise lässt man sich von den Dokumenten auch gleich je eine Kopie beglaubigen, denn dies ist später von Australien aus nur umständlich zu organisieren.

Zeugnisse, Diplome etc.

Wandert man mit einem *Skilled Migration Visa* nach Australien aus, hat man für die Anerkennung der **Berufsqualifikationen** schon einiges an Zeugnissen und Diplomen in beglaubigter Übersetzung vorlegen müssen, um das Visum beantragen zu können. Darüber hinaus hat man jedoch vielleicht noch mehr Zeugnisse und Diplome, die man später noch einmal zum Nachweis weiterer Qualifikationen gebrauchen könnte. Dies ist insbesondere für all diejenigen wichtig, die aus Liebe nach Australien auswandern, um dort mit ihrem australischen

Partner zu leben. Wenn diese Personen dort dann auch berufstätig werden wollen, sollten sie bereits in Deutschland Kopien ihrer Zeugnisse und Diplome beglaubigen lassen. Diese beglaubigten Kopien kann man dann später, wenn man sie zum Bewerben benötigt, preisgünstig in Australien übersetzen lassen (⇨„Neuanfang in Australien, Arbeit, Berufsanerkennung").

Wenn man mit schulpflichtigen Kindern auswandert, sollte man auch deren **Schulzeugnisse** beglaubigen lassen. In Australien kann man sie dann preiswert übersetzen lassen.

Medizinisches

Auch wenn man eine Daueraufenthaltsgenehmigung hat, wird man sich für die ersten zwei Jahre in Australien privat versichern müssen. Daher sollte man am besten alle notwendigen **Arztbesuche** noch in Deutschland erledigen, bevor man seine deutsche Krankenversicherung kündigt.

Aber auch, wenn es keine akuten gesundheitlichen Gründe gibt, einen Arzt aufzusuchen, sollte man bei allen Ärzten, bei denen man im Laufe der Jahre in Behandlung war, anrufen und um die Zusendung der **Krankenakten** bitten. Es ist wichtig, diese bei späteren Arztbesuchen in Australien vorlegen zu können, damit die Kollegen dort nicht wieder ganz von vorn anfangen müssen.

Man sollte auch nicht vergessen, seinen internationalen **Impfpass** mitzunehmen. Dies ist insbesondere für kleine oder schulpflichtige Kinder wichtig, denn in einigen Bundesstaaten bzw. Territorien wird man beim Anmelden des Kindes zur Schule oder zur Kindertagesstätte gebeten, einen Impfpass für das Kind vorzulegen (⇨„Neuanfang in Australien, Kinder" für Informationen dazu, welche Schutzimpfungen für Kinder in Australien üblich sind).

Wahlrecht

Insbesondere, wenn man die Auswanderung nicht für immer plant, hat man vielleicht ein Interesse daran, weiterhin an den deutschen Wahlen teilzunehmen. Sofern man die deutsche Staatsbürgerschaft hat, mindestens 18 Jahre alt ist und nicht mehr als 25 Jahre seit dem Verlassen Deutschlands vergangen sind, darf man auch als im Ausland lebender deutscher Staatsbürger an den Wahlen zum Deutschen Bundestag und an den Europawahlen teilnehmen.

Wenn man weiterhin an den Wahlen teilnehmen möchte, kann man sich im **Wählerverzeichnis** seiner letzten Heimatgemeinde in Deutschland eintragen lassen. Das Antragsformular bekommt man u.a. auf der Internetseite www.bundeswahlleiter.de/wahlrecht ausld.htm unter „Service für Auslandsdeutsche".

Was zieht mit um?

Der erste Gedanke mag sein, seinen Hausstand mit den vielleicht über Jahrzehnte gesammelten Schätzchen komplett nach Australien mitzunehmen und alles in einem großen Container zu verschiffen. Die Erfahrung hat aber gezeigt, dass **viele Dinge aus Europa nicht „australientauglich"** sind und man lieber zweimal überlegen sollte, bevor man alles mitnimmt.

Darüber hinaus gibt es für die **Einfuhr** von Waren nach Australien sehr **strenge Bestimmungen,** die zum einen den Artenreichtum der australischen Flora und Fauna schützen, zum anderen das Land vor wirtschaftlichen Schäden bewahren sollen.

Abgesehen von den Waren, die unter die Quarantänebestimmungen fallen, gibt es auch weitere Einfuhrbeschränkungen. Als Migrant darf man jedoch grundsätzlich seinen persönlichen Besitz **zoll- und mehrwertsteuerfrei** nach Australien einführen, sofern man diese Habseligkeiten bereits seit mindestens zwölf Monaten (vor Einreise nach Australien) besitzt. Im Zweifelsfall muss man das mit entsprechenden Kaufbelegen beweisen können. Die Zahl der einzelnen Waren sollte auch nicht vermuten lassen, dass man damit in Australien Handel treiben möchte – wer also z.B. mehr als eine Waschmaschine einführt, macht sich verdächtig.

Nicht unter „persönlichen Besitz" fallen Fahrzeuge, Fahrzeugteile, Anhänger, Wohnwagen, Boote, Flugzeuge und Landwirtschaftsmaschinen.

Die nachfolgenden Kapitel sollen etwas mehr Klarheit darüber schaffen, bei welchen Artikeln sich die Einfuhr nach Australien lohnt und bei welchen erfahrungsgemäß eher nicht.

Tipps, wie man in Australien günstig an einen neuen Hausstand kommt, gibt es im Kapitel „Neuanfang in Australien, Das neue Heim, Neuer Hausstand".

Zoll- und Quarantänebestimmungen

Der australische Kontinent blieb aufgrund seiner geografischen Isoliertheit lange Zeit weitgehend unberührt von äußeren Einflüssen. Dies änderte sich durch die britische Kolonisierung ab 1788 dramatisch: Über Pflanzen und Tiere von den anderen Kontinenten wurden z.B. neue Schädlinge und Krankheitserreger eingeschleppt, die es zuvor in Australien nicht gab. Viele Aborigines erlagen diesen Krankheiten, weil sie so schnell keine Abwehrkräfte gegen die Viren und Bakterien entwickeln konnten.

Eingeschleppte Schädlinge und Krankheiten bedrohen die australische Tier- und Pflanzenwelt sowie die Menschen Down Under auch heute noch. Bislang ist Australien von Krankheiten wie z.B. der Tollwut oder der Maul- und Klauenseuche verschont geblieben. Sollten diese den australischen Kontinent erreichen, würde dies u.a. die Viehwirtschaft und die Tourismusindustrie in Milliardenhöhe schädigen.

Aus dem Grund werden die australischen Grenzen vom Australian Quarantine and Inspection Service (AQIS) **scharf kontrolliert** – sowohl die Flug- und Seehäfen als auch die Postzentren. Mittels Röntgengeräten und Spürhunden wird untersucht, ob das Gepäck oder die Postsendungen Waren enthalten, die ein Quarantänerisiko darstellen. Man sollte die Bestimmungen der australischen Regierung unbedingt respektieren und im Interesse seiner zukünftigen Heimat nicht versuchen, die Beamten hinters Licht zu führen. Ein **Zuwiderhandeln** kann bis zu zehn Jahre Freiheitsstrafe sowie Geldstrafen bis zu 60.000 $ nach sich ziehen. Außerdem gefährdet man damit seine Einwanderung nach Australien und findet sich im schlimmsten Fall auf dem nächsten Rückflug nach Deutschland wieder.

Nachfolgende Dinge müssen beim Zoll auf der *Incoming Passenger Card* (Passagier-Einreisekarte) **deklariert** werden, die man beim Hinflug erhält, damit sie auf Gefährlichkeit überprüft werden können:

- **Pflanzenprodukte** wie Holzartikel und Schnitzereien (inkl. bemalter oder lackierter Gegenstände, z.B. Kuckucksuhren oder Schuhabsätze), kunsthandwerkliche Gegenstände aus pflanzlichen Materialien (Matten, Taschen und andere Artikel), Stroh, Palmenblätter, Getreide, Kokosnuss(-schalen), Bambus-, Schilf- oder Rattankörbe und -möbel, Tannenzapfen, getrocknete Blumen und Gestecke, Potpourris, Weihnachtsdekoration. **Verboten** sind aus Bananenpflanzen hergestellte Artikel, Gemüse-, Blumen- und andere Pflanzensamen, unidentifizierte Samen, Ziergegenstände aus Samen, Kiefernzapfen, Getreidekörner, Vogelfutter, Popcorn, rohe Nüsse, Erdnüsse, Topf- und Ballenpflanzen, Stecklinge inkl. Koniferen, Fichten, Misteln und Reben, Wurzeln und Wurzelstöcke, Zwiebeln, Knollen, Pflanzenstängel, Rinde und sonstiges lebendes Pflanzenmaterial.
- **Tierprodukte** wie Tierfelle (inkl. Felltrommeln und Schilde), Tierhaut, Sehnen, Horn, Stoßzähne, Pelz, Federn, Haar, Eierschalen, Knochen, Muscheln (inkl. Schmuck), Korallenstücke, Wolle, Vlies, Garn, Teppiche, Bienenprodukte (inkl. Bienenwachs und Waben) etc., kurzum alles, was vom Tier stammt. Für ausgestopfte Tiere braucht man ein Zertifikat des Tierpräparators. **Verboten** sind alle lebenden Tiere.
- **Lebensmittel,** egal ob gekocht oder roh, frisch oder im Glas eingemacht, essbar oder medizinisch anwendbar, z.B. Trockenfrüchte, Gemüse, Kräuter, Gewürze, Tee, Kekse, Süßwaren, Nudeln, Reis, Kaffee, Milchgetränke, Bienenprodukte, abgepackte Speisen inkl. Flugzeugessen und Sandwiches, Arzneikräuter, traditionelle Heilmittel, Tonika und Kräutertees. **Verboten sind:** Frische, gekochte, getrocknete Eier und Eipulver sowie Eiprodukte wie Mayonnaise, nicht in Dosen verpackte Fleischprodukte (Gläser sind nicht erlaubt!): frisches, getrocknetes, gefrorenes, gekochtes, geräuchertes, gesalzenes oder sonstwie konserviertes Fleisch aller Tierarten, vakuumverschweißte und verpackte fleischhaltige Produkte, Tiernahrung inkl. konservierter und Rohlederknochen, Milchprodukte (außer aus Ländern, die offiziell frei von Maul- und Klauenseuche sind) inkl. Käse, Joghurt und frischer oder getrockneter Produkte, die Milch enthalten (einzige Ausnahme: Babymilchprodukte, wenn man mit einem Baby reist), frisches und gefrorenes Obst und Gemüse, Kräutertees mit Fruchtstücken, Lachs oder Forellenprodukte.
- **Kleidung und Ausrüstung** wie Lederkleidung, Schuhe, Gartengeräte, Veterinärinstrumente, Sättel, Zaumzeug, Tier- oder Vogelkäfige, Zelte, Golfausrüstung, Fahrräder, Angelausrüstung, tierärztliche Instrumente, Scher- oder Fleischerinstrumente. All diese Dinge sollten auch besonders sorgfältig gereinigt werden!
- **Sand und Erde** sind verboten. Schuhe sowie Sport- und Campingausrüstung sollten daher sorgfältig gereinigt werden, damit keine fremden Erreger, Pflanzensporen oder Tiereier in der Erde eingeführt werden. Con-

031aa Foto: eg

Der AQIS kontrolliert alle eingeführten Waren strengstens

tainer sollten aus dem gleichen Grund vor der Verladung von innen und außen gereinigt werden, damit sie frei von pflanzlichem oder tierischen Material sind.

- **Verpackungsmaterial** beachten: Nichts in Eierschachteln, Holz- oder Pappkisten verpacken, die früher Lebensmittel enthalten haben. Auch kein Stroh oder anderes getrocknetes Pflanzenmaterial zum Verpacken verwenden. Die Sendung muss dann an einem vom AQIS genehmigten Ort ausgepackt und das Pflanzenmaterial zur Behandlung oder Vernichtung auf Kosten des Importeurs entfernt werden. Zerbrechliche Gegenstände sollten in Zeitungspapier oder Schaumstoff verpackt werden. Sämtliches für Verpackungszwecke im Container benutztes Stauholz (ohne Rinde) sollte durch eine von AQIS genehmigte Methode behandelt werden. Man muss ein gültiges Behandlungszeugnis vorweisen können. Hinweis: Fracht- und Verpackungsmaterialien in Containern werden getrennt abgefertigt.

Die deklarierten Artikel werden von einem Quarantänebeamten kontrolliert. Oft erhält man die deklarierten Waren nach der Inspektion zurück. Bei Beanstandungen gibt folgende Möglichkeiten (je nach Quarantänerisiko):

- Man kann die Ware behandeln lassen (z.B. durch Ausräucherung oder Bestrahlung).
- Man kann die Ware beim Zoll lassen, bis man eine Einfuhrgenehmigung erhalten hat.
- Man kann die Ware wieder nach Deutschland exportieren bzw. an den Absender zurückschicken.
- Die Ware wird schlicht vernichtet (als einzige Variante kostenlos).

Darüber hinaus sind folgende Details zu beachten:

- Man sollte prüfen, ob man für die Waren eine **Einfuhrgenehmigung** benötigt. Die australischen Einfuhrbedingungen findet man über die Datenbank („ICON Search" unter www.aqis.gov.au/icon32). Hat man eine bestimmte Frage zur Einfuhrgenehmigung, kann man sich an den australischen Zoll wenden: information@customs.gov.au.
- Informationen über **Zoll-Freimengen** in Australien und über **einfuhrbeschränkte Waren** finden sich auf der Website www.customs.gov.au.
- Bei Post- und Containersendungen sollte die **Inhaltserklärung** deutlich und vollständig ausgefüllt werden (sowohl Inhalt als auch Verpackungsmaterial). Die Verpackungserklärung sollte ausführliche Angaben zur Sauberkeit des Containers enthalten sowie angeben, ob Stroh oder Holz als Verpackungsmaterialien verwendet wurden und ob sich an

der Holzverpackung Rinde befindet. Wenn diese Einzelheiten nicht angegeben wurden, muss der Container geöffnet und an einem vom AQIS genehmigten Ort untersucht werden (die Folge: Verzögerungen und Kosten).

- **Weitere Informationen:** www.daffa.gov.au/aqis oder auch kurz in deutscher Sprache www.daffa.gov.au/languages/german_deutsch. Hat man eine bestimmte Frage, kann man sich auch direkt an den AQIS in Australien wenden: airports@aqis.gov.au oder Fax (02) 6272 3468.

Der Hausstand

Bevor man seinen Hausstand so mir nichts, dir nichts nach Australien verschifft, sollte man sich über einige Unterschiede in den australischen Wohngepflogenheiten im Klaren sein. Kauft oder mietet man in Australien ein Haus, ist darin immer eine **Küche** (zumindest Backofen, Herd und Abzugshaube) und ein **Badezimmer** installiert. Außerdem haben die meisten (90 %) der australischen Wohnhäuser kein **Kellergeschoss** oder einen nutzbaren **Speicher** (die Dächer haben einen flacheren Winkel). Hat man ein frei stehendes Haus, hat man höchstens einen **Schuppen** im Garten. In der Regel muss man alles, was man mitnimmt, in dem meist knapp bemessenen Schrankraum in der Wohnung selbst unterbringen. Reicht der Platz irgendwann nicht mehr aus, muss eines der Zimmer dran glauben und wird kurzerhand zum *Rumpus Room* (Freizeitzimmer mit Rumpelkammer-Charakter) umfunktioniert, oder aber die eventuell vorhandene **Garage** wird als Abstellkammer genutzt, und das Auto muss auf der Straße bleiben.

Die nachfolgenden Kapiteln enthalten Argumente für und gegen die Mitnahme bestimmter Haushaltsgegenstände. Vorab aber ein grundsätzlicher Tipp: Wenn man ohnehin einen **Container nach Australien** verschiffen möchte, sollte man diesen auch so voll wie möglich packen. Selbst Geräte oder Gegenstände, von denen man annimmt, dass man sie in Australien nicht brauchen wird, lassen sich dort oft problemloser verkaufen als in Deutschland. Darüber hinaus verliert man beim Verkauf eines gebrauchten Gerätes oder Möbelstückes immer Geld, und die Neuanschaffung eines gleichwertigen Gerätes wird in der Regel mehr kosten. Wenn man also ohnehin einen Container verschifft, kann man ebensogut all seine intakten Geräte mitnehmen. Näheres hierzu im Kapitel „Verlassen der Heimat, Transport nach und in Australien, Transport von Hab und Gut, Per Seefracht".

Elektrische Geräte

Immer wieder ist in den Australienforen zu lesen, dass vor allem deutsche Einwanderer gerne ihre geliebten technischen Geräte aus der alten Heimat mitbringen. Hier sind die Gründe, es nicht zu tun:

- In Australien sind **Steckdosen und Stecker anders.** Wenn man also Stereoanlage, Fön, Rasierer, Computer, Staubsauger, Waschmaschine etc. mitnehmen möchte, muss man sich darauf einstellen, immer mit **Adaptern** zu hantieren. Wenn man die Geräte doch mitnimmt, sollte man auch einige Mehrfachstecker aus Deutschland mitbringen, so begrenzt man die Zahl der notwendigen Adapter auf einen pro Mehrfachstecker.

- Handelt es sich nicht um ein neuwertiges Top-Qualitätsprodukt, kann man das alte Gerät besser in Deutschland verkaufen und in Australien ein Neugerät anschaffen. Dann hat man auch den **Garantieanspruch** vor Ort. Bei alten Geräten aus Deutschland ist die Garantiezeit unter Umständen ohnehin schon abgelaufen, oder die Garantie gilt gar nicht weltweit (in den Unterlagen prüfen).
- Für bestimmte Geräte wie z.B. ein Laptop lohnt sich vielleicht eine **Neuanschaffung in Singapur.** Die dort verkaufte Ware hat neuerdings fast immer multinationale Stecker, die in Australien passen. Zwischen Singapur und Australien gibt es seit 2003 das Wirtschaftsabkommen *Singapore Australia Free Trade Agreement* (SAFTA), aufgrund dessen Waren „Made in Singapore" zollfrei von Singapur nach Australien eingeführt werden können – lediglich die Mehrwertsteuer ist bei Ankunft in Australien zu entrichten. Fragen zu diesem Thema kann man direkt an den Australian Customs Service, Valuation and Origin Section, richten: origin@customs.gov.au oder Fax (02) 6275 6477.
- Wenn das gute Stück aus Deutschland denn doch kaputt geht, ist nicht unbedingt gesagt, dass man **Ersatzteile** in Australien bekommt, selbst wenn die Marke als solche auch auf dem dortigen Markt erhältlich ist. Wenn ein Ersatzteil eigens aus Europa importiert werden muss, kann es teuer werden!

Für bestimmte Geräte und Gerätegruppen gilt neben diesen grundsätzlichen Feststellungen Folgendes:

- **TV, DVD- und Videoplayer:** Für jemanden, der sich gerade erst den Traum von einem Plasma- oder TFT-Fernseher erfüllt hat, lohnt es sich wahrscheinlich, diesen nach Australien mitzunehmen, denn diese Geräte verlieren schnell an Wert, und man müsste in Australien wieder eine Unsumme für ein vergleichbares Gerät hinlegen. Von der Mitnahme konventioneller Fernseher ist abzuraten, da deren Bildröhren auf das Magnetfeld der Nordhalbkugel abgestimmt sind, was dann bei Inbetriebnahme in Australien zu roten und grünen Flecken auf dem Bildschirm führt. Das Nachjustieren vor Ort ist teuer. In Australien nutzt man, wie in Deutschland, auch PAL (und nicht wie in den USA NTSC), d.h. von der Bildqualität der deutschen Video- und DVD-Sammlung geht auch auf einem in Australien gekauften Gerät nichts verloren. Bei DVD-Playern ist auch noch zu bedenken, dass, wenn dieser nicht *region free* ist, sich eine Mitnahme kaum lohnt, da die Sperrung vermutlich schon beim Einlegen der ersten in Australien gekauften DVD einsetzt und man dann keinen Film mehr darauf abspielen kann. Beim Kauf eines neuen Gerätes in Australien sollte man ebenfalls sichergehen, dass dieses *region free* ist, damit die DVDs aus Europa auch weiterhin darauf abgespielt werden können.
- **Computer und Laptop:** In Australien haben die Geräte standardmäßig eine englischsprachige Tastatur, einige Buchstaben sind anders belegt (ä, ö, ü und ß verschwinden in die Sonderzeichentabelle). Man kann die Tastatursprache bei Bedarf alternativ auf Deutsch einstellen, dann ist die Tastenbelegung wie in Deutschland, auch wenn die Symbole auf den Tasten etwas anderes anzeigen (wenn man sie nicht überklebt). Logischerweise arbeitet man in Australien auch nur mit den englischsprachigen Versionen der Betriebssysteme und Softwareprogramme, wenn man also ein Problem mit seinem aus Deutschland mitgebrachten Computer hat, kann einem ein australischer Experte u.U. nicht helfen. Darüber hinaus wird man in vielen Berufszweigen auch am Arbeitsplatz einen Computer nutzen, da ist es nur nachteilig, wenn man sich mit den Programmen in englischer Sprache nicht auskennt.
- **Waschmaschine und Trockner:** Man kann viele (deutsche) Qualitätsmarken auch in Australien kaufen, und Geräte anderer Hersteller sind nicht unbedingt schlechter. Im Übrigen ist der Waschzyklus bei den in Australien beliebten Topladern in der Regel erheblich kürzer, was Strom und Wasser spart.
- **Staubsauger:** Diese Geräte sind dem Zoll ein Dorn im Auge, da sie aufgrund der Quarantänebestimmungen extrem sorgfältig gereinigt werden müssen.
- **Backofen, Herd** (in der Regel ein Gasherd) und **Abzugshaube** sind in australischen Kü-

chen stets schon eingebaut. Sind sogar schon **Spülmaschine** oder gar **Mikrowelle** vorhanden, wird dies meist ausdrücklich in den Immobilienanzeigen erwähnt. Ist z.B. keine Spülmaschine vorhanden, gibt es oft auch keinen Platz mehr für sie in der Küche. In Australien gehören eingebaute Küchengeräte grundsätzlich zum Objekt und werden bei Verkauf oder Neuvermietung nicht vom alten Eigentümer oder Mieter mitgenommen.

- **Kühlschrank:** Diese sind nicht immer bereits in die Küche eingebaut, aber man kann sie am besten in Australien kaufen, denn dort fallen sie aus gutem Grund in der Regel größer aus. Einerseits, weil sich der nächste Supermarkt selten in Laufweite befindet, sondern mit dem Auto zum Großeinkauf aufgesucht wird, d.h. man muss wesentlich mehr Waren im Kühlschrank unterbringen. Außerdem sind die Verpackungsgrößen von Lebensmitteln in Australien im Durchschnitt größer als in Deutschland – statt 1-Liter-Flaschen sind es 2,5-Liter-Flaschen etc. Darüber hinaus ist es wegen der hohen Temperaturen in Australien und wegen des Ungeziefers wie Ameisen, Termiten und Fliegen notwendig, weitaus mehr Waren im Kühlschrank zu verstauen – z.B. auch Schokolade, Zwiebeln, Kartoffeln etc. Obendrein sind Kühlschränke extrem transportempfindlich, sodass sich das Verschiffen im Container nicht lohnt.
- **Telefon, Fax, Anrufbeantworter, Modem:** In Australien müssen all diese Telekommunikationsgeräte das „Häkchen" *(A-tick)* der Australian Communications and Media Authority (ACMA) aufweisen, sonst sind sie nicht für die dortige Telekommunikation zugelassen. Man kann also diese Geräte getrost alle in Deutschland zurücklassen.
- **Mobiltelefon:** Sofern man noch ein passables Handy hat, kann man es durchaus nach Australien mitnehmen, um dort eine australische SIM einzulegen. Es muss jedoch SIM-lock-frei sein, d.h. man muss beim bisherigen Provider die Freischaltung beantragen, womit eine Gebühr verbunden sein kann.

Möbel, Hausrat und Dekoration

Möbel, Hausrat und Dekoration geben dem Wohnraum den persönlichen Touch. Wenn man solche Stücke über Jahre mit Liebe angesammelt hat, möchte man sich wahrscheinlich nicht davon trennen, sondern dieses „Stück Heimat" mit nach Australien nehmen. Auch bei Besteck, Geschirr, Töpfen, Pfannen, Gardinen, Kissen, Teppichen, Kunstgegenständen etc. gilt, dass sich die Mitnahme nach Australien lohnen kann, wenn die Gegenstände einen hohen Gebrauchswert oder einen sentimentalen Wert haben und man so schnell keine gleichwertig praktischen oder schönen Stücke neu ansammeln kann. Dennoch ist die Verschiffung nach Australien nicht für alle Möbelstücke zu empfehlen:

- Typisch für australische Häuser und Wohnungen sind in die Wand **integrierte Einbauschränke** (bzw. begehbare Schränke) in Küche, Schlafzimmer und Flur, sodass man mit einem noch so schönen Holzschrank aus Deutschland unter Umständen in einem australischen Haus nichts anfangen kann, es sei denn, man reißt im gerade gekauften Haus gleich alle Einbauschränke heraus und modelt alles um. Wohnt man zunächst einmal für längere Zeit zur Miete, wie es sinnvollerweise für ein bis zwei Jahre von den meisten Auswanderern gehandhabt wird (⇨„Neuanfang in Australien, Das neue Heim"), kann man noch weniger mit den aus Deutschland mitgebrachten Schränken anfangen.
- Bei **Holzmöbeln** muss man mit einer eingehenden Inspektion durch den AQIS rechnen, da sich darin Schädlinge verbergen könnten. Im Zweifelsfall verordnet der AQIS eine Begasung der Möbel bei Ankunft, was mit ca. 400 $ zu Buche schlägt (es dauert einen ganzen Tag).

Bett und Bettwäsche

Den Schlafzimmerschrank hat man nun schon in Deutschland gelassen

(⇨ oben), jetzt soll aber das geliebte Bett mitreisen. Doch auch in australischen Schlafzimmern ist einiges anders als in deutschen:

- Wer sein Bett aus Europa ohne Matratzen mitbringen möchte, sollte wissen, dass man in Australien andere **Standardgrößen für Matratzen** verwendet. Paare schlafen dort nun einmal im „französischen Bett" und nicht mit deutscher Matratzenritze. Am üblichsten ist *Queen Size* mit ca. 153 cm Breite, die *King Size* liegt bei 183 cm Breite. Daneben gibt es einige *Single Sizes,* die sich in Breite und Länge unterscheiden und oft für Kinder gedacht sind (ca. 92 cm breit). Ein *King Single* ist jedoch ca. 107 cm breit.
- In Australien legt man sich als Paar nicht nur zusammen in ein „französisches Bett", sondern kuschelt passend dazu auch unter einer einzigen **Bettdecke.** Einpersonendecken gibt es in Australien vornehmlich für Kinder – entsprechend begrenzt ist die Musterauswahl bei Überzügen. Die geliebte Daunendecke oder das -kissen können zwar mit, müssen aber wegen der Federn deklariert werden. Je nachdem, in welche Klimaregion Australiens man umzieht, benötigt man jedoch ein weitaus dünneres Deckbett, als man bisher in Deutschland genutzt hat. Vielleicht sattelt man bei der Gelegenheit gleich auf australische Schlafgewohnheiten um und kauft sich dort alles inklusive Überzüge und Laken neu.

Sonstiges

Vieles hat man über Jahre von Wohnung zu Wohnung mitgenommen, weil man es irgendwann noch einmal brauchen könnte oder weil es einfach Geld gekostet hat. Bevor man diesen Ballast nach Australien verschifft, kann man versuchen, ihn zu verkaufen oder zu verschenken (⇨„Verlassen der Heimat, Was zieht mit um?, Verschenken und Entsorgen"). Hier ein paar Anregungen zu einigen Warengruppen:

- **Bücher** sind schwer, und oftmals liest man sie doch kein zweites Mal. Und so schön es auch sein mag, ab und zu ein deutschsprachiges Buch zu lesen – besser ist es, sich jetzt einmal voll in die Welt der australischen Autoren und englischsprachigen Bücher zu stürzen, denn das hilft enorm beim Aufbau eines Lebens als „Australier".
- **Werkzeug** ist zwar auch schwer und unhandlich, man braucht es aber garantiert sofort beim Einzug ins neue Heim. Das Aussuchen und Kaufen von Werkzeug, Heimwerkermaschinen und Kleinteilen frisst viel Zeit. Für den Verkauf in Deutschland bekommt man nie so viel zurück, wie die Neuanschaffung kosten wird, und zudem dauert es, bis man sich mit den australischen Baumärkten vor Ort auskennt. Tipp: Mitnehmen!
- Den Großteil der **Kleidung,** den man in Deutschland getragen hat, wird man auch weiterhin brauchen. Entgegen der Vorstellung, dass es in Australien immer warm ist, wird es auf der Südhälfte des Kontinents in den Wintermonaten durchaus ungemütlich kalt. Viele Häuser haben keine Heizung oder aber nur in einem Raum, da muss man sich doch wärmer anziehen. Außerdem gibt es auch in Australien Skigebiete. Des Weiteren wird man sicher wieder nach Europa reisen. Besonders zu Weihnachten fliegen Auswanderer nach Deutschland zur Familie, und dann lohnt es sich, noch eine dicke Winterjacke u.Ä. zu haben. Braucht man die warme Kleidung nicht, kann man sie noch immer in Australien verkaufen oder verschenken.
- **Wein:** Für die passionierten Weinsammler und -trinker stellt sich die Frage, ob es sinnvoll ist, den Weinkeller nach Australien mitzunehmen. Dies hängt zunächst einmal davon ab, in welche Klimaregion man auswandert. Wenn man Wein nicht bei einer konstanten Temperatur von ca. 10 °C lagern kann, ist dies nicht gerade förderlich für die Qualität. Aus dem gleichen Grund ist auch die Verschiffung im Container problematisch, denn während der Überfahrt kommt es oft zu hohen Temperaturen (Auswanderer berichten immer wieder von geschmolzenen Kerzen).
- **Fahrrad:** Wenn man nicht gerade ein großer Rennrad- oder Mountainbike-Crack in seiner Freizeit ist, kann man seinen Alltags-

drahtesel besser in Deutschland zurücklassen. Es gibt in Australien kaum Radwege für den Alltagsgebrauch, und das Fahren auf den Straßen ist oft lebensgefährlich, da die Pkw- und Lkw-Fahrer überhaupt nicht auf Radfahrer achten. Auch beim Freizeitrad sollte man sich gut überlegen, ob man in Australien mit seinen heißen Sommertemperaturen noch seinem Hobby nachgehen wird. Weitere Informationen unter www.cycling.org.au und www.bicycles.net.au.

Verkaufen

Jetzt ist also klar, dass man nicht alles in den Container packen sollte. Also wohin mit dem Hab und Gut? Idealerweise fängt man mit dem „Erleichtern" an, sobald klar wird, dass es mit dem Auswandern klappen kann. Denn fürs Verkaufen muss man auch ein wenig Zeit mitbringen.

Der gute alte **Flohmarkt** eignet sich immer dazu, ein Sammelsurium an Besitztümern zu verkaufen. Auf www.marktcom.de oder auch www.flohmarkt.de findet man Termine für Märkte in Wohnortnähe.

Besonders für den Kleinkram lohnt sich auch ein **Straßenverkauf,** den man in den englischsprachigen Ländern „Garage Sale" nennt. Man baut vor der Haustür einfach einen Tisch auf und stellt dort die zu verkaufende Ware aus. Der Nachteil: In Großstädten kann man Probleme mit dem Ordnungsamt bekommen.

Wenn man selbst wenig Zeit für einen Flohmarkt oder Straßenverkauf hat, kennt man vielleicht ein paar Jugendliche, die man gegen eine prozentuale Beteiligung mit der zeitraubenden Aufgabe betreuen könnte?

Ein besonderer Tipp: Am besten nimmt man Flugblätter mit **Fotos von den großen Möbelteilen** mit auf den Floh- oder Straßenmarkt und macht so Werbung für den Verkauf dieser sperrigen Teile. So spart man sich die Gebühren für eine Kleinanzeige, und man kann dem potenziellen Käufer gleich alle Fragen beantworten.

Mehr Geld als auf dem Flohmarkt oder beim Straßenverkauf bekommt man oftmals beim **Pfandleiher,** vorausgesetzt, die angebotenen Waren sind für diesen interessant (z.B. Uhren, Schmuck, Antiquitäten, Elektrogeräte, Qualitätsteppiche, Markenporzellan, Silberwaren etc.).

Ein weiterer Klassiker sind **Kleinanzeigen** in einer Lokalzeitung oder einem zielgerichteten Magazin. Diese Anzeigen kann man in den meisten Fällen auch online auf der Website der Zeitung oder des Magazins aufgeben. Diese Art von Verkaufsstrategie bietet sich vor allem für klobige Waren an, die man schlecht verschicken kann. Für Waren, die man per Post verschicken kann, bietet sich eher der **Online-Verkauf** an:

- **www.amazon.de** ist ideal, um deutschsprachige (mit Einschränkungen auch englischsprachige) Bücher zu veräußern. Das Gute ist, dass man sich nicht einmal um das „Eintreiben" des Kaufbetrages kümmern muss, und dass im Gegensatz zu Ebay auch keine Einstellungsgebühren anfallen, wenn man die Ware nicht verkauft hat. Man kann hier auch DVDs und CDs anbieten, aber diese Artikel verkaufen sich besser über Ebay.
- **www.ebay.de** ist bekanntermaßen *die* Plattform schlechthin für den Verkauf von so ziemlich allem. Am meisten Erfolg haben immer noch Versteigerungen, die man bei 1 Eu-

ro beginnen lässt. Damit man etwas allerdings nicht völlig unter Wert verkauft, sollte man vorher diesen oder einen vergleichbaren Artikel bei Ebay suchen und sich anschauen, für welche Summe dieser verkauft wird. Grundsätzlich muss man bei Ebay Einstellungskosten bezahlen, egal ob die Ware verkauft wird oder nicht. Tipp: Alles verkauft sich besser, wenn man ein sogenanntes Galerie-Bild mit einstellt!

Bücher, die man bei Amazon nicht loswird, kann man auch zum **Antiquariat** bringen, insbesondere, wenn es ältere Bücher, Sammlerstücke oder auch fremdsprachige Bücher sind, die bei Amazon gar nicht gelistet sind.

Kleidung bringt man am besten zum **Secondhand-Laden,** allerdings bekommt man dort meist nicht sofort das Geld, sondern die Ware wird in Kommission genommen, d.h., wenn sie verkauft wird, bekommt der Verkäufer Prozente, wenn nicht, erhält er die Ware zurück. Einen Versuch ist es aber wert, vor allem, wenn man interessante Stücke zu verkaufen hat.

Zu erwägen ist auch eine **Haushaltsauflösung,** die man z.B. in einer Zeitungsannonce ankündigt. Dabei sollte man einige der angebotenen Gegenstände nennen, um die Aufmerksamkeit potenzieller Käufer zu erregen. Es sei jedoch davon abgeraten, die Adresse in der Annonce bekanntzugeben. Man sollte einfach eine Telefonnummer angeben, damit die Besucher nach Terminvereinbarung kommen, sonst ist man leicht überfordert.

Verschenken und Entsorgen

Sicherlich wird man so manches **an Freunde und Verwandte verschenken.** Aber am Schluss bleiben immer noch Dinge übrig, die niemand braucht und sich auch nicht sinnvoll verkaufen lassen.

Daher möchte ich hier eine Anzahl an Möglichkeiten vorstellen, diese Dinge **für einen guten Zweck** zu verschenken, bevor sie ungenutzt auf dem Dachboden der Eltern herumliegen oder die Mülldeponien unnötig belasten.

- **Kindergärten, -krippen, -heime** freuen sich über Kinderkleidung, Spielzeug, Bastelmaterialien etc. Einfach anrufen und die Waren zum Verschenken anbieten.
- **An die Straße stellen** kann man seine Siebensachen in manchen Städten ganz offiziell zum Sperrmülltermin. Aber auch wenn es keinen offiziellen Sperrmülltag gibt, kann man die Sachen ruhig mal einen Tag lang an die Straße stellen mit einem großen Schild mit der Aufschrift „Zu verschenken". Man sollte natürlich dafür sorgen, dass die Sachen den Gehsteig nicht vollkommen blockieren und dass der Rest am Abend auch ordentlich aufgeräumt wird – ab ins Auto zur Entsorgung am Folgetag.

Karitative Einrichtungen wie das Deutsche Rote Kreuz (www.drk.de), Caritas (www.caritas.de), Diakonie (www.diakonie.de), Johanniter (www.johanniter.de), Samariter (www.asb.de), Malteser (www.malteser.de) und Arbeiterwohlfahrt (www.awo.org) unterhalten Sammelcontainer für getragene Kleidung, Schuhe, Gürtel, Heimtextilien etc., die man an meist in der Nähe von Supermärkten findet. Oftmals nehmen sie aber auch andere Sachspenden entgegen. Man sollte sich daher telefonisch an eine karitative Einrichtung vor Ort wenden. Die Adressen findet man im Telefonbuch und auf den oben genannten Websites. Es lohnt sich durchaus, auch den Pfarrer der örtlichen Gemeinde über seinen Wegzug zu informieren, denn dieser weiß, wer in der Gemeinde Not leidet und die Spenden gut gebrauchen kann. Darüber hinaus gibt es auch noch folgende Organisationen:

- **Oxfam,** Kleidung, Accessoires, Haushaltswaren, Bücher, CDs, Spielzeug, Heimtextilien etc. kann man z.B. an die Secondhand-Läden von Oxfam spenden. Diese verkaufen sie dann wieder. Der Erlös wird in ihre karitativen Projekte investiert: www.oxfam.de.
- **„Die Tafel"** kocht für Bedürftige und nimmt gern Geschirr und Besteck an: www.tafel.de.

Haustiere

Jedes Haustier bedarf einer **Einfuhrgenehmigung.** Außerdem kann man nicht jedes Tier, das man in Deutschland als Haustier halten darf, auch problemlos nach Australien einführen. Informationen über alle Tiere kann man auf der Website www.daff.gov.au/aqis/import unter „Live Animals and Reproductive Material" nachlesen. Hier werden nur die Bestimmungen für den Import von **Hunden und Katzen** vorgestellt, die man unter www.daff.gov.au/aqis/cat-dogs nachlesen kann.

Die Mitnahme von Hund oder Katze nach Australien ist in der Regel kein Problem. Nach der Ankunft in Australien muss das Tier **mindestens 30 Tage in Quarantäne** bleiben. Will man die Quarantänezeit für das Tier auf dieses Minimum beschränken, muss man **150 Tage vor Einfuhr** nach Australien schon Antikörper gegen **Tollwut** nachweisen können.

Für und Wider

Es ist keine leichte Entscheidung, was man mit dem lieben Vierbeiner am besten machen soll. Je nach Alter des Tieres ist ihm ein Verpflanzen an das andere Ende der Welt vielleicht auch gar nicht mehr zuzumuten. Auch sollte man sich fragen, ob man bisher auch ausreichend **Zeit** mit dem Tier verbracht hat. Wenn nicht, kann man ihm wahrscheinlich in der Anfangsphase des neues Lebens in Australien auch nicht die nötige Aufmerksamkeit schenken. Als Einwanderer mit einem *Skilled Migration Visa* wird man zunächst mit der Arbeitssuche und tausend anderen Dingen beschäftigt sein. Besonders Hunde brauchen jedoch konstant Bewegung und jemanden, der sie ausführt. Und für das „Gewohnheitstier" Katze ist ein Umzug mit besonders viel Stress verbunden.

Wer zudem in der Anfangsphase möglichst **flexibel** bleiben will, damit er auf ein Arbeitsangebot schnell reagieren kann, wird vermutlich längere Zeit zur Miete wohnen. Gerade bei **Mietwohnungen** heißt es sehr häufig „Keine Haustiere", obwohl damit in den meisten Fällen eher Hunde gemeint sind. Viele Migranten haben jedoch die Erfahrung gemacht, dass die Hausbesitzer durchaus bereit sind, eine Ausnahme zu machen, wenn sie hören, wie viel Geld man für die Mitnahme des Tieres bezahlt hat. Damit zeigt man immerhin, dass man verantwortlich mit seinem Tier umgeht und keine Kosten scheut.

Darüber hinaus ist die Lebenssituation in Australien nicht nur für den

Zweibeiner neu und anders, sondern auch für die Vierbeiner. Hunde genießen in Australien im Allgemeinen weitaus **weniger Freiheiten** als in Europa. Man kann das Tier z.B. nicht mit ins Restaurant oder in die Kneipe nehmen, in den Städten und Vororten stehen auch weniger Grünflächen für den Auslauf zur Verfügung, als man das unter Umständen von deutschen Städten gewohnt ist. Australische Hundebesitzer, die in Europa herumgereist sind, schwärmen immer von der dortigen Toleranz gegenüber Hunden.

Auf Katzen kommen in Australien auch ganz **neue Gefahren** zu. War die Katze bislang eine Freigängerin, so ist dies in Australien allgemein weniger gern gesehen, weil die Katzen die einheimische Fauna (z.B. kleine Beuteltiere) bedrohen. Darüber hinaus ist unter Umständen auch die Katze bedroht. Denn wenn diese bislang Jagd auf alles Ungeziefer machte, so kann dieser in Europa für den Besitzer angenehme Instinkt in Australien tödliche Konsequenzen für das Tier haben, denn einiges von dem, was in Australien kreucht und fleucht, ist sehr giftig.

Die Mitnahme eines Haustieres ist auch **kein preiswertes Vergnügen.** Für die Einfuhr muss man allein auf australischer Seite ca. 610 $ für eine Katze und ca. 730 $ für einen Hund hinblättern (wenn man von lediglich 30 Tagen Quarantäne ohne Besonderheiten ausgeht). Hinzu kommen die Kosten, die bereits in Europa für tierärztliche Untersuchungen, Impfungen und den Transport etc. entstehen, insgesamt ca. 2000 bis 3000 €!

Einfuhrgenehmigung

Zur Einfuhr nach Australien müssen folgende **Bedingungen** erfüllt sein:

- **Aufenthaltsort:** Hunde und Katzen müssen in den sechs Monaten vor Antragstellung kontinuierlich in Deutschland oder einem anderen EU-Land gelebt haben.
- **Alter:** Die Tiere müssen zum Zeitpunkt des Exports über sechs Monate alt sein.
- **Trächtigkeit:** Weibliche Tiere dürfen nicht mehr als drei Wochen trächtig sein und auch keine Jungen mehr säugen.
- **Rasse:** Einige Rassen dürfen grundsätzlich nicht nach Australien eingeführt werden: Dogo Argentino, Fila Brazileiro, Japanese Tosa, Pitbullterrier, Presa Canario. Auch bengalische Katzen oder Wolfskreuzungen sind nicht zugelassen.
- Das Tier muss einen **Mikrochip** tragen, den man mit einem ISO-kompatiblen Gerät lesen kann (z.B. Avid, Trovan oder Destron). Eine **Tätowierung reicht nicht aus.**
- **Tollwutimpfung:** Das Tier muss binnen einem Jahr vor Ausfuhr geimpft worden sein. Mindestens vier Wochen nach der Impfung, aber binnen 60–365 Tagen vor Ausfuhr nach Australien muss der Tierarzt dem Tier zur Bestimmung des Tollwuttiters *(Rabies Neutralising Antibody Titre Test* (RNATT)) Blut entnehmen. Die Blutprobe wird vom Arzt an ein offiziell zugelassenes Labor geschickt (Dauer: ca. drei Wochen). Es muss ein Titer von mindestens 0.5 IU/ml vorhanden sein, sonst muss das Tier erneut geimpft werden. Dieser Test ist ein Jahr gültig. Mit dem Laborbefund muss man dann zu einem Amtstierarzt des Veterinäramts, der die Untersuchungsergebnisse auf dem AQIS-Formular (⇨ unten) in dem Abschnitt „Rabies Neutralising Antibody Titre Test (RNATT) Declaration" mit Unterschrift und Stempel bestätigen muss.

Damit eine Einfuhrgenehmigung beantragt werden kann, muss man von der AQIS-Website www.daff/gov.au/aqis/cat-dogs das *„Information Package 4"* herunterladen. Darin kann man alle Bestimmungen nachlesen und anschließend das Antragsformular ausfüllen. Für die **Antragsgebühr** von derzeit 330 $ (für jedes weitere Tier zusätzliche 80 $) muss man eine Kreditkarteneinzugsermächtigung (Credit Card Payment Form) unterschreiben.

Der Antrag auf Einfuhrgenehmigung wird zusammen mit der *Rabies Neutralising Antibody Titre Test Declaration* an folgende Adresse gesendet: AQIS – Live Animal Imports, GPO Box 858, Canberra 2601, Australia. Man kann das Antragsformular auch per Fax schicken an 061 2 6272 3110 oder eingescannt an die E-Mail-Adresse animal imp@aqis.gov.au.

Hat man die Einfuhrgenehmigung erhalten, bekommt man auch die **Formulare „Veterinary Certificates A and B“.** Auf ersterem muss ein zugelassener Tierarzt folgende Impfungen und Untersuchungen bestätigen (die Impfungen müssen für die gesamte Quarantänezeit ausreichen, sonst wird auf Kosten des Halters nachgeimpft):

- **Hunde:** Impfungen gegen **Staupe, Hepatitis, Canine Parvovirose, Parainfluenza und Zwingerhusten** (falls erhältlich, sonst wird in Australien auf Kosten des Halters nachgeimpft). Binnen 30 Tagen vor dem Export muss der Hund auf **Bruzellose, Ehrlichiose** und **Leptospirose** untersucht werden.
- **Katzen:** Impfungen gegen **Feline Enteritis, Rhinotracheitis und Calicivirus**
- **Hunde und Katzen:** Äußere **Parasiten** wie Zecken und Flöhe dürfen vier Tage vor Export nicht mehr nachweisbar sein.

Wie man den Transport des Tieres nach Australien durchführt, wird im Kapitel „Verlassen der Heimat, Transport nach und in Australien, Transport von Haustieren“ geschildert.

Hat man **Fragen** zum Thema, kann man diese direkt per E-Mail an AQIS richten (animalimp@aqis.gov.au), oder aber per Fax an (02) 6272 3110.

Fahrzeug

In der Regel verkaufen Auswanderer ihr Fahrzeug in Deutschland und legen sich in Australien einen neuen fahrbaren Untersatz zu. Manch einer hat jedoch ein Auto oder Motorrad, von dem er sich nicht trennen will.

Für und Wider

In Australien herrscht **Linksverkehr,** und man darf ein Fahrzeug mit dem Steuer an der linken Seite nur für den Zeitraum einer touristischen Australienreise fahren, und auch dann nur bis zu zwölf Monaten.

Hat man eine Daueraufenthaltsgenehmigung oder ist Antragsteller einer Daueraufenthaltsgenehmigung, kann man das Auto nach Australien importieren, wenn man es seit mindestens einem Jahr besitzt (⇨ hierzu www.infrastructure.gov.au „Importing Vehicles to Australia“). Man muss es in der Regel jedoch für teures Geld **auf Rechtslenkung umrüsten.** In Western Australia z.B. muss man sein Auto binnen sechs Monaten umrüsten, in New South Wales, Queensland, Victoria und im Australian Capital Territory muss jedes Fahrzeug, das nicht älter als 30 Jahre ist, umgerüstet werden, in South Australia muss jedes Fahrzeug umgerüstet werden, das seit Januar 1974 hergestellt wurde. Die Fahrzeuge, die nicht auf Rechtslenkung umgerüstet werden müssen, können in den oben genannten Bundesstaaten und Territorien nur eine Zulassung als Freizeitfahrzeug mit begrenzter Fahrzeit pro Jahr erhalten. Im Northern Territory darf man als einzige Ausnahme in Australien (noch) dauerhaft einen Pkw mit Linkslenkung fahren. Zusammenfassend heißt das im Grunde, dass sich nur für alte Liebhaberstücke der Import nach Australien lohnt - wenn man es sich leisten kann.

Bei **Motorrädern** hat man das Problem mit dem Umrüsten des Lenkers nicht, aber man sollte sich doch fragen, ob man das Motorrad in Australien ebenso viel nutzen wird wie bislang in Europa. Dies ist sicherlich stark von der klimatischen Region abhängig, in die man umziehen wird. Die heißen Temperaturen in Australien sind in voller Montur nicht mehr sonderlich angenehm, und in den Wintermonaten oder der Regenzeit ist es eher feucht auf den Straßen, und auch dann macht das Motorradfahren weniger Spaß.

Wenn man eine Einfuhrgenehmigung erhält, muss man auch die Voraussetzungen für die **Straßentauglichkeit** gemäß den *Australian Design Rules* (Australische Designvorschriften) erfüllen, damit das Fahrzeug den australischen Sicherheitsvorschriften entspricht. Dadurch kann es neben der eventuell notwendigen Konvertierung zur Rechtslenkung noch zu weiteren Kosten (auch für Motorräder) kommen.

Bevor man sich entscheidet, das Fahrzeug mit nach Australien zu nehmen, sollte man sich über die damit verbundenen **Kosten** im Klaren sein: Hier summieren sich Fracht bzw. Verschiffungskosten, Einfuhrzoll (wenn man das Fahrzeug in Deutschland nicht schon länger besaß und gefahren ist), Mehrwertsteuer und Luxusfahrzeugsteuer, Reinigung in Deutschland (von Erde etc.), Dampfreinigung und Desinfizierung aus Quarantäne-Gründen durch den AQIS nach Ankunft in Australien (gegen Krankheiten für Mensch, Pflanzen und Tiere, gegen Insekten und Unkraut), Hafen-, Lager- und Transportkosten in Australien und die mögliche Umbaukosten zur Erfüllung der Straßentauglichkeit.

Da sich die meisten Auswanderer aus all diesen Gründen sinnvollerweise gegen die Mitnahme eines normalen Fahrzeuges entscheiden, wird im Folgenden nur kurz umrissen, wie man an eine Einfuhrgenehmigung kommt. Für die Verschiffung wendet man sich an die Spedition, die man eventuell bereits mit der Verschiffung des Hausstands beauftragt hat (⇨„Verlassen der Heimat, Transport nach und in Australien, Transport von Hab und Gut, Per Seefracht").

Einfuhrgenehmigung

Um ein Fahrzeug nach Australien einzuführen, benötigt man grundsätzlich eine **Fahrzeug-Importgenehmigung** *(Approval to Import a Vehicle)* vom Administrator of Vehicle Standards (Vehicle Safety Standards, GPO Box 594, Canberra ACT 2601, Tel.

1800 815 272 oder (02) 6274 7444, Fax (02) 6274 6013, Vimports@infrastructure.gov.au, www.infrastructure.gov.au/roads/vehicle_regulation/bulletin/importing_vehicles/index.aspx).

Hier erfährt man auch, ob man das Fahrzeug mit Linkslenkung einführen darf und welche Bedingungen an eine eventuelle Einfuhrgenehmigung geknüpft werden (z.B. Umrüstung auf Rechtslenkung).

Die **Höhe des Einfuhrzolls** für Fahrzeuge, die vor dem 2. März 1998 gekauft wurden, wird folgendermaßen berechnet: Kaufpreis plus eventuelle Tuningkosten, minus Wertminderung in Höhe von 5 % im ersten Monat der Besitznahme und 1 % für jeden Kalendermonat danach (max. 76 %, sprich sechs Jahre seit Inbesitznahme). Bei Fahrzeugen, die nach dem obigen Datum angeschafft wurden, wird keine Wertminderung vom Kaufpreis abgezogen. Dieser Betrag wird dann in australische Dollar umgerechnet und der Zollberechnung zugrunde gelegt.

Rechenbeispiel: Hat das Fahrzeug einen Wert von 1000 $, muss man 10 % Zollgebühr (also 100 $) sowie die internationalen Transport- und Transportversicherungskosten in Höhe von z.B. 150 $ dazurechnen. Dies ergibt den sogenannten VOTI *(Value of the Taxable Importation)*. Auf diesen Wert von 1250 $ in diesem Beispiel sind 10 % GST (*Goods and Services Tax*, Mehrwertsteuer) zu zahlen, also 125 $. Dies wird zu den oben errechneten 10 % Zollgebühren addiert (hier 100 $). Der Einfuhrzoll beträgt in diesem Beispielfall 225 $.

Sollte das Fahrzeug einen Wert über 57.000 $ (Stand: 2004/05) haben, wird darüber hinaus eine **Luxusfahrzeugsteuer** von 25 % erhoben.

In manchen Fällen ist die Zollgebühr vermindert oder entfällt sogar:

- Für **Oldtimer** (älter als 30 Jahre) entfällt die Zollgebühr von 10 %.
- Für **Offroad-Geländewagen** reduziert sich die Zollgebühr auf 5 %.
- Für **Gütertransportfahrzeuge** reduziert sich die Zollgebühr auf 5 % (in diesem Fall entfällt auch die Luxusfahrzeugsteuer, wenn das Fahrzeug zum Transport von zwei Tonnen oder mehr bestimmt ist.
- Bei **Motorrädern mit Hubkolbenmotoren** entfallen die Zollgebühr von 10 % und die Luxusfahrzeugsteuer.

Zur genauen Kalkulation ⇨ „Guide to the Importation of privately owned Motor Vehicles or Motorcycles" auf der Website des Australian Customs Service (www.customs.gov.au, „Import/Export"; „Importing Goods"; „Importing a Motor Vehicle").

So viel zu den Grundinformationen. Will man sein Fahrzeug tatsächlich nach Australien einschiffen, ⇨ „Verlassen der Heimat, Transport nach und in Australien, Transport von Hab und Gut, Per Seefracht".

Transport nach und in Australien

Sobald man den positiven Visumbescheid in Händen hält, macht man sich am besten gleich an die Buchung seiner Flugtickets. Australien ist ein beliebtes Reiseziel, und so sind Schnäppchenflüge schnell ausgebucht – vor allem in der touristischen Hochsaison.

Auch die eventuell notwendige Verschiffung von Hab und Gut muss nun schnellstmöglich auf den Weg gebracht werden, wenn man seine Siebensachen von Anfang an nutzen und nicht monatelang in einer nur halb möblierten Wohnung hausen will.

Flug und Weiterreise

Flug nach Australien

Zunächst sollte man sich überlegen, ob man ein teures **Hin- und Rückflugticket** mit einer langen Gültigkeit buchen möchte, das man dann für einen Urlaub in Deutschland nutzt, oder ob man nur ein **Oneway-Ticket** braucht, da man in den Anfangsjahren vermutlich nicht nach Deutschland reist.

Wenn man Glück hat, ergattert man vielleicht ein Hin- und Rückflugticket zum Schnäppchenpreis und lässt den Rückflug einfach verfallen; am preiswertesten sind jedoch die **Oneway-Flüge für Auswanderer,** bei denen man zudem 40 kg statt der üblichen 20 kg Freigepäck mitnehmen darf (Ausnahme: bei Cathay Pacific Airways darf man bei den teureren Preisklassen, ab ca. 100 Euro mehr, 30 kg mitnehmen; eventuell sind Flüge mit United Airlines über San Francisco interessant mit einer reinen Flugzeit von 25 Stunden ab Frankfurt nach Sydney, denn auf diesen Flügen sind wegen der Sonderregelung für Nordamerika zwei Gepäckstücke mit bis zu jeweils 23 kg erlaubt). Die speziellen Flugtickets für Auswanderer mit Qantas kann man nicht im Reisebüro oder online buchen, sondern man muss sich an die IOM wenden (⇨ unten). Man kann sie auch nur erwerben, wenn man ein gültiges, neu ausgestelltes Auswanderungsvisum vorweisen kann und noch nicht in Australien ansässig ist. Bei deutsch-australischen Paaren kann der australische Partner zum gleichen Tarif wie der deutsche Auswanderer fliegen, sofern er zusammen mit diesem ausreist. Es gibt diese Flüge **nur ab Frankfurt,** und es sind keine Zwischenstopps auf dem Weg nach Australien möglich (nur der übliche Stopp in Singapur zum Auftanken des Flugzeugs).

Auch über die **Internationale Organisation für Migration (IOM)** erhält man im Rahmen des *Special Migrants Assistance Programs* (*SMAP* – Program for Self-Paying Migrants) die Oneway-Tickets von Qantas. Dort lagen die **Preise** 2008 bei 715 bis 765 €; für Kinder unter zwölf Jahren zahlte man 525 bis 555 €, für Kinder unter zwei Jahren 200 bis 210 € (inklusive Steuern und Gebühren). Mehr Informationen:

- **IOM:** Frankenstr. 210, 90461 Nürnberg, Tel. (0911) 430 00, Fax 430 0260; iom-germany@iom.int, www.iom.int/germany

Übrigens: Auch für die Oneway-Flüge werden bei Qantas **Vielfliegerpunkte** gutgeschrieben, man bucht also am besten unter Angabe der Vielflieger-Kundennummer (wenn vorhanden). Qantas und Cathay Pacific Airways sind Mitglieder beim Vielflieger-Verband One World (www.oneworld.com), Singapore Airlines und Lufthansa bei sind bei Star Alliance (www.staralliance.com).

Wenn man mit z.B. Qantas fliegt und noch kein **Mitglied** ist, kann man seine kostenlose Mitgliedschaft direkt auf der Website www.qantas.com.au unter „Frequent Flyer" abschließen. Zusätzlich bietet sich auch eine kostenlose Mitgliedschaft bei z.B. Singapore Airlines (*KrisFlyer,* www.singaporeair.com) oder Lufthansa (*Miles and More,* www.miles-and-more.com) an, je nachdem, welche Airline man in Zukunft am häufigsten nutzen wird.

Regionale Flüge

Je nach Auswanderungsort muss man im Anschluss an den interkontinentalen Flug noch innerhalb Australiens zum eigentlichen Zielort weiterfliegen. Diese nationalen Flüge kann man ohne Reisebüro auch günstig über das Internet buchen. Allerdings gelten dann die üblichen **Gewichtsbeschränkungen** für das Gepäck, nämlich 20 kg in der Economy-Klasse. Wenn man also auf dem interkontinentalen Flug 40 kg im Gepäck hatte, wird man jetzt hohe Übergepäckgebühren draufzahlen müssen. Es ist daher u.U. besser, sich von vornherein auf die Mitnahme von nur 20 kg zu beschränken, wenn man innerhalb Australiens noch weiterfliegen muss.

Bei den folgenden Fluggesellschaften kann man übers Internet **günstige E-Tickets** buchen. Man braucht dazu nur eine gültige Kreditkarte. Weil Linienflüge insgesamt in Australien eher teuer sind und es nur eine begrenzte Anzahl an Flügen gibt, sollte man die E-Tickets rechtzeitig buchen! Im Folgenden die wichtigsten australischen **Airlines:**

- **www.qantas.com.au,** vor allem unter „Domestic Red e-Deals" günstige nationale Angebote. Wenn man viele Frequent-Flyer-Punkte gesammelt hat, reicht es vielleicht schon für den einen oder anderen Inlandsflug.
- **www.virginblue.com.au,** sind oftmals ein paar Dollar billiger als ein *Qantas Red e-Deal,* aber es gibt keine Frequent-Flyer-Punkte, außerdem müssen Snacks und Drinks an Bord zusätzlich bezahlt werden.
- **www.jetstar.com,** Billigairline-Tochtergesellschaft von Qantas. Es gibt keine designierten Sitzplätze, wer zuerst kommt, mahlt zuerst! Snacks und Drinks an Bord müssen zusätzlich bezahlt werden. Man kann hier auch mit Vielfliegerpunkten von Qantas Flüge buchen.

Weitere regionale Airlines, die auch kleinere Flughäfen in Australien ansteuern, findet man auf der Website www.raaa.com.au unter „Members and Membership".

Bus und Bahn

Muss man in eine ländliche Region vordringen, kann man alternativ zum regionalen Flugzeug mit Bus oder Bahn über Land zum Ziel weiterreisen.

Im **Reisebus** muss man sich je nach Entfernung jedoch auf Strapazen einstellen, die langen Fahrten, womöglich noch über Nacht, sind nicht gerade bequem. Hier kann man eine Busfahrt buchen:

- **Greyhound Pioneer,** www.greyhound.com.au. Bedient Busstrecken in ganz Australien, stellt somit das dichteste Verkehrsnetz des Kontinents
- **V/Line,** www.vline.com.au. Bedient nur Strecken innerhalb Victorias
- **Redline,** www.redlinecoaches.com.au. Bedient nur Strecken innerhalb Tasmanias
- **Tassielink,** www.tassielink.com.au. Bedient nur Strecken innerhalb Tasmanias
- **Trans WA,** www.transwa.wa.gov.au. Bedient nur Strecken im Südwesten Western Australias

Die australischen **Züge** fahren nur wenige Bahnhöfe an, die nicht auch per Flugzeug erreichbar sind, somit ist die Kombination von Flugzeug und Bus sicherlich einfacher und preiswerter als die Nutzung eines Zuges. Bahnfahren ist in Australien eine kostspielige Angelegenheit. Die Strecken kann man sich auf der Website www.railaustralia.com.au ansehen. Auf www.railpage.org.au/railmaps/austrail.htm findet man die Streckennetze aller nationalen, regionalen und städtischen Verbindungen in Australien. Buchung von Bahnverbindungen:

- **www.countrylink.info** für alle Zugfahrten in New South Wales, Queensland, Victoria und im Australian Capital Territory
- **www.trainways.com.au** für „The Ghan" (durch South Australia und das Northern Territory), „Indian Pacific" (durch New South Wales, South Australia und Western Australia) sowie „The Overland" (durch South Australia und Victoria)
- **www.qr.com.au** für alle Züge in Queensland

Mietfahrzeug

Eine weitere Möglichkeit zur Weiterreise über Land ist auch die **Einwegmiete** eines Mietfahrzeuges. Der Haken dabei ist, dass je nach Distanz zwischen Anmiet- und Abgabeort eine recht hohe Gebühr für die Rücküberführung des Wagens fällig werden kann. Einige überregionale Mietwagenfirmen sind:

- **Avis:** www.avis.com
- **Budget:** www.budget.com.au
- **Europcar:** www.europcar.com.au
- **Hertz:** www.hertz.com.au
- **Thrifty:** www.thrifty.com.au

Bis zu drei Monate kann man mit seinem **deutschen Führerschein** in Australien Auto fahren, sofern dieser auch auf Englisch klar aussagt, dass es sich um einen Führerschein handelt (der rosa EU-Schein wird akzeptiert, die neue Scheckkartengröße hingegen je nach australischem Bearbeiter nicht).

Hat man nur einen Führerschein in Scheckkartengröße, muss man zusätzlich einen **internationalen Führerschein** oder eine **beglaubigte Übersetzung** des deutschen Führerscheins neben diesem selbst vorlegen können (⇨„Verlassen der Heimat, Der bürokratische Schlussstrich, Sonstiges, Internationaler Führerschein").

Transport von Hab und Gut

Jetzt, da man weiß, was mitzunehmen ist und was nicht, kann man sich entscheiden, wie man sein Hab und Gut nach Australien befördern will und wann man die einzelnen Gegenstände braucht. Aber Vorsicht, die Sachen dürfen nur verschickt werden, wenn man eine entsprechende Aufenthaltsgenehmigung vorweisen kann.

Im Übrigen benötigt man zur Überführung seiner Habseligkeiten nach Australien **keine Ausfuhrgenehmigung,** sofern man seine Siebensachen schon länger besitzt, sie gebraucht sind und binnen maximal zwölf Monaten nach der Einwanderung nach Australien transportiert werden.

Per Flugzeug

Beginnt man sein Leben in einer der Großstädte, die man mehr oder weniger direkt von Europa aus anfliegen kann – z.B. Canberra, Brisbane, Darwin, Melbourne, Perth und Sydney –, ist die Reiseplanung recht einfach. Dann lohnt es sich, so viel wie möglich auf dem Flug in Koffern und/oder Kisten zu verstauen. Bei Qantas gibt es immerhin günstige Oneway-Tickets für Auswanderer, bei denen man statt der üblichen 20 kg in der Economy-Klasse gleich ganze **40 kg Freigepäck** mitnehmen darf (⇨„Verlassen der Heimat, Transport nach und in Australien, Flugzeug und Weiterreise, Flug nach Australien"). Weiteres Übergepäck ist auf diesen Flügen jedoch nicht erlaubt (auch nicht gegen Bezahlung).

Wenn man jedoch in Australien selbst noch auf einen **regionalen Flug** umsteigen oder gar mit einem anderen Fortbewegungsmittel zum endgültigen Ziel reisen muss, ist es eher von Vorteil, „leichter zur reisen", denn auf den regionalen Flügen gilt wieder die Höchstbeschränkung von **20 kg Freigepäck** in der Economy-Klasse. Bei Qantas z.B. muss man bei nationalen Flügen für jedes Kilogramm **Übergepäck** 20 $ zahlen. Außerdem muss man sein Gepäck schließlich auch selbst von Verkehrsmittel zu Verkehrsmittel befördern.

Bei **regulären Flügen** von Deutschland nach Australien (ohne besonderes Auswanderer-Ticket) hat man nur 20 kg Freigepäck pro Person, für die interkontinentale Strecke wird jedes zusätzliche Kilogramm berechnet, bei Qantas z.B. mit 48 $.

In den meisten Fällen reichen weder 20 noch 40 kg Freigepäck aus, um alle gewünschten Besitztümer nach Australien zu schaffen. Kleinere Mengen kann man **per Post** verschicken, größere Mengen und vor allem klobigere Teile wird man jedoch **per Luft- oder Seefracht** im Container verschiffen müssen.

Einen Umzugskarton per Post (10–20 kg) zu verschicken, kostet 82 €. Das ist fast immer günstiger als unbegleitetes Fluggepäck. In der Regel muss man unbegleitetes Fluggepäck ein bis zwei Tage vor dem eigenen Personenflug einchecken. Zulässig sind nur Kleidung, Bücher, Musikinstrumente, Sportzubehör u.Ä. Man kann im Prinzip unbegrenzt viel auf diese Weise nach Australien schicken, aber jedes Einzelpaket darf nur 32 kg schwer sein (zum gesundheitlichen Schutz des Flughafenpersonals, das diese Pakete heben muss). Bei sperrigen Teilen, die jedoch nicht viel wiegen (z.B. ein **Fahrrad**), lohnt es sich jedoch, mit der Airline den Transport auszuhandeln.

Per Post

Hat man nicht mehr als zwölf Umzugskartons zu verschicken, empfiehlt sich der Versand per Post, denn Luftfrachtsendungen lohnen sich erst ab ca. 300 kg. Beim Postversand wird in Australien **keine Zollabfertigung** verlangt, was die Verschickung vereinfacht. Die Pakete werden dort lediglich durchleuchtet und oftmals von speziell ausgebildeten Hunden auf verbotene Substanzen „beschnüffelt" wie bei der Einreise per Flugzeug. In Deutschland muss man lediglich das Standardformular der Post mit Angaben zum Inhalt ausfüllen.

Bei der Post (DHL) dürfen die einzelnen Pakete **maximal 20 kg** wiegen und höchstens folgende Abmessungen haben: 120 x 60 x 60 cm. Die Pakete sind dabei bis 500 € versichert und kommen binnen ca. sieben bis zehn Tagen in Australien an. Kosten: **82 € pro Paket** (Pakete mit 5–10 kg kosten 52 €, Pakete mit bis zu 5 kg 37 €). Ideal ist es, die 20-kg-Grenze immer voll auszuschöpfen (entspricht 4,10 €/kg); ⇨ auch www.dhl.de.

Hat man nur **Bücher** in größeren Mengen zu verschicken, kann man die „M"-Beutel der Deutschen Post verwenden. Jeder Beutel darf bis zu 30 kg wiegen (Mindestgewicht 5 kg), seine Höchstmaße sind 90 x 90 x 60 cm. Über Land versandt, kostet er nach Australien nur 2,50 €/kg (per Luft allerdings 6 €/kg, dann ist die Versendung als DHL-Paket billiger, ⇨ oben). Einziger Nachteil sind die detaillierten **Verpackungsvorschriften,** über die man sich unter www.deutschepost.de oder per Tel. 01802 3333 (Mo–Fr 7–20, Sa 8–14 Uhr) informieren kann.

Per Luftfracht

Hat man nicht allzu viel zu verschicken, d.h. mehr als 300 kg, aber nicht mehr als 450 Volumenkilogramm ((Länge x Breite x Höhe der Sendung in cm) : 6000), ist die Verschickung per **Luftfracht** eine Alternative. Im Gegensatz zur Seefracht ist die Zollabfertigung meist schneller und einfacher. Die Luftfrachtraten für Australien liegen derzeit bei ca. 7 €/Volumenkilogramm. Spielt Zeit keine Rolle, kann es jedoch günstiger sein, die Sendung als Seefracht per Container-Sharing zu verschicken (⇨ unten).

Am besten man ermittelt das Gewicht der Gegenstände, die man verschicken möchte, mit einer Personenwaage und misst die Gegenstände bzw. Kartons aus. Mit diesen Daten bekommt man dann vom Spediteur ein **Angebot** für die Sendung.

Im Vergleich zur Seefracht entfällt auch das aufwendige wasserfeste Verpacken, und das Schadensrisiko ist geringer. Überdies muss man nicht zwei Monate auf seine Sendung warten wie bei der Seefracht, sondern kann sie, je nach Dauer der Zollabfertigung, bereits drei bis zehn Tage später in Empfang nehmen.

Per Seefracht

Hat man viel Hausrat und viele Möbelstücke, die man nach Australien mitnehmen möchte, bleibt einem nichts anderes übrig, als dafür einen **Seefrachtcontainer** anzumieten. Hat man nicht genügend Gegenstände, um den ganzen Container zu füllen (weniger als 6 m³), aber zu viel für Luftfracht, muss die Sendung in eine oder mehrere stabile **Holzkisten,** sogenannte Liftvans, gepackt werden, die wiederum in den Seefrachtcontainer geladen werden.

Um zu entscheiden, wie groß der Container sein muss, kann man bei Spediteuren eine Ladeliste einsehen, anhand derer das **Volumen der Sendung** bestimmt werden kann (oftmals online auf den Websites). Ein Angebot kann eine Spedition auf Basis einer ausgefüllten Ladeliste erstellen. Die kleinste Container-Einheit ist 20 Fuß lang (5,94 x 2,28 x 2,30 m, ca. 31 m³). Darüber hinaus gibt es noch einen 40-Fuß- (67,6 m³) und einen 40-Fuß-High-Cube-Container (77 m³).

Die Organisation der Fracht wird von Umzugsspeditionen, Schiffsmaklern und Consulting-Unternehmen angeboten. Allerdings sind **Umzugsspeditionen** sehr teuer, weil sie die Frachtpreise bei Maklern statt bei der Transportgesellschaft selbst einholen und der Makler natürlich noch eine Provision verlangt. Außerdem haben die meisten Umzugsunternehmen nur selten Aufträge für Überseefrachten, somit fehlen ihnen die einschlägigen Fachkenntnisse und Erfahrungen. **Schiffsmakler** haben günstigere Angebote, bieten aber keine Beratung zum Beladen, Verpacken und zur Zollabfertigung. **Consulting-Unternehmen** hingegen sind auf Überseefrachten spezialisiert, können aktuelle Fachberatung leisten und bei Problemen in Australien weiterhelfen und vermitteln.

Am besten lässt man sich von einem Consulting-Unternehmen ein **Komplettangebot von Tür zu Tür** unterbreiten. Man sollte darauf bestehen, dass alle Kosten für Verpacken, Transport zum Versandhafen, Beladen, Hafengebühren, Seefracht, Dieselzuschlag, Währungszuschlag, Quarantäne, Zollabfertigung und Transport zur neuen Wohnung einzeln aufgelistet werden, damit man es besser mit anderen Angeboten vergleichen kann.

Will man etwas Geld sparen, **packt und belädt man selbst** (für Liftvans gibt es diese Möglichkeit nicht). Das Consulting-Unternehmen stellt dabei den Seecontainer in Deutschland vor die Haustür, holt ihn bepackt wieder ab, regelt den Zoll in Deutschland und Australien und liefert den Container am neuen Wohnort in Australien ab. Ein 20-Fuß-Container zum Selbstpacken kostet ca. 4000 €.

Der reine Transport von Hafen zu Hafen ist in Australien nicht möglich, denn ist der Container vom Schiff abgeladen, muss der Inhalt **in ein Quarantänelager ausgeladen** werden. Da man das Zolllager nicht betreten darf, muss der Auftrag an einen Spediteur *(Forwarder)* vergeben werden. Die australischen Spediteure nutzen diese Vorschriften zu ihren Gunsten aus und bieten deshalb meist die Verzollung, das Umladen in das Quarantänelager und die Auslieferung mit Entladen nur komplett an. Einzige Ausnahme bildet das Containersharing. Sind mehrere Sendungen in einem Container zusammengeladen, muss nur ein Sharing-Partner anliefern lassen, die anderen können die Sendung am Quarantänelager nach Freigabe durch die australischen Zollbehörden abholen.

Nicht immer hat man genügend Kram, um allein einen 20-Fuß-Container zu füllen. Bevor man die Kosten für einen halbleeren Container allein trägt, kann man erwägen, sich mit anderen Auswanderern einen **Container zu teilen.** Entsprechende Gesuche findet man regelmäßig in den einschlägigen Internet-Foren (⇨„Der Visumantrag, Informationsstellen, Internet-Foren“). Beim „Sharing“ werden alle Sendungsteile einzeln beschriftet, damit der australische Zoll weiß, welchem Kunden was gehört. Das derzeit einzige Unternehmen, das in Deutschland diesen Service anbietet, ist die Panamerican Transport International S.A. (http://panamericantransport.com).

Wichtig bei allen Seefrachten ist die strikte Einhaltung der australischen **Zoll- und Quarantänevorschriften** (⇨„Verlassen der Heimat, Was zieht mit um?, Zoll- und Quarantänebestimmungen“) sowie die **Verpackung.** Alles muss wasserfest und stoßsicher nach den Richtlinien für Überseetransporte verpackt werden, sonst gilt der Versicherungsschutz nicht. Will man die Sendung selbst verpacken, informiert das Consulting-Unternehmen über die einzuhaltenden Vorschriften Dort erfährt man auch die jeweils aktuellen Zollbestimmungen. Diese sind besonders wichtig, wenn man ein Fahrzeug mitnehmen möchte, denn die Einfuhr von Motorrad oder Auto nach Australien muss vor Versand durch die australische Behörde Dotars genehmigt werden (⇨„Verlassen der Heimat, Was zieht mit um?, Fahrzeug“).

Ein Container ist in der Regel **35 bis 38 Tage unterwegs.** Die Terminplanung sollte so mit dem Consulting-Unternehmen abgesprochen werden, dass keine Lagerung in Australien erforderlich ist. Die Lagerkosten sind dort höher als die Übernachtung in einem Luxushotel, außerdem sollte der Hausrat nach der Seefracht so schnell wie möglich ausgeladen werden, damit er auslüften kann, denn während der Überfahrt sammelt sich Kondensfeuchtigkeit im Container (je nach Temperaturunterschied zwischen Tag und Nacht drei bis acht Liter pro Tag). Es ist somit besser, die **Lagerung in Deutschland** in Auftrag zu geben und den Versand des Containers zu ordern, sobald die neue Wohnung oder das Haus in Australien gefunden ist.

Die **Gesamtdauer der Fracht** nimmt in der Regel mehr als fünf Wochen in Anspruch, da die Behörden in Australien sehr langsam arbeiten. Für die Zollabfertigung müssen zwei bis vier Wochen eingeplant werden.

Transport von Haustieren

Im Kapitel „Verlassen der Heimat, Was zieht mit um?, Haustiere“ wurden bereits die notwendigen Schritte zum Erhalt einer Einfuhrgenehmigung für Hund oder Katze nach Australien beschrieben. Nun muss man den Transport des Tieres vorbereiten. Die Einfuhr nach Australien ist nur über folgende **drei Flughäfen** gestattet: Kingsford Smith Airport in Sydney (NSW), Tullamarine Airport in Melbourne (VIC) und Perth Airport in Perth (WA). Passend zur Destination sollte man einen **Quarantäneplatz reservieren,** denn hiervon gibt es nur eine begrenzte Anzahl. Es gibt passend zu den Einfuhrflughäfen drei Adressen:

- **NSW:** Eastern Creek Animal Quarantine Station, Wallgrove Road, Eastern Creek NSW 2766, Tel. (02) 9625 4566, Fax (02) 9832 1532
- **VIC:** Spotswood Animal Quarantine Station, PO Box 300, Newport VIC 3015, Tel. (03) 9391 1627, Fax (03) 9391 0860
- **WA:** Byford Animal Quarantine Station, PO Box 61, Byford WA 6201, Tel. (08) 9525 1763, Fax (08) 9526 2199

Das Tier darf nur in einer von der IATA für Flugverkehr zugelassenen **Transportbox im Frachtraum** verschickt werden. Diese Transportboxen (⇨ Abbildung) bekommt man im Tierbedarfhandel oder noch einfacher direkt bei einer der Organisationen, die sich auf Tiertransporte spezialisiert haben (⇨ unten).

Man sollte in jedem Fall einen Flug ohne lange Zwischenstopps wählen, damit die Tiere nicht unnötig lange an

Transport von Haustieren

1 Abstandhalter
2 Ventilationsöffnungen
3 Fress- und Trinknapf (von außen zugänglich)
4 vorgeschriebene Aufkleber "Diese Seite oben" und "Lebende Tiere"
5 Türscharniere und Verschlussspinne müssen mind. 1,6 cm über- und unterhalb der Türkante herausragen
6 Türschloss
7 Befestigter Fress- und Trinknapf

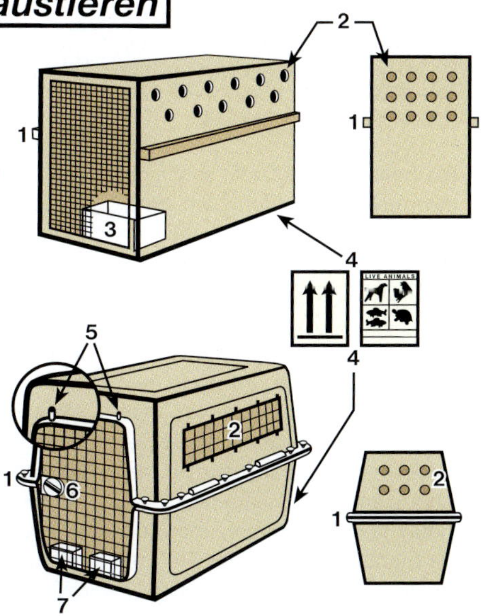

einem Flughafen bleiben. Aufgrund dessen kommen als **Fluggesellschaften** auch nur Qantas und Singapore Airlines in Frage, die beide schnelle Verbindungen nach Australien mit nur einem Zwischenstopp in Singapur im Flugplan haben. Es lohnt sich auch nicht, direkt bei der Cargo- bzw. Frachtabteilung dieser beiden Gesellschaften ein Angebot einzuholen, da diese wiederum die **auf Tiertransporte spezialisierten Unternehmen** mit der Abwicklung beauftragen. Am besten wendet man sich daher direkt an ein solches Unternehmen. So vermeidet man auch, dass das Tier bei Ankunft in Australien gleich wieder zurückgeschickt wird, weil man ein wichtiges Dokument vergessen hat. Zu empfehlen ist:

- **G. K. Airfreight Service,** Cargo City Nord, Tor 26, Gebäude 458, 60549 Frankfurt, Airport, Tel. (069) 6971 2540, Fax (069) 6971 25425, www.gkair.de, info@gkair.de

Für den Transport des Tieres sowie die administrative Abwicklung am deutschen Flughafen muss man je nach Größe des Tieres mit Kosten von ca. 1070 bis 3800 € rechnen.

Es lohnt sich im Übrigen nicht unbedingt, das Tier auf dem **gleichen Flug** transportieren zu lassen, mit dem man selbst nach Australien reist, da man das Tier ohnehin nicht mehr zu Gesicht bekommt – auch nicht bei der Zwischenlandung in Singapur, egal, ob es dort Verzögerungen geben sollte oder nicht. Man kann das Tier frühestens in der Quarantänestation in Australien besuchen.

Am **Abflugtag** muss ein Amtstierarzt das Formular „Veterinary Certificate B“ (⇨„Verlassen der Heimat, Was zieht mit um?, Haustiere“) ausfüllen und die Transportbox mit dem Tier darin verplomben. Dieser Schritt wird durch das auf Tiertransporte spezialisierte Unternehmen am Flughafen organisiert. Die Papiere gehen mit dem Tier auf die Reise (an die Transportbox geklebt, z.B. in einer Packzetteltasche für den Paketversand), man sollte daher Kopien für seine eigenen Unterlagen machen. Das Tier wird schließlich durch das beauftragte Unternehmen am Frachtterminal eingecheckt.

Wie es nach Ankunft des Tieres in Australien weitergeht, kann man im Kapitel „Neuanfang in Australien, Praktisches fürs Erste, Hund und Katze“ nachlesen.

Der Abschied

Neben all den bürokratischen vorbereitenden Schritten für den Abschluss des alten Lebens in Deutschland und das neue in Australien sollte man sich auch ausreichend Zeit für den persönlichen Abschied nehmen. Man sollte dieser Aufgabe ebenso viel Aufmerksamkeit widmen wie allen anderen, denn man wird schließlich nicht allzu schnell nach Deutschland zurückkehren. Auf welche Weise man sich von seinen Freunden und Verwandten verabschiedet – durch eine große Party oder viele einzelne Besuche –, ist natürlich von den individuellen Vorlieben abhängig. Auch Orte, mit denen man besondere Erinnerungen verknüpft, möchte man vielleicht noch einmal in Ruhe besuchen.

In diesem Kapitel soll jedoch das Augenmerk noch einmal zusätzlich auf die **Kinder** gerichtet werden, mit denen man auswandert (⇨„Die Entscheidung, Empfehlungen zur Vorbereitung, Auswandern mit Kindern"). Bei der Vorbereitung des Umzugs mit Kindern sollte man ihnen auch **viel Zeit zum Abschied** von ihren Freunden und anderen Familienmitgliedern geben. Man sollte z.B. ein besonderes Fest planen, das jedoch nicht in eine Trauerfeier umkippen sollte, sondern eher zelebriert, dass man sich gern hat, sich bald wiedersehen wird, sich E-Mails und Briefe schreiben wird etc. Es ist z.B. eine gute Idee, wenn das Kind seine eigene E-Mail-Adresse bekommt und diese auf kleinen (selbstgebastelten) Visitenkarten an seine Freunde verteilen kann. Hat man sogar schon eine Hausanschrift, kann man diese auch gleich darauf drucken. In jedem Fall muss es ein Abschied werden, der den Kindern das Gefühl gibt, dass die liebsten Personen auch dann für sie da sind, wenn sie nicht mehr „nebenan wohnen".

Wichtig für den Prozess des Abschiednehmens ist auch der Abschied vom alten Zuhause. Hier sollte man sich beim Verpacken der **Spielzeuge** etc. Zeit nehmen. Man sollte dem Kind die Wahl lassen, welche Spielzeuge mit auswandern und es nicht aus Kostengründen dahingehend beeinflussen, möglichst viele in Deutschland zurückzulassen. Nichts ist schöner für das Kind, als beim Auspacken in Australien all die vertrauten Sachen aus Deutschland wieder in Händen zu halten. Insgesamt ist es sehr wichtig für Kinder, in den Umzugsprozess miteingebunden zu werden, selbst mit Hand anzulegen beim Einpacken und natürlich in Australien auch beim Auspacken – egal, wie viel länger man dadurch braucht.

032aa Foto: eg

Auch in der neuen Schulklasse wird sich das Kind bald wohl fühlen

033aa Foto: eg

Neuanfang in Australien

Hier erfährt man, welche Schritte in der neuen Heimat anstehen. Wie findet man eine geeignete Wohnung, wie richtet man ein Konto ein, welche Behördengänge muss man wann erledigen? Welche Beratungsstellen gibt es speziell für Einwanderer? Welche Versicherungen schließt man in Australien ab, wie kommt man an eine Steuernummer? Wo findet man eine geeignete Kinderbetreuung? Weitere Themen: Mietfahrzeug, neuer Hausstand, Verkehrsmittel vom Fahrrad bis zum eigenen Auto, Berufsanerkennung, Stellensuche, Arbeitsvertrag, Erwachsenenbildung, Heirat und eingetragene Partnerschaft, Dolmetscher, Gefahren in der Natur, Verbrauchertipps, Hund und Katze.

Von Sydneys Opera Bridge hat man einen tollen Blick auf die Skyline der Stadt

Überblick

Betritt man zum ersten Mal mit seinem Einwanderungsvisum australischen Boden, ist dies für alle Migranten wohl ein ganz besonderer Moment. Und je nachdem, auf welche Art und in welchen Bundesstaat bzw. in welches Territorium man auswandert, gibt es sogar eine besonders freundliche **Begrüßung.** Geht man z.B. als Skilled-Independent-Migrant nach South Australia, wird man von einem freiwilligen Mitarbeiter der Stadt Adelaide am Flughafen im Rahmen des *Meet and Greet Service* mit einem herzlichen „Welcome to Australia" begrüßt. Der freiwillige Mitarbeiter fährt den Migranten anschließend zu seiner Unterkunft und steht ihm für erste Fragen zur Verfügung (diesen Service muss man vorab reservieren, ⇨ www.immigration.sa. gov.au/site/services_meet greet.php).

Für alle anderen unterscheidet sich die Einreise nach Australien als Migrant zunächst einmal nicht von der Einreise als Tourist; abgesehen davon, dass man jetzt auf der sogenannten *Incoming Passenger Card* den **Einreisegrund** „Migrating Permanently to Australia" wählt, hat man zunächst nichts Besonderes zu beachten. Wie auch bei der Einreise als Tourist, muss man auf der *Incoming Passenger Card* Angaben zum Reisegepäck machen (⇨ „Verlassen der Heimat, Was zieht mit um?, Zoll- und Quarantänebestimmungen").

Hat man seinen Hausstand per Container nach Australien verschifft, lässt dieser sicherlich noch eine Weile auf sich warten. Was nach Ankunft des Containers in Australien zu tun ist, wurde im Kapitel „Verlassen der Heimat, Transport nach und in Australien" beschrieben.

In den nachfolgenden Kapiteln habe ich mich bemüht, die einzelnen Schritte nach Ankunft in Australien so vollständig wie möglich zu schildern. Dennoch sollte man sich zusätzlich die aktuellen **DIAC-Booklets** mit den aktuellen Informationen zum Einwandern in den gewünschten Bundesstaat bzw. das gewünschte Territorium von www.immi.gov.au (Rubrik „Citizenship & Living in Australia", „Settle in Australia", „Beginning a Life") herunterladen. Praktischerweise sind die Links in dem PDF als Hyperlinks unterlegt, d.h. man kommt durch ein Daraufklicken gleich auf die gewünschte Website. Auch sind darin viele Adressen und Telefonnummern vor Ort genannt, die im Rahmen dieses Buches nicht alle abgedruckt werden konnten.

Einen guten Straßenatlas braucht man in der Anfangszeit unbedingt

Praktisches fürs Erste

Die erste Zeit nach Ankunft in Australien wird gefüllt sein mit **Behördengängen.** Da diese in einer fremden Umgebung einschüchtern können, zumal man vermutlich das viele Englischsprechen noch nicht gewöhnt ist, bietet es sich an, so viele „Amtsgänge" wie möglich über das **Internet** zu regeln. In Australien kann man viel mehr online erledigen als in Deutschland.

Die meisten Migranten waren jedoch eher positiv überrascht, wie einfach man all die ersten organisatorischen Dinge erledigen konnte. Dazu kommt, dass die meisten Australier sehr hilfsbereit sind und einem **mit einem Lächeln weiterhelfen** oder es zumindest versuchen.

034aa Foto: at

Internetcafés

Man sucht sich am besten ein gutes Internetcafé in der Nähe, bis man in seinem neuen Heim auch einen Internetanschluss hat. Für Internetcafés in in seiner Umgebung schaut man am besten in den **Gelben Seiten** nach. Diese liegen oftmals in Hostels, Hotels und Wohnungen aus und sind online unter www.yellowpages.com.au zu finden (am besten die Postleitzahl als Suchbegriff mit eingeben, sie ist in guten Straßenatlanten eingezeichnet).

Orientierung

Einen guten **Straßenatlas** für den neuen Wohnort sollte man am besten gleich am ersten Tag kaufen; diese *Street Directories* gibt es in jedem australischen Buchladen, z.B. von den altgedienten Verlagen Gregory's oder UBD; sie decken so ziemlich ganz Australien ab und sind in verschiedenen Formaten erhältlich. Der preiswertere Verlag Ausway hat Sydney, Melbourne, Brisbane und die Central Coast im Programm, und Tasmap gibt einen Straßenatlas für ganz Tasmanien heraus, der sogar Höhenmeter in den Städten anzeigt (sehr praktisch, denn es geht z.B. in Hobart sehr steil auf und ab, wodurch man zu Fuß meist bedeutend länger braucht, als man aufgrund der „Luftlinie" annehmen würde).

Will man eine Adresse online nachschlagen, kann man die Website **www.whereis.com.au** nutzen, die auf Grundlage der UBD-Straßenatlanten die Lage von Anschriften in ganz Australien anzeigt. Allerdings sind die Ergebnisse nur als ungefährer Standort der Hausnummer zu verstehen.

Vorläufige Unterkunft

Für die ersten Tage oder Wochen nach Ankunft in Australien braucht man eine Anschrift, an der man für die Behörden erreichbar ist. Andernfalls kann man weder eine Steuernummer beantragen noch ein Konto bei der Bank eröffnen etc.

An einen Immobilienkauf ist für die meisten Migranten direkt nach Ankunft in Australien nicht zu denken, da man in der Regel zunächst eine Arbeitsstelle finden muss und den längerfristigen Wohnort daher noch nicht festlegen möchte. Selbst die sofortige Anmietung eines unmöblierten Hauses bietet sich selten an, da man vermutlich noch auf die Ankunft des **Containers mit dem Mobiliar** etc. aus Deutschland wartet, der zudem durch den australischen Zoll freigegeben werden muss. Einige Migranten kaufen sich für die unmöblierte Wohnung behelfsweise eine Matratze und einen Mini-Kühlschrank und gehen zum Waschen in einen Waschsalon *(Laundromat)*. Dennoch ist das eine sehr unkomfortable Variante, und man hat so kurz nach der Ankunft auch noch keinen rechten Einblick, in welcher Gegend man am besten wohnen kann. Schnell mietet man etwas an, was sich bei näherem Hinsehen als Fehlgriff erweist, und dann fängt man wieder von Neuem mit der Suche an. Mit jedem Umzug sind jedoch wieder Kosten verbunden.

Man sollte sich daher für die erste Wohnraumsuche etwas mehr Zeit lassen. Man quartiert sich am besten in einer **vorübergehende Behausung** ein, z.B. einem Hostel, einem möblierten Bungalow auf einem Campingplatz *(Caravan Park)* oder, wenn man das Geld dafür übrig hat, einem *Serviced Apartment*. Dies sind möblierte Apartments, die wie ein Hotelzimmer regelmäßig sauber gemacht werden.

Wandert man in eine Stadt aus, die bei Touristen besonders beliebt ist, sollte man seine vorübergehende Behausung insbesondere in der touristischen Hochsaison schon lange **im Voraus buchen.** Unterkunftsempfehlungen findet man in **Reiseführern** (⇨ Kasten). Darüber hinaus kann man sich auch an die offiziellen **Tourismusbehörden** der einzelnen Bundesstaaten und Territorien wenden (⇨„Anhang, Lese-, Hör- und Filmtipps, Internetlinks zu den Bundesstaaten und Territorien"). Zur Suche einer dauer-

Reiseführer über Australien

- *Veronika Pavel:* **Australien, Osten und Zentrum,** erschienen im Reise Know-How Verlag, Bielefeld
- *Veronika Pavel:* **Australien, Westen und Zentrum,** erschienen im Reise Know-How Verlag, Bielefeld
- *Elfi H.M. Gilissen:* **Sydney und seine Nationalparks,** erschienen im Reise Know-How Verlag, Bielefeld

haften Bleibe in Australien ⇨„Neuanfang in Australien, Das neue Heim".

Auto mieten

Das öffentliche Verkehrsnetz ist in Australien nicht annähernd so gut ausgebaut wie in Deutschland, d.h. schon die Suche nach einem Arbeitsplatz oder die Haus- bzw. Wohnungssuche gestaltet sich ohne eigenes Fahrzeug als extrem zeitraubendes bis unmögliches Unterfangen. Hat man sein Fahrzeug nach Australien mitgenommen (⇨„Verlassen der Heimat, Was zieht mit um?, Fahrzeug"), kann man es nach Ankunft am Hafen abholen und sich an die Formalitäten zur Registrierung etc. machen. In der Regel wird man sich jedoch in Australien einen neuen fahrbaren Untersatz kaufen. Für die Übergangszeit empfiehlt es sich, zunächst einen Pkw zu mieten, mit dem man dann die Autohändler auf der Suche nach einem geeigneten Fahrzeug abklappern kann. So kann man sich in dem gut versicherten Mietfahrzeug auch erst einmal an den Linksverkehr und an die Stadt selbst gewöhnen.

In einer Touristenstadt sollte man das Mietfahrzeug in der Hochsaison ebenfalls schon lange **im Voraus buchen,** denn sonst kann es leicht passieren, dass alles ausgebucht ist.

Siehe Kapitel „Verlassen der Heimat, Transport nach und in Australien, Flug und Weiterreise, Mietfahrzeug" für Infos zum deutschen Führerschein und zu Mietwagenfirmen in Australien. Vor Ort findet man Mietwagenfirmen unter dem Stichwort „Car Hire" in den Gelben Seiten (online www.yellowpages.com.au); kleine Firmen sind oftmals preiswerter, aber man kann häufig nicht online buchen.

Zum Autokauf in Australien ⇨„Neuanfang in Australien, Verkehrsmittel, Eigenes Auto".

Geldbeschaffung

In den ersten Tagen oder gar Wochen kommt man in Australien mit Sicherheit auch ohne ein australisches Bankkonto zurecht, sofern man seine **deutschen Konten** beibehalten hat. Auf diese hat man dann wie gewohnt online oder über den Geldschalter bzw. Geldautomaten der australischen Bank Zugriff.

Zurzeit fallen folgende **Gebühren** für die Nutzung einer deutschen Bankkarte in Australien an: Barabhebungen per Kreditkarte kosten je nach ausstellender Bank bis zu 5,5 % an Gebühr, aber für das bargeldlose Zahlen werden nur ca. 1 bis 2 % für den Auslandseinsatz berechnet. Barabhebungen per Maestro-Karte (auch bekannt als EC-Karte) am Geldautomaten kosten 1,30 bis 4 € (somit die preiswerteste Art, Bargeld zu beschaffen; hierbei immer größere Summen auf einmal abheben). Die **Deutsche Bank** kooperiert mit der australischen Bank Westpac, daher wird das Abheben an Geldautomaten der Westpac oder Deutschen Bank im Ausland nicht zusätzlich in Rechnung gestellt, sondern ist im bereits Grundpreis der Kontoführung enthalten.

Dennoch hat es enorme Vorteile, sofort ein **australisches Konto** einzurichten, u.a. kann man dann das australische Zahlungssystem EFTPOS nutzen, das dem Electronic-Cash-System unserer Maestro-Karten ähnelt.

Die Einrichtung eines Kontos in Australien ist **binnen sechs Wochen nach Ankunft** unter Vorlage des Reisepasses möglich (oftmals wird jedoch ein weiterer Identitätsnachweis verlangt – ideal ist z.B. ein australischer Führerschein, ⇨„Neuanfang in Australien, Verkehrsmittel, Eigenes Auto"). Ist man schon länger als sechs Wochen in Australien, muss man weitere Dokumente wie Mietvertrag etc. vorlegen. Bei Westpac kann man sein Bankkonto auch schon **von Deutschland aus eröffnen** und das Ersparte vom deutschen Konto darauf überweisen. Man kann davon nur kein Geld abheben, bis man sich in einer australischen Filiale persönlich mit seinem Reisepass hat identifizieren lassen.

Ein weiterer Grund, ein australisches Konto so früh wie möglich zu eröffnen, ist, dass die australischen Banken einem nur dann **Kredite gewähren,** wenn man bereits sechs bis zwölf Monate Kunde ist und vor allem regelmäßig ein Einkommen auf dem Konto eingegangen ist. Auch einen Überziehungskredit *(Overdraft)* wird einem erst dann eingeräumt.

In Australien hat man in der Regel die Wahl zwischen **drei Kontoarten:** 1) *Transaction Account* – Transaktionskonto, auf dem man keine Zinsen für Geldsummen bekommt, 2) *Savings Account* – Sparkonto, auf dem man Zinsen für die hinterlegten Geldbeträge bekommt, das Geld aber dennoch jederzeit abheben kann, 3) *Investment Account* oder *Term Deposit Account* – Investitionskonto bzw. Festgeldkonto, auf dem Geld für eine bestimmte Zeit zu einem besseren Zinssatz als auf einem Sparkonto angelegt wird, wobei man jedoch nicht vor Ablauf der vereinbarten Laufzeit an das Geld herankommt. Darüber hinaus gibt es oftmals auch Mischkonten. Da man als Migrant mit einem großen finanziellen Polster für die ersten zwei Jahre in Australien ankommt, sollte man dieses Geld in jedem Fall auf ein Sparkonto oder noch besser auf ein Investitionskonto überweisen, je nachdem, was besser zu den mittel- und langfristigen Plänen passt.

Die australischen Geldkarten beinhalten häufig auch **Kreditkartenfunktionen,** allerdings ohne die Möglichkeit, sich zu verschulden. Man hat bei australischen Kreditkarten auch jederzeit die Möglichkeit, Geld auf seine Karte zu transferieren. Somit verhindert man, dass man durch große Ausgaben das Limit seiner Kreditkarte ausschöpft und diese bis zum Einzug des Kreditbetrages von seinem Bankkonto nicht mehr nutzen kann. Entsprechend wird bei der Nutzung von Geldkarten immer gefragt, ob man den Betrag von Sparguthaben *(Savings),* Kreditguthaben *(Credit)* oder Scheckguthaben *(Cheque)* abbuchen möchte – eine solche Möglichkeit gibt es bei deutschen Geldkarten nicht. Mit australischen Bankkarten kann man in der Regel auch **Überweisungen am Geldau-**

tomaten zwischen seinen verschiedenen Konten vornehmen und somit z.B. sein Kreditkartenkonto mit einem Betrag aus dem Sparkonto anfüllen. Die **größten australischen Banken:**

- **Westpac,** www.westpac.com.au – Kooperiert u.a. mit der Deutschen Bank. Hier kann man auch schon von Deutschland aus ein Konto eröffnen (Stichworte „International", „Moving to Australia?"). Rückfragen unter: migrantbank@westpac.com.au oder Fax (02) 8253 1875
- **ANZ,** www.anz.com.au – bekannt als eine der günstigsten Banken hinsichtlich der Kontoführungsgebühren (Stichworte „Personal", „Travel", „Moving to Australia")
- **Commonwealth Bank,** www.commbank.com.au (Stichworte „Personal", „More", „Moving to Australia")
- **National Australia Bank,** www.national.com.au – eine der größten australischen Banken, die jedoch bei Barabhebungen mit ausländischen Maestro-Karten eine zusätzliche Gebühr veranschlagt (Stichworte „Personal Finance", „News & Information", „Moving to Australia")

Es gibt zwar auch noch andere, **nur örtlich vertretene Banken** in Australien, aber da man vielleicht später in eine andere Stadt umzieht, müsste man dann jedes Mal ein neues Konto bei einer anderen Bank eröffnen und finge jedes Mal von Neuem an, sich eine Kreditwürdigkeit bei der Bank aufzubauen. Es ist somit nicht empfehlenswert, in den ersten Jahren bei einer regionalen Bank ein Konto zu eröffnen.

In jedem Fall sollte man der Bank seine **australische Steuernummer** mitteilen (⇨„Neuanfang in Australien, Arbeit, Steuernummer"), denn sonst wird man mit einem höheren Steuersatz für den Zinsertrag belegt (derzeit 46,5 %). Eröffnet man das Konto z.B. schon von außerhalb Australiens, werden einem als Nicht-Einwohner *(Nonresident for Tax Purposes),* der keine australische Steuernummer hat, derzeit 10 % Quellensteuer *(Withholding Tax)* von allen Zinsen abgezogen.

Mobil telefonieren

Gerade in der ersten Phase, in der man zunächst nur eine vorläufige Unterkunft hat, muss man dennoch vieles regeln und erledigen. Dabei sollte man jederzeit für wichtige Rückfragen, z.B. von potenziellen Arbeitgebern und Vermietern, erreichbar zu sein.

Man kann noch am Tag der Ankunft ein neues Mobiltelefon von einem australischen Provider kaufen – entweder mit Vertrag oder aber Prepaid. Solche Pakete gibt es z.B. in Niederlassungen der **Australia Post** zu kaufen oder aber in den Shops der Mobilfunkanbieter in den **Einkaufszentren.**

In Australien wird wie in Europa vorwiegend GSM genutzt, aber auch CDMA und 3G. Wenn man also ein SIM-lock-freies **Mobiltelefon aus Deutschland** mitgebracht hat (⇨„Verlassen der Heimat, Was zieht mit um?, Der Hausstand, Elektrische Geräte"), kann man sich auch nur eine entsprechende australische SIM-Card holen. Solche Startsets *(Starter Kits)* gibt es ebenfalls bei Australia Post oder den Mobilfunkshops in den Einkaufszentren. Braucht man mehr Guthaben für seine australische Prepaid-Karte, kann man dies u.a. in den meisten Zeitungskiosken *(Newsagencies)* kaufen.

Es gibt diverse Mobilfunkgesellschaften in Australien, aber die Unternehmen mit der größten **Flächendeckung** in Australien sind die Netze von Telstra, Optus, Vodafone, Virgin, Primus und 3G. Auf den Websites der Mobilfunkanbieter kann man sich über ihre Angebote informieren. Hier sind die wichtigsten Anbieter:

- **Telstra:** www.telstra.com.au/mobile
- **Optus:** www.optus.com.au
- **Vodafone:** www.vodafone.com.au
- **Virgin:** www.virginmobile.com.au
- **Primus:** www.primus.com.au
- **3G:** www.three.com.au

Übrigens: Der englische Begriff für ein Mobiltelefon ist nicht „Handy", sondern **„Mobile (Phone)".** Für alles Weitere zum Thema „Festnetztelefon" und „Satellitentelefon" ⇨„Neuanfang in Australien, Das neue Heim, Telefon und Internet". Weitere Tipps zum Abschluss eines Mobilfunkvertrages findet man auch auf den Websites der **Verbraucherorganisationen** der einzelnen Bundesstaaten und Territorien (⇨„Neuanfang in Australien, Allgemeine Tipps, Verbrauchertipps").

Meldepflicht

In Australien besteht generell **keine Wohnsitzmeldepflicht;** Ausnahmen sind Inhaber einiger *Business Migration Visa*. Diese müssen sich binnen 28 Tagen nach Ankunft im Land bei der DIAC anmelden. Für alle anderen Migranten besteht keinerlei Meldepflicht.

Migrant Resource Centres

Die Aufgabe der Migrant Resource Centres besteht in der Betreuung von Migranten. Es sind somit hilfreiche Anlaufstellen für alle Fragen bezüglich Jobsuche, Anerkennung der Berufsausbildung, Weiterbildung, Krankenversicherung, Steuern, Unterkunft, ärztlicher Versorgung, Übersetzungen, Rechtsangelegenheiten, Staatsbürgerschaft, Freizeitgestaltung etc.

Es können hier nicht alle Adressen genannt werden, aber **alle Anlaufstellen Australiens** findet man über www.immi.gov.au (Rubrik „Citizenship & Living in Australia", „Settle in Australia" „Where can I find help?"). Alternativ kann man einfach ins Telefonbuch schauen: Online findet man die Adresse in seiner Nähe unter www.whitepages.com.au unter Angabe des Suchnamens „Migrant Resource Centre".

Hund und Katze

Hat man seinen Hund oder seine Katze von Deutschland aus auf den Weg geschickt, wird der Vierbeiner bei Ankunft in Australien von AQIS zur vereinbarten Quarantäne-Station gebracht (⇨„Verlassen der Heimat, Transport nach und in Australien, Transport von Haustieren"). Für die Dauer der Quarantäne wird das Tier dort komplett versorgt, wofür man nach Abholung des Tieres eine **Rechnung** erhält. Die Kosten umfassen derzeit eine einmalige Gebühr von 12 $ für die Einfuhr als solche, 71 $/30 Min. für die tierärztliche Inspektion bei Ankunft in Australien (meist ist nicht mehr Zeit nötig), 30 $ für die Dokumentenprüfung, 95 $ (zwischen 16 und 8 Uhr 120 $) für den Transport des Tieres vom Flughafen zur Quarantänestation sowie einen Tagessatz von 13,55 $ für Katzen bzw. 17,55 $ für Hunde inklusive Verpflegung für die Dauer der Quarantäne. Braucht das Tier medizinische Versorgung, wird nach Absprache mit dem Halter ein Tierarzt beauftragt, der seine Rechnungen direkt an den Halter schickt. Hunde sollte man nun gegen **Herzwurm** *(Heartworm)* **impfen lassen,** denn diese Krankheit gibt es nur in Australien, und dagegen hat ein Hund aus Europa bislang keine Antikörper.

Wenn man nicht in Sydney, Melbourne oder Perth wohnt, wo sich die drei Quarantänestationen befinden, kann man auch erwägen, sich für die Quarantänezeit in einem Hostel in der Nähe der Station einzumieten, um das **Tier besuchen zu können.** Ob man es dem Tier zumuten kann, häufiger vom Besitzer Abschied nehmen zu müssen, muss man individuell entscheiden.

Nach Ablauf der Quarantänezeit muss man mit seinem Vierbeiner noch einmal einen **Inlandsflug** zum endgültigen Zielort organisieren, wenn man nicht in Sydney, Melbourne oder Perth wohnen wird. Folgende Unternehmen können dafür binnen Australien empfohlen werden:

035aa Foto: eg

Hier darf der Hund ohne Leine herumtollen

- **JetPets,** www.jetpets.com.au
- **Dogtrainers,** www.dogtrainers.com.au
- **Pet Carriers Int.,** www.petcarriers.com.au

Ist man endlich in seiner Traumstadt angekommen, gibt es jedoch noch weitere Dinge zu regeln. Hat man einen Hund eingeführt, muss man diesen wie in Deutschland bei der Gemeinde registrieren. Den Antrag kann man oftmals online auf der Internetseite der Stadtgemeinde stellen. Man bekommt dann eine **Hundemarke,** die man am Halsband des Tieres zu befestigen hat. Die Registrierung gilt jeweils für ein Jahr, dann muss man sie erneuern. Das kostet je nach Stadtgemeinde zwischen 6,25 und 150 $. Jedes Jahr bekommt man in der Regel eine andersfarbige Registrierungsmarke, die man neben der Hundemarke am Halsband des Tieres zu befestigen hat (in Brisbane bekommt man diese Zusatzmarke nicht, muss aber dennoch jährlich die Registrierung erneuern; in Sydney muss man die Gebühr nur ein einziges Mal zahlen). Eine **Katze** muss man z.B. in Sydney ebenfalls registrieren lassen (40–150 $).

Im Australian Capital Territory muss man Hunde und Katzen **kastrieren lassen,** sofern diese über sechs Monate alt sind. Dies kostet ca. 75 bis 210 $ je nach Tierarzt und Tierart. Will man mit dem Tier eine **Zucht** beginnen, muss man eine jährlich zu erneuernde Zuchtgenehmigung einholen, um die Kastration zu umgehen. Eine solche Lizenz kostet z.B. im Australian Capital Territory 302 $. Mittels dieser Maßnahme soll die Zahl der ungewollten Vierbeiner in den Tierasylen eingeschränkt werden, die sonst auf Staatskosten getötet werden, da ein Überangebot an Haustieren besteht.

Man darf seinen Hund in Australien in der Regel **nicht frei laufen lassen,** sondern muss ihn an die Leine legen oder aber zu dafür vorgesehenen Freilaufgebieten *(Off-leash Area)* bringen. Es gibt im Übrigen auch viele Gebiete, in denen das Mitbringen von Hunden – meist zum Schutz der einheimischen Tierarten – gänzlich verboten ist. Darauf wird mit entsprechenden Hinweisschildern aufmerksam gemacht. Sucht man **Schwimmmöglichkeiten** für seinen Hund, erfährt man bei der jeweiligen Stadtgemeinde, wo dies gestattet ist. In allen Gemeinden wird man als Hundehalter eindringlich dazu aufgefordert, den **Kot** seines Vierbeiners zu entfernen. Entsprechende Plastiktüten zur Entsorgung muss man in der Regel selbst mitnehmen, manchmal werden diese jedoch in Freilaufzonen für Hunde zur Verfügung gestellt. Wer den Kot seines Hundes nicht einsammelt, kann mit einer **Geldstrafe** von 15 bis 50 $ belangt werden.

Wohnt man in der Nähe eines Naturreservates oder Nationalparks, kann man zu bestimmten Zeiten *(Cat Curfew)* gebeten werden, seine Katze nicht frei laufen zu lassen, weil diese die Brutstätten bzw. den Nachwuchs einheimischer Tierarten gefährdet. Aber auch außerhalb dieser Zeiten sollte man die Katze zum Schutz der einheimischen Tierarten vorwiegend im Haus halten. Generell sind frei laufende Katzen bei vielen Australiern nicht gern gesehen.

Das neue Heim

In Australien ist es ganz normal, ein Haus zu kaufen, statt es zu mieten. Laut „Year Book Australia 2008" des Australian Bureau of Statistics mieten bei der letzten statistischen Erhebung 2006 lediglich 27 % der Bevölkerung eine Wohnung oder ein Haus (es sind keine neueren Zahlen verfügbar; in Deutschland sind dagegen laut der letzten Erhebung des Statistischen Bundesamtes 2002/3 69 % aller Wohneinheiten gemietet; 4 % der Befragten machten keine Angaben). Dementsprechend ist das Angebot für Mietobjekte in Australien verhältnismäßig gering.

Ein Hauskauf war in Australien bis vor Kurzem preiswerter als in Deutschland. Mit dem australischen Immobilienboom seit 2000 sind die Preise jedoch in allen Großstädten – allen voran Sydney – enorm in die Höhe geschnellt. Man muss also heute, je nach Region, in Australien mindestens genauso viel für ein Haus zahlen wie in Deutschland, oftmals jedoch noch viel mehr.

Die Mehrzahl der **Familienhäuser** in Australien sind frei stehende ein- bis zweistöckige Gebäude, traditionell auf einem *Quarter-acre-block* (ca. 0,1 ha) errichtet. Einfamilienhäuser sind in Australien oftmals viel näher aneinander gebaut, als es in Deutschland üblich ist, dafür hat man aber ein Haus für sich, worauf die meisten Australier großen Wert legen. Lediglich in den stadtnahen Vororten der Metropolen findet man zunehmend auch Apartments und Stadthäuser, die Wand an Wand gebaut sind.

Die **vorherrschende Bauweise** für Häuser in Australien sind mit Gipsplatten verkleidete Holz- oder Metallgerüste, welche je nach Region von außen mit Ziegeln, Metall- oder Holzvertäfelungen verkleidet werden. Gebäude, die von Grund auf aus Ziegeln erbaut werden, sind heutzutage recht selten. Die Rohre mit den elektrischen Leitungen oder Wasserleitungen verlaufen nicht selten über dem Putz. Die Steckdosen sind meist weiße, aufgesetzte Kästen mit einem Schalter zum An- und Ausknipsen – vom ästhetischen Aspekt her ein unschöner Anblick. Das **detailgenaue Verarbeiten und Designen** wird in Australien besonders in den niedrigeren Preisklassen nicht unbedingt großgeschrieben.

Insgesamt tun sich deutsche Migranten oftmals schwer mit der vermeintlich geringeren Qualität der verwendeten Baumaterialien in Australien. Bei der Wohnraumsuche sollte man sich entsprechend darauf einstellen, seine „deutsche Brille" abzulegen. Dabei kann es hilfreich sein, einen australischen Freund oder Bekannten zur Besichtigung mitzunehmen, der die Vor- und Nachteile einer Wohnung oder eines Hauses aus australischer Sicht aufzählen kann.

Allgemeines

Hat man sich schon ein wenig eingelebt und kennt sich besser in der Stadt aus, kann man sich auf die Suche nach einer längerfristigeren Bleibe machen. Wenn man jedoch noch keine Stelle hat, wird man später unter Umständen wieder umziehen wollen, um kürzere Anfahrtszeiten zu seinem Arbeitsplatz zu haben. Manche Migranten erwägen daher, vorläufig in eine **möblierte Mietwohnung** umzuziehen. Diese sind jedoch in der Regel für Wanderarbeiter gedacht und durch die hohe Fluktuation der Mieter oftmals extrem abgenutzt.

Für die ersten Monate oder gar das erste Jahr ist daher der Einzug in eine **Wohngemeinschaft** eine Überlegung wert, sofern man allein oder als Paar eingereist ist (Familien mit Kindern ziehen in Australien üblicherweise nicht in WGs). In Australien sind Wohngemeinschaften recht verbreitet, und sie werden dort quer durch alle Altersstufen und Weltanschauungen genutzt. Das Schöne an einer Wohngemeinschaft ist, dass man dadurch auch gleich ein paar Ortsansässige näher kennen lernt, die einem bei allen möglichen Fragen Auskunft geben können. Auch wollen solche Mitbewohner *(Flatmates)* in der Regel keine Referenzen von früheren australischen Vermietern sehen, die man ja noch gar nicht hat. Hat man dann erst einmal eine Zeit lang so zur Untermiete oder in gleichberechtigter Wohngemeinschaft gewohnt, hat man schon seine erste Referenz, die Hostels z.B. höchstens für Langzeitgäste ausstellen.

Makler, Verkäufer oder Vermieter bieten freie Mietwohungen und Häuser in den **Tageszeitungen** (mittwochs und samstags) und lokalen Wochenblättern an. Letztere werden in den jeweiligen Stadtteilen einmal wöchentlich kostenlos an alle Haushalte verteilt und liegen oftmals auch in Cafés aus. Makler bewerben die Objekte auch in den Schaufenstern ihrer Filialen und in Journalen, die dort zum Mitnehmen ausliegen. Dabei sollte man wissen, dass Makler oftmals nur für einen bestimmten Stadtteil zuständig sind; unter Umständen muss man also mehrere beauftragen.

An den zu vermietenden bzw. zu verkaufenden Objekten selbst finden sich häufig **Schilder.** Die wichtigsten Stichworte sind dabei **„To let"** (Zu vermieten), **„To buy"** (Zu verkaufen), **„To share"** (Wohngemeinschaft) oder auch **„Accomodation vacant"** (Unterkunft frei).

Auch im Internet findet man Immobilienangebote. Die zwei wichtigsten Websites für Immobilien sind **www.domain.com.au** und **www.realestate.com.au.** Hier kann man sich auch gut einen ersten Überblick darüber verschaffen, was eine Mietwohnung oder ein Haus in Australien in der Wunschstadt kosten wird.

Egal ob man ein Haus oder eine Wohnung sucht, hier ein paar **Tipps zur Wohnraumbesichtigung:**

- Gibt es einen **Gas- oder Stromanschluss** für den Herd, das Heißwasser oder eventuelle Heizungen? (Gas ist preiswerter.)
- Schließen **Fenster und Türen** gut oder klemmen sie? (Ritzen gibt es immer, es wird in Australien wenig abgedichtet.) Gibt es Schlösser an den Außentüren? Sind alle Schlüssel vorhanden?
- **Funktioniert alles?** Licht, Wasserhähne, Toiletten, Herd, Steckdosen (haben in der Regel einen An/Aus-Knopf)?
- Gibt es einen **Telefonanschluss?** Das Neuverlegen ist sehr teuer.
- Im Australian Capital Territory und in Tasmania sollte man auch nach der **Isolierung** des Hauses fragen. Wie ist die **Energieeffizienzrate** *(Energy Efficiency Rating)*? ⇨ australisches System unter www.energyrating.gov.au.
- Gibt es Hinweise auf **Ungeziefer** oder andere **Schädlinge** (Opossums, Termiten, Holzwurm)? Man sollte einen Einheimischen mitnehmen, wenn man nicht weiß, nach welchen Anzeichen man Ausschau halten muss.
- Macht der **Garten** viel Arbeit bzw. verbraucht er viel Wasser (Kostenfaktor)?
- Hat das **Heißwasser** genügend Kapazität, d.h. genügend Druck für eine lange Dusche?
- Gibt es **Schimmel, Feuchtigkeit, Leckagen?** Ist das Badezimmer gut gelüftet?
- Gibt es eine **Heizung** (in der Südhälfte des Kontinents), und wärmt sie das gesamte Haus? Wenn nicht, muss man zusätzliche Kosten für Heizlüfter oder reversible Aircondition etc. kalkulieren.

- **Steinhäuser** mögen zwar im Sommer die Hitze schön abschirmen, kühlen dafür aber im Winter extrem aus. Was ist einem wichtiger? (⇨„Traumland Australien? Schönes Wetter und die Folgen")
- Bei der Einschätzung der Sonnenlage sollte man nicht vergessen, dass in Australien **Norden die Sonnenseite** ist!
- Wie **laut** ist es? Liegt eine Hauptverkehrsstraße in der Nähe?
- Wie ist die **Parkplatzsituation?** Kann man gut ein- und ausparken, oder ist zu viel Verkehr? Ist das Parken auf der Straße vor der Haustür kostenlos?
- Wie weit ist die Mietsache von Haltestellen **öffentlicher Verkehrsmittel** entfernt? Gibt es gute Anschlüsse zu Einkaufsmöglichkeiten und zur Arbeitsstelle?
- Wo sind die nächsten **Supermärkte?**
- Gibt es einen zusätzlichen **Stauraum** (Abstellkammer, Schuppen oder Garage)?
- Wenn man **Kinder** hat: Wie gut sind die Schulen in der Umgebung des beabsichtigten Wohnortes? Welche Möglichkeiten gibt es für die Kinder, dorthin zu gelangen? Fährt ein Schulbus?
- Welchen **Freizeitwert** hat der Wohnort? Dazu ein Tipp: Gibt es mindestens ein Hotel bzw. einen Pub (klassischer Eckpub mit Restaurant), handelt es sich um einen älteren, gewachsenen Vorort, in dem es auch ein lokales Nachtleben gibt und man sowohl alte Menschen als auch Familien und junge Leute antrifft. In den neueren Vororten leben eher junge Leute, die den ganzen Tag auf der Arbeit zubringen und deren Kinder oftmals auch nachmittags in der Schule *(After School Care)* sind.
- Übrigens: In Australien gibt man die **Größe** des Objektes selten in Quadratmetern an, sondern in der Anzahl der „Schlafzimmer" *(Bedrooms)*, womit im Grunde alle Zimmer außer Küche und Bad gemeint sind.

In Australien gibt es auch **staatlichen Wohnraum** *(Public Housing)* sowie staatliche oder gemeinnützige **Mietzuschüsse** *(Rent Assistance)*. Ein Anrecht hierauf hat man, wenn man die Daueraufenthaltsgenehmigung oder die australische Staatsbürgerschaft hat und zudem die in dem Bundesstaat geltende Einkommensgrenze unterschreitet. Als Einwanderer aus nicht-humanitären Gründen fällt man nicht in die Zielgruppe. Außerdem gibt es für staatlichen Wohnraum Wartelisten, die nach Antragszeitpunkt und Dringlichkeit gestaffelt sind. Mehr Informationen hierüber bekommt man bei Centrelink.

Auf folgenden Websites kann man sich über die **Gesetze und Regelungen** der einzelnen Bundesstaaten und Territorien informieren bzw. bekommt detaillierte Infos zu Anmietung und Kauf von Wohnraum unter Stichworten wie „Renting", „Real Estate", „Housing", „Tenancy" oder „Residential Tenancies". Man findet hier zumeist auch hilfreiche Musterbriefe für alle Mietangelegenheiten:

- **ACT:** www.canberraconnect.act.gov.au und www.tenantsact.org.au
- **NSW:** www.fairtrading.nsw.gov.au und www.tenants.org.au
- **NT:** www.nt.gov.au und www.caba.nt.gov.au
- **QLD:** www.rta.qld.gov.au
- **SA:** www.ocba.sa.gov.au
- **TAS:** www.consumer.tas.gov.au
- **VIC:** www.justice.vic.gov.au und www.consumer.vic.gov.au
- **WA:** www.docep.wa.gov.au

In vielen Wohngegenden der australischen Großstädte fallen die Schilder mit der Aufschrift **„Crime Stoppers"** oder **„Neighbourhood Watch"** auf. Dies ist eine Regierungsinitiative zur Erhöhung der Sicherheit, bei der die Anwohner aufgefordert werden, ihre Augen offen zu halten und alle Auffälligkeiten anonym zu melden. Auf diese Weise sollen Einbrüche, Autodiebstähle, Überfälle und Gewalt in der Familie etc. verhindert werden. Weitere Informationen kann man unter www.crime stoppers.com.au nachlesen. Dort gibt es auch weitere Links zu den Internetseiten der Polizei in den einzelnen Bundesstaaten und Territorien, auf denen das System der anonymen Meldung auch noch einmal erklärt wird.

Wohnraum mieten

Die Vermietung von Wohnungen und Häusern läuft in Australien in der Regel über einen **Makler** *(Estate Agent)* und seltener von Vermieter zu Mieter. Der Makler wird in Australien vom Vermieter bezahlt. In New South Wales darf der Vermieter maximal 15 $ auf den Mieter „abwälzen", wohingegen der Vermieter in Western Australia berechtigt ist, dem Mieter eine **Provision** *(Letting Fee)* in Rechnung zu stellen, die allerdings nicht mehr als eine Wochenmiete betragen darf. Ein Eigentümer darf eine solche Provision grundsätzlich nicht verlangen. Der Mietvertrag nennt sich „Lease" oder „Residential Tenancy Agreement".

Wendet man sich an einen Makler (oder auch Vermieter), sollte man sich mit mindestens einem (besser mehreren) der folgenden Dokumente **ausweisen können:** australischer Führerschein, Reisepass und Visum.

Ungewohnt ist auch, dass Makler **Referenzen** *(Letters of Reference)* sehen wollen, z.B. Namen und Telefonnummern von australischen Arbeitskollegen, Arbeitgebern, Lehrern, Beamten der Migrant Resource Centres *(Settlement Officer),* Sponsoren oder sogar von ehemaligen Vermietern in Deutschland (die sich bei Nachfrage positiv über Sie äußern sollten). Manchmal werden sogar schriftliche Referenzen verlangt (⇨„Verlassen der Heimat, Der bürokratische Schlussstrich, Kündigungen, Wohnung"). Den von Consumer Affairs Victoria empfohlenen Wortlaut eines solchen Schreibens findet man auf Seite 15 der PDF-Broschüre „New Country - New Home, Renting a Home in Victoria: A Guide for Newly Arrived Migrants and Refugees" (www.consumer.vic.gov.au unter „Publications", „Renting").

Die Migrant Resource Centres sind auf Schwierigkeiten von Migranten beim Mieten oder Kaufen von Wohnraum eingestellt und können bei der Vermittlung eines Mietobjektes helfen (⇨„Neuanfang in Australien, Praktisches fürs Erste, Migrant Resource Centres").

Man hat in jedem Fall das Recht, die Wohnung oder das Haus, an dem man interessiert ist, **kostenlos zu besichtigen.** Wenn man das Objekt jedoch ohne den Vermieter oder Makler besichtigt, kann man gebeten werden, ca. 50 $ sowie einen gültigen australischen Führerschein oder Reisepass als Pfand für den Schlüssel zu hinterlassen. Wenn man den Schlüssel zurückgibt, ist der Vermieter oder Makler verpflichtet, das Pfand vollständig zurückzuerstatten.

Ist man an einem Mietobjekt sehr interessiert, hat aber noch keinen Vertrag unterschreiben können, kann man beim Eigentümer oder Makler eine **Anzahlung** *(Holding Fee)* leisten (meist eine Wochenmiete; gegen Quittung). Diese muss in der Regel voll zurückgezahlt werden, wenn es nicht zum Vertrag kommt. Ansonsten wird die Anzahlung von der fälligen Miete abgezogen.

Es wird wie in Deutschland eine **Mietkaution** (*Security Bond* oder *Rental Bond*) verlangt, die üblicherweise vier bis sechs Wochenmieten beträgt. Man bekommt sie nach Beendigung des Mietverhältnisses zurück, wenn man keine Schulden beim Vermieter und die Mietsache nicht übermäßig beschädigt oder abgewohnt hat. Die Kaution zahlt man je nach Bundesstaat bzw. Territorium an den Vermieter, Makler oder die zuständige Stelle. Das von beiden Parteien unterschriebene „Bond Lodgement Form" wird zusammen mit dem Geld an die jeweils zuständige Stelle übergeben:

- **ACT:** Office of Rental Bonds
- **NSW:** Renting Services, Office of Fair Trading
- **NT:** an den Vermieter bzw. wenn dieser das Northern Territory länger als 14 Tage verlässt, an einen Makler
- **QLD:** Residential Tenancies Authority
- **SA:** Tenancies Branch, Office of Consumer and Business Affairs
- **TAS:** an den Vermieter
- **WA:** Tenancy Bond Account bei einer beliebigen Bank oder Bond Administrator, Department of Consumer and Employment Protection

Dort bleibt das Geld, bis der Vertrag ausläuft. Man sollte sich in jedem Fall eine **Quittung** über den Betrag aushändigen lassen und diese gut aufbewahren.

Dieses Verfahren ist vergleichbar mit dem deutschen System der Bankbürgschaft, muss jedoch nicht zinsgünstig angelegt werden. Wie auch bei der Bankbürgschaft, kommt der Vermieter oder Makler nicht ohne Zustimmung des Mieters an das Geld heran. Um das Geld zurückzuerhalten, unterzeichnet man das „Bond Claim"-Formular (auch „Claim for Refund of Bond Money" genannt). Ist man sich mit dem Vermieter nicht einig über die Rückzahlung der gesamten Mietkaution, sollte man die Angelegenheit auf schriftlichem Wege mithilfe der je nach Bundesstaat bzw. Territorium zuständigen Verbraucherorganisation klären (⇨„Neuanfang in Australien, Allgemeine Tipps, Verbrauchertipps").

Die **Miete** wird in Australien häufig wöchentlich oder zweiwöchentlich statt monatlich gezahlt. Außerdem ist sie im Regelfall im Voraus fällig (z.B. zwei oder vier Wochen). Auf Miete wird grundsätzlich keine Mehrwertsteuer (GST, *Goods and Services Tax*) erhoben. Man sollte sich grundsätzlich für jeden gezahlten Betrag eine Quittung geben lassen.

In der Miete sind in der Regel alle **Neben- und Betriebskosten** enthalten, z.B. Gemeindekosten, Ungezieferbekämpfung, Gebäudeversicherung etc. sowie in den meisten Fällen auch Wasser und Abwasser. Strom, Gas und Telefon werden hingegen vom Mieter separat gezahlt (Ausnahme ⇨„Neuanfang in Australien, Das neue Heim, Strom, Gas, Wasser"). Allerdings müssen die Armaturen und der Erstanschluss durch den Vermieter bereitgestellt werden. Wer in Victoria eine Wohnung des staatlichen Director of Housing (DoH) bewohnt, muss unter Umständen für Heizung und Wäsche eine separate Nebenkostenrechnung bezahlen.

In Australien haben Mietverträge in der Regel eine **Laufzeit** von sechs oder zwölf Monaten. Bei Wohnungen mit kürzeren Laufzeiten sehen diese meist auch entsprechend verwohnt aus. Diese Mietverträge für einen festgelegten Zeitraum *(Fixed Term Tenancy)* sind in Australien sehr beliebt. Kündigt weder Mieter oder Vermieter, verlängert sich der Vertrag um dieselbe Dauer noch einmal zu den gleichen Bedingungen.

Hat man einen Mietvertrag ohne festgelegten Zeitraum *(Periodic Tenancy)*, kann man je nach Bundesstaat bzw. Territorium schon ab einer 14-tägigen Frist kündigen. Diese Art von Mietvertrag gilt entweder wöchentlich, zweiwöchentlich oder monatlich für einen unbestimmten Zeitraum.

Bei Einzug in die Mietsache füllt man auch in Australien ein **Übergabeprotokoll** *(Condition Report* oder *Inventory)* aus, in dem die Bestandteile der Mietsache (Zahl der Zimmer, Küchenausstattung, Badezimmereinrichtung etc.) ebenso vermerkt sind wie eventuelle Mängel bei Mietbeginn (z.B. zerrissenes Fliegenschutzgitter, beschädigte Fenster, stark verschmutzter Herd, Risse in der Wand, Flecken auf dem Teppich, abgebrochener Türgriff). Dies wird später bei Auszug als Grundlage genommen, wenn beurteilt werden soll, ob man die Mietsache beschädigt hat (man kann zur Sicherheit auch Fotos machen, muss dem Vermieter/Makler dann aber auch einen Abzug geben und die Fotografie mit Datum und Unterschrift von Mieter und Vermieter/Makler versehen).

Das Übergabeprotokoll wird vom Makler oder Vermieter ausgefüllt. Man sollte es überprüfen, gegebenenfalls ergänzen oder korrigieren und dann wiederum eine unterzeichnete Kopie an den Vermieter oder Makler zurückgeben. Wird vereinbart, dass vor Einzug Reparaturen durch den Vermieter vorgenommen werden sollen, sollte diese Vereinbarung auch schriftlich festgehalten werden.

Ist der Vertrag gemacht, sollte man vom Vermieter oder Makler **folgende Dokumente** erhalten: eine Kopie des von beiden Seiten unterschriebenen Mietvertrags, ein ausgefülltes und von beiden Seiten unterzeichnetes Übergabeprotokoll, eine Kopie des Bond-Lodgement-Formulars, eine Quittung über den gezahlten Mietkautionsbetrag und eine Telefonnummer, die man im Falle dringend notwendiger Reparaturen anrufen kann.

Australier machen erstaunte Gesichter, wenn sie hören, dass man in Deutschland z.B. die Küche selbst in die Wohnung einbaut und diese auch wieder herausreißen kann. Was zu einer australischen Mietwohnung gehört und was für Rechte und Pflichten man dort hat, ist doch ein bisschen anders als in Deutschland. Im Gegensatz zu dort gibt es in Australien z.B. **kei-**

nen Renovierungszwang für den Mieter. Bei Auszug darf die Wohnung „normale“ Abnutzungserscheinungen aufweisen. Will man irgendetwas an der Wohnung ändern, sei es auch nur anders streichen, ist das Sache des Vermieters. Dies gilt ebenso für alle **Reparaturen** an der Mietsache. Über dringend notwendige Reparaturen sollte man seinen Vermieter umgehend in Kenntnis setzen (z.B. jede Art von Leck, verstopfte oder defekte Armaturen, gefährliche elektrische Probleme, Überflutung, Sturm- oder Feuerschaden). Auch für weniger dringende Reparaturen ist der Vermieter zuständig, dazu gehören auch **Abnutzungserscheinungen** wie ein beschädigter Briefkasten, eine klemmende Schranktür oder ein verschmutzter Hausanstrich. Die Kosten gehen grundsätzlich zu Lasten des Vermieters, es sei denn, der Mieter hat etwas (vorsätzlich) beschädigt. Man sollte Reparaturen nur mit Zustimmung des Vermieters selbst ausführen.

Mieterhöhungen müssen je nach Bundesstaat/Territorium 30 bis 60 Tage im Voraus mitgeteilt werden. Generell darf die Miete nur einmal jährlich und nicht vor Ablauf von sechs Monaten seit Mietbeginn erhöht werden. Hat man einen Mietvertrag über einen festen Zeitraum, kann die Miete in diesem Zeitraum nicht erhöht werden, es sei denn, eine Vertragsklausel räumt dies ein. Hält man die Erhöhung für unangemessen, kann man sich an die zuständige Verbraucherorganisation wenden (⇨„Neuanfang in Australien, Allgemeine Tipps, Verbrauchertipps“).

Kündigungsfristen: Je nach Bundesstaat bzw. Territorium wird dies unterschiedlich gehandhabt. Beispiel: Verletzt man in Victoria als Mieter einen der Vertragsbestimmungen, kann der Vermieter eine Kündigungsfrist von 14 Tagen anwenden. Dies gilt auch im umgekehrten Fall, wenn der Vermieter sich nicht an die Bestimmungen hält. Können Bauarbeiten nicht in Anwesenheit des Mieters ausgeführt werden, meldet der Vermieter Eigenbedarf oder aber eine andere Nutzungsart (z.B. als kommerziellen Raum) an, verkauft er die Mietsache oder läuft die Mindestvertragszeit von weniger als sechs Monaten ab, muss der Vermieter eine Kündigungsfrist von 60 Tagen anwenden. Geht die Mindestvertragszeit von sechs oder mehr Monaten zu Ende, muss der Vermieter eine Kündigungsfrist von 90 Tagen einräumen. Wendet der Vermieter eine Kündigungsfrist von 120 Tagen an, muss er keinerlei Gründe für die Kündigung angeben.

Die normale Kündigungsfrist für den Mieter beträgt z.B. in Victoria 28 Tage, es sei denn, das sich daraus ergebende Datum liegt vor dem Enddatum eines Vertrages mit einem festem Vertragszeitraum. Kündigungen kann man am besten **per Einschreiben** versenden, damit man einen Beweis für den Versand hat.

Wie viele Rechte und Pflichten man als **Mieter in einer Wohngemeinschaft** hat, hängt davon ab, ob man als „Co-Mieter“ *(Co-tenant)* einen Mietvertrag zusammen mit den anderen Mietern unterschrieben hat oder lediglich als Untermieter *(Sub-tenant)* geführt wird. In beiden Fällen unterschreibt man am besten mit den anderen Bewohnern eine Abmachung, in der potenzielle Probleme geregelt werden, etwa Bezahlung der Rechnungen für Gas, Strom, Telefon und Wasser, Kündigungsfristen, Saubermachen, Besuch, Nutzung der gemeinschaftlichen Räume etc. Mehr Tipps zum Thema gibt es in „The Share Housing Guide" unter www.rlc.org.au/sharehousing.

Für nähere Informationen zu den Bestimmungen in den jeweiligen Bundesstaaten oder Territorien ⇨ „Neuanfang in Australien, Das neue Heim, Allgemeines". Bei der Deutsch-Australischen Industrie- und Handelskammer kann man u.a. die PDF-Broschüre „Das australische Mietrecht für privaten Wohnraum" kostenlos herunterladen, die weitere Tipps zum Thema Wohnraummiete in Australien am Beispiel New South Wales gibt (http://australien.ahk.de.

Hauskauf

Hat man eine Daueraufenthaltsgenehmigung oder ist schon mindestens zwölf Monate mit einer zeitlich befristeten Aufenthaltsgenehmigung in Australien wohnhaft, kann man erwägen, sich den **australischen Traum** zu erfüllen und ein Haus zu kaufen. Schließlich muss das Abbezahlen der Hypothek *(Mortgage)* monatlich nicht unbedingt mehr kosten als die Miete.

Wenn man noch keine Daueraufenthaltsgenehmigung hat, braucht man zum Kauf eines Hauses oder eines Baugrundstücks die Zustimmung des **Foreign Investment Review Board.** Im Fall einer Zusage muss man selbst in dem Haus wohnen, darf es nicht nur zur Vermietung kaufen und muss das Haus wieder verkaufen, wenn das Visum ausläuft oder aber man nicht in Australien bleibt. Außerdem bekommt man die Zusage ausschließlich für Neubauten oder sanierte Bauten, die nun erstmals wieder bezogen werden sollen. Den Antrag kann man von der Website www.firb.gov.au herunterladen. Nach Einsenden des Antrags wird binnen 30 Tagen darüber entschieden.

Das **Angebot an Häusern,** die zum Verkauf stehen, ist Down Under sehr groß, denn die Australier ziehen in der Regel einfach in ein passenderes Haus um, wenn das bisherige ihren Ansprüchen nicht mehr genügt. Der Weg, Häuser durch Umbauten zu verbessern, wird hingegen selten gewählt.

Zur **Finanzierung** eines Hauses kann man sich - wie auch in Deutschland üblich - an seine Bank, eine Baugesellschaft oder andere Finanzgesellschaft wenden (⇨ Websites der größten australischen Banken im Kapitel „Neuanfang in Australien, Praktisches fürs Erste, Geldbeschaffung").

Zur Prüfung des Kaufvertrages zieht man in der Regel einen **Rechtsanwalt** *(Solicitor)* hinzu, der die Besitzurkunde *(Title Deed)* prüft und den Papierkram übernimmt. In jedem Bundesstaat und Territorium gibt es Rechtsbeistände *(Legal Aids),* wo die wichtigsten Fragen kostenlos beantwortet werden und bei komplexeren Fragen ein pas-

0336aa Foto: eg

sender Rechtsanwalt vermittelt wird (⇨„Längerfristige Eingliederung, Brennpunkte, Rechtshilfe"). Will man sich überdies im Vorfeld genauer über die steuerlichen Konsequenzen des Hauskaufs informieren, sollte man sich von einem australischen **Steuerberater** *(Accountant)* beraten lassen.

Wenn man bereits eine Daueraufenthaltsgenehmigung hat und zum ersten Mal ein Haus in Australien kauft, hat man unter Umständen ein Anrecht auf einen **„Zuschuss für erstmalige Hauskäufer"** *(First Home Buyers' Grant)* in Höhe von 7000 $. Den Antrag hierfür muss man beim Finanzamt *(Revenue Office)* in seinem Bundesstaat oder Territorium beantragen. Weitere Informationen darüber bekommt man auf der Website www.firsthome.gov.au, wo man am Seitenende Links zu den einzelnen Bundesstaaten und Territorien findet.

Sucht man nähere praktische oder rechtliche Infos zum Wohnraumkauf in Australien, kann man sich in der PDF-Broschüre „Immobilienerwerb In Australien" der Deutsch-Australischen Industrie- und Handelskammer am

Ein Traum von Eigenheim

Hausbau

Alternativ zum Hauskauf kann man natürlich auch ein Haus bauen. Dies ist in Deutschland sicherlich die beliebteste Variante, den Traum vom eigenen Heim zu erfüllen. Ein bestehendes Haus zu kaufen hat jedoch in der Regel den entscheidenen Vorteil, dass man in einem etablierten Stadtviertel wohnt, in dem Einkaufs- und Freizeitmöglichkeiten schon vorhanden sind. Neues Bauland liegt zumeist in den Vororten weit abseits der City, denn unbebaute Grundstücke in Stadtnähe gibt es kaum noch. Einzige Ausnahme sind große Stadtparzellen, die nun geteilt werden.

Beschließt man dennoch, selbst ein Haus zu bauen, sind auch in Australien eine Vielzahl von Bauvorschriften zu beachten. Man wird sein Vorhaben daher genau wie in Deutschland mit Architekten, Bauunternehmern und den örtlichen Behörden abstimmen müssen. Je nach Bundesstaat gibt es auch sogenannte „Owner Builder Schemes", nach denen der Besitzer unter Aufsicht der Behörde einen Großteil der Bauarbeiten selbstständig vornehmen darf.

Beispiel von New South Wales weiter informieren (65 $, http://australien.ahk.de). Hier finden sich auch nähere Informationen über die Stempelsteuer *(Stamp Duty)*, die bei jedem Immobilienkauf fällig wird, Grundsteuer *(Land Tax)* und andere Kosten, die neben dem Kaufpreis in der Regel anfallen. Außerdem gibt es in der Broschüre einen Musterkaufvertrag, eine hilfreiche Liste von englischen Begriffen aus dem Bereich Immobilienkauf mit deutscher Übersetzung sowie deutsche Erklärungen für eine **Liste von australischen Abkürzungen,** die in Immobilieninseraten oft verwendet werden.

Strom, Gas und Wasser

Egal, welche Art von Wohnraum man numehr für sich angemietet oder gekauft hat, jetzt geht es daran, diesen auch wohnlich zu machen, und dazu muss man sich zunächst einmal an das Versorgungsnetz anschließen lassen. Dazu erkundigt man sich am besten beim Vermieter bzw. Makler nach den örtlichen **Versorgungsbetrieben,** bei denen man sich eventuell anmelden muss. Links zu den Websites der Dienstleistungsbetriebe in den einzelnen Bundesstaaten und Territorien findet man auch in den „Beginning a Life"-Booklets (⇨„Neuanfang in Australien, Übersicht"). Darin findet man im Übrigen auch Informationen zu Müllabfuhr etc.

Wohnt man zur Miete und es gibt keinen **separaten Verbrauchszähler** (dies ist oft bei Wasser der Fall), gehen die Rechnungen in der Regel an den Vermieter, der die Kosten dann als Teil der Miete umlegt. Andernfalls müssen die Kosten direkt durch den Mieter beglichen werden, und dieser muss sich selbst bei den Versorgungsbetrieben anmelden.

Grundsätzlich gilt auch, dass der Mieter nur für **tatsächlich konsumierte Verbrauchsstoffe** aufzukommen hat und nicht für die reine Dienstleistung als solche. D.h. wenn das Gas nicht durch Leitungen kommt, sondern in Form von Gasflaschen genutzt wird, ist der Vermieter je nach Bundesstaat für ihre Bereitstellung und Lieferung zuständig, der Mieter zahlt lediglich für das Gas selbst.

Damit die Dienstleistungen der Versorgungsunternehmen ab Einzugstag zur Verfügung stehen, sollte man die entsprechenden Dienstleister **mindestens 48 Stunden vor dem Einzug kontaktieren,** damit man auch nur für die Kosten aufkommen muss, die ab dem Einzug entstehen (und nicht seit dem Auszug des letzten Bewohners).

Ersetzt der Vermieter einen Wasserhahn, die Toilettenspülung oder irgendeine andere wasserspendende Apparatur, muss die neue z.B. in Victoria mit dem Zeichen **„A-Klasse"** als wassersparend gekennzeichnet sein. Wenn der Vermieter eine Armatur einbaut, die diesem Anspruch nicht genügt, muss er die gesamte Wasserversorgung selbst tragen und darf die Kosten nicht auf den Mieter umlegen.

Was die **Wohnnebenkosten** anbelangt, so liegen die australischen Preise für Wasser und Gas weit unterhalb der in Deutschland üblichen, bei den Stromkosten kommt man im Jahresmittel etwa auf den gleichen Tarif wie bei deutschen Anbietern. Die einzelnen Konzerne bieten in Australien oftmals unterschiedliche Abrechnungsarten an, z.B. gestaffelt nach genauen Bezugszeiten; ein Preisvergleich lohnt sich also immer.

Was den **Verbrauch** betrifft, so ist der für Strom in Australien oft höher als in Deutschland. Ein Grund liegt darin, dass australische Haushalte nur selten mit einer energiesparenden Zentralheizungsanlage ausgestattet sind, sondern sich in den kälteren Wintermonaten stattdessen mit Heizlüftern oder auf Heizbetrieb umschaltbaren Klimaanlagen *(Reverse Cycle Airconditioning)* etc. behelfen, die bekanntlich viel Strom konsumieren. In der langen Sommersaison laufen z.T. den ganzen Tag Klimaanlagen und Ventilatoren, die ebenfalls viel Strom verbrauchen. Auch wird es im Sommer auf dem gesamten australischen Kontinent abends anderthalb bis drei Stunden früher dunkel als in Deutschland, sodass man die Beleuchtung früher am Abend einschaltet.

Telefon und Internet

Das Freischalten des Telefonanschlusses im neuen Zuhause dauert mindestens 48 Stunden, oft jedoch noch länger. Ein **Festnetzanschluss** wird im Haus oder der Wohnung in der Regel schon vorhanden sein. Gibt es jedoch nicht genügend Anschlussmöglichkeiten (oder sind diese ungünstig gelegen), dürfen weitere Anschlüsse nur von einem registrierten Kabelleger *(Cabler)* eingerichtet werden (⇨ Gelbe Seiten unter „Telephones and Systems – Installation and/or Maintenance"). Bei Telstra z.B. kostet die Wiederinbetriebnahme eines existierenden Anschlusses 59 $.

Der Telefonmarkt wurde in Australien nach und nach privatisiert. Es gibt heute neben dem ehemals einzigen Anbieter Telstra über zehn weitere **Telefongesellschaften** (⇨ Toolkit-Website http://toolkit.acma.gov.au der Australian Communication and Media Authority). Dabei gibt es schon bei Vertragsabschluss die Möglichkeit, einen zweiten Dienstleister für die sogenannte **Pre-Selection** zu bestimmen. Man vereinbart mit dem Pre-Selection-Dienstleister, welche Nummern immer über ihn zu einem vergünstigten Tarif angewählt werden sollen, die restlichen Rufnummern werden über den Hauptdienstleister abgerechnet. Darüber hinaus kann man auch noch **Call-by-Call** nutzen, d.h. man wählt vor der eigentlichen Rufnummer eine vierstellige „Vorwahl" von einem anderen Dienstleister. Sowohl vom Pre-Selection- als auch vom Call-by-Call-Dienstleister erhält man dann separate Rechnungen (man muss sich vorher als Kunde anmelden). Manche Dienstleistungsverträge schließen jedoch auch die gleichzeitige Nutzung von Pre-Selection und Call-by-Call aus.

Welche **Tarife** die verschiedenen Dienstleister für lokale, nationale und internationale Gespräche anbieten, kann man im Internet nachschlagen. Es werden in Telefongeschäften und Kiosken *(Newsagencies)* auch **Prepaid-** und **Postpaid-Karten** angeboten, mit denen man günstigere Telefontarife für internationale Anrufe bekommt.

Hat man einen Internetanschluss, kann man auch einen **Voice over IP Provider (VoIP)** wählen, mit dem sogar kostenlose internationale Telefonate möglich sind. Die Anbieter werden unter www.ozvoip.com/compare-voip-plans miteinander verglichen.

Viele Telefongesellschaften bieten auch eine **Message Bank** an, das ist ein Anrufbeantworterdienst. Man muss sich also nicht notwendigerweise einen eigenen Anrufbeantworter anschaffen.

Wünscht man zu Hause eine **Internetverbindung,** sollte man sich überlegen, ob man diese über die recht langsame **Einwahl** *(Dial-up)* per Telefonleitung betreiben will, wobei man nur ins Internet gehen oder telefonieren kann, aber nicht beides gleichzeitig. Ansonsten muss man eine **ADSL- oder ISDN-Verbindung** bekommen, die jedoch nicht überall in Australien angeboten werden. ISDN wird selten genutzt, am beliebtesten ist in Australien ADSL, wobei **Broadband** – wo möglich – wegen seiner Schnelligkeit und Kapazität bevorzugt wird. Aber Achtung, in Australien werden längst nicht so schnelle ADSL-Verbindungen zu einem akzeptablen Preis angeboten wie in Deutschland. Viele deutsche Migranten sind schockiert, dass sie sich auch in den australischen Metropolen plötzlich wieder mit einer „vorsintflutlichen" Internetverbindung begnügen müssen. In abgelegenen Regionen Australiens gibt es überdies nur langsamere Internetverbindungen über Satellit. Um den richtigen **Internet Service Provider (ISP)** zu wählen, kann man sich am besten auf der Website des ACMA informieren (www.acma.gov.au „For the public", „Consumer & Community Advice", „Internet").

Einige der oben genannten Telefongesellschaften bieten neben Festnetzanschlüssen auch Internetverbindungen an, oftmals gebündelt mit **Mobilfunk** und manchmal sogar Privatfernsehen, wie z.B. AAPT, Austar, Optus, Telstra, Primus Telecom, Southern Cross Telco, GoTalk, RSL Com, Southern Phone Company und TransACT. Das GSM-Mobilfunknetz dieser Anbieter deckt jedoch auch nur die Großstädte und stark besiedelten Regionen ab. Noch geringer ist die Flächendeckung mit CDMA und 3G (CDMA wird nach und nach durch 3G ersetzt). Auch über Mobilfunkanbieter kann man sich am besten auf der Website des ACMA informieren (www.acma.gov.au „For the public", „Consumer & Community Advice", „Telecommunications").

Wer im Outback und weniger besiedelten Regionen mobil telefonieren will, muss sich ein **Satellitentelefon** anschaffen. Die größten Provider sind hier Globalstar, Telstra und Optus, die ganz Australien abdecken. Darüber hinaus gibt es auch noch Landwide Satellite Solutions, bei denen man die Satellitentelefone auch mieten kann.

Weitere Infos über Telefon, Mobiltelefon, VoIP und Internetverbindungen gibt es bei www.phonechoice.com.au.

Fernsehen und Radio

In Australien gibt es die zwei staatlichen Radio- und Fernsehsender ABC und SBS sowie die fünf privaten Fernsehsender Channel Seven, Channel Nine, Channel Ten, Foxtel und Austar.

Ähnlich wie im deutschen Fernsehen, werden die inhaltlich anspruchsvolleren Sendungen durch den staatlichen Sender **ABC (Australian Broadcasting Corporation)** produziert, der auch im ganzen Land Radiosender unterhält.

Der Sender **SBS (Special Broadcasting Services)** ist eigens auf die Bedürfnisse der multikulturellen Gesellschaft Australiens zugeschnitten. Die Einwohner Australiens sprechen zusammengenommen immerhin mehr als 200 Sprachen, darunter auch 45 einheimische Aboriginal-Sprachen. Unter den 15,6 % der Bevölkerung, die zu Hause kein Englisch sprechen, sind die zehn meistgesprochenen Sprachen Italienisch, Griechisch, Kantonesisch, Arabisch (inklusive Libanesisch), Hochchinesisch, Vietnamesisch, Spanisch, Tagalog (Filipino), Deutsch und Hindi[106]. Deshalb werden auf SBS Fernseh- und Radioprogramme in über 60 Sprachen gesendet (im Fernsehen mit englischen Untertiteln), d.h. bei SBS kann man auch in Australien die **Nachrichten auf Deutsch** hören/ sehen (⇨„Längerfristige Eingliederung, Soziale Kontakte, Deutsches").

ABS und SBS, die drei privaten Fernsehsender Channel Seven, Channel Nine und Channel Ten sowie oftmals einen Gemeindesender *(Community Channel)* kann man in den Großstädten und regionalen Zentren über eine normale **Antenne** empfangen. Der Empfang über Antenne kostet abgesehen von deren Installation nichts; meist ist diese in einem bereits existierenden Haus oder Apartment schon vorhanden.

Will man mehr empfangen als diese Sender, muss man bezahlen. Die beiden weiteren **Pay-TV-Sender** Foxtel (www.foxtel.com.au) und Austar (www.austar.com.au) kann man nur als Abonnement über **Kabel oder Satellit** mittels eines speziellen Decoders empfangen (ähnlich wie Premiere in Deutschland). Satellit wird dabei fast ausschließlich in Regionen verwendet, in denen noch kein Kabelanschluss vorhanden ist. Diese Privatfernsehabonnements gibt es für ab rund 40 $ pro Monat je nach Anbieter und gewünschtem Paket. Die einmalige Anschlussgebühr beträgt ca. 50 bis 100 $ (wenn schon eine Satellitenantenne oder ein Kabelanschluss im Haus vorhanden ist).

Das Abonnement für die Pay-TV-Sender kann man auch gebündelt mit Telefon, Mobilfunk oder Internetverbindung bei den Telekommunikationsgesellschaften AAPT (Foxtel), Telstra (Foxtel, Austar) und Optus (Foxtel) sowie Austar erhalten (⇨„Neuanfang in Australien, Das neue Heim, Telefon und Internet“).

Neuer Hausstand

Wenn man nicht seinen kompletten Hausstand aus Deutschland in einem Container verschifft hat, wird man sich bald einen neuen zulegen müssen. Natürlich gibt es in Australien endlos viele Geschäfte, wo man das alles neu kaufen kann, aber wenn man gerade in dieser Phase der Auswanderung die Kosten etwas begrenzen möchte, gibt es einige Tipps. Es gibt auch in Australien einen regen Gebrauchtmarkt:

- **Going Home Sale:** Diese Art von Verkauf wird z.B. durch Auslandsstudenten angeboten, die nach der Studienzeit in ihr Heimatland zurückkehren. Sie verkaufen oft Möbel, elektrische Küchengeräte, Waschmaschinen, Computer etc. Anzeigen dazu kann man im Internet finden, z.B. in Google einfach „Going Home Sale“ in Anführungszeichen eingeben.
- **Op-Shop:** Eine beliebte Quelle für kleineren Hausrat sowie Kleidung. Die sogenannten „Op-Shops“ werden von verschiedenen karitativen Einrichtungen wie der St. Vincent De Paul Society, The Salvation Army Family Stores, Australian Red Cross etc. oder Kirchengemeinden betrieben. Der Erlös wird einem guten Zweck zugeführt. Den nächsten Op-Shop findet man über www.citysearch.com.au (ist jedoch recht umständlich und nicht vollständig) oder aber über die Gelben Seiten (Stichwort „Secondhand“).
- **Trading Post:** Diese Zeitung, die man in ganz Australien in jedem Zeitungs- und Zeitschriftenhandel bekommt, ist *das* Forum für alle privaten Kauf- und Verkaufsgesuche schlechthin. Darüber hinaus inserieren darin auch kommerzielle Anbieter, wie z.B. Möbelunternehmen, die Möbel auch zur Miete anbieten. Die Zeitung erscheint erscheint jeden Donnerstag.
- **Garage Sales:** Eine Art Flohmarkt von privat auf dem Grundstück einer Privatperson. Auf diese Weise entledigen sich die Besitzer überflüssiger Gegenstände, ohne dafür auf Flohmärkte fahren zu müssen, die es in Australien eher selten gibt. Sie werden u.a. in den Lokalzeitungen angekündigt oder man findet sie durch entsprechende Hinweisschilder auf der Straße, wenn man am Wochenende einfach mal in Wohngegenden spazieren fährt.
- **Secondhand:** Es gibt diverse Unternehmen, die Kleidung, Haushaltswaren, Möbel etc. aus zweiter Hand verkaufen. Hier sind durchaus Schnäppchen zu finden. Man findet solche Unternehmen in seiner Stadt am besten in den Gelben Seiten über das Stichwort „Secondhand“ (auch online unter www.yellowpages.com.au).
- **Ebay:** Mittlerweile gibt es auch in Australien eine eigene Ebay-Plattform, über die man wie in Deutschland so manches Schnäppchen ergattern kann: www.ebay.com.au

Ein wichtiger Teil des neuen Hausstandes: der Barbecue-Grill

037aa Foto: at

Verkehrsmittel

Öffentliche Verkehrsmittel

Das öffentliche Verkehrsnetz in Australien ist nicht überall dazu geeignet, schnell von A nach B zu gelangen. Um Behördengänge, Wohnraumbesichtigungen, Stellensuche etc. zu erledigen, kann man sich daher am besten übergangsweise einen Wagen leihen, bis man ein eigenes Auto angeschafft hat (⇨„Verlassen der Heimat, Transport nach und in Australien, Flugzeug und Weiterreise, Mietfahrzeug"). Auch die Autohändler selbst liegen meist nicht unbedingt günstig entlang den Strecken des öffentlichen Verkehrs und sind somit ohne Pkw kaum bequem zu erreichen.

Über öffentliche Verkehrsmittel in seiner Stadt kann man sich in guten Reiseführern für die Region informieren. Die wichtigsten Dienstleistungsbetriebe für den öffentlichen Verkehr:

- **ACT:** Action, www.action.act.gov.au
- **NSW:** Transport Infoline, www.131500.info
- **NT:** Northern Territory Government, www.nt.gov.au („Transport and Travel")
- **QLD:** TransInfo, www.transinfo.qld.gov.au
- **SA:** Adelaide Metro, www.adelaidemetro.com.au
- **TAS:** Metro, www.metrotas.com.au
- **VIC:** Metlink, www.metlinkmelbourne.com.au
- **WA:** Transperth, www.transperth.wa.gov.au

Darüber hinaus gibt es auch noch private Busunternehmen, die nur einige wenige Routen innerhalb der Städte unterhalten. Es würde aber zu weit gehen, diese hier alle aufzuzählen. Im Kapitel „Verlassen der Heimat, Transport nach und in Australien, Flugzeug und Weiterreise, Bus und Bahn" wurden bereits die **überregionalen Bus- und Bahnunternehmen** vorgestellt.

Carsharing, Carpooling und Mitfahrzentralen

Carsharing und Carpooling sind relativ neu in Australien, noch gibt es nicht allzu viele Teilnehmer, und das auch nicht flächendeckend (⇨ unten). Privat wird natürlich auch noch einiges organisiert. Mit etwas Glück werden in der Region Mitfahrgelegenheiten angeboten, oder man möchte sich selbst als Fahrer anbieten, wenn man sich ein Auto angeschafft hat. Abgesehen davon, dass man so Benzin spart und die Umwelt schont, ist es eine gute Möglichkeit, Menschen in der neuen Heimat kennen zu lernen. Weitere Informationen und Links zu verschiedenen Carsharing- und Carpooling-Websites findet man unter „Links" auf www.travelsmart.gov.au, einer Initiative der australischen Regierung.

Fahrrad

Wer auf die Idee kommt, zunächst einmal viel mit dem Fahrrad zu erledigen, sollte wissen, dass in Australien (außer im Northern Territory) **strikte Helmpflicht** für Kinder und Erwachsene herrscht. Und obwohl man sich mit dem Fahrrad leichter in einer Stadt umschauen kann, weil man spontan anhalten kann, sprechen einige Gründe gegen diese Art der Fortbewegung.

Zunächst einmal ist das Fahrradfahren **je nach Wetterlage** nicht gerade angenehm. In der Sommerhitze bekommt man leicht einen Sonnenstich, dehydriert und macht durchgeschwitzt auch nicht gerade den gewünschten guten Eindruck bei Behörden, Maklern, Vermietern oder potenziellen Arbeitgebern.

Der zweite Grund liegt darin, dass das alltägliche Fahrradfahren für Erwachsene in Australien quasi gerade erst „entdeckt" wird. Bis vor Kurzem war es eine reine Angelegenheit für Kinder und Teenager ohne Führerschein. Erst seit einigen Jahren fordert man die Bevölkerung auf, sich mehr auf dem Drahtesel zu bewegen, und richtet in einigen australischen Metropolen zaghaft Fahrradwege ein. Allerdings sind dies vorwiegend Freizeitstrecken fürs Wochenende, keine Wege für den Alltag. Es gilt nach wie vor: In den meisten australischen Metropolen ist das Radfahren durch die mangelnde Vorsicht der Pkw- und Lkw-Fahrer schlicht **gefährlich.** Das Auto hat immer und überall Vorrang. Im Extremfall wird sogar der Fußgänger aufgefordert, den Fahrzeugen die Vorfahrt zu geben, so z.B. in Perths Vorort Subiaco mit dem Hinweisschild „Pedestrians Give Way to Vehicles".

Wenn man aber ohnehin ein Fahrrad nach Australien mitgenommen hat, kann man zumindest die nähere Umgebung vorsichtig **per Fahrrad erkunden,** denn so bekommt man wirklich mehr zu sehen, als wenn man immer erst mit dem Pkw vorfahren und vor allem parken muss! Darüber hinaus gilt natürlich: Je mehr Fahrradfahrer auf der Straße sind, desto besser werden sie letztendlich im Verkehr wahrgenommen.

Eigenes Auto

Führerschein

Im Folgenden wird nur geschildert, was man in Bezug auf einen **Pkw-Führerschein** wissen sollte. Wer Näheres zum Thema Motorrad-, Lkw- oder Busführerschein u.Ä. erfahren möchte, kann dies auf den Websites der Straßenverkehrsämter in Australien nachlesen (⇨ unten).

Mit dem deutschen Führerschein und einer englischen Übersetzung (z.B. internationaler Führerschein) kann man die ersten drei Monate problemlos in Australien Auto fahren (⇨„Verlassen der Heimat, Transport nach und in Australien, Flug und Weiterreise, Mietfahrzeug"). Nach Ablauf dieser Frist müssen Migranten mit einer Daueraufenthaltsgenehmigung einen **australischen Führerschein** beantragen. Solange man nur Halter einer zeitlich befristeten Aufenthaltsgenehmigung ist, gilt die Dreimonatsregel nicht, und man kann weiter mit dem deutschen Führerschein und der englischen Übersetzung fahren.

Auch wenn man als Halter einer Daueraufenthaltsgenehmigung Zeit hat, bis man sich einen australischen Führerschein angeschafft haben muss, lohnt es sich, seinen deutschen Führerschein möglichst schnell in einen australischen umschreiben zu lassen. Behördengänge vereinfachen sich in

Australien ungemein, wenn man sich mit einem australischen Führerschein ausweisen kann. Man ist damit außerdem **nicht mehr sofort als Migrant erkennbar,** was ebenfalls von Vorteil sein kann (auch wenn Diskriminierung natürlich offiziell verboten ist, gibt es sie durchaus). Selbst beim Eröffnen eines Bankkontos in Australien ist der australische Führerschein hilfreich (⇨„Neuanfang in Australien, Praktisches fürs Erste, Geldbeschaffung").

Um den australischen Führerschein zu erhalten, muss man seinen internationalen zusammen mit dem deutschen Führerschein, einem Wohnsitznachweis (Miet- oder Kaufvertrag mit der Adresse) und seinem Reisepass vorlegen. In den meisten Fällen muss man darüber hinaus direkt bei der Behörde einen **Sehtest** bestehen.

Das Ganze ist ziemlich einfach und vor allem auch relativ preiswert mit einer Gebühr von ca. 71 bis 145 $ für fünf Jahre. Je nach Bundesstaat und Territorium unterscheiden sich die Preise, und man kann man zwischen **Gültigkeitsdauern** von einem, drei, fünf und zehn Jahren wählen. Wenn die Gültigkeit der Fahrerlaubnis abläuft, bekommt man in der Regel einen Brief mit der Aufforderung, seinen Führerschein zu erneuern.

Ausnahme: Wenn man seinen deutschen Führerschein seit weniger als drei Jahren hat, bekommt man zunächst nur einen vorläufigen Führerschein *(Provisional Driver's Licence)* und muss im Anschluss eine praktische und theoretische Prüfung absolvieren (⇨ unten).

Auch wenn man seit Anfang 2005 als Inhaber eines deutschen Führerscheins keinen praktischen oder theoretischen Test mehr absolvieren muss, sollte man sich natürlich dennoch mit den **Verkehrsregeln** in Australien vertraut machen. Die jeweiligen *Road Rules* kann man sich für ca. 5 bis 14 $ bei den Straßenverkehrsämtern der Bundesstaaten und Territorien als Broschüre kaufen oder kostenlos als PDF auf den Websites der Behörden herunterladen (⇨ unten). Auf den Websites kann man auch nachlesen, wie viele Minuspunkte *(Demerit Points)* man für welches **Verkehrsvergehen** bekommt, was ab einer bestimmten Summe dazu führt, dass man seinen Führerschein eine Zeit lang abgeben muss.

Übrigens kann es passieren, dass die Behörde in Australien den deutschen Führerschein ganz einzieht oder durch Lochen im Prinzip ungültig macht (das hängt durchaus vom Sachbearbeiter ab). Dadurch soll vermieden werden, dass man nach Einzug des australischen Führerscheins aufgrund eines Verkehrsvergehens bzw. zu vieler Punkte im Straßenverkehrsregister einfach munter mit dem deutschen Schein weiterfährt.

Ist man mit **Jugendlichen** ausgewandert, können diese in Australien schon ab einem Alter von ungefähr **16 Jahren** nach und nach Fahrpraxis sammeln und sich auf die Führerscheinprüfung vorbereiten. Das Mindestalter für den Führerscheinerwerb und das genaue Prozedere sind je nach Bundesstaat und Territorium unterschiedlich. In der Regel läuft es jedoch etwa folgendermaßen ab: Man kann zunächst eine „Learner Driver's Licence" erwerben, indem man z.B. kostenlos im 10. Schuljahr an dem entsprechenden Kurs teilnimmt und den Theorietest besteht (wird auch außerhalb der Schule angeboten für Jugendliche, die bereits von der Schule abgegangen sind, ist dann aber kostenpflichtig). Mit diesem Führerschein darf man dann in Begleitung eines Erwachsenen Auto fahren und muss die Fahrten in einem Logbuch protokollieren. Das Auto ist in der Zeit mit sogenannten „L-Plates" (L steht für „Lernender") gekennzeichnet. Im Alter von ca. **17 Jahren** kann man einen praktischen Führerscheintest machen, wenn man mindestens sechs Monate mit L-Plates Fahrpraxis gesammelt hat. Dann bekommt man die „Provisional Driver's Licence", die drei Jahre lang gültig ist. Das Auto in diesem Zeitraum mit „P-Plates" markiert. Die genauen Bestimmungen der Bundesstaaten und Territorien kann man hier nachlesen:

- **ACT:** Road Transport Authority, www.rego.act.gov.au
- **NSW:** Roads and Traffic Authority (RTA), www.rta.nsw.gov.au
- **NT:** Motor Vehicle Registry (MVR), www.nt.gov.au/transport/mvr/
- **QLD:** Queensland Transport, www.transport.qld.gov.au
- **SA:** Transport SA, www.transport.sa.gov.au
- **TAS:** Transport TAS, www.transport.tas.gov.au
- **VIC:** Vic Roads, www.vicroads.vic.gov.au
- **WA:** Department of Planning and Infrastructure, www.dpi.wa.gov.au

Im Übrigen liegen die Kosten für die einzelnen Tests bei 15 bis 44 $, die für die verschiedenen Führerscheinarten bei 20 bis 145 $ (auch abhängig von der Gültigkeitsdauer von bis zu fünf Jahren). Da man keine teuren Fahrstunden in einer Fahrschule absolvieren muss, ist es im Vergleich zu Deutschland sehr preiswert, seinen Führerschein in Australien zu machen. Auch wenn man noch keinen Führerschein hat und nur für ein, zwei Jahre in Australien bleibt, sollte man schon aus Kostengründen erwägen, den Schein dort zu machen. Der australische Führerschein wird **in Deutschland anerkannt** und kann in einen deutschen umgeschrieben werden, wenn man fortan seinen Wohnsitz in Deutschland hat. Man muss hierfür lediglich die theoretische und praktische Prüfung noch einmal in Deutschland absolvieren.

Fahrzeugkauf

Neue und gebrauchte Fahrzeuge werden wie in Deutschland in Zeitungen, Zeitschriften sowie beim Autohändler angeboten. Wenn man sich jedoch auf den australischen Straßen umschaut, sieht man viele **ungewohnte Automodelle.** Umgekehrt sind die Marken, die in Europa am beliebtesten sind, gar nicht auf dem australischen Markt vertreten oder, wie im Falle der deutschen Marken, geradezu unbezahlbare Luxusautos, für die auch die Ersatzteile sehr teuer sind.

Man sollte sich also vor allem einen Überblick über die vier **in Australien produzierten Automarken** verschaffen: Ford, Holden (australische Variante von Opel bzw. General Motors),

Bei australischen Fahrzeughändlern sieht man andere Modelle als in Deutschland

038aa Foto: at

Mitsubishi und Toyota, die alle in South Australia und Victoria hergestellt werden. Laut dem australischen Jahrbuch von 2005 decken diese vier in Australien produzierten Automarken 99 % des Verkaufs von größeren privat genutzten Pkw in Australien ab. Das Gros der **importierten Automarken** stammt aus Japan, den USA und Deutschland [107]. Dazu sollte man noch wissen, dass Kleinwagen in Australien allgemein viel weniger genutzt werden und auch bei den Autovermietungen seltener angeboten werden.

Auf den Websites der Hersteller bekommt man einen ersten Eindruck von den in Australien produzierten Automodellen:

- **Ford:** www.ford.com.au
- **Holden:** www.holden.com.au
- **Mitsubishi:** www.mitsubishi-motors.com.au
- **Toyota:** www.toyota.com.au

Will man sich über den Wert eines Gebrauchtwagens auf dem australischen Markt informieren, kann man die Websites www.drive.com.au oder www.choice.com.au nutzen. Hier gibt es auch **Testberichte** zu Gebraucht- und Neuwagen sowie Tipps zur Finanzierung. Beim nationalen Automobilclub AAA kann man unter www.aaa.asn.au auch die jährlich aktualisierte Broschüre „Buyers Guide to Used Car Safety Ratings" herunterladen, in der die Sicherheit der gängigen Automarken bewertet wird.

Bevor man ein Fahrzeug kauft, sollte man sich auch erkundigen, ob die **Versicherungsprämienklasse** dafür gering sein wird. Diese wird insbesondere durch zwei Faktoren beeinflusst: den Beliebtheitsgrad des Fahrzeugs bei Diebstählen und die Reparaturkosten. Wenn man einen Luxus- oder Sportwagen kauft und obendrein vielleicht in einer Gegend mit hoher Autodiebstahlsfrequenz wohnt, wird sich das in der Höhe der Versicherungsprämie widerspiegeln. Dasselbe gilt auch für Fahrzeuge, deren Reparaturen teuer sind, und darunter fallen insbesondere europäische Modelle. Wer also unbedingt seinen VW, Mercedes, BMW oder Audi in Australien fahren möchte, zahlt bei der Versicherung und den Reparaturen doppelt drauf.

Bei Automobilhändlern gibt es in der Regel eine **Garantie auf den Gebrauchtwagen.** Hier sollte man aber die Einzelheiten prüfen und gegebenenfalls mit dem Händler eine bessere Garantieleistung vereinbaren. Ist man sich unsicher, wie gut das Fahrzeug in Schuss ist, kann man bei einem Automobilclub eine **Fahrzeuginspektion** durchführen lassen. Diese kostet ca. zwischen 130 und 325 $; manchmal ist sie auch schon vom Autohändler durchgeführt worden. Man sollte sich dann den Prüfbericht mit den eventuellen Mängeln zeigen lassen. Unter den Stichworten „Motoring" und dann „(Vehicle) Inspection(s)" findet man den Service der australischen Automobilclubs:

- **NSW** und **ACT:** NRMA, www.nrma.com.au
- **NT:** AANT, www.aant.com.au
- **QLD:** RACQ, www.racq.com.au („Travel", „Road Touring")
- **SA:** RAA, www.raa.com.au
- **TAS:** RACT, www.ract.com.au
- **VIC:** RACV, www.racv.com.au („My Car")
- **WA:** RAC, http://rac.com.au

Man sollte auch die **Höhe der Betriebskosten** bei der Kaufentscheidung berücksichtigen. Eine Kfz-Steuer gibt es in Australien nicht, allerdings wird eine jährliche Zulassungsgebühr erhoben. Ein weiterer Kostenpunkt ist die Versicherung für das Fahrzeug, über die man sich vor dem Kauf informieren sollte.

Neben dem Allgemeinzustand des Fahrzeugs ist sicherlich der **Kraftstoffverbrauch** von Bedeutung bei der Ermittlung der Betriebskosten. Bei der Wahl der Motorisierung sollte man vielleicht noch wissen, dass ca. 95 % aller Pkw in Australien Benzinmotoren haben, der Rest hat einen Dieselmotor oder wird mit LPG (*Liquefied Petroleum Gas* = Autogas) bzw. einem Dual-Motor betrieben, bei dem man zwischen LPG und Benzin umschalten kann[108]. Wegen der steigenden Benzinpreise rüsten immer mehr Stadtbewohner ihren Wagen auf LPG oder die Dual-Variante um. Autogas ist ebenso sicher wie Benzin, der Verbrauch steigt zwar um ca. 15 bis 20 %, aber Autogas ist ein Drittel preiswerter als Superbenzin, und man bekommt es auch an jeder Tankstelle. Man muss ca. 10 % Leistungseinbuße hinnehmen, aber je nach PS-Leistung des Fahrzeugs fällt das kaum ins Gewicht.

Im Übrigen gibt es seit 2002 nur noch bleifreies Benzin: *Regular Unleaded Petrol* mit 91 Oktan (Normalbenzin) und *Premium Unleaded Petrol* mit 95 bzw. 98 Oktan (Super). Bei der Suche nach der günstigsten Tankstelle in der Umgebung hilft die Website http://motormouth.com.au, auf der die Kraftstoffpreise in den städtischen Regionen Australiens miteinander verglichen werden.

Kauft man von privat, sollte man sich vom Verkäufer die aktuellen Zulassungspapiere sowie seinen Führerschein und einen Kaufbeleg für das Fahrzeug zeigen lassen, um sicherzugehen, dass es sich um den rechtmäßigen Eigentümer handelt. In New South Wales sollte man sich auch den Sicherheitscheckreport *(Pink Slip)* zeigen lassen, der nicht älter als ein Monat sein sollte (ein *White Slip* bedeutet, dass das Fahrzeug nicht mehr fahrtüchtig ist und repariert werden muss, bevor es zugelassen werden kann).

Noch wichtiger ist es, sicherzustellen, dass das zum Kauf angebotene Fahrzeug von seinem Vorbesitzer auch wirklich voll abbezahlt wurde. Mit dem Kauf des Fahrzeugs würde man nämlich **die Schulden „mitkaufen".** In allen Bundesstaaten gibt es eine Behörde, bei der man diese Informationen abfragen lann. Dort erfährt man u.a. auch, ob das Fahrzeug als gestohlen gemeldet ist.

Für eine Anfrage benötigt man die Zulassungsnummer des Fahrzeugs und die Motornummer sowie die sogenannte *Vehicle Identification Number* (VIN) oder aber die Chassisnummer. Um sich vollends abzusichern, sollte man sich ein Zertifikat der Registerbehörde ausstellen lassen (8–15 $), wodurch man eine Pfändung durch ein Finanzinstitut verhindern kann. Kauft man ein Fahrzeug von einem zugelassenen Autohändler, muss dieser die Schuldenfreiheit auf das Fahrzeug nachweisen können. Dies sind die zuständigen Registerbehörden, bei denen man die Auskunft online oder telefonisch einholen kann:

- **ACT, NSW, NT:** Registrar of Encumbered Vehicles (REVS), www.revs.nsw.gov.au
- **QLD:** Registrar of Encumbered Vehicles (REVS), www.fairtrading.qld.gov.au („Consumers", „REVS")
- **SA:** Vehicle Securities Register (VSR), www.ecom.transport.sa.gov.au
- **TAS:** Vehicle Registration Status Enquiry, www.transport.tas.gov.au/regstat
- **VIC:** Vehicle Registration Status, www.vicroads.vic.gov.au („Registration Information", „Vehicle Registration Status")
- **WA:** Registrar of Encumbered Vehicles (REVS), https://bizline.docep.wa.gov.au/revs/

Man sollte sich im Übrigen auch bei einem Kauf von privat eine **Quittung** über den Verkauf ausstellen lassen, denn ohne Kaufbeleg kann man das Fahrzeug nicht bei der Zulassungsstelle anmelden.

Zulassung

Hat man sich ein Fahrzeug angeschafft, muss man dieses in der Regel **binnen 14 Tagen** bei der Zulassungsstelle anmelden (bei Umzug in einen anderen Bundesstaat muss man es im Northern Territory binnen 28 Tagen, in Western Australia binnen drei Monaten und in allen anderen Bundesstaaten binnen 14 Tagen ummelden). Hat man das Fahrzeug bei einem Autohändler gekauft, erledigt dieser in der Regel die Zulassungsformalitäten. Zur Zulassung benötigt man den Kaufbeleg, seinen Reisepass als Identitätsnachweis, den australischen Führerschein bzw. den Mietvertrag (aus dem die Anschrift in Australien klar hervorgeht), eventuell die früheren Nummernschilder sowie das ausgefüllte Formular mit der Anfrage auf Zulassung.

Darüber hinaus muss man eine Quittung über die gezahlten **Gebühren für die Zulassung** vorlegen können. Sie enthalten meist eine Administrationsgebühr, die Zulassungsgebühr selbst, eventuell die obligatorische Personenhaftpflichtversicherung, eine Inspektionsgebühr sowie eine Stempelgebühr. Die Gebühren sind in jedem Bundesstaat und Territorium anders geregelt. Im Australian Capital Territory z.B. ist die Höhe der Erstzulassungsgebühr (auf eine neue Person) abhängig vom Kaufpreis des Fahrzeugs (3 $ pro 100 $ bei Kaufpreis unter 45.000 $, 5 $ pro 100 $ bei Kaufpreis über 45.000 $).

Eine **Zulassung ist zwölf Monate gültig** und muss dann erneuert werden (in South Australia kann man ein Fahrzeug wahlweise für drei, sechs, neun oder zwölf Monate zulassen, in Tasmania wahlweise für sechs oder zwölf Monate). Etwa vier Wochen, bevor eine Zulassung ausläuft, bekommt man automatisch eine Verlängerungsaufforderung zugeschickt. Die Gebühr für die Zulassungsverlängerung wird nach Fahrzeuggewicht berechnet (im Australian Capital Territory z.B. ca. 610 bis 780 $). Eine gewöhnliche Zulassungsverlängerung kann man telefonisch oder auch online mit seiner Kreditkarte durchführen.

Je nach Bundesstaat oder Territorium muss man noch weitere Papiere vorlegen: In der Regel muss man den Nachweis über eine abgeschlossene **Personenhaftpflichtversicherung** (*Compulsory Third Party*, auch „Green Slip" genannt) erbringen, wobei man die Haftpflichtversicherungsgebühr oftmals automatisch bei der Zulassung des Fahrzeugs zu zahlen hat.

Einen **TÜV** gibt es in Australien nicht, aber in einigen Bundesstaaten und Territorien muss man das Fahrzeug dennoch auf seine Straßentauglichkeit untersuchen lassen:

- **NSW:** Alle fünf Jahre muss das Fahrzeug bei der Zulassungsverlängerung inspiziert werden. Seit dem 1. Juli 2008 gibt es keinen physischen Inspektionsbericht *(Pink Slip)* mehr, sondern das Untersuchungsergebnis wird elektronisch *(e-safety check)* an die RTA übermittelt.

- **VIC:** Hier muss man das Fahrzeug 30 Tage vor jedem Verkauf inspizieren lassen.
- **WA:** Hier muss man bestimmte Fahrzeuge (z.B. Fahrzeuge mit Linkslenkung) bei jeder Neuzulassung inspizieren lassen.
- **ACT:** Hier muss man das Fahrzeug grundsätzlich alle sechs Jahre durchchecken lassen.
- **QLD:** Hier ist es die Aufgabe des Autohändlers, die Inspektion bei allen zu verkaufenden Fahrzeugen vorzunehmen, und man sollte als Käufer darauf achten, dass der Händler einen Nachweis *(safety certificate)* hierfür vorlegen kann – ohne diesen kann das Fahrzeug nicht zugelassen werden.
- **NT:** Fahrzeuge, die älter als drei Jahre sind und zuvor nicht in NT zugelassen waren, müssen inspiziert werden.
- **SA:** Hier gibt es nur eine Inspektionspflicht, wenn das Fahrzeug noch nie in SA zugelassen war oder technische Veränderungen vorgenommen wurden.
- **TAS:** Hier müssen die Fahrzeuge auch einer Inspektion unterzogen werden, wenn die Zulassung seit mehr als drei Monaten abgelaufen ist oder wenn das Fahrzeug zuvor nicht in Tasmania zugelassen war.

Für **LPG-betriebene Fahrzeuge** muss man grundsätzlich ein Zertifikat beibringen, das belegt, dass der Gastank von einer zugelassenen Autowerkstatt eingebaut wurde und der Einbau allen Sicherheitsstandards entspricht.

Hat man das Fahrzeug nicht in Australien gekauft, sondern **aus Deutschland importiert,** muss man es in allen Bundesstaaten und Territorien zunächst in einer zugelassenen Inspektionswerkstatt durchchecken lassen.

Schließlich hat man bei der Zulassung auch noch die Möglichkeit, ein **Wunschkennzeichen** auszuwählen. Selbst die Grundgestaltung des Nummerschildes kann man sich teilweise aussuchen. Dabei sind generell weitaus mehr Varianten möglich, als man das aus Deutschland kennt, wie man unschwer an den Nummernschildern der zugelassenen Pkw auf Australiens Straßen erkennen kann.

Da sich die **Details der Zulassung** insgesamt von Bundesstaat zu Bundesstaat sehr unterscheiden, sollte man diese unter dem Stichwort „(Vehicle) Registration" auf den Websites der einzelnen Behörden nachlesen (⇨„Neuanfang in Australien, Verkehrsmittel, Eigenes Auto, Führerschein").

Arbeit

Zumindest für alle Migranten mit einem *Skilled Migration Visa* hängt der Erfolg oder Misserfolg der Auswanderung sicherlich von der erfolgreichen Stellensuche ab. Aber auch Lebenspartner, die aus Liebe nach Australien ausgewandert sind, möchten in den meisten Fällen irgendwann dort arbeiten. Hier werden daher die wichtigsten Schritte geschildert, wie man zu seinem ersten Arbeitsplatz in der neuen Heimat kommt.

Wer daran denkt, **einen eigenen Betrieb zu gründen,** sollte sich auf der Website www.business.gov.au umsehen, wo die australische Regierung alle wichtigen Informationen zu diesem Thema zusammengestellt hat.

Steuernummer

Wie in den meisten Ländern benötigt jeder, der in Australien arbeiten möchte oder eine Firma hat, eine **Tax File Number (TFN).** Diese braucht man unbedingt, bevor man sich ernsthaft auf Stellensuche machen kann, und ohne sie wird man mit einem höheren Steuersatz für den Zinsertrag belegt, wenn man in Australien ein Bankkonto eröffnet (⇨„Neuanfang in Australien, Praktisches fürs Erste, Geldbeschaffung“).

Die Steuernummer kann man nach Ankunft in Australien ganz einfach über das Internet beim **Australian Taxation Office** (australisches Finanzamt) beantragen (www.ato.gov.au/individuals unter „Doing your Tax“, „New to Tax“, „Tax File Number“). Man muss lediglich seine Visumnummer (im Reisepass) sowie seine Anschrift in Australien (kann auch eine vorübergehende Adresse sein) angeben. An diese Anschrift wird die Steuernummer dann binnen ca. 28 Tagen geschickt.

Alternativ bekommt man die Formulare bei Centrelink oder beim Australian Taxation Office und kann den ausgefüllten Antrag dann persönlich in einem Büro des australischen Finanzamts vorlegen. Außerdem kann man je nach Mitarbeiter auch das Pech haben, dass man um zusätzliche Dokumente wie Führerschein, Medicare Card oder auch Telefonrechnung zur Identifikation gebeten wird. Es ist also einfacher, das online zu erledigen.

In Australien dauert das **Steuerjahr** übrigens vom 1. Juli bis zum 30. Juni. Man ist verpflichtet, jährlich bis zum 31. Oktober eine **Einkommenssteuererklärung** abzugeben. Einen Aufschub bekommt man nur nach vorheriger Vereinbarung. Will man schon einmal schauen, was man bei der Steuererklärung zu berücksichtigen hat, findet man unter www.ato.gov.au/individuals alles Wissenswerte (⇨ auch „Traumland Australien?, Boomende Wirtschaft, Der private Wohlstand“.

Wer mit dem australischen Steuersystem nicht zurechtkommt und sich keinen Steuerberater leisten kann, hat eventuell Anrecht auf eine **kostenlose Steuerberatung** durch Tax Help. Dieser Service wird jedoch nur vom 1. Juli bis 31. Oktober durch Freiwillige angeboten (⇨www.ato.gov.au/individuals unter „Tax Return Essentials“, „Getting Help or Advice“).

Berufsanerkennung

Ist man mit einem **Skilled Migration Visa** nach Australien eingewandert, hat man die Anerkennung der Berufsqualifikationen schon hinter sich, denn ohne sie hätte man das Visum gar nicht beantragen können. Für all diejenigen, die **aus Liebe nach Australien eingewandert** sind, war die vorherige Berufsanerkennung jedoch kein Kriterium für das Visum. Will man unter diesen Umständen in Australien berufstätig werden, sollte man sich seine Ausbildungen bzw. beruflichen Qualifikationen aus Deutschland oder anderen Ländern anerkennen lassen, damit man in Australien nicht wieder bei Null anfangen muss. Das gilt auch dann, wenn man vorhat, sich zunächst in Australien weiterzubilden.

Im Kapitel „Der Visumantrag, Erfordernisse und Dokumente, Nachweis der Qualifikationen, Berufsanerkennung" findet sich eine Liste der wichtigsten australischen Institutionen zur Berufsanerkennung, eine Einschätzung der Kosten und Informationen, wie man den Antrag auf Beurteilung stellt. Man kann sich für weitere Informationen auch einfach an das nächste Centrelink-Büro wenden.

Mit der Berufsanerkennung allein ist es jedoch oft leider nicht getan, denn die in Australien gewünschten Qualifikationen unterscheiden sich häufig von den deutschen. Deshalb kann es von großem Vorteil sein, sich in Australien **im gewünschten Berufsfeld weiterzubilden** (⇨„Neuanfang in Australien, Erwachsenenbildung, Weiterbildung"). Oft ist das auch per Fernunterricht oder als Teilzeitstudium möglich.

Stellensuche

Für Migranten mit einem *Skilled Migration Visa* gibt es für die Stellensuche eigens die von der DIAC eingerichtete Suchmaschine https://skilledmigrant.gov.au; ohne ein solches Visum kann man sich dort jedoch nicht registrieren.

In den australischen **Tageszeitungen** findet man samstags und mittwochs Stellenangebote in den Rubriken „Positions Vacant" oder „Job Vacancies". Die größten Tageszeitungen der einzelnen Hauptstädte sind:

- **Adelaide:** „The Advertiser"
- **Brisbane:** „The Courier-Mail"
- **Canberra:** „The Canberra Times"
- **Darwin:** „Northern Territory News"
- **Hobart:** „The Mercury"
- **Melbourne:** „The Age"
- **Perth:** „The West Australian"
- **Sydney:** „The Sydney Morning Herald", „Herald Sun" und „The Daily Telegraph"
- **Ganz Australien:** „The Australian" sowie „The Australian Financial Review"

Weitere regionale Zeitungen werden auf der Internetseite www.nla.gov.au/npapers genannt. Im Anhang werden die Online-Ausgaben der wichtigsten Zeitungen im Kapitel „Lese- Hör- und Filmtipps" vorgestellt.

Das **Internet** eignet sich auch für eine intensive Suche nach Stellenangeboten, vor allem, wenn man noch nicht in der Stadt wohnt, in der man gerne arbeiten würde. Eine Website mit Links auf viele andere australischen Internetseiten mit Stellenangeboten ist http://jobsearch.com.au. Darüber hinaus gibt es **private Arbeitsvermittlungen,** die man in den australischen Gelben Seiten unter „Employment Services" findet (auch online unter www.yellowpages.com.au).

Insbesondere kleine Firmen schreiben eine frei werdende Stelle nicht immer gleich aus. Hier hat man immer noch die besten Chancen, wenn man sich persönlich mit der Bewerbungsmappe unter dem Arm um eine Stelle bewirbt. Dieses **„Klinkenputzen"** wird von vielen Einwanderern aber auch empfohlen, wenn man sich auf eine konkrete Stellenanzeige in der Zeitung oder im Internet bewirbt, denn ohne Referenzen von anderen australischen Arbeitgebern wird man bei einer schriftlichen Bewerbung nur selten zum Vorstellungsgespräch eingeladen. Wenn man sich telefonisch oder persönlich mit Bewerbungsmappe vorstellt, ist das erfahrungsgemäß weitaus erfolgreicher, als einfach nur seine Bewerbung per Post zu schicken.

Man sollte im Falle einer **schriftlichen Bewerbung** jedoch auch so flexibel sein, sich bei Interesse des Arbeitgebers praktisch schon am Folgetag persönlich vorstellen zu können. In Australien werden Stellenangebote recht kurzfristig ausgeschrieben, d.h. der australische Arbeitgeber möchte den Kandidaten dann auch so schnell wie möglich zu einem Vorstellungsgespräch einladen.

Darüber hinaus sollte man sich auch bei **Centrelink** registrieren lassen, wo man auch bemüht ist, Arbeitsplätze zu vermitteln. Wo die nächstgelegene Geschäftsstelle ist, kann man in den Gelben Seiten oder aber unter www.centrelink.gov.au nachsehen. Wenn man einmal registriert ist, wird man an Job Network verwiesen. Man sollte diesen Service als Neuankömmling unbedingt in Anspruch nehmen, insbesondere wenn man Probleme hat, zu einem Vorstellungsgespräch eingeladen zu werden. Diese Organisation kann dabei behilflich sein, die Bewerbungsunterlagen an die in Australien geltenden Standards anzupassen. Alle Arbeit Suchenden können sogar Telefone, Faxgeräte, Kopierer und Internetplätze kostenlos bei Centrelink und einigen Job-Network-Niederlassungen nutzen.

Im Übrigen kann man auch schon in Eigenregie versuchen, seine **Bewerbungsmappe** mit dem Lebenslauf (*Résumé* oder *Curriculum vitae*, CV) und auch sein Anschreiben an die australischen Standards anzupassen. Im Internet gibt es dazu eine Vielzahl an Links. Im Folgenden nur eine kleine Auswahl. Darüber hinaus gibt es auf fast allen Internetseiten der australischen Universitäten auch Tipps zur Bewerbungsmappe, zu Anschreiben, Lebenslauf und Vorstellungsgespräch. Außerdem werden im australischen Buchhandel entsprechende Bücher angeboten.

- **JobsSeek:** http://ninemsn.seek.com.au („Training")
- **JobSearch:** http://jobsearch.com.au („Advice Centre")
- **Aussie Résumés:** www.aussieresumes.com
- **AC People:** www.acpeople.com.au
- **Careers OnLine:** www.careersonline.com.au
- **UNSW Careers and Employment:** www.careers.unsw.edu.au/careerEd („Applying for Jobs")

Die Informationsstelle für Auswanderer und Auslandstätige des Bundesverwaltungsamtes empfiehlt Arbeit Suchenden aus dem Technik- und Handwerksbereich, sich an die australischen **Gewerkschaften und Berufsorganisationen** zu wenden. Einmal, weil dort oftmals freie Stellen in der Branche bekannt sind und andererseits, um bei den entsprechenden Verbänden Mitglied zu werden. Die Mitgliedschaft in der passenden Gewerkschaft oder im passenden Berufsverband kann förderlich bei der Stellensuche sein.

Grundsätzlich gilt, dass man nicht sofort Jagd auf den absoluten Traumjob machen sollte, denn dieser lässt sich selten im ersten Anlauf finden.

Noch wichtiger ist, dass man nicht von seinen bisherigen deutschen **Gehaltsvorstellungen** ausgehen sollte. Man ist schließlich für den australischen Arbeitsmarkt ein unbeschriebenes Blatt und wird im Grunde mit einem absoluten Berufsanfänger gleichgesetzt. Man sollte seine Erwartungen herunterschrauben und sich darauf einstellen, nochmal komplett von vorn anzufangen. Man sollte durchaus erst einmal einen Job annehmen, für den man unter Umständen überqualifiziert ist und das Gehalt vielleicht zu wünschen übrig lässt. Das Wichtigste ist, erst einmal den Fuß in die Tür zu bekommen. In Australien lässt es sich recht problemlos „hocharbeiten", wenn man erst einmal unter Beweis stellen kann, was man auf dem Kasten hat.

In manchen Gewerbezweigen ist es in Australien auch gang und gäbe, dass man von Kunden oder Geschäftspartnern des Unternehmens, für das man arbeitet, **abgeworben wird,** wenn man diese durch seinen Arbeitsstil begeistert. Dies ist in Deutschland ja eher selten der Fall. Sofern man also in der passenden Branche anfängt, hat man gute Chancen, seinen zukünftigen Traumjob auf diese Weise zu finden. Insgesamt wechseln Australier im Übrigen viel häufiger den Arbeitgeber, als das in Deutschland der Fall ist.

Arbeitsvertrag

In den einschlägigen Internetforen wird immer die Frage gestellt, was ein guter australischer Arbeitsvertrag enthalten muss, welche Konditionen akzeptabel sind etc. So pauschal lässt sich das allerdings nicht beantworten und ist sicherlich auch an der Art der Tätigkeit zu messen bzw. daran, ob man Vollzeit *(full-time),* Teilzeit *(part-time)* oder im Schichtdienst *(Shift Work)* arbeitet, oder aber nur Gelegenheitsjobs *(casual)* wahrnimmt. Auf folgenden Internetseiten kann man sich über die üblichen Bedingungen für Gehälter *(Wages),* Arbeitszeit *(Hours),* Kündigung *(Dismissal),* Jahresurlaub *(Annual Leave),* Elternurlaub *(Parental Leave)* etc. informieren:

- **www.workplaceauthority.gov.au** („Workplace Relations") – Informationsstelle der australischen Regierung sowie spezifisch für die meisten Beschäftigten im Northern Territory, Australian Capital Territory und Victoria
- **www.industrialrelations.nsw.gov.au** – Bedingungen in New South Wales
- **www.wageline.qld.gov.au** – Bedingungen in Queensland
- **www.safework.sa.gov.au** – Bedingungen in South Australia
- **www.business.vic.gov.au** („Industrial Relations") – Bedingungen in Victoria
- **www.docep.wa.gov.au** („Labour Relations") – Bedingungen in Western Australia

Darüber hinaus gibt es auch weitere Informationen zu den australischen Arbeitsbedingungen unter www.myfuture.edu.au, wo die wichtigsten Regelungen erläutert werden.

Die sogenannten **Awards** regeln oftmals die Arbeitszeiten, Mindestlöhne, Überstunden, Gehaltszahlungen, Pausenzeiten und Lohnfortzahlung im Krankheitsfall. Es ist eine Art Tarifvertrag, dem sich der Arbeitgeber angeschlossen hat und dessen Bestimmungen er auf alle Arbeitsverträge in seiner Firma anwenden muss.

In der Regel wird die **Höhe des Gehalts** mit dem Arbeitgeber frei verhandelt, wobei natürlich die Berufserfahrung eine große Rolle spielt. Insbesondere bei kaufmännischen Berufen gehören erfolgsbezogene Boni zum vereinbarten Gehaltsrahmen.

Zu den **typischen Bedingungen** für eine Vollzeitarbeitsstelle gehört Folgendes:

- **35–40-Stunden-Woche,** wobei die Fünftagewoche üblich ist
- **Überstunden** werden zusätzlich bezahlt oder müssen „abgefeiert werden"
- **Jahresurlaub** von drei bis fünf Wochen je nach Berufsgruppe
- zusätzliches **Urlaubsgeld**
- jährlich sieben bis 14 Tage **Krankenurlaub** *(Sick Leave),* die man von Jahr zu Jahr ansammeln kann
- dreimonatiger **Sonderurlaub** mit Lohnfortzahlung **nach 15-jähriger ununterbrochener Betriebszugehörigkeit** *(Long Service Leave)*
- maximal 52 Wochen unbezahlter **Elternurlaub** *(Parental Leave)* nach Geburt eines Kindes, wobei der Arbeitsplatz erhalten bleibt
- ein- bis fünfwöchige **Kündigungsfristen,** je nachdem, wie lange man schon bei der Firma beschäftigt ist (allerdings gab es hier Änderungen, ⇨ unten)

Dies sind nur einige Beispiele für typische Vereinbarungen.

Will man sich darüber hinaus einen Überblick über das **australische Arbeitsrecht** am Beispiel von New South Wales verschaffen, lohnt sich ein Blick in die **Broschüre „Das australische Arbeitsrecht",** welche 2006 in neuer Auflage von der Deutsch-Australischen Industrie- und Handelskammer als PDF-Broschüre herausgegeben wurde (35 $, http://australien.ahk.de). Hier kann man außerdem die **Broschüre „Lohn- und Lohnnebenkosten in Australien"** erwerben.

Versicherungen

Mit dem Wohnsitzwechsel hat man das Gros seiner Versicherungen - wenn nicht gar alle - in Deutschland kündigen müssen. Man muss sich also schnellstens neu versichern, damit man im Falle des Falles nicht alles aus eigener Tasche bezahlen muss. Insgesamt versichern sich die Australier jedoch weitaus weniger als die Deutschen; private Haftpflichtversicherungen sind ihnen z.B. total unbekannt. Auch würde kaum ein Australier auf die Idee kommen, sich eine private Unfallversicherung zuzulegen, denn man ist ja bereits über den Arbeitgeber gegen Unfälle während der Arbeit oder auf dem Arbeitsweg versichert.

Im Folgenden werden daher nur die Versicherungsarten besprochen, die man in der ersten Zeit in Australien vermutlich benötigt. Da es dort auch eine Flut an Anbietern gibt, lohnt es sich, die verschiedenen Versicherungen und ihre Leistungen eingehend zu prüfen. Zum Vergleichen ist die Website **www.choice.com.au** sehr hilfreich (Rubrik: „Money and Rights").

Krankenversicherung

In der Regel hat man als deutscher Staatsbürger nur einen Anspruch auf die **staatliche Krankenversicherung Medicare,** wenn man mindestens Halter einer Daueraufenthaltsgenehmigung oder australischer Staatsbürger ist. Hat man lediglich eine zeitlich befristete Aufenthaltsgenehmigung und auch noch keinen Antrag auf eine Daueraufenthaltsgenehmigung gestellt, muss man sich komplett privat versichern. Ausgenommen sind Kinder, Eltern oder (Ehe-)Partner australischer Staatsbürger. Diese haben sofort ein Anrecht auf Medicare.

Durch Medicare sind Aufenthalte in öffentlichen Krankenhäusern kostenlos, außerdem werden die Kosten für die meisten Arztbesuche und ärztliche Rezepte über das *Pharmaceutical Benefits Scheme* (PBS) teilweise abgedeckt. Kosten für Besuche bei Ärzten, die nicht über die von Medicare bevorzugte Art abrechnen, oder für Medikamente, die nicht auf der Medicare-Liste stehen, müssen anteilig oder voll selbst bezahlt werden. Auch deswegen ist eine private Zusatzversicherung zu empfehlen (⇨ unten).

Wenn man Anspruch auf die staatliche Versicherung hat, sollte man sich ca. zehn Tage nach Ankunft in Australien bei Medicare **anmelden** (⇨ Gelbe Seiten, www.yellowpages.com.au). Bis dahin hat Medicare durch die DIAC Informationen über das Visum erhalten. Man braucht zur Anmeldung lediglich seinen Reisepass mit dem Visum. Wenn man alle Bedingungen zur Registrierung erfüllt, bekommt man innerhalb von ca. drei Wochen seine Medicare-Karte per Post. Muss man direkt nach Einreise dringend einen Arzt aufsuchen, bekommt man bei Medicare eine vorläufige Registriernummer. Für weitere Informationen ⇨ www.medicareaustralia.gov.au.

Sofern man „geringfügige" Leistungen in Anspruch nehmen möchte, kann man Arztpraxen oder Krankenhäuser auch **ohne Medicare-Karte** als Privatpatient aufsuchen. Man fragt bei der Anmeldung einfach nach den Tarifen für eine Konsultation. Für eine einfache Ohruntersuchung und die anschließende Ausstellung eines Rezepts zahlt man z.B. 40 bis 70 $.

Besonders für diejenigen, die noch keine Daueraufenthaltsgenehmigung haben, ist eine **private Krankenversicherung** unerlässlich. Diese kann man als Halter einer zeitlich befristeten Aufenthaltsgenehmigung derzeit bei den folgenden **Versicherungen** abschließen (Stichworte „Overseas Cover", „Temporary Residents" oder „Overseas Visitor"). Die aktuelle Liste kann man unter www.health.gov.au herunterladen („For Consumers", „Healthcare Systems", „Private", „Overseas Cover", „Funds Offering Overseas Visitors Health Cover").

- **Medibank Private,** www.medibank.com.au – alle Bundesstaaten und Territorien
- **Australian Unity,** www.australianunity.com.au – alle Bundesstaaten und Territorien
- **Australian Health Management (AHM),** www.ahm.com.au – alle Bundesstaaten und Territorien
- **MBF,** http://mbf.com.au – alle Bundesstaaten und Territorien
- **Manchester Unity,** www.manchesterunity.com.au – alle Bundesstaaten und Territorien
- **Mutual Community/HBA,** www.bupa.com.au – in South Australia und im Northern Territory Mutual Community, in allen anderen Bundesstaaten und Territorien HBA
- **HBF Health Funds Inc,** www.hbf.com.au – nur in WA
- **HIF,** www.hif.com.au – nur in WA

Eine empfehlenswerte Website zum Vergleichen der privaten Krankenversicherungen ist www.iselect.com.au.

Interessanterweise bietet die Commonwealth-Regierung derzeit **30 % Rabatt** beim Abschluss einer privaten Krankenversicherung und belegt Großverdiener mit einer Steuerabgabe von 1 %, wenn diese keine solche abschließen.

Ein weiteres Programm der australischen Regierung zur Förderung von Privatversicherungen ist das neue System **„Gesundheitsvorsorge auf Lebenszeit"** *(Lifetime Health Cover).* Dieses ist jedoch nur für Halter einer Daueraufenthaltsgenehmigung oder australische Staatsbürger von Interesse. Dabei zahlen Personen, die bis zum 31. Juli nach ihrem 31. Geburtstag eine private Krankenversicherung abschließen und diese lebenslang beibehalten, den niedrigsten Beitragssatz. Wer danach beitritt, zahlt zusätzlich 2 % pro Lebensjahr (max. 70 %, wenn man die Krankenversicherung erst ab 65 Jahren abschließt). Ist ein deutscher Migrant älter als 31 Jahre, muss er diese Erhöhung nicht zahlen, sofern er binnen eines Jahres, nachdem er erstmals Medicare beantragen konnte, eine private Krankenversicherung abschließt.

Auch für staatlich Versicherte sind private Zusatzversicherungen notwendig, denn **nicht durch Medicare übernommen** wird u.a. der Krankenwagentransport. Nur wer eine *Health Care Card* hat (nur für Geringverdienende und für Personen, die Centrelink-Zahlungen wie z.B. Arbeitslosengeld bekommen), wird z.B. kostenlos oder zu einem niedrigeren Tarif mit einem Krankenwagen transportiert.

Filiale der staatlichen Krankenversicherung Medicare

039aa Foto: eg

Ausnahmen zur Übernahme der **Krankenwagentransporte:** Für Einwohner von Queensland ist die Nutzung eines Krankenwagens für ganz Australien gedeckt, da man die Gebühr dafür bereits mit der Stromrechnung zahlt *(Community Ambulance Fee)*. In Tasmania ist der Krankenwagentransport für tasmanische Einwohner grundsätzlich kostenlos. Bei Pkw- oder Arbeitsunfällen bekommt man jedoch eine Rechnung, die man an MAIB (Motor Accident Insurance Board) oder seine private Versicherung schickt, um sich den Betrag erstatten zu lassen.

In allen anderen Bundesstaaten bekommt man immer eine Rechnung für den Krankentransport. Wenn man sich diese Kosten erstatten lassen möchte, muss man, wie erwähnt, eine private Zusatzversicherung abschließen. In Victoria, South Australia und in ländlichen Regionen von Western Australia kann man auch direkt **beim Ambulanzservice Mitglied** werden:

- **SA:** www.saambulance.com.au
- **VIC:** www.ambulance-vic.com.au
- **WA:** www.ambulance.net.au – nur für Einwohner von Regionen mit folgenden Postleitzahlen: 6041–6044, 6084, 6207–6208, 6211–6799

Ebenfalls **nicht durch Medicare abgedeckt** sind Zahnbehandlungen, Sehhilfen, Physiotherapie, chiropraktische Behandlungen oder die Unterbringung in einer Privatklinik. Für all diese Leistungen muss man eine private Zusatzversicherung abschließen (oder die Leistungen in voller Höhe aus eigener Tasche bezahlen). Kleinkinder und Schüler unter 18 Jahren können zumindest den kostenlosen Zahnpflegeservice *(Dental Care Program)* an Schulen oder öffentlichen Kliniken nutzen. Die Details sind je nach Bundesstaat und Territorium jedoch unterschiedlich geregelt.

Wenn man als Halter einer Daueraufenthaltsgenehmigung eine Zusatzversicherung abschließen will, gibt es weitaus mehr Versicherungsunternehmen als oben vorgestellt; auch Automobilclubs bieten Policen an.

Kfz-Versicherung

Damit ein Fahrzeug überhaupt zugelassen werden kann, muss man z.B. in New South Wales und Queensland den Nachweis über eine abgeschlossene **Personenhaftpflichtversicherung** *(Compulsory Third Party* oder CTP, auch „Green Slip" genannt) erbringen; im Australian Capital Territory, Northern Territory und in Western Australia schließt man automatisch eine Personenhaftpflichtversicherung bei Zulassung des Fahrzeugs ab; in Victoria, South Australia und Tasmania obliegt es einem selbst, ob man eine solche Versicherung abschließt; es sei aber dringend empfohlen, damit man bei einem Unfall zumindest gegen Personenschäden an Dritten versichert ist.

In jedem Fall ist eine **zusätzliche Teilkaskoversicherung** *(Third Party Property)* zu empfehlen, die auch die möglichen Sachschäden am Eigentum von Dritten abdeckt, denn wenn man z.B. den Schaden an der Luxuskarosse des Unfallgegners aus eigener Tasche zahlen muss, wird es teuer. Ob man darüber hinaus eine **Vollkaskoversicherung** *(Comprehensive)* für Sachschäden am eigenen Fahrzeug sowie Diebstahl etc. abschließt, hängt nicht zuletzt auch vom Wert des Fahrzeugs ab. Es werden oft auch einzelne Zusatzversicherungen zur Teilkaskoversicherung angeboten. Wenn man nur Bausteine ergänzt, die einem besonders wichtig sind, ist dies in der Regel günstiger, als eine Vollkaskoversicherung abzuschließen.

Es ist im Übrigen bei einigen australischen Versicherungen auch möglich, einen Rabatt für seine **Schadensfreiheitsjahre** *(No Claim Bonus* bzw. *No Claim Discount)* in Deutschland zu bekommen, dazu muss man allerdings eine entsprechende Erklärung seiner ehemaligen deutschen Versicherung in englischer Sprache vorlegen können (⇨„Verlassen der Heimat, Der bürokratische Schlussstrich, Kündigungen, Versicherungen"). Reibungslos geht dies bei den Versicherungsunternehmen, die es auch in Europa gibt, wie z.B. Allianz und ING, obwohl diese oftmals auch teurer sind als andere Unternehmen in Australien. Je nach Versicherung kann der Rabatt maximal 65 % betragen. Weitere Tipps zum Thema Kfz-Versicherung im Kapitel „Neuanfang in Australien, Verkehrsmittel, Eigenes Auto, Fahrzeugkauf".

Rentenversicherung

Wie bereits im Kapitel „Verlassen der Heimat, Der bürokratische Schlussstrich, Sonstiges, Rentenanspruch" geschildert, werden die Rentenbeträge aus Deutschland aufgrund des **Sozialabkommens** zwischen Deutschland und Australien von 2003 in Australien ausgezahlt, wenn z.B. das entsprechende Alter für die Altersrente erreicht wurde. Der einst in Deutschland eingezahlte Arbeitgeberanteil fällt jedoch weg.

Jetzt geht es jedoch zunächst darum, **weitere Anspruchszeiten** in Australien anzusammeln. Dazu muss man natürlich erst einmal eine Arbeit haben, denn wie in Deutschland besteht die Altersvorsorge aus einer steuerfinanzierten Grundrente, die man auf der Grundlage seines Einkommens und der Beitragszeiten ansammelt. Hinzu kommt die **Super(annuation),** eine Art garantierte Betriebsrente, für die der Arbeitgeber laut australischem Gesetz 9 % des Arbeitnehmereinkommens in den *Super Fund* einzahlen muss. Das gilt jedoch in der Regel nur dann, wenn man mindestens einen Monatslohn von 450 $ bei einem Arbeitgeber verdient – egal ob man voll- oder teilzeitbeschäftigt ist oder nur einer Gelegenheitsarbeit nachgeht. Der *Super Fund* kann auch **privat aufgestockt** werden, z.B. durch Lohnverzicht. Selbstständige können auch privat in einen solchen Rentenfonds einzahlen.

Auf der staatlichen Website **www.superchoice.gov.au** kann man sich informieren, wie das Geld angelegt wird und welche Wahlmöglichkeiten man als Arbeitnehmer hat. Weitere Informationen gibt es z.B. auch auf der Website des Finanzamts (www.ato.gov.au/super) sowie auf der Regierungswebsite mit Tipps zu Finanzangelegenheiten (www.asic.gov.au/fido/fido.nsf unter „Superannuation").

In den meisten Fällen gilt, dass man an den *Super Fund* erst dann wieder herankommt, wenn man das **Mindestalter für die Pensionierung** erreicht hat, in der Regel 60 Jahre (für alle nach 1965 Geborenen).

Für die **Altersrente** *(Age Pension)* gilt, dass man das Rentenalter mit 65 Jahren erreicht hat (für Frauenjahrgänge vor 1949 gelten 60 Jahre als Rentenalter). Auch wenn man aus seinem *Super Fund* eine Pension bezieht, kann man nun ebenfalls die staatliche Rente bei Centrelink beantragen. Voraussetzung ist außerdem, dass der Antragsteller mindestens fünf von zehn Jahren ununterbrochen in Australien gelebt haben muss. Für das Jahr 2006/07 beträgt die Höhe der Vollrente für eine alleinstehende Person 505,50 $ pro vierzehn Tage, wenn diese im gleichen Zeitraum ein Einkommen von maximal 124 $ hat sowie maximal Vermögenswerte in Höhe von 270.500 $ bzw. Immobilien im Wert von 157.000 $ besitzt. Darüber hinaus hat man ein Anrecht auf Beihilfe zur Miete, Telefonrechnung und zu den Kosten der Versorgungsbetriebe.

Ist der **Ehepartner verstorben** und man glaubt, ein Anrecht auf dessen Altersrente zu haben, kann man diesen Antrag ebenfalls über Centrelink stellen. Gibt es Schwierigkeiten, weil man die notwendigen Nachweise für die Berufstätigkeit des Verstorbenen nicht erbringen kann, hilft z.B. Migrant Service Publication weiter (⇨„Längerfristige Eingliederung, Brennpunkte, Rechtshilfe").

Im Übrigen zahlt die australische Regierung auch einen **Bonus,** wenn man seinen Antrag auf die Altersrente mindestens ein Jahr hinausschiebt *(Pension Bonus Scheme).* Voraussetzung ist, dass man noch nie eine Altersrente oder andere Beihilfe bezogen hat und jährlich mindestens 960 Stunden (entspricht ca. 18,5 Wochenarbeitsstunden) arbeitet. Der Bonus kann für maximal fünf Jahre gezahlt werden. Man muss sich für das Bonusprogramm bei Centrelink anmelden.

Wenn man den **Antrag auf Altersrentenansprüche aus Deutschland** stellen möchte, kann man dies bei der nächsten Centrelink-Geschäftsstelle tun oder aber direkt bei:

- **Centrelink – International Services,** GPO Box 273, Hobart TAS 7001, Tel. (03) 131 673 oder (03) 6222 3455, Fax (03) 6222 2788 oder (03) 6222 2808, international.services @centrelink.gov.au

Dort bekommt man dann die entsprechenden zweisprachigen Antragsformulare (Englisch/Deutsch). Centrelink schickt diese dann an die Rentenbehörde in Deutschland und bestätigt, dass der Antragsteller während seines Berufslebens in Australien wohnhaft war *(Working Life Residence)*. Das erledigt Centrelink auch für andere Länder, sofern Australien auch mit diesen ein entsprechendes Sozialabkommen abgeschlossen hat (derzeit Belgien, Chile, Dänemark, Irland, Italien, Kanada, Kroatien, Malta, Neuseeland, Niederlande, Österreich, Portugal, Slowenien, Spanien, USA und Zypern).

Die deutschen Beitragszeiten werden angerechnet, ebenso die **Kindererziehungszeiten** (weitere Infos ⇨ Broschüre „Kindererziehung: Plus für die Rente" der Bundesversicherungsanstalt für Angestellte, www.bfa.de).

Im Übrigen gibt es bei Centrelink eine Vielzahl an Broschüren (auch auf Deutsch), darunter z.B. die Infozeitungen „Australian Pension News" und „News for Seniors".

Haus-Versicherungen

Wenn man ein Haus gekauft hat, schließt man in Australien im Allgemeinen eine **Wohngebäudeversicherung** *(Home Building* bzw. *House Insurance)* ab, um sich gegen die Folgen von Feuer, Flut, Erdbeben, Einbruch etc. abzusichern. Schließlich hat man meist einen Großteil seiner Ersparnisse in das Eigenheim gesteckt.

Wenn man zur Miete wohnt, lohnt sich unter Umständen zumindest eine **Hausratversicherung** *(Home Contents Insurance)*.

Erwachsenenbildung

Englischkurse

Sehr gute Englischkenntnisse sind Voraussetzung für eine erfolgreiche Eingliederung in die australische Gesellschaft. Je mehr Englisch, englischen Humor und andere Feinheiten der englischen Sprache man versteht, desto eher wird man sich in der neuen Umgebung heimisch fühlen. Viele Migranten geben an, diesen Punkt anfangs unterschätzt zu haben. Es ist etwas anderes, ob man im Urlaub sein Touristenenglisch herauskramt oder mit ein paar Freunden aus anderen Ländern ein Schwätzchen hält, oder ob man in einer großen Bandbreite sowie auf professioneller Ebene durchgehend Englisch sprechen soll.

Hat man für sich oder einen mit einwandernden Angehörigen über 18 Jahren eine **Zweitzahlung** *(Second In-*

stalment) vornehmen müssen, weil die Englischkenntnisse im Vorfeld nicht ausreichten (⇨„Der Visumantrag, Erfordernisse und Dokumente, Kosten"), hat man somit für die Teilnahme an Englischkursen bezahlt. Mit Bewilligung des Visums erhält man dann Informationen über **AMEP,** das „Englischprogramm für erwachsene Migranten" *(Adult Migrant English Program).* Man ist berechtigt, an bis zu **510 Stunden Englischkursen** teilzunehmen. Allerdings muss man die Teilnahme binnen drei Monaten nach Ankunft in Australien bzw. nach Erlangen der Daueraufenthaltsgenehmigung beantragen. Außerdem muss man binnen zwölf Monaten den Englischunterricht beginnen, sonst verliert man seinen Anspruch. Übrigens gibt es in der Nähe der AMEP-Zentren auch kostenlose Kinderbetreuung für die Dauer des Unterrichts.

Es gibt Voll- und Teilzeitkurse an verschiedenen Orten. Man kann aber auch einen Fernkurs belegen oder den Unterrichtsstoff mithilfe eines Tutors zu Hause durchnehmen.

Das Gute an den AMEP-Kursen ist, dass sie nicht nur die Sprache vermitteln, sondern auch eine Einführung in die australische Lebensart und täglichen Aktivitäten wie Bankgeschäfte, Einkaufen, Bewerbungen u.a. umfassen. Die anderen Teilnehmer sind darüber hinaus alle aus ähnlichen Gründen in Australien, und man kann so erste Erfahrungen austauschen.

Unter www.immi.gov.au/living-in-australia/help-with-english/learn-english/index.htm findet man die Adressen der AMEP-Anlaufstellen in den verschiedenen Bundesstaaten (Stichwort „Where will I learn?"). Auch die DIAC-Hotline, Tel. 131 881, informiert, wo sich das nächstgelegene AMEP-Zentrum befindet.

Wer bei Centrelink als Arbeit suchend registriert ist und darüber hinaus eine der nachfolgenden Bedingungen erfüllt, hat auch ein Anrecht auf das **Language, Literacy and Numeracy Program (LLNP),** in dem neben Englischunterricht auch noch einmal richtiger Mathematikunterricht in englischer Sprache erteilt wird. Von den folgenden vier Zusatzbedingungen muss man eine erfüllen:

- Man nimmt an einem **Job Placement, Employment and Training Program** (Arbeitsplatzsbeschaffungs- bzw. Weiterbildungsmaßnahme) teil.
- Man lebt **noch keine zwei Jahre in Australien** und hat nur ein Anrecht auf Englischkurse, aber **keine weiteren Sozialleistungen.**
- Man hat ein **vorläufiges Partner Migration Visa** *(Interdependency Visa* oder *Spouse Visa).*
- Man ist australischer Staatsbürger oder Halter einer Daueraufenthaltsgenehmigung, aber **kein englischer Muttersprachler,** und hat somit ein Anrecht auf fortgeschrittenen Sprachunterricht.

Trifft eine dieser Bedingungen zu, kann man sich an Centrelink wenden. Die Kurse finden im Allgemeinen bei TAFE (⇨ unten), in Gemeindezentren oder bei privaten Institutionen statt.

Englischkurse werden darüber hinaus auch von anderen Institutionen wie z.B. **Sprachschulen** angeboten. Man findet sie z.B. in den Gelben Seiten (auch online unter www.yellowpa

ges.com.au unter „Language School"). Darüber hinaus bieten auch manche Gemeindezentren Englischkurse an.

Weiterbildung

Wenn man seine Ausbildung in Deutschland absolviert hat, wird sich diese von der Ausbildung in Australien unterscheiden. Auch wenn der erlernte Beruf in der neuen Heimat anerkannt wurde, so fehlt einem doch bestimmtes Detailwissen, das man sich noch aneignen sollte (⇨„Neuanfang in Australien, Arbeit, Berufsanerkennung"). Ständige Weiterbildung als Erwachsener ist in Australien hoch angesehen, und so macht man sich keineswegs lächerlich, wenn man hier noch einmal die Schulbank drückt. Im Gegenteil, man kann auf diese Art wertvolle Zusatzqualifikationen erwerben, die das berufliche Fortkommen in Australien vereinfachen werden.

Die Einrichtung für **berufsorientierte Ausbildungen** ist in der Regel Technical and Further Education (TAFE). Hier kann man das Kursangebot im jeweiligen Bundesstaat nachschlagen:

- **ACT:** www.cit.act.edu.au
- **NSW:** www.tafensw.edu.au und www.tafeplus.com
- **NT:** www.det.nt.gov.au
- **QLD:** www.tafe.qld.gov.au
- **SA:** www.tafe.sa.edu.au
- **TAS:** www.tafe.tas.edu.au
- **VIC:** www.tafevc.com.au
- **WA:** www.tafe.wa.gov.au

Australische Staatsbürger müssen keine **Schulgebühren** für eine Erstausbildung oder Überbrückungsausbildung zahlen, sondern in der Regel nur die **TAFE-Gebühr** von ca. 164 bis 651 $ pro Semester je nach Abschlussart. Das Gleiche gilt für Halter einer Daueraufenthaltsgenehmigung und Halter eines vorläufigen *Partner Migration Visa (Spouse Provisional* und *Interdependency Provisional).* Halter anderer zeitlich befristeter Aufenthaltsgenehmigungen müssen zusätzlich zur TAFE-Gebühr die Schulgebühr von 5500 bis 18.000 $ jährlich zahlen.

Hat man seine beruflichen Qualifikationen aus z.B. Europa bei einer australischen Institution anerkennen lassen und die Mitteilung bekommen, dass man bestimmte Studien, Examen und/oder eine Zusatzausbildung zur Berufsausübung braucht, ist man zu einem **Überbrückungsstudium** *(Bridging Study)* an einer Hochschule berechtigt. Für diesen Studienzeitraum, der maximal ein Jahr betragen darf, darf man sich als Halter einer Daueraufenthaltsgenehmigung die Studiengebühren wie ein australischer Staatsbürger mittels *HECS-Help* vorstrecken lassen und seine Schulden abstottern, sobald man Geld verdient. Wenn man jedoch einen höheren akademischen Grad oder gar ein Zweitstudium anstrebt, muss man die vollen Studiengebühren zahlen und ist nicht berechtigt, *HECS-Help* in Anspruch zu nehmen (⇨„Traumland Australien?, Australische Werte, Investition Bildung").

Über das **Kursangebot an den Universitäten** kann man sich im Internet informieren. Die Studienplätze werden über folgende Zentralstellen vergeben:

Links zum Thema „Bildung"

Informationen zum Thema „Bildung" in ganz Australien findet man auf der staatlichen Website www.education.gov.au mit über 5000 Links zu anderen Websites.

- **NSW/ACT:** Universities Admissions Centre, www.uac.edu.au
- **QLD:** Queensland Tertiary Admissions Centre, www.qtac.edu.au
- **SA/NT:** South Australian Tertiary Admissions Centre, www.satac.edu.au
- **VIC/TAS:** Victorian Tertiary Admissions Centre, www.vtac.edu.au
- **WA:** Tertiary Institutions Service Centre, www.tisc.edu.au

Mehr Informationen zum Thema „Studieren in Australien" gibt es auf den folgenden Websites:

- **www.goingtouni.gov.au** – die umfassende Internetseite zum Thema
- **http://studyinaustralia.gov.au** – eine Internetseite für ausländische Studierende in Australien (kleiner Teil der Website auch auf Deutsch, wenn man „Europe" und dann die deutsche Flagge wählt)
- **www.ranke-heinemann.de** – deutsche Studienberatung durch die Vertretung des Australischen Hochschulverbundes IDP Education Australia

Kinder

Sofern die Kinder das Schulalter noch nicht erreicht haben, hat man etwas mehr Zeit, sich um einen Kindergarten- oder Hortplatz zu kümmern. Wenn die Kinder jedoch bereits im schulpflichtigen Alter sind, sollte man sie umgehend einschulen.

Impfungen sind in Australien keine Pflicht, aber für Kinder werden einige **Schutzimpfungen** empfohlen. In den Bundesstaaten New South Wales, Victoria, Tasmania und im Australian Capital Territory kann es passieren, dass man beim Anmelden eines Kindes zur Schule oder Tagesstätte um die Vorlage eines Impfpasses gebeten wird. Man sollte sich also beizeiten um einen internationalen Impfpass kümmern (⇨„Verlassen der Heimat, Der bürokratische Schlussstrich, Sonstiges, Medizinisches"). Wenn das Kind nicht nachweislich geimpft ist, bekommt man unter Umständen auch kein Kindergeld.

Zu den in Australien empfohlenen Schutzimpfungen für Kinder im Alter von null bis vier Jahren gehören: Hepatitis B, Diphterie, Tetanus (Wundstarrkrampf), Polio (Kinderlähmung), Pertussis (Keuchhusten), Hib (*Haemophilus Influenzae* Typ B), Pneumokokken, Masern, Mumps, Röteln, Meningokokkenmeningitis (Waterhouse-Friderichsen-Syndrom) und Varicella (Windpocken).

Einschulung

Hat man ein Kind im Alter von sechs bis 15 Jahren, ist es nach dem australischen Gesetz schulpflichtig. Die **Wahl der richtigen Schule** ist mit Sicherheit bedeutsam für die Entwicklung des Kindes. Man sollte daher schon früh mit der Recherche beginnen. Auch sollte man verschiedene Schulen vorab einmal besuchen, bevor man eine Entscheidung trifft. Am besten sogar, bevor man sich längerfristig für eine Wohngegend entscheidet, denn auch die staatlichen Schulen unterscheiden sich je nach Vorort bzw. Region. Außerdem haben die Schulen je nach umliegender Wohngegend einen unterschiedlichen sozialen Status. Im Übrigen werden freie Plätze in Vorschulen oder Kindergärten in der Regel bevorzugt an Kinder vergeben, die nahe der Einrichtung wohnen.

Als deutscher Migrant wird man seine Kinder **am ehesten auf eine staatliche Schule** schicken, da man es aus Deutschland meist nicht anders kennt und Privatschulen zumeist recht hohe Gebühren von bis zu ca. 20.000 $ pro Jahr verlangen (während kirchlich-affiliierte Schulen nur zwischen 1000 und 7000 $ pro Jahr verlangen). Staatliche Schulen fordern hingegen nur ein geringes Schulgeld. Nur Migranten mit einer zeitlich befristeten Aufenthaltsgenehmigung müssen an staatlichen Schulen eine höhere Gebühr bis zu ca. 5000 $ pro Schuljahr zahlen (⇨„Traumland Australien?, Australische Werte, Investition Bildung").

Informationen zu den privaten und staatlichen **Schulen, Vorschulen und Kindergärten** in seiner Stadt bekommt man bei seiner Gemeindeverwaltung *(Council)* oder Kreisverwaltung *(Shire)*. Man findet die Einrichtungen jedoch auch in den Gelben Seiten (online www.yellowpages.com.au, Stichwort „Schools").

Dabei gilt es zu beachten, dass es verschiedene Begriffe für die Vorschule gibt, die sich je nach Bundesstaat und Territorium sowie Einschulungsjahr unterscheiden (⇨„Traumland Australien?, Australische Werte, Investition Bildung"). Informationen über das Schulwesen und die vorhandenen Schulen im jeweiligen Bundesstaat oder Territorium findet man auf folgenden Websites:

- **ACT:** Staaliche und private Schulen: Department of Education and Training, www.det.act.gov.au („School Education")
- **NSW:** Staatliche Schulen: Department of Education and Training, www.schools.nsw.edu.au („Public Schools NSW"); katholische Schulen: Catholic Education Commission NSW, www.cecnsw.catholic.edu.au („Directory of Schools")
- **NT:** Staaliche und private Schulen: Department of Employment, Education and Training, www.det.nt.gov.au/education („School Locations and Maps", „Non-government schools")
- **QLD:** Staatliche Schulen: Department of Education, Training and the Arts, http://education.qld.gov.au („Directories", „District Maps"); nicht-staatliche Schulen: Independent Schools Queensland, www.aisq.qld.edu.au; katholische Schulen: Queensland Catholic Education Commission, www.qcec.qld.catholic.edu.au („Catholic Education", „Schools Directory")
- **SA:** Staaliche und private Schulen: Department of Education and Children's Services, www.decs.sa.gov.au („Parents & Community", „Schooling Matters")
- **TAS:** Staaliche Schulen: Department of Education, www.education.tas.gov.au („School and College Education"); private Schulen: School Registration Board, www.srb.tas.gov.au („List of Non-Government Schools")
- **VIC:** Staaliche und private Schulen: Department of Education and Early Childhood Development, www.education.vic.gov.au („Parents and Community")
- **WA:** Staaliche und private Schulen: Department of Education and Training, www.det.wa.edu.au/education („Info for Parents")

Nicht-staatliche Schulen aller Art findet man in ganz Australien auch über die Website www.isd.com.au. Die privaten, als Aktiengesellschaft organisierten ABC Learning Centres für Vier- bis Fünfjährige findet man auf der Website http://abclearningcentres.findnearest.com.au. Sucht man ganz gezielt nach Steiner- bzw. Waldorf-Schulen, kann man sich auf der Website www.steiner-australia.org oder www.waldorfworld.net informieren.

Wenn man nur einen **kürzeren Aufenthalt in Australien** plant und das Kind danach wieder ins deutsche Schulsystem zurückkehren oder in einem anderen Land in eine deutsche Schule gehen soll, sollte man sich insbesondere mit Schulen, die auf Deutsch lehren, in Verbindung setzen (⇨„Neuanfang in Australien, Kinder, Deutschunterricht").

Meist sorgt man sich darum, ob das Kind dem Schulunterricht auf Englisch überhaupt folgen kann. Kinder von neuen Migranten, die noch kein Englisch sprechen, haben in der Regel ein Anrecht auf Unterricht in **Englisch als Fremdsprache** (ESL, *English as a Second Language*). Besucht das Kind bereits eine weiterführende Schule *(High School)*, kann es Kurse im nächstgelegenen Intensive English Centre oder an der Intensive English High School besuchen. An Grundschulen ist ESL hingegen Bestandteil des Lehrplans für neue Einwandererkinder. Wenn man eine Daueraufenthaltsgenehmigung hat oder als Kind eines Einwanderers mit vorläufigem *Spouse Visa* ins Land gekommen ist, ist dieser Zusatzunterricht in der Regel gratis. Zum Einschreiben des Kindes vereinbart man telefonisch einen Termin mit der Schule. Man muss das Visum und den Reisepass des Kindes sowie alle Schulzeugnisse (englische Übersetzung) der vorangegangenen Schulbildung mitbringen.

Wie gut ein Kind sich **sprachlich umstellen** kann, hängt zunächst vom Alter des Kindes ab, aber natürlich auch von seiner persönlichen Veranlagung. Hier jedoch ein Tipp, wie man dem Kind die Umstellung erleichtern kann: Man lässt das Kind das Schuljahr in Deutschland beenden und siedelt in den deutschen Sommerferien nach Australien über. Das Kind sollte dann passend zum dritten Quartal in Australien in den gleichen Jahrgang eingeschult werden, den es in Deutschland abgeschlossen hat. Das Kind hat somit die Chance, einige Monate zu „wiederholen" und gleichzeitig am englischen Intensivkurs teilzunehmen.

Wenn man mit einem **Kind unter sechs Jahren** einwandert, sollte man es in jedem Fall zur Vorschule anmelden, denn dort kann es sich spielerisch mit den anderen Kindern auf die englischsprachige Grundschule vorbereiten und gewöhnt sich schneller an seine neue Umgebung.

In den verschiedenen Bundesstaaten und Territorien gibt es unterschiedliche **Stichtage** für den Beginn der Vorschul- und Schulbildung. Es gilt aber das gleiche Alter zum Beginn der Schulprogramme: Vorschule für Vierjährige, Vorschule für Fünfjährige und Schulbeginn für Sechsjährige:

- **ACT:** 30. April
- **NSW:** 31. Juli

- **NT:** Vorschule für Vierjährige ab dem vierten Geburtstag; Vorschule für Fünfjährige, wenn das Kind vor dem Stichtag 1. Januar vier Jahre und sechs Monate alt ist; Schulbeginn, wenn das Kind am Stichtag 1. Januar fünf Jahre und sechs Monate alt ist
- **QLD:** 31. Dezember
- **SA:** Vorschule für Vierjährige ab dem vierten Geburtstag; Vorschule für Fünfjährige ab dem fünften Geburtstag; Schulbeginn im Januar nach zwei bis fünf Semestern im Kindergarten, je nach ursprünglichem Einstiegsalter
- **TAS:** 1. Januar
- **VIC:** 30. April
- **WA:** 30. Juni

Wandert man mit einem Kind aus, das schon an eine **weiterführende Schule** *(High School* bzw. *Junior Secondary School)* gehen kann, hat es auch seine Unterrichtsinhalte selbst zu wählen (⇨„Traumland Australien?, Australische Werte, Investition Bildung"). Dies kann recht ungewohnt sein, da es in Deutschland bis zur Oberstufe in der Regel nicht möglich ist. Die Wahl der Unterrichtsinhalte soll jedoch richtungsweisend für die spätere berufliche Spezialisierung des Kindes gemäß seinen Neigungen und Talenten sein. Man sollte sich deshalb in jedem Fall mit dem *School Counsellor* und dem Kind über die jeweils vorteilhaften Unterrichtsinhalte unterhalten.

Deutschunterricht in einer Samstagsschule in Melbourne

Ist das Kind noch älter und will z.B. eine Berufsausbildung machen bzw. eine Universität oder Berufsschule besuchen, findet man auf der Internetseite www.myfuture.edu.au unter den Stichwörtern „The Facts" und dann „Education and Training" hilfreiche Hinweise und Links zu Institutionen auf nationaler und bundesstaatlicher bzw. territorialer Ebene.

Kinderbetreuung

Ist das Kind jünger als vier Jahre, kann man sich nach einer passenden Betreuung *(Child Care)* umsehen. Einerseits schafft man sich so zeitliche Freiräume, in denen man die vielen Behördengänge etc. am Anfang leichter und schneller erledigen kann. Andererseits **fördert es die Entwicklung des Kindes,** weil es so schneller mit Gleichaltrigen in Berührung kommt, die Englisch sprechen. Gerade kleine Kinder lernen Fremdsprachen sehr schnell.

Um die Kinderbetreuung sollte man sich früh bemühen, denn in vielen Einrichtungen gibt es **Wartelisten,** wobei Kinder, die nahe der Einrichtung wohnen, in der Regel bevorzugt werden.

Es gibt zahlreiche Betreuungsmöglichkeiten, etwa **Familienbetreuung** *(Family Day Care),* wo Babys, Kleinkinder und Schulkinder im Haus von einer Art Tagesmutter versorgt werden, in der Regel nicht mehr als sieben Kinder auf einmal. Diese Art der Betreuung wird ganztags, halbtags, außerhalb der Schulzeiten, außerhalb der normalen Arbeitszeiten, über Nacht oder auch an Wochenenden angeboten. Sie wird meist durch die Gemeinde organisiert und ist somit relativ preiswert. Teurer wird es bei einer **Kinderkrippe** *(Child Care Centre),* wo Kinder von null bis sechs Jahren in der Regel 40 Stunden pro Woche bleiben können (7.30–18 Uhr).

Gezielte **Betreuung vor und nach der Schule** sowie an schulfreien Tagen oder in den Schulferien, sogenannte *Out of School Hours Care* (OSHC) für Grundschulkinder von fünf bis zwölf oder 13 Jahren, wird oft von Grundschulen auf ihrem eigenen Gelände angeboten.

Darüber hinaus gibt es auch noch **Spielgruppen** *(Playgroups),* in denen Eltern gemeinsam auf ihre und andere Vorschulkinder aufpassen und sich dabei noch untereinander austauschen können. Dies wird meist von den Eltern selbst organisiert.

Informationen zur Kinderbetreuung (zumindest den staatlichen Einrichtungen) in seiner Stadt findet man auf der Website seiner Gemeindeverwaltung *(Council)* oder Kreisverwaltung *(Shire)*. Beispiel für Sydney: www.cityofsydney.nsw.gov.au unter „Community", „Child Care". Man findet die Einrichtungen jedoch auch in den Gelben Seiten (online www.yellowpages.com.au, Stichwort „Child Care").

Die nationale **Child Care Access Hotline** hilft bei der Wahl der richtigen Kinderbetreuung in der Region (Tel. 1800 670 305, Mo–Fr 8–21 Uhr Eastern Standard Time). Nähere Informationen zu den akkreditierten Einrichtungen in ganz Australien kann man auf der Website des National

Childcare Accreditation Council Inc. (www.ncac.gov.au) finden. Praktisch ist auch die Suchmaschine „Care for Kids“: www.careforkids.com.au.

Für die Kinderbetreuung gibt es vom australischen Staat auch **staatliche Zuschüsse** (⇨ unten, „Kindergeld“).

Wenn man sich in Australien schon eingelebt hat, möchte man abends oder am Wochenende auch einmal ausgehen. Dann braucht man unter Umständen einen **Babysitter.** Am besten hält man sich hier natürlich an die Empfehlungen durch Bekannte. Wenn man jedoch kaum Kontakte in der Stadt hat, findet man Babysitter auch durch Anzeigen in lokalen Zeitungen oder über entsprechende Agenturen. Der Stundenlohn liegt meist bei 12 bis 18 $, bei Agenturen teils etwas höher.

Für längere Zeiträume ist auch die Kinderbetreuung durch ein **Au-pair** oder eine **Kinderfrau** *(Nanny)* beliebt. Im Internet findet man diverse Agenturen, die sich für die Vermittlung von Au-pairs aus aller Welt mit australischen Familien einsetzen. Das Au-pair muss sich jedoch selbstständig um ein gültiges Visum kümmern, mit dem er/sie nach Australien reist und dort arbeiten kann. Dafür kommen nur das *Working Holiday Visa* oder eine zeitlich befristete Aufenthaltsgenehmigung in Frage (⇨ www.immi.gov.au), da man mit einem Touristenvisum nicht berechtigt ist, in Australien zu arbeiten. Andernfalls riskiert man als Aupair die Ausweisung aus Australien, und auch die deutsche Familie riskiert ihren Status als Halter einer Daueraufenthaltsgenehmigung.

Kindergeld

Haben man selbst und das Kind eine Daueraufenthaltsgenehmigung oder zumindest ein vorläufiges *Partner Visa (Provisional Spouse Visa* oder *Provisional Interdependency Visa),* hat man unter Umständen ein Anrecht auf verschiedene „Kindergeldzahlungen“ in Australien.

Hat das Kind unter sieben Jahren nachweislich die empfohlenen Schutzimpfungen erhalten (⇨ Kapiteleinleitung) und wird es in einer staatlich anerkannten bzw. registrierten Einrichtung betreut, kann man **Kinderbetreuungsgeld** *(Child Care Benefit)* bekommen. Ob eine Einrichtung **staatlich anerkannt** *(approved)* ist, erfährt man direkt dort. Anerkannt sind jedoch fast alle Einrichtungen mit *Long Day Care, Family Day Care, Before and after School Care, Vacation Care* sowie einige Einrichtungen mit *Occasional Care* und *In-Home Care.* Die Höhe des *Child Care Benefit* in einer staatlich anerkannten Einrichtung ist abhängig vom Jahreseinkommen der Familie sowie der Anzahl an Stunden, in denen man die Kinderbetreuung in Anspruch nimmt. Es ist aber auch davon abhängig, ob es sich bereits um ein Schulkind (ab sechs Jahren) oder ein kleineres Kind handelt. Hat man einen Anspruch auf Kindergeld, werden einem bis zu 24 Stunden *Child Care Benefit* pro Woche anerkannt. Ist man alleinerziehend oder arbeiten bzw. studieren beide Elternteile mindestens 15 Stunden wöchentlich außer Haus, kann man ein Anrecht auf bis zu 50

Stunden *Child Care Benefit* pro Woche haben. In extremen Fällen sind sogar noch mehr Stunden möglich. Für jedes Nicht-Schulkind in *„Approved Care"* sind das derzeit ca. 174 $ pro Woche und für Schulkinder 85 % dieses Tarifs.

Wird die Kinderbetreuung hingegen von Großeltern, Verwandten, Freunden oder Kinderfrauen übernommen, die sich beim *Family Assistance Office* haben **registrieren lassen,** ist die Höhe des *Child Care Benefit* nicht vom Jahreseinkommen der Familie abhängig. Zu den staatlich registrierten Kinderbetreuern gehören auch einige private Vorschulen *(Pre-schools),* Kindergärten *(Kindergartens)* sowie einige Anbieter von *Outside School Hours Care* und *Occasional Care.* Man kann mit einem registrierten Betreuer bis zu 50 Stunden *Child Care Benefit* pro Woche erhalten, sofern man alleinerziehend ist oder aber beide Elternteile mindestens 15 Stunden wöchentlich außer Haus arbeiten bzw. studieren. Für jedes Nicht-Schulkind in *„Registered Care"* sind das derzeit ca. 29 $ pro Woche und für Schulkinder 85 % dieses Tarifs.

Neben dem *Child Care Benefit* gibt es außerdem **Familiensteuervorteile** *(Family Tax Benefit A* und *Family Tax Benefit B).* Für **Family Tax Benefit A** muss man mindestens 35 % der Sorge für das Kind tragen. Wie das genau bestimmt wird, erfährt man bei Centrelink. Das Kind muss darüber hinaus unter 21 Jahre alt sein oder aber 21 bis 24 Jahre alt und vollzeitlich studierend. Es darf keine Sozialleistungen wie *Youth Allowance* erhalten und nicht mehr als 12.287 $ jährlich verdienen. Darüber hinaus dürfen die Eltern eine gewisse Einkommensgrenze nicht überschreiten. Für ein Kind im Alter von null bis 17 Jahren liegt diese Grenze derzeit bei 102.249 $ jährlich (es gibt eine detaillierte Tabelle für bis zu sechs Kinder zwischen null und 24 Jahren).

Der **Großfamilienzuschuss** *(Large Family Supplement)* ist für Familien mit mindestens drei Kindern gedacht, die ein Anrecht auf *Family Tax Benefit A* haben. Diese bekommen zusätzlich zu diesem jährlich z.B. ca. 270 $ für drei Kinder. Hatte man eine Mehrlingsgeburt (mindestens Drillinge) und hat ein Anrecht auf *Family Tax Benefit A,* erhält man zusätzlich noch eine **Mehrlingsgeburtsgeldermäßigung** *(Multiple Birth Allowance).* Dabei bekommt man im Jahr ca. 3280 $ für Drillinge und ca. 4370 $ für Vierlinge (und mehr), bis die Kinder das sechste Lebensjahr erreicht haben.

Family Tax Benefit B soll alleinerziehenden Eltern oder Familien mit nur einem Einkommen zusätzlich helfen. Für diesen Zuschuss müssen die Kinder jünger als 16 Jahre bzw., falls sie vollzeitlich studieren, nicht älter als 18 Jahre sein. Auch hier darf eine gewisse Einkommensgrenze nicht überschritten werden.

Für alle oben genannten Zuschüsse etc. gilt, dass sie optional auch monatlich von den zu zahlenden Lohnsteuern abgezogen werden können.

Für **Familien mit Babys** gibt es darüber hinaus eine weitere Leistung: **Mutterschaftsgeld** *(Baby Bonus)* für zusätzliche Kosten, die durch die Geburt oder Adoption eines Kindes entstehen. Es ist eine einmalige Zahlung von 5000 $ pro Kind. Den Antrag muss man binnen 13 Wochen nach der Geburt (auch bei Totgeburt) oder der Adoption eines Kindes unter zwei Jahren stellen.

Bevor das Kind zwei Jahre alt ist, sollte man auch den Antrag auf **Immunisierungsgeld** *(Maternity Immunisation Allowance)* stellen. Es wird ausgezahlt, wenn das Kind das Alter von 18 bis 24 Monaten erreicht hat und alle empfohlenen Schutzimpfungen vorweisen kann (⇨ Kapiteleinleitung). Derzeit liegt diese einmalig gezahlte Summe bei ca. 244 $.

Genauere Informationen zu allen Zahlungen für Familien mit Kindern erhält man beim Family Assistance Office (Adressen auf der Website www. familyassist.gov.au unter „Frequently Asked Questions", „Contact us" oder Tel. 136 150, Mo–Fr 8–20 Uhr). Den **Antrag** auf die Zahlungen kann man z.T. online auf der oben genannten Website stellen oder aber in den Büros selbst, die in der Regel bei Centrelink oder Medicare untergebracht sind.

Deutschunterricht

Ist man mit Kindern ausgewandert, sollte man sich Gedanken darüber machen, ob man den Nachwuchs **zweisprachig erziehen** möchte. Von den 106.520 in Deutschland geborenen Personen, die 2006 bei der letzten Volkszählung in Australien lebten, sprechen zu Hause 53,9 % vorwiegend Englisch, 38,3 % vorwiegend Deutsch und 1,8 % Polnisch [109]. Dies lässt zumindest den Rückschluss zu, dass mindestens 38,3 % der Deutschen in Australien zweisprachig leben - ob sie nun Kinder haben oder nicht.

Abgesehen von den deutschstämmigen Einwohnern in Australien gibt es natürlich auch noch solche **aus Österreich und der Schweiz.** 2006 lebten 17.930 österreichisch-stämmige Personen in Australien, von denen 36,7 % zu Hause Deutsch sprechen, sowie 11.260 schweizerisch-stämmige Personen, von denen 35 % zu Hause Deutsch sprechen [110].

Will man seine Kinder zweisprachig erziehen, sollte man sie frühestmöglich zum **Deutschunterricht** in Australien anmelden, wo sie das Schreiben und Lesen sowie die Grammatik des Deutschen lernen. Damit gibt man den Kindern die Möglichkeit, später sowohl in Australien als auch in Deutschland studieren bzw. arbeiten zu können. Darüber hinaus ist es für Deutsche, die mit einem australischen Partner gemeinsame Kinder haben, oftmals von Bedeutung, mittels der Sprache auch die kulturelle Andersartigkeit des deutschen Elternteils zu vermitteln. Bei Besuchen in Deutschland können die Kinder sich dann auch mit den Großeltern oder anderen Verwandten auf Deutsch unterhalten.

An vielen australischen Schulen wird Deutsch als Fremdsprache angeboten, aber es gibt auch viele **Samstagsschulen,** wo die Kinder zum Deutschunterricht gehen können.

● **ACT German Language School,** PO Box 3117, Manuka ACT 2603, Tel. (02) 6249 7321, ACTGermanSchool@yahoo.de, www.actgermanschool.org.au. Grundsätzlich wird Unterricht für alle Altersstufen von der Vorschule bis zur Oberstufe angeboten. Das Angebot ist abhängig von der Zahl der Schüler. Gebühr pro Halbjahr ca. 195 $. Bietet auch Abendkurse für Erwachsene an.

● **The German Saturday School Inc. Melbourne,** 8 Bettina Court, Ascot Vale VIC 3032, GermanSaturdaySchool@telstra.com, enquiries@germanschoolmelbourne.org.au, www.germansaturdayschool.org.au. Für Schulkinder von vier bis 17 Jahren. Gebühr: 450- 550 $ pro Jahr

● **Brisbane German Language School,** PO Box 751, Indooroopilly QLD 4068, info@brisbane-german-language-school.org.au, www.brisbane-german-language-school.org.au, Tel. (07) 3847 2229. Unterricht für Kinder ab vier Jahren und Erwachsene. Gebühr: 200–400 $ pro Jahr

In Melbourne und Sydney gibt es jeweils ein **Goethe-Institut,** an dem Schüler ab 16 Jahren an Deutschkursen teilnehmen können. Darüber hinaus bietet das Goethe-Institut auch Fernunterricht an (⇨ www.goethe.de), den man natürlich überall auf der Welt nutzen kann.

Deutschunterricht für Schüler ab 16 Jahren wird in zahlreichen Städten in Victoria (⇨ unten) auch angeboten von der **Victorian School of Languages,** an der ebenfalls Fernunterricht möglich ist.

● **Goethe-Institut Melbourne,** 448 St Kilda Road, Melbourne VIC 3004, Tel. (03) 9864 8917, Fax (03) 9864 8988, info@melbourne.goethe.org, www.goethe.de. Gebühren: je nach Kurs 150–525 $ pro Halbjahr

● **Goethe-Institut Sydney,** 90 Ocean Street, Woollahra NSW. 2025, Tel. (02) 8356 8366, Fax (02) 8356 8314, info@sydney.goethe.org, www.goethe.de. Gebühr: je nach Kurs 220–570 $ pro Halbjahr

● **Victorian School of Languages,** 315 Clarendon Street, Thornbury VIC 3071, Postanschrift: PO Box 1172, Thornbury VIC 3071, Tel. (03) 9474 0502, Fax (03) 9416 9899, vsl@vsl.vic.edu.au, www.vsl.vic.edu.au. Erteilt Deutschunterricht in Ballarat, Bendigo, Box Hill, Geelong, Gisborne, Horsham, Leongatha, Princess Hill und Wodonga. Kursgebühr: 50–180 $ pro Halbjahr

Für Migranten, die sich noch nicht hundertprozentig sicher sind, dass sie auch langfristig in Australien bleiben werden, ist der Besuch von deutschsprachigem Unterricht für die Kinder unter Umständen sehr wichtig, damit diese bei **Rückkehr nach Deutschland** sofort in den deutschen Schulalltag zurückkehren können. In Australien gibt es jedoch nur eine in Deutschland anerkannte deutschsprachige Schule, die **German International School Sydney.** Grundlage der Lehrpläne sind die deutschen Richtlinien von Nordrhein-Westfalen. Unterrichtssprache ist Deutsch, doch auch Englisch wird ab dem Kindergarten angeboten, dieser Unterreicht orientiert sich an den Lehrplänen von New South Wales. Da es sich um eine Privatschule handelt, sind hohe Schulgebühren zu zahlen.

● **German International School Sydney,** 33 Myoor Road, Terrey Hills NSW 2084, Tel. (02) 9485 1900, Fax (02) 9485 1999, info@germanschoolsydney.com, www.germanschoolsydney.com. Jahrgangsstufen 1 bis 12, angegliederte *Preschool* für Drei- bis Fünfjährige und *Kindergarten* für Fünf- bis Sechsjährige. Hinweis: Es gilt der europäische Schuljahresrhythmus von Juli bis Juni! Schulgebühren ca. 6000–16.500 $ jährlich, abhängig von Schuljahr und davon, ob man eine

Daueraufenthaltsgenehmigung bzw. die australische Staatsbürgerschaft oder nur eine zeitlich befristete Aufenthaltsgenehmigung hat. Hinzu kommen eine einmalige Anmeldegebühr, eine Aufnahmegebühr in den Schulverein (pro Familie), eine Kaution (pro Familie), Anschaffungskosten für Schulbücher, ein Baubeitrag von 1000–10.000 $ (wird für Halter einer Daueraufenthaltsgenehmigung zurückgezahlt, bei Haltern einer zeitlich befristeten Aufenthaltsgenehmigung jedoch nicht) sowie eventuelle Schulbusgebühren.

2008 wurde die **Deutsche Schule Melbourne** mit 15 Schülern eröffnet. Nachfolgende Jahrgänge bis zur 12. Klasse sollen Jahr um Jahr ergänzt werden. Im Gegensatz zur German International School Sydney wird die Deutsche Schule Melbourne auf der Grundlage des australischen Schulsystems aufgebaut sein. Unterrichtssprachen sind jeweils Deutsch und Englisch, wobei zunächst der Unterricht in deutscher Sprache überwiegen soll, ab der 6. Klasse dann ein Verhältnis von 50/50 erreichen und schließlich die Unterrichtssprache Englisch bis zum Erreichen der 12. Klasse überwiegen soll.

- **Deutsche Schule Melbourne – A German International School,** 96 Barkly Street, North Fitzroy VIC 3068, info@dsm.org.au, www.dsm.org.au. Die Schulgebühr kostet pro Schuljahr ca. 7150 $. Für 2009 und 2010 werden Einschreibungen in den Stufen Prep, 1, 2, 3 und 4 angenommen, für Reservierungen ab 2011 kann man das Kind auf eine Warteliste setzen lassen.

Für all diejenigen, die nicht in Sydney wohnen oder denen die German International School Sydney zu teuer ist, gibt es noch die Möglichkeit, die deutsche Schulbildung im Rahmen von **Fernunterricht** zu gestalten. Das Fernlehrwerk gibt es für Vorschul- und Grundschulklassen bei der Deutschen Fernschule sowie für die Klassen 5 bis 10 beim Institut für Lernsysteme GmbH (ILS), wobei zwischen Haupt-, Real- und Gymnasialniveau unterschieden wird. Diese Möglichkeit ist weitaus kostengünstiger als die Deutsche Schule, aber dabei muss ein Elternteil die muttersprachliche Betreuung der Unterrichtseinheiten übernehmen. Es hat den Vorteil, dass das Kind wie alle anderen Australier auf eine australische Schule geht, was sicherlich besser für die Integration ist, wenn man am Ende doch nicht nach Deutschland zurückkehrt.

- **Deutsche Fernschule,** Herbert-Flender-Str. 6, 35578 Wetzlar, Tel. (06441) 921 892, Fax 921 893, df@deutsche-fernschule.de, www.deutsche-fernschule.de. Vorschule und Klassen 1 bis 4. Die Kurse kosten jährlich jeweils ca. 1320 €. Bei Buchung von mehreren Kursangeboten bekommt man 15 bis 30 % Ermäßigung.
- **Institut für Lernsysteme GmbH (ILS),** Doberaner Weg 20, 22143 Hamburg, Postanschrift: Postfach 730333, 22123 Hamburg, Tel. (040) 675 700, Fax 6757 0221, fernlehrwerk@ils.de, www.ils.de (Stichwort „Auslandsschule"). Für die Klassen 5 bis 10. Das komplette Fernunterrichtsangebot (inkl. Bücher, Begleitmaterialien und Betreuung) kostet pro Schuljahr ca. 1950 bis 2500 € (Ermäßigungen für Geschwister).

Was es neben Sprachunterricht noch für Möglichkeiten gibt, um in Australien weiterhin mit der deutschen Sprache und Kultur auf Tuchfühlung zu bleiben, wird im Kapitel „Längerfristige Eingliederung, Soziale Kontakte, Deutsches" geschildert.

Geburt eines Kindes

Wandert man als Schwangere nach Australien ein, muss man sich nach Ankunft um die **Geburtsvorbereitung** kümmern. Die Mehrheit der Australierinnen gebärt im Krankenhaus oder in speziellen Geburtshäusern. Man kann jedoch auch eine geplante Hausgeburt durchführen. Auf den folgenden Internetseiten kann man sich über die Möglichkeiten der Geburtsplanung in den einzelnen Bundesstaaten bzw. Territorien informieren:

- **ACT:** www.health.act.gov.au („Health Services", „Maternity")
- **NSW:** www.nsw.gov.au/baby.asp
- **NT:** www.health.nt.gov.au („Maternal and Infant Health")
- **QLD:** www.qld.gov.au/about/health-and-communities („Parents and Families")
- **SA:** www.service.sa.gov.au („Life Events", „Having a Baby") oder www.sa.gov.au („Health and Medical Services", „Babies and Children")
- **TAS:** www.dhhs.tas.gov.au („Children and Families")
- **VIC:** www.health.vic.gov.au/maternity
- **WA:** www.health.wa.gov.au („Health Topics", „Pregnancy")

Darüber hinaus findet man auf dem Regierungsportal www.families.gov.au endlos viele weitere Links zum Thema „Starting a Family". Mehr Infos von der Regierung zum Thema Schwangerschaft, Babies und Erziehung gibt es auch unter http://raisingchildren.net.au.

Ist das Kind geboren, muss man es **binnen 60 Tagen registrieren lassen.** Auch eine Totgeburt sollte man melden, da man auch dann Mutterschaftsgeld *(Baby Bonus)* erhält (⇨„Neuanfang in Australien, Kinder, Kindergeld"). Die Geburt wird beim Registry of Births, Deaths and Marriages des jeweiligen Bundesstaats bzw. Territoriums gemeldet:

- **ACT:** www.ors.act.gov.au/bdm
- **NSW:** www.bdm.nsw.gov.au
- **NT:** www.bdm.nt.gov.au
- **QLD:** www.justice.qld.gov.au/bdm
- **SA:** www.ocba.sa.gov.au/bdm
- **TAS:** www.justice.tas.gov.au/bdm
- **VIC:** http://online.justice.vic.gov.au/servlet/bdm_home
- **WA:** www.justice.wa.gov.au/b/birthsdeathsandmarriages.aspx

Das **Antragsformular zur Registrierung** der Geburt wird nach der Entbindung im Krankenhaus bzw. durch die Hebamme ausgehändigt. Man kann es jedoch auch auf den oben genannten Internetseiten als PDF herunterladen. Zur Registrierung der Geburt müssen beide Elternteile (sofern vorhanden) in der Regel folgende **Dokumente als Kopie** einreichen:

- **Reisepässe** der Eltern
- ein Dokument, aus dem hervorgeht, wo man derzeit in Australien **wohnhaft** ist
- **Medicare-Karte** oder **Kreditkarte**
- Bescheinigung über den **Visumstatus** der Eltern

Diese Kopien muss man zusammen mit dem ausgefüllten und unterschriebenen Antrag auf Registrierung persönlich oder per Post beim zuständigen Registry Office einreichen. Bei Mehrlingsgeburten muss für jedes Kind ein gesonderter Antrag auf Registrierung gestellt werden.

Bei der Wahl des **Nachnamens für das Kind** hat man die freie Wahl. Es kann sowohl den Mädchennamen der Mutter als auch den Nachnamen des Vaters oder einen Doppelnamen erhalten.

Es ist zwar keine Pflicht, sofort eine **Geburtsurkunde** ausstellen zu lassen, aber ohne diese kann man das Kind nicht einschulen, ihm keinen Reisepass ausstellen lassen und keine Sozialleistungen für es bekommen. Es empfiehlt sich daher, die Ausstellung einer Urkunde separat zu beantragen. Dazu muss man je nach Bundesstaat bzw. Territorium eine Gebühr von ca. 25 bis 50 $ zahlen. Binnen 14 Tagen (im Northern Territory binnen zwei, in South Australia binnen drei Tagen) erhält man die Urkunde dann in der Regel per Post.

Welche Auswirkungen die Geburt eines Kindes in Australien auf dessen **Staatsbürgerschaft** haben, kann man im Kapitel „Längerfristige Eingliederung, Staatsbürgerschaft, Staatsbürgerschaft der Kinder" nachlesen.

066aa Foto: at

Kindertagesstätte in Adelaide

Sobald das Kind geboren ist, sollte man dies bei seiner **Krankenversicherung** melden. Das Baby wird im Krankenhaus bei Geburt bereits gegen Hepatitis B geimpft. Dabei erfährt man alles Weitere über die bevorstehenden **Schutzimpfungen** für das Kind, die automatisch beim Immunisation Register erfasst werden. Nur wenn das Kind alle vorgeschriebenen Schutzimpfungen bekommt (⇨ Kapiteleinleitung), wird es später im Kindergarten, der Vorschule oder in der Schule aufgenommen. Auch bekommt man nur dann das **Immunisierungsgeld** (*Maternity Immunisation Allowance*, ⇨ „Neuanfang in Australien, Kinder, Kindergeld").

Heirat und Co.

Ist man mit einem *Prospective Marriage Visa* nach Australien eingewandert, ist man verpflichtet, seinen Partner **binnen neun Monaten zu heiraten.** Aber auch wenn man als *De-facto* mit einem *Spouse Visa* eingereist ist, hat man vielleicht das Bedürfnis, seinen Partner jetzt doch zu heiraten.

Durch die Heirat mit einem australischen Staatsbürger bekommt man weder automatisch die Daueraufenthaltsgenehmigung noch die australische Staatsbürgerschaft. Für den Erhalt der Daueraufenthaltsgenehmigung wird die Ehe oder Partnerschaft, wie im Kapitel „Wege zum Visum, Einwandern aus Liebe, Partner-Visumarten" beschrieben, nach einem Zeitraum von zwei Jahren erneut geprüft. Möchte man die australische Staatsbürgerschaft annehmen, gelten die gleichen Bedingungen wie für unverheiratete Personen (⇨„Längerfristige Eingliederung, Staatsbürgerschaft, Einbürgerung als Australier").

Grundsätzlich ist in Australien nur die Ehe **zwischen zwei nicht-gleichgeschlechtlichen Personen** möglich, die beide mindestens 18 Jahre alt und nicht miteinander verwandt sind.

Will man nicht heiraten, aber dennoch die Partnerschaft registrieren lassen, kann man in einigen Bundesstaaten und Territorien auch eine **eingetragene Partnerschaft** beantragen. Diese ist nur zwischen zwei Personen möglich, die mindestens 18 Jahre alt und nicht miteinander verwandt sind (⇨„Neuanfang in Australien, Heirat und Co., Eingetragene Partnerschaft").

Heirat

Um in Australien zu heiraten, muss man mindestens einen Monat und einen Tag vor dem Hochzeitstermin beim **Heiratszelebranten** (*Marriage Celebrant,* ein Beruf, den es übrigens in Deutschland nicht gibt, nicht identisch mit einem Standesbeamten) **das Aufgebot bestellen** *(Notice of Intended Marriage)*, jedoch nicht früher als ein Jahr und sechs Monate vor dem Hochzeitstermin. Die Gebühr für das Aufgebot kann je nach Bundesstaat bzw. Territorium bis zu rund 150 $ betragen; sie ist nicht erstattungsfähig, auch wenn die Hochzeit später abgesagt werden sollte.

Um das Aufgebot zu bestellen, muss man beim Zelebranten das entsprechende Formular mit Angaben zu den beiden Personen, deren Eltern, Kindern (soweit vorhanden) und vorangegangenen Ehen ausfüllen. Dabei muss man folgende **Dokumente** vorlegen: offizielle Geburtsurkunde oder Auszug aus dem Geburtenregister, eventuelle Scheidungsurteile, Annullierungspapiere oder die Sterbeurkunde für frühere Ehepartner (alles beglaubigte Kopien mit beglaubigter Übersetzung ins Englische, sofern es keine englischsprachigen Dokumente sind).

Die Hochzeit kann durch einen neutralen Zelebranten *(Celebrant)*, einen als Zelebranten registrierten Priester *(Minister of Religion)*, einen Standesbeamten *(State Registrar)* oder durch eine andere Person vollzogen werden, die vom Justizminister dazu berechtigt wurde. Einen Zelebranten findet man z.B. in den Gelben Seiten unter dem Stichwort „Marriage Celebrants" (auch online unter www.yellowpages.com.au) oder auf der Website www.ag.gov.au/celebrants unter „Register of Marriage Celebrants".

Wer **kirchlich heiratet,** muss sich in Australien nicht zusätzlich standesamtlich trauen lassen. Die Zeremonie vor einem registrierten Zelebranten ist ausreichend für eine rechtsgültige Heirat. Will man kirchlich heiraten, setzt man sich einfach mit der gewünschten Kirche in Verbindung. Man benötigt dazu auch keine anderen Dokumente als bei den oben beschriebenen Eheschließungsmöglichkeiten.

Im Gegensatz zu Deutschland ist man auch **nicht verpflichtet, auf dem Standesamt zu heiraten,** eine Trauung kann überall stattfinden, egal ob im eigenen Haus, Garten, öffentlichen Park, Hotel, Restaurant, am Strand, in einem ehemaligen Kirchengebäude, bei einer Touristenattraktion etc. Der Fantasie sind im Grunde keine Grenzen gesetzt, solange der Zelebrant sich mit dem gewünschten Ort einverstanden erklärt. Eine Hochzeit auf dem Standesamt *(Registry Office)* ist jedoch oftmals die preiswerteste Alternative (je nach Bundesstaat bzw. Territorium ca. 100–320 $).

Zusätzlich zur Aufgebotsgebühr fällt eine **Zelebrantengebühr** am Tag der Hochzeit an, die je nachdem, ob man einen zivilen oder kirchlichen Zelebranten wählt, und je nach geleistetem Service variieren kann. Bei der Wahl eines zivilen Zelebranten sollte man jedoch nicht nur auf den Preis achten. Dazu sollte man bei einem ersten Telefonat z.B. folgende Fragen klären:

- Wie oft wird man sich zur **Vorbereitung** der Hochzeit treffen?
- Gibt es einen **Probedurchgang?**
- Stellt der Zelebrant eine **tragbare Lautsprecheranlage** zur Verfügung?
- In welchen zeitlichen Abständen plant der Zelebrant seine Hochzeiten, **wie lange steht er am Hochzeitstag zur Verfügung?**
- Kann man zwischen verschieden gestalteten **Heiratsurkunden** wählen?

Abgesehen von einem Zelebranten braucht man **zwei Trauzeugen,** die mindestens 18 Jahre alt sind (z.B. Freunde oder Verwandte).

Auch in Australien hat man die freie Wahl, ob man als Frau den **Nachnamen** des Mannes annehmen will. Man kann auch einfach seinen Mädchennamen beibehalten. Das hat den Vorteil, dass man dann nicht gezwungen ist, alle offiziellen Dokumente wie Führerschein, Reisepass, Aktien etc. auf den neuen Namen umschreiben zu lassen. Mit solchen Namensänderungen ist in der Regel eine Gebühr verbunden. Möchte der Mann den Nachnamen seiner Frau annehmen, muss dies in den meisten Bundestaaten vorab genehmigt werden. Dafür ist eine zusätzliche Gebühr fällig (je nach Bundesstaat bzw. Territorium ca. 90–180 $). Will das Paar einen Doppelnamen führen, sollte der Mann vor der Heirat seinen Namen in den Doppelnamen ändern, was auf einen einfachen Antrag hin möglich ist. Bei der

Heirat nimmt die Frau dann einfach diesen an.

Am Ende der Trauungszeremonie unterzeichnen das Ehepaar, die beiden Trauzeugen und der Zelebrant drei Exemplare der **Heiratsurkunde.** Eine wird dem Ehepaar ausgehändigt, eine behält der Zelebrant für das Eheregister, und eine leitet er binnen zwei Wochen an das Registry of Births, Deaths and Marriages weiter. Von dem offiziellen Eintrag beim Registry kann das Ehepaar gegen Gebühr eine Kopie anfordern (je nach Bundesstaat bzw. Territorium ca. 25–60 $). Diese benötigt man z.B. zur Änderung seines Namens auf dem Reisepass oder Führerschein, denn die vom Zelebranten nach der Trauung ausgehändigte Urkunde ist dafür nicht rechtsgültig.

Für **detaillierte Informationen** zu den einzelnen Bundesstaaten bzw. Territorien ⇨ Websites der Registry of Births, Deaths and Marriages im Kapitel „Neuanfang in Australien, Kinder, Geburt eines Kindes".

Eingetragene Partnerschaft

Die Möglichkeit, eine **eingetragene Partnerschaft** *(Deed of Relationship)* zwischen zwei nicht-verwandten Erwachsenen über 18 Jahre registrieren zu lassen, gibt es in Tasmania seit 2003, in Sydney seit 2005, in Melbourne seit 2007 und im ACT seit 2008. Im ganzen Bundesstaat Victoria soll es voraussichtlich ab Dezember 2008 möglich sein eine Partnerschaft registerieren zu lassen. Dazu muss man einen Antrag auf Registrierung des *Deed of Relationship* beim Registry of Births, Deaths and Marriages stellen (Gebühr ca. 150 $). Man muss sich dazu mit einer Geburtsurkunde, einem Reisepass oder Visum ausweisen können sowie einen australischen Führerschein oder die Medicare-Karte vorlegen. Wenn aus diesen Dokumenten nicht die derzeitige Anschrift in Australien hervorgeht, muss man zusätzlich eine DIAC-Erklärung mit dem derzeitigen Aufenthaltsstatus, einen Kontoauszug seiner australischen Bank oder die Fahrzeugzulassung vorweisen können. Wie beim Antrag für das Eheaufgebot müssen Angaben zu beiden Personen, deren Familienstand und deren Eltern gemacht werden.

Was die gesetzlichen **Vor- oder Nachteile** der eingetragenen Partnerschaft gegenüber der Ehe sind, lässt sich derzeit noch nicht genau sagen. Diese Form der Partnerschaftsregistrierung ist sehr neu und besteht noch nicht in allen Bundesstaaten und Territorien. Nähere Informationen kann daher bislang nur ein geeigneter Rechtsanwalt geben. Mit Sicherheit ist die registrierte Partnerschaft jedoch dafür gedacht, irgendwann auf diese Weise die Ehe gleichgeschlechtlicher Partner zu besiegeln, die im Moment noch in ganz Australien gesetzeswidrig ist.

Allgemeine Tipps

Die in Australien üblichen **Notrufnummern** sollte man kennen. Egal ob man im Notfall die Polizei, einen Krankenwagen oder die Feuerwehr rufen möchte, man wählt in allen drei Fällen in ganz Australien die **000.** Darüber hinaus findet man auf den ersten Seiten des Telefonbuches und der Gelben Seiten weitere Rufnummern von Anlaufstellen für andere Notfälle.

Auch sollte man sich informieren, wo **das nächste Krankenhaus** und der nächste Allgemeinmediziner und Zahnarzt niedergelassen sind, bevor man deren Hilfe im dringenden Fall wirklich benötigt. Auch in Australien passieren die meisten Unfälle im Haushalt, und wenn man umzieht, kann es immer mal zu Verletzungen kommen. Auch sollte man unbedingt einen **Erste-Hilfe-Kasten** im neuen Zuhause haben. Hat man keinen aus Deutschland mitgebracht, kann man sich vor Ort einen in einer Apotheke oder direkt bei einer Niederlassung des Australian Red Cross bzw. St. John's Ambulance besorgen. Bei beiden Letztgenannten kann man an Erste-Hilfe-Kursen teilnehmen (⇨„Neuanfang in Australien, Allgemeine Tipps, Gefahren in der Natur").

Übersetzungen und Dolmetscher

In der Anfangsphase braucht man bei verschiedenen Gelegenheiten eine englischsprachige Übersetzung von bestimmten Dokumenten. Wenn man diese nicht bereits aus Deutschland mitgebracht hat, können zumindest Halter einer Daueraufenthaltsgenehmigung, australische Staatsbürger und Halter eines zeitlich befristeten *Spouse Visa* ihre deutschsprachigen Dokumente in den ersten Wochen kostenlos durch ein **AMEP-Zentrum** ins Englische übersetzen lassen (⇨„Neuanfang in Australien, Erwachsenenbildung, Englischkurse"). Wenn man also vermutet, gewisse offizielle Dokumente später vielleicht noch einmal in der englischen Übersetzung zu benötigen, sollte man unbedingt von diesem Service Gebrauch machen. Allerdings dürfen die einzelnen Dokumente nicht mehr als hundert Wörter enthalten (⇨www.immi.gov.au/living-in-australia/help-with-english/learn-english/client/translation_help.htm).

Im Umgang mit dem australischem Behördenenglisch kann man je nach Thema schnell einmal an die Grenzen seiner Sprachkenntnisse stoßen. Benötigt man in solchen Situationen einen Dolmetscher, kann man sich an die **Translating and Interpreting Services (TIS)** wenden. Unter Tel. 131 450 kann man deren Dienste als Einwanderer in der Regel sogar kostenlos in Anspruch nehmen. Dabei handelt es sich jedoch um eine rein telefonische Dienstleistung. Sollte es notwendig sein, kann man aber die persönliche Anwesenheit eines Dolmetschers anfordern.

Den gleichen Service bietet auch **Centrelink** für alle Fragen bezüglich Centrelink und seiner Leistungen an (Tel. 131 202).

Gefahren in der Natur

Viele Migranten freuen sich auf das schönere Wetter auf dem australischen Kontinent. Doch damit sind auch einige Gefahren verbunden, gegen die man sich im Alltag Down Under wappnen sollte (⇨„Traumland Australien?, Schönes Wetter und die Folgen, „Schattenseiten" der Sonne"). An sonnigen Tagen sollte man einen Hut oder eine Kappe tragen, um einen Sonnenbrand und letztendlich **Hautkrebs** zu vermeiden. Dies ist besonders wichtig für Kinder. Die meisten Schulen bestehen darauf, dass die Kinder in den sonnigen Monaten breitkrempige Sonnenhüte tragen. Darüber hinaus sollte man seine unbedeckten Hautpartien mit Sonnencreme (LSF 30 +) einreiben. Wer sich weiter über die Krebsvorsorge und den empfohlenen Sonnenschutz in Australien informieren möchte, sollte sich an das Cancer Council wenden (www.cancer.org oder www.sunsmart.com.au), das in allen Bundesstaaten und Territorien auch eigene Shops mit Sonnenschutzmitteln und -kleidung unterhält.

Australien ist ein extrem trockener Kontinent, und dies rächt sich alljährlich in gefährlichen, für Mensch und Natur verheerenden **Buschbränden** (⇨„Traumland Australien?, Schönes Wetter und die Folgen, ‚Schattenseiten" der Sonne, Buschfeuer'). Man sollte sich daher an die Vorschriften halten und kein offenes Feuer entzünden, wenn ein totales **Feuerverbot** *(Total Fire Ban)* herrscht. Doch auch sonst können offene Feuer (Lagerfeuer, Grillfeuer etc.) genehmigungspflichtig sein. Einen solchen Antrag muss man bei seiner örtlichen Feuerwehr stellen (⇨ Gelbe Seiten, www.yellowpages.com.au, Stichwort „Fire Brigade"). Aktuelle Wettervorhersagen werden im Fernsehen, in Zeitungen und im Internet (u.a. Website des Bureau of Meteorology, www.bom.gov.au) bekanntgegeben. Damit die Buschbrandgefahr in Wohnbereichen eingedämmt wird, ist man als Hauseigentümer auch verpflichtet, seinen Garten entsprechend vorzubereiten. Informationen hierzu erhält man bei den Fire and Emergency Services vor Ort. Im Internet kann man hier erste Informationen einholen:

- **ACT:** www.firebrigade.act.gov.au
- **NSW:** www.nswfb.nsw.gov.au unter „Incidents" sowie www.bushfire.nsw.gov.au
- **NT:** www.nt.gov.au/nreta/natres/bushfires
- **QLD:** www.fire.qld.gov.au
- **SA:** www.cfs.org.au
- **TAS:** www.fire.tas.gov.au
- **VIC:** www.mfb.vic.gov.au und www.ses.vic.gov.au unter „Current Emergency Information"
- **WA:** www.fesa.wa.gov.au unter „Essential Community Information"

An den **Stränden Australiens** ist Schwimmen in der Regel nur an den von Lebensrettern patrouillierten Strandabschnitten gestattet, und auch dort nur zwischen den beiden gelb-roten Flaggen. Außerhalb dieser markierten Abschnitte ist die Unterströmung oft so stark, dass man nicht dagegen anschwimmen kann und ins Meer hinausgesaugt wird. Die Ozeane um Australien herum sind nun einmal etwas anderes als die Nordsee oder das Mittelmeer. An nicht freigegebenen Strandabschnitten sind außerdem oftmals scharfe Felskanten im Wasser verborgen, an denen man sich böse verletzen kann.

Auch vor **Süßwasserseen,** Teichen, Badelöchern und Flüssen wird gewarnt, da das Wasser oftmals sehr dunkel ist und man die darunter verborgenen Felsvorsprünge nicht sehen kann. Man sollte daher grundsätzlich vorsichtig hineinwaten und niemals kopfüber ins Wasser springen.

Abgesehen von den Meeresströmungen und Felsen, gibt es in den australischen Gewässern eine Vielzahl an **gefährlichen Tieren,** z.B. Leistenkrokodile, Weiße Haie oder aber hoch giftige Spinnen-, Schlangen-, Quallen- oder Meeresschneckenarten, an deren Bissen bzw. Stichen man sterben kann. Die Liste der für den Menschen tödlichen Tierarten ist in Australien länger als auf jedem anderen Kontinent. Dennoch ist die Sterbeziffer in Australien nicht höher als in Europa. Man lernt, mit den Gefahren zu leben und sich entsprechend vor den Tieren zu schützen bzw. sich von ihnen fernzuhalten. Hier sind die wichtigsten gefährlichen Tiere, vor denen man sich in Australien in Acht nehmen sollte:

- **Spinnen** – In Australien gibt es eine Vielzahl an Spinnen, deren Gift auch für den Menschen gefährlich sein kann. Spinnenbisse können insbesondere bei Kindern zum Tod führen, wenn kein Gegengift verabreicht wird.

Am weitesten verbreitet ist die **Rotrückenspinne** *(Redback Spider, Latrodectus hasselti).* Das gefährliche Weibchen ist schwarz, mit einer rot-bräunlichen Markierung auf dem Rücken und gerade einmal erbsengroß. Sie spinnt ihr Netz gerne in dunklen Ecken aller Art, z.B. unter Toilettenbrillen, unter dem Kneipentresen etc. Man sollte daher immer sehen können, wohin man seine Hand steckt, z.B. wenn etwas in die hintere Ecke unter den Schrank gerollt ist oder man einen Laubhaufen im Garten beseitigt. Die Bissstelle ist leicht rötlich. Von dort breiten sich Schmerzen über den ganzen Körper aus, man bekommt Schweißausbrüche. Oftmals muss man sich erbrechen.

Am giftigsten ist die **Sydney-Trichterspinne** *(Sydney Funnel-web Spider, Atrax robustus).* Das gefährliche Männchen ist glänzend schwarz oder rötlich-braun und ca. 2,5 bis 5 cm groß. Die Spinne kommt in einem Radius von ca. 160 km in und um Sydney herum vor. Sie baut trichterförmige Netze in z.B. Erd- oder Feldspalten und ist sehr aggressiv, wenn sie sich gestört fühlt. Wurde man gebissen, zeigen sich meist schnell zwei rötliche Punkte. Man bekommt Muskelzuckungen, die Haare um die Bissstelle richten sich auf, der Speichelfluss nimmt zu, die Augen tränen, und man beginnt zu schwitzen. Unter Umständen muss man sich überdies erbrechen und bekommt Atembeschwerden.

- **Zecken** – Die australische Zecke *(Australian Paralysis Tick, Ixodes holocyclus)* kann eine dauerhafte Lähmung verursachen. Sie beißt sich irgendwo am Körper fest und saugt sich voll mit Blut. Man bekommt Kopfschmerzen und fühlt sich plötzlich krank. Die Zecke muss schnellstens vorsichtig mit einer Pinzette entfernt werden.
- **Schlangen** – Es gibt eine Vielzahl an tödlich giftigen Schlangen in Australien, die nicht nur in der Wildnis vorkommen, sondern auch inmitten der Großstadt im Garten oder Park oder auf Parkplätzen unter dem Auto anzutreffen sind. In der Regel flüchten die Tiere jedoch vor dem nahenden Menschen. Sie greifen nur an, wenn sie sich bedroht fühlen oder wenn man auf sie tritt. Ebenfalls gefährlich sind viele der **Seeschlangen,** denen man überall in den australischen Gewässern begegnen kann.
- **Skorpione** – Dem australischen Skorpion kann man in ganz Australien begegnen, aber

011aaFoto: eg

Warnschilder

Auf den Outbackstraßen trifft man regelmäßig auf Schilder, die auf die Buschbrandgefahr hinweisen:

- **Low – Moderate:** Die Gefahr ist gering, Feuer gehen leicht wieder von allein aus.
- **High:** Feuer können leicht aufkommen.
- **Very High:** Feuer können extrem leicht aufkommen. Schnell sind bewohnte Gebiete bedroht.
- **Extreme:** Feuer sind kaum zu löschen. Jeder Hausbesitzer sollte gut vorbereitet sein, sein Haus zu schützen.
- **Total Fire Ban:** Jegliche Art von Feuermachen ist untersagt. Das Verbot gilt mindestens 24 Stunden oder bis es aufgehoben wird.

Buchtipp

Der im Reise Know-How Verlag erschienene Praxisband **„Australiens Outback und Bush entdecken"** informiert ausführlich über Gefahren, denen man in Australiens Natur möglicherweise ausgesetzt ist, aber auch über ganz ungefährliche Vertreter der australischen Flora und Fauna. Daneben erfährt man alles Wissenswerte zur Vorbereitung und Durchführung von Touren, zur geeigneten Ausrüstung und zum umweltbewussten Verhalten in Outback und Bush.

im Norden des Kontinents sind sie größer und giftiger. Allgemein sind sie jedoch nicht so giftig wie Skorpione in anderen Ländern, und sie greifen nur an, wenn sie sich bedroht fühlen.

- **Moskitos** – In einigen Gebieten Australiens können diese tropischen Mücken den Virus für das Ross-River-Fieber oder Enzephalitis übertragen. Moskitostiche sollte man daher durch ein Einreiben mit effektiven DEET-haltigen Mückenschutzmitteln wie RID oder Aerogard (die beiden bekanntesten australischen Marken) vermeiden, sobald man die Anwesenheit von Mücken bemerkt.
- **Haie** – Der fünf bis sechs Meter lange Weiße Hai *(Great White* oder *White Pointer, Carcharodon carcharias)* kommt an den Meeresküsten South Australias und Western Australias vor. In den australischen Gewässern leben jedoch auch der bis zu sechs Meter lange Tigerhai *(Tiger Shark, Galeocerdo cuvieri),* der bis zu 3,5 Meter lange Weißspitzenhai *(Oceanic Whitetip Shark, Carcharhinus longimanus),* der 2,5 Meter lange Bullenhai *(Bull Shark, Carcharhinus leucas)* und einige andere Arten. Alle treten dem Menschen oder auch kleineren Booten auf See dann und wann zu nahe. Es gibt jedoch mehr harmlose Haiarten in den australischen Gewässern als gefährliche. Dennoch sollte man die Presse im Auge behalten und ausschließlich an patrouillierten Strandabschnitten schwimmen oder surfen, um die Gefahr zu minimieren. Es besteht jedoch kein Anlass zur Panik, denn von den jährlich ca. 120.000 Toten in Australien wird nur ein Todesfall pro Jahr durch einen Haiangriff verursacht.
- **Quallen** – Die Würfelqualle *(Box Jellyfish, Chironex fleckeri)* kommt an den tropischen Meeresküsten Western Australias, Queenslands und des Northern Territory vor. Auf ihren Tentakeln haben sie Stechzellen, die bei Berührung ein Gift auf die Haut bringen, das verbrennungsähnliche Wunden hervorruft. Man erleidet leicht einen Schock, kann daher nicht mehr schwimmen und ertrinkt. Man sollte also niemals allein ins Wasser gehen. In der Regensaison von ca. Oktober bis April sind so viele Quallen im Wasser, dass es schlicht leichtsinnig ist, dann schwimmen zu gehen.

• Oktopus – Der wunderschöne Blauringoktopus *(Blue Ringed Octopus, Hapolochlaena lunulata* und *Hapalochlaena maculosa)* mit seinen irisierenden blauen Kringeln auf dem weißen Körper kommt vor allem in der Nähe von Felsvorsprüngen an der Ostküste Australiens vor. Er sticht, wenn er sich bedroht fühlt. Der Stich ist nicht schmerzhaft, führt jedoch in wenigen Minuten zum Atemstillstand. Es gibt kein Gegengift, lediglich eine Herzmassage und künstliche Beatmung kann helfen.

• Meeresschnecken – Die wunderschöne Kegelschnecke *(Cone Shell)*, von der es gut 80 Arten in Australien gibt, kommt vor allem an der Ostküste Australiens vor. Man begegnet ihr im Grunde nur beim Tauchen, ganz selten am Strand. Sie beißt mit harpunenartigen Zähnen, die das Gift auch durch Kleidung hindurch verspritzen können, wenn sie sich bedroht fühlt. Man fühlt sich krank, bekommt Wahrnehmungsstörungen und kann schließlich einen Atemstillstand erleiden.

• Fische – Auch einige stechende Fischarten sorgen für seltene Todesfälle:

Nördlich des südlichen Wendekreises trifft man besonders an den Korallenriffen auf den Tarnungsspezialisten **Steinfisch** *(Stone Fish, Synanceia trachynis* und *Synaneichthyes verrucosus)*, der viele giftige Stacheln auf dem Rücken hat. Allerdings sticht er nur, wenn man auf ihn tritt oder ihn angreift. Nach einem Stich ist das Opfer zeitweise gelähmt, erleidet einen Schock und ertrinkt, wenn nicht schnell das Gegengift injiziert wird.

In den warmen, tropischen Gewässern stößt man auf ca. 35 verschiedene Arten des bratpfannenförmigen **Stachelrochens** *(Stingray)*, die nicht aggressiv sind, aber zu einem tödlichen Stich mit dem Schwanz ansetzen, wenn sie sich bedroht fühlen. Das kann leicht passieren, wenn man auf dem Meeresboden entlanggeht, wo sich die Rochen mit Vorliebe einbuddeln. Traurige Berühmtheit erlangte die Art im Jahr 2006 durch den Tod des bekannten Naturschützers *Steve Irwin*, bekannt durch die TV-Serie „Crocodile Hunter".

• Leistenkrokodil – In den Gewässerbereichen im tropischen Western Australia, Queensland und im Northern Territory, wo sich Salz- und Süßwasser vermischen, lauern insbesondere in der Regensaison bis zu sechs Meter lange Leistenkrokodile *(Saltwater Crocodiles* bzw. *Salties)*. In der Regenzeit dringen sie bis zu 200 km flussaufwärts vor. Man sollte unbedingt die Hinweisschilder beachten und sich nicht einmal in die Nähe eines Wasserlaufes wagen. Das mit 2–2,50 m viel kleinere Australienkrokodil *(Freshwater Crocodile* bzw. *Freshie)* hingegen, das nur im Süßwasser vorkommt, ist im Prinzip harmlos. Es sei denn, man tritt versehentlich auf eines, denn dann schnappt es zur Verteidigung zu.

Es gibt noch viele andere Tiere in Australien, die dem Menschen gefährlich werden können, denen man jedoch noch seltener begegnet als den oben genannten. Darüber hinaus gibt es auch eine Vielzahl von Tieren, mit denen eine Begegnung unangenehm verlaufen kann, wie mit bestimmten Ameisen *(Bull Ant* oder *Fire Ant)*, Tausendfüßlern, Bienen, Wespen (diese sind viel aggressiver als hierzulande), Hornissen, Raupen, Blutegeln, Agakröten *(Cane Toad)*, Schnabeltieren *(Platypus)*, Dingos oder auch Vögeln wie dem Kasuar *(Cassowary)* oder der Australischen Elster *(Australian Magpie)*. Im Zweifelsfall wird man unter **Tel. 131 126** in ganz Australien durch das nächstgelegene *Poisons Information Centre* telefonisch beraten, was bei einem Tierbiss, Tierstich oder sonstiger potenzieller Vergiftung zu tun ist. Ist der Patient nicht mehr ansprechbar, ruft man in ganz Australien **Tel. 000** für einen **Krankenwagen.**

Da man als Einwanderer in Bezug auf die australische Tierwelt im Allgemeinen einen echten Wissensrückstand gegenüber den Australiern aufweist, sollte man sich eingehend über potenzielle natürliche Gefahren beim

044aa Foto: eg

Poisons Information Centre im örtlichen Krankenhaus informieren. Hier gibt es meist kleine Broschüren mit den wichtigsten Informationen zu Tierbissen und -stichen. Weitere Infos mit Fotos gibt es auch in der Rubrik „Bites and Stings" unter www.health.qld.gov.au/PoisonsInformationCentre.

Damit man bei Verletzungen oder gar im Notfall richtig reagiert, empfiehlt es sich, möglichst bald nach Ankunft in Australien einen **Erste-Hilfe-Kurs** zu absolvieren, wo man alle für die neue Heimat relevanten Maßnahmen erlernt, wozu z.B. auch die Erstversorgung nach einem Tierbiss oder -stich gehört. Kurse werden in ganz Australien u.a. durch das Australian Red Cross oder die St. John Ambulance angeboten (⇨ Telefonbuch, auch online unter www.yellowpages.com.au, Stichwort „First Aid"). Niederlassungen des Australian Red Cross oder der St. John Ambulance findet man auf www.redcross.org.au/ourservices_acrossaustralia_firstaid_courses.htm oder auf www.stjohn.org.au unter „First Aid Training").

Darüber hinaus sei hier der Besuch in den **örtlichen Museen und Zoos** empfohlen, wo man sich die präparierten oder lebenden Tiere einmal ganz ohne Gefahr anschauen kann, damit man sie in der freien Natur auch erkennt. Im Anhang werden im Kapitel „Australische Tierwelt" einige Internetseiten von australischen Museen aufgeführt, auf denen man sich zumindest schon einmal Fotos von den Tieren anschauen kann. Darüber hinaus habe ich dort eine Liste mit empfehlenswerter Lektüre zum Thema zusammengestellt.

Informationssuche

In der Anfangszeit in Australien wird man immer wieder auf der Suche nach bestimmten Firmen, Behörden und deren Adressen sein. Abgesehen vom Telefonbuch *(White Pages)* und den Gelben Seiten *(Yellow Pages)* in gedruckter Form sind dabei folgende Internetseiten überaus hilfreich:

Keine übertriebene Panik, bitte! Haie fressen nur einen Australier jährlich ...

- **www.whitepages.com.au** - Telefonbuch
- **www.yellowpages.com.au** - Gelbe Seiten
- **www.whereis.com.au** - Landkarten und Stadtpläne
- **www.citysearch.com.au** - Informationen über Freizeitmöglichkeiten und Dienstleistungen in den australischen Städten und Regionen
- **www.tradingpost.com.au** - Kleinanzeigen für ganz Australien

Verbrauchertipps

Die Verbraucherorganisationen in Australien sind nicht so aktiv, wie man es aus Deutschland kennt. Dennoch können ihre Informationen gerade für neue Migranten hilfreich sein. Die zwei wichtigsten Informationsstellen:

- **Australian Consumers' Association,** www.choice.com.au - Hier werden Informationen zu Produkten aller Art bekannt gegeben und Konkurrenzfirmen verglichen.
- **Australian Competition and Consumer Commission,** www.accc.gov.au - Hier wird man über die Gesetzeslage informiert und darüber, wo man sich Hilfe holen kann. Die Themen sind z.B. Garantien, Rückerstattung, Telefone, Inkassoverfahren, Benzinpreise, Internetshopping, irreführende Werbung, Betrug, Kreditkartengebühren, Warenauszeichnung, Produktsicherheit, Inanspruchnahme von Rechtsanwälten, Steuerberatern und Architekten, Preise.

Darüber hinaus gibt es in den einzelenen Bundesstaaten und Territorien weitere Verbraucherbehörden, an die man sich wenden kann. Sie haben in den Großstädten jeweils auch eine Niederlassung, wo man im Bedarfsfall auch persönlich anfragen kann. Zu bestimmten Themen geben sie Broschüren heraus, die ganz nützlich sein können.

- **ACT:** Office of Fair Trading, www.fairtrading.act.gov.au - Mobiltelefone, Fahrzeuge, Betrug etc.
- **NSW:** Office of Fair Trading, www.fairtrading.nsw.gov.au - Einkaufen (Rückgaberecht, Reparaturen, Einkaufstipps, auf Kredit kaufen, sichere Produkte, Postorder, Betrug), Business (Geschäftslizenzen, ein Geschäft führen, sichere Produkte verkaufen etc.), Hausbau, Fahrzeuge (Fahrzeug kaufen, Reparaturen, Garantien, Wartung, Autohändler), Immobilien und Mietwohnungen (Mieter, Vermieter, Kaufen und Verkaufen, Makler etc.)
- **NT:** Consumer and Business Affairs, www.caba.nt.gov.au - Kaufen, Verkaufen und Renovieren von Immobilien, Beschwerden, Verbraucherrechte, Verträge, Kredite und Schulden, Fahrzeuge, Produktsicherheit, Betrug, Einkaufen etc.
- **QLD:** Office of Fair Trading, www.fairtrading.qld.gov.au - Boote, Fahrzeuge, Computer, Fitness, Babysachen, Mobiltelefon, Benzin, Immobilien, Reisen, Betrug, Kredite, Produktsicherheit etc.
- **SA:** Office of Consumer and Business Affairs: www.ocba.sa.gov.au - Verbrauchertipps, Betrug, Mietverhältnisse, Produktsicherheit, Fahrzeugzulassung etc.
- **TAS:** Consumer Affairs and Fair Trading, www.consumer.tas.gov.au - Fairer Handel, Produktsicherheit, Mietverhältnisse, Immobilien, Reiseveranstalter etc.
- **VIC:** Consumer Affairs Victoria, www.consumer.vic.gov.au - Verbotene und regulierte Produkte, Hausbau und Renovieren, Kaufen und Verkaufen von Immobilien, Wohltätigkeitsveranstaltungen, Computer, Telefon und Internet, Kredite und Schulden, Fahrzeuge, Mietverhältnisse, Einkaufen etc.
- **WA:** Consumer and Employment Protection, www.docep.wa.gov.au - Kredite und Finanzen, Fitnessindustrie, Fahrzeuge, Produktsicherheit, Immobilien, Mietverhältnisse, Einkaufen, Betrug, Reisen etc.

045aa Foto: at

Längerfristige Eingliederung

In diesem Kapitel erfährt man, was man tun kann, um seine Einwanderung auch langfristig erfolgreich zu gestalten. Wie erkennt man, ob man unter einem Kulturschock leidet, und was kann man tun, um ihn zu überwinden? Wie knüpft man nette Kontakte? Wohin wendet man sich, wenn einen das Heimweh nach Deutschland packt? Wo findet man Hilfe, wenn man finanzielle, rechtliche oder familiäre Probleme bekommt? Auf welche Sozialleistungen hat man einen Anspruch? Will man die australische Staatsbürgerschaft annehmen? Welche Vor- und Nachteile hat dieser Schritt, und was bedeutet er z.B. für die eigenen Kinder? Weitere Themen: Wählen in Australien, doppelte Staatsbürgerschaft.

Dieses Unternehmen hat vermutlich deutsche Wurzeln

Überblick

Hat man das Einwanderungsvisum bekommen, seine Zelte in Deutschland erfolgreich abgebrochen sowie ein neues Heim und eine neue Arbeit in Australien gefunden, sind die ersten wichtigen Hürden genommen. Die eigentliche Bewährungsprobe kommt jedoch erst, nachdem man einige Zeit in Australien verbracht und die rosarote Brille abgelegt hat. Wenn man seine neue Heimat mit all ihren Stärken und Schwächen lieben gelernt hat, dann hat man es wirklich geschafft. Damit man auch durch Höhen und Tiefen hindurch nicht den Mut verliert, gibt es in den nachfolgenden Kapiteln einige hilfreiche Tipps. Zunächst wird jedoch das Phänomen des Kulturschocks etwas näher erklärt.

Kulturschock?

Wenn man endlich mit seiner „großen Liebe" vereint ist, sei dies Australien selbst oder ein australischer Lebensgefährte, kehrt irgendwann der Alltag ein. Mit diesem kommt jedoch oftmals der Kulturschock, die Erfahrung, dass einen die Andersartigkeit der Umgebung befremdet und verunsichert. Die Details sind sicherlich für jeden anders, dennoch gibt es eine Vielzahl von Dingen, an denen sich alle deutschen Migranten auf ähnliche Weise stoßen (und die auch für Migranten aus vielen anderen Ländern gewöhnungsbedürftig sind).

Es ist eine Binsenweisheit, dass ein Mensch geprägt wird durch die Umgebung, in der er aufwächst und in der er grundlegende Erfahrungen sammelt. Wie wir unsere Umwelt wahrnehmen und sie beurteilen, hängt von diesen **elementaren Erfahrungen** ab, und oft zeigt sich später, dass diese „Wurzeln" tiefer reichen, als es unserem Selbstbild vom aufgeklärten, vorurteilsfreien Menschen entspricht. Der Blick durch die „kulturelle Brille" lässt jedoch nicht nur ferne Länder unvertraut und befremdlich erscheinen; oft scheinen schon gewisse Unterschiede zwischen regionalen Bevölkerungsgruppen zu bestehen; so steht vielleicht sogar schon ein Bayer einem „Nordlicht" manchmal verständnislos gegenüber.

Dennoch haben Menschen, die bislang vorwiegend in Deutschland gelebt haben, eine **ähnliche Grundprägung** durch diese Gesellschaft erfahren. Diese Erfahrungen geben uns Orientierung bei der Einschätzung von Situationen, Menschen und ihren Verhaltensweisen. Alles wird wahrgenommen innerhalb dieses **Rasters von „vertraut" und „fremd";** leider folgt hieraus oft die Interpretation als „richtig" oder „falsch". Mit solchen (wenngleich sicher meist nicht beabsichtigten) Vorurteilen wird man aber in einem Land, in dem man sehr viele neue und andersartige Erfahrungen machen wird, nicht glücklich werden.

In anderen Gesellschaften gelten nunmal andere Normen. Das fängt an bei der andersartigen australischen Steckdose oder dem unterschiedlichen Grad an Sorgfalt beim Hausbau und hört bei den andersartigen Umgangsformen zwischen Menschen noch längst nicht auf. Vordergründig sind es einfache Fragen wie „Soll man die Person zur Begrüßung auf die Wange küssen, sie umarmen oder ihr die Hand geben?". Tiefer gehend sind es aber Millionen Details: Wie man zusammen Spaß hat, wie man Liebe, Respekt oder Missbilligung ausdrückt, wie und worüber man ein Gespräch führt etc.

Die Erfahrung der Unterschiede kann einerseits positiv und eine Bereicherung sein. Manchmal löst sie auch einfach nur eine nicht-negativ besetzte Form der Überraschung aus. Schwerwiegender ist jedoch, wenn die Unterschiede schockieren, beleidigen, frustrieren etc. Im schlimmsten Fall führt das dazu, dass man schließlich alles richtiggehend hasst und am liebsten wieder zurück in die vertraute alte Heimat möchte. Nicht wenige kehren tatsächlich aus diesem Grund nach Deutschland zurück (⇨„Rückkehr nach Deutschland"), andere bleiben jahrelang in der „Hass-Phase" hängen und tun sich selbst und ihrer Umgebung damit kaum einen Gefallen.

Wie erkennt man die „Phasen des Kulturschocks"? Zunächst einmal wird man in Australien alle Hände voll zu tun haben: ein Bankkonto eröffnen, ein neues Heim organisieren, Möbel kaufen, das Telefon anschließen lassen, eine Arbeit suchen, den schon gefundenen Job antreten oder die geplante Firma bzw. Farm gründen. In dieser Phase wird man immer wieder überrascht sein, wie andersartig vieles in Australien organisiert wird. Je länger diese Phase dauert, desto eher wird **der erste Frust** einsetzen. Dies, gepaart mit dem Heimweh nach den Freunden und der Familie, die man zurückgelassen hat, kann den ersten Katzenjammer verursachen. Man leidet an der ersten Phase des Kulturschocks.

In der **Hass-Phase** beginnen die Aussagen der an Kulturschock Leidenden nur allzu häufig mit „Aber in Deutschland ist dies und das besser", „Aber in Deutschland macht man es so und so", „Warum können die Australier das nicht so machen?" etc. In Gedanken fängt man an, bestimmte Dinge richtiggehend zu hassen. Plötzlich stören einen viele Kleinigkeiten, obwohl sie einen zum Teil nicht einmal persönlich betreffen. Hier eine kleine „Hassliste" von Dingen, an denen sich verschiedene befragte Migranten aus Deutschland auf einmal in Australien störten: Barfuß einkaufende Erwachsene; allgemeine Schlampigkeit mancher Leute; mangelnde Informationen über Europa im Fernsehen und Radio; Asien-Lastigkeit beim Warenangebot und im Straßenbild; Schulbildung in Australien (zu wenig Geografie, Geschichte etc.); Parken auf dem Rasen, obwohl die Einfahrt frei ist; unselbstständige Mitarbeiter, die allein keine Entscheidung treffen; Toplader-Waschmaschinen bzw. australisches Waschpulver; wenig leistungsstarker australischer Klebstoff; ständiges Barbecue (warum kann man nicht auch mal Kuchen essen?); steife Kleidung im Ange-

046aa Foto: at

„Müssen denn diese Australier ständig grillen?“ – an Fragen wie dieser erkennt man den vom Kulturschock Geplagten

stellten-Bereich; mangelnde Diskussionsfreudigkeit der Australier, unzureichender Umweltschutz, schlechte Isolierung der Häuser ...

Jetzt kann man vielleicht kopfschüttelnd über solche Aussagen lächeln. Eine solche „engstirnige Phase“ ist aber ganz normal. Sie verursacht dennoch viel emotionalen Stress und bedeutet oftmals eine zusätzliche Belastung, nicht zuletzt für eine Partnerschaft, insbesondere, wenn es sich um eine deutsch-australische Beziehung handelt (⇨„Längerfristige Eingliederung, Brennpunkte, Ehe-/Beziehungsprobleme“). Zieht man sich immer mehr ins Schneckenhaus zurück, trifft sich kaum noch mit Australiern, sondern fast nur noch mit ebenso „missmutigen“ Migranten, oder hat man sogar kaum noch Lust, aus dem Haus zu gehen, und ist **zunehmend müde** oder **deprimiert,** sitzt der Kulturschock schon sehr tief. Jetzt heißt es handeln, sonst bleibt nur die schmerzvolle Resignation oder gar die Rückkehr nach Deutschland (⇨„Rückkehr nach Deutschland“).

Die beste Strategie gegen einen solchen Kulturschock beginnt schon lange vor der Ausreise nach Australien. Sich so viele **Informationen über das Zielland** zu beschaffen wie möglich, bewahrt einen später vor unliebsamen Überraschungen. Im Buch werden daher zu bestimmten Themen oftmals Internetseiten oder Publikationen empfohlen. Zusätzlich gibt es im Anhang eine Liste mit interessanten und nützlichen noch nicht im Text genannten Büchern, Audiomaterial, DVDs und Internetseiten (⇨„Lese-, Hör- und Filmtipps“).

In den Anfangsjahren in Australien wird man dieses angelesene Wissen anhand von eigenen Erfahrungen und aus der Beobachtung heraus weiter vertiefen können. **Man lernt sich an den Kodex der australischen Gesellschaft anzupassen.** Schließlich überwindet man seine Kritik-Phase und akzeptiert die neue Lebensart einfach als eine andere.

Dies ist der Beginn des **Integrationsprozesses,** der sich zumeist über drei Generationen hinzieht, d.h. der Migrant selbst wird sich immer als nicht mehr deutsch, aber auch nicht australisch empfinden. Die Kinder des Auswanderers fühlen sich deutlich mehr als Australier, aber weil die Eltern noch andere Wertvorstellungen und eine andere Sprache in ihrem Zuhause vermittelt haben, fühlen sie sich auch etwas andersartig. Erst die Enkelkinder des einstigen Auswanderers empfinden sich in der Regel als „echte Australier".

Soziale Kontakte

Der Mensch ist ein „Gesellschaftstier". Ohne ein Netzwerk an vertrauten und bekannten Personen fühlt man sich nur selten wohl. Man muss als Neuankömmling **möglichst offen und aktiv auf Menschen zugehen,** um neue Freundschaften zu schließen. Darüber hinaus muss man etwas Geduld mitbringen, denn schließlich findet man gute Freunde nicht über Nacht.

64 % der Australier leben in den australischen Hauptstädten, und davon ziehen nur wenige dauerhaft in eine andere Stadt um. Die meisten Australier haben daher einen Freundeskreis, der teilweise sogar bis in ihre Grundschulzeit zurückdatiert. Wenn ein Australier in einer der acht Hauptstädte aufgewachsen ist, studiert er in der Regel auch dort und fügt so seinem Freundeskreis aus Schulzeiten nur einige neue Studienkollegen hinzu. Einzige Ausnahme unter den Hauptstädten sind Canberra und Darwin, da die Bevölkerungszu- und -abwanderung dort weitaus mehr schwankt als in den anderen australischen Hauptstädten.

Menschen, die schon lange in einer bestimmten Stadt wohnen, haben ihren festen Bekanntenkreis etabliert und warten natürlich nicht händeringend ausgerechnet auf einen neuen Migranten. Man wird daher anfangs am ehesten Freundschaften mit anderen **„neuen Australiern"** oder Zugezogenen aus anderen Regionen Australiens schließen.

Darüber hinaus sind auch in Australien die **Eltern von jüngeren Kindern** im Vorteil, wenn es ums Kennenlernen anderer Menschen geht, denn über Krabbelgruppen, Kindergärten, Schulen und außerschulische Aktivitäten etc. knüpft man schnell Kontakte. Eltern sind oftmals in der besonderen Situation, dass ihre Freunde nicht immer zeitgleich mit ihnen Kinder bekommen und sie so im angestammten Bekannten- und Freundeskreis keine oder zu wenig Gleichgesinnte haben, deren Kinder im gleichen Alter sind. Schließlich tauscht man sich doch recht gern mit anderen Eltern aus.

Es sollen in diesem Kapitel einige **Strategien** aufgezeigt werden, wie man möglichst schnell an einen ersten kleinen Freundes- und Bekanntenkreis kommt.

Die Verbesserung der eigenen Englischkenntnisse nimmt eine zentrale Stellung ein beim Aufbau eines sozialen Umfelds in Australien. Wo ginge das leichter als in seiner Freizeit mit neu gewonnenen Freunden? Gerade Deutsche tun sich beim **Abbau ihrer Ängste beim Englischsprechen** schwer. Man sollte sich jedoch immer sagen: Das Wichtigste ist, zu kommunizieren. Es ist nicht wichtig, ob dies grammatikalisch richtig oder mit gewählten Worten erfolgt. Es geht hier nicht um Schulnoten. Je mehr man redet, desto schneller kann man andere Menschen kennen lernen, und desto schneller verbessern sich automatisch die Englischkenntnisse.

Erstkontakte

Die einfachste Methode, in seiner Umgebung ganz unverfänglich erste soziale Kontakte zu knüpfen, ist das Gespräch mit Leuten in der Öffentlichkeit. Australier selbst pflegen das Schwätzchen mit fremden Menschen gern und sind in der Regel sehr hilfsbereit. Man braucht also keine Scheu zu haben, das **Personal** im Supermarkt oder im Café anzusprechen. Spricht man öfter mit denselben Leuten, entwickelt sich schnell eine gewisse Familiarität, und man fühlt sich wohler.

Das wichtigste Utensil der australischen Freizeitaktivitäten ist der **Barbecuegrill.** Diese mobile Küche darf im Grunde in keinem australischen Haushalt mit Garten fehlen (sie ist in Australien ab ca. 120 $ erhältlich; nach oben gibt es natürlich keine Grenze).

Wenn man sich einmal einen solchen Grill angeschafft hat, ist man optimal ausgerüstet für eine **zwanglose Kennenlernparty,** bei der sich die australischen Gäste auch wohl fühlen. Es ist ideal, um z.B. seine Nachbarn zu einer Hauseinweihung einzuladen oder die Arbeitskollegen und deren Partner. Insbesondere Letzteres ist auch für den mit ausgewanderten Partner von Bedeutung, wenn dieser selbst noch nicht arbeitet und so weniger Möglichkeiten hat, Leute kennen zu lernen.

Wenn man selbst eine Einladung von Kollegen oder Nachbarn erhält, sollte man sie in jedem Fall annehmen, egal, wie viel anderes man gerade zu tun hat. Denn wenn man einmal nicht hingeht, wird man meist beim nächsten Mal schon nicht mehr gefragt.

Beim Barbecue wird man meist gebeten, einen Salat oder Ähnliches mitzubringen („Bring a Plate"). Auch heißt es auch häufig „BYO", sprich, man sollte den Wein oder das Bier mitbringen, das man zu trinken gedenkt. Wird dies bei einer Einladung nicht ausdrücklich gesagt, sollte man dennoch nachfragen. Sofern man wirklich nicht gebeten wird, etwas mitzubringen, ist das ideale **Gastgeschenk** dennoch ein Sixpack Bier, eine Flasche Wein oder eine Schachtel Pralinen zum Dessert. Blumen oder gar andere Aufmerksamkeiten sind hingegen in Australien nicht üblich.

Vereine

In jeder australischen Gemeinde gibt es zahlreiche Vereine für Sport und Freizeitaktivitäten sowie religiöse und ethnische Gemeinschaften. Oftmals kann man bei der örtlichen Gemeinde im Community Information Centre/ Service eine kleine **Broschüre** („New

Residents Information Pack" oder „Community Information Pack") anfordern, in der diese Vereine, Kirchengemeinden und Organisationen genannt werden. Diese Broschüren enthalten übrigens auch andere nützliche Hinweise, etwa die Termine für die Müllabfuhr.

Man findet die Adressen der Vereine auch in den **Gelben Seiten** unter den Stichworten „Clubs" oder „Organisations" (online unter www.yellowpages.com.au). Neben der Chance, neue Bekannte und Freunde in der Umgebung zu finden, kann man so vielleicht auch ganz neue Sportarten oder Freizeitaktivitäten ausprobieren, die es in Deutschland unter Umständen nicht gab oder die nicht populär waren. Bei vielen Sportarten muss man auch nicht unbedingt aktiv spielen, sondern kann als begeisterter Zuschauer eines bestimmten Vereins neue Freunde finden.

Informationen über viele in Australien ausgeübte **Sportarten und Freizeitbeschäftigungen** findet man auf der Website www.cultureandrecreation.gov.au unter dem Stichwort „Sport and Fitness". Zu den vom Australian Institute of Sport (AIS) geförderten Sportarten gehören: Australian Rules Football, Basketball, Beach Volleyball, Bogenschießen, Boxen, Cricket, Fuß-

Für deutsche Migranten anfangs oft ein Buch mit sieben Siegeln: Cricket

047aa Foto: eg

Footy als logische Fortsetzung der Liebe zum Fußball

Günter Pratz, geb. 1951 in Esslingen, brach im November 1979 zu einem Urlaub nach Australien auf. Dabei reiste er überall ein bisschen herum und **lernte in Adelaide seine spätere Partnerin kennen.** Das Touristenvisum lief jedoch ab, und auch das Geld ging aus, sodass er erst einmal zurück nach Deutschland musste. Im Juni 1980 kam seine Partnerin dann auch hinterher. Nachdem sie drei Jahre in Deutschland gewohnt hatten, wo auch der gemeinsame Sohn geboren wurde, wollte sie jedoch lieber wieder nach Australien zurückkehren. Dort hatte sie Psychologie studiert. Der Abschluss wurde jedoch in Deutschland nicht anerkannt, und somit hatte sie keine Chance, dort in ihrem erlernten Beruf zu arbeiten.

Günter stimmte zu, und sie begannen nun gemeinsam mit ihrem Sohn ein neues Leben in Adelaide. Diesmal war es jedoch *Günter,* der **Schwierigkeiten in seinem gelernten Beruf** als Betriebswirt hatte. Er konnte schließlich keine Referenzen in Australien beibringen, und man war ihm gegenüber misstrauisch eingestellt. Daher entschloss er sich zu einem Studium der Sozialwissenschaften an der Flinders University und schloss dieses 1986 nach zwei Jahren mit einem Bachelor of Arts ab. Danach war es kein Problem mehr, eine passende Stelle zu bekommen, und in den kommenden drei Jahren arbeitete er für eine nicht-staatliche Organisation in der Altersversorgung.

Er kam der Liebe wegen nach Australien, aber die ging leider im Jahr der deutschen Wiedervereinigung in die Brüche. Das war der Moment, in dem das Leben in Adelaide für *Günter* schwer wurde. **Ohne alte Freunde und Familie** die Trennung durchzustehen, war ziemlich hart. *Günter* stellte sich auch die Frage, ob er nun wieder nach Deutschland zurückkehren sollte, was er jedoch wegen seines Sohnes nicht tat.

In diesen Jahren lernte er durch seine Mitgliedschaft im **Deutschen Verein** in Adelaide viele neue deutsche Freunde kennen. Schließlich bat man ihm dort eine Tätigkeit im Vorstand an. Als der Präsident des Deutschen Vereins abtrat, drängte man ihm 1990/91 dessen Nachfolge mehr oder weniger auf.

Auch **beruflich ging es weiter aufwärts.** *Günter* arbeitete beim Amt für Fürsorge, wo er auch heute noch Teilzeit arbeitet. Parallel machte er sich selbstständig mit einer Unternehmensberatung für neue Migranten in North Adelaide, investierte Geld in Grundstücke und Immobilien. 1999 gründete er zusammen mit anderen Geschäftsleuten das German-Austrian Business Council und wurde gleichzeitig im Weinhandel aktiv. Bis vor Kurzem war er dort einer der Vorsitzenden.

Das berufliche Fortkommen war für *Günter* sicherlich ein Schlüssel zu einer erfolgreichen Auswanderung. Viel wichtiger war es für ihn rückblickend jedoch, sich ein neues Netzwerk an Freunden aufzubauen. *Günter* merkte schnell, dass er in Australien gesellschaftlich erst so richtig Fuß fassen konnte, als er anfing, **die Freizeitaktivitäten der Australier zu teilen.** Erst dann hatte er beim Barbecue wirklich etwas mitzureden.

Dreh- und Angelpunkt dieser Gespräche bei den beliebten Grillnachmittagen und -abenden ist vor allem **Sport.** In South Australia bedeutet dies, dass man Australian Rules Football und Cricket verstehen und auch mitverfolgen sollte. Cricket lernte er nach und nach durch Freunde und schließlich durch seinen Sohn verstehen, der es in der Schule und auf der Universität spielte. „Footy" hingegen fand er von ganz allein spannend. Für ihn war es die logische Fortsetzung seiner einstigen Fußballbegeisterung. Auf Anraten eines Kumpels wurde er daraufhin Mitglied beim örtlichen Club, besuchte all deren Spiele und lernte die Regeln. Heute ist er wahrhaft Footy-begeistert, obwohl er sich mit seinem Sohn und einigen Freunden auch noch das Interesse am europäischen Fußball erhalten hat.

Mittlerweile ist *Günter* wieder glücklich mit einer neuen Lebensgefährtin. Er kann **sich nicht vorstellen, jemals nach Deutschland zurückzukehren.** Dazu ist es jetzt zu spät. Er hat sich etwas in Australien aufgebaut, und in Deutschland noch einmal von vorne zu beginnen, dazu hätte er keine Lust. Nicht zuletzt ist auch sein bei ihm lebender Sohn mehr Australier als Deutscher, und *Günter* fände es nicht fair, ihn zu entwurzeln.

Er selbst reist jedoch regelmäßig geschäftlich nach Deutschland. Er empfindet dabei, dass er im Grunde **zwei Heimatländer** hat. Er hat seine deutsche Staatsbürgerschaft beibehalten, die das Ein- und Ausreisen in den europäischen Wirtschaftsraum nun einmal sehr vereinfacht. Er empfindet die Lebensweise in Australien jedoch als weitaus **weniger gestresst** als die in Deutschland. Man kann sich schneller hocharbeiten, und es gibt einfach **deutlich weniger Elitarismus und Standesdünkel.** In Australien kommt man in Kontakt mit Menschen aus Regierungs- und anderen Kreisen, die man in Deutschland nur selten kennen lernen würde.

ball, Golf, Hockey, Kanu- und Kajakfahren, Kunstspringen, Leichtathletik, Netzball, Radsport (Rennrad, Mountainbike und Bahnrennen), Rugby (League und Union), Rudern, Schwimmen, Segeln, Softball, Squash, Tennis, Triathlon, Turnen, Volleyball, Wasserpolo und Wintersport. Darüber hinaus sind jedoch auch Freizeitsportarten populär wie Angeln/Hochseefischen, Badminton, Baseball, Biathlon, Billard und Snooker, BMX fahren, Bowling/Kegeln, Darts, Drachenbootfahren, Drachenfliegen, Eishockey, Eislaufen, Fallschirmspringen, Fechten, Frisbeewerfen, Fünfkampf, Gewichtheben, Hundesport, Kampfsport und Selbstverteidigung (Aikido, Capoeira, Judo, Ju-Jutsu, Karate, Kung-Fu, Taekwondo), Kartfahren, Klettern, Krocket, Lacrosse, Laufen/Joggen, Modellfliegen, Motocross, Motorsport, Naturwandern *(Bushwalking),* Orientierungsläufe *(Orienteering),* Pferdesport, Rasenbowling *(Bowls),* Rettungsschwimmen *(Life Saving),* Ringkampf, Rodeo, Rollerblading/Inlineskating, Schach, Segelfliegen, Surfen, Tanzen (diverse Stilarten), Tai Chi, Tauchen, Tischtennis, Wasserski, Windsurfen, Yoga und vieles mehr.

In Australien gibt es auch viele Organisationen, die sich um den **Erhalt der Natur** *(Conservation)* bemühen, bei denen man ganz ohne wettkämpferische Ambitionen viel Zeit mit Gleichgesinnten an der frischen Luft verbringen kann. Andere wiederum widmen sich der **Tierbeobachtung** wie z.B. das *Bird Watching* oder *Whale Watching.*

Darüber hinaus gibt es Sprachkurse, religiöse Gemeinschaften, handwerkliche, künstlerische oder musizierende Gruppen und vieles mehr. Kurse in allen möglichen Themenbereichen werden auch von den **Abendschulen** *(Community Colleges)* bzw. bei TAFE angeboten, wo man ebenfalls nette neue Freunde finden kann (⇨„Neuanfang in Australien, Erwachsenenbildung, Weiterbildung“).

Falls man **mit Kindern eingewandert** ist, sollte man diese auch so schnell wie möglich in einen Verein eintreten lassen, der ihren Interessen entspricht.

Expat-Gruppen

In der Regel wird man, wie eingangs geschildert, am ehesten Freundschaften mit anderen mehr oder weniger neuen Einwanderern oder aber neu zugezogenen Australiern schließen. Hat man für sich (oder einen mit eingewanderten Familienangehörigen) eine Zweitzahlung beim Visumantrag vornehmen müssen, weil man keine ausreichenden Englischkenntnisse hatte, wird man in Australien an den **AMEP-Englischkursen** teilnehmen (⇨„Neuanfang in Australien, Erwachsenenbildung, Englischkurse“). Hier kann man oft schon andere frisch Eingewanderte kennen lernen, mit denen man sich gut versteht.

Doch auch im Internet kann man sich gezielt auf die Suche nach neuen Bekannten machen, die erst seit Kurzem in Australien leben, z.B. in **Foren** wie www.alloexpat.com/australia_expat_forum, http://britishexpats.com/forum oder auch www.australien-info.de, wo man entsprechende Aufrufe von anderen Expatriierten finden oder aber selbst einstellen kann.

Es gibt überdies in den australischen Hauptstädten **Clubs verschiedener Nationalitäten,** z.B. American Society, German Club etc., die man in den Gelben Seiten unter „Clubs, Social and General“ finden kann (online unter www.yellowpages.com.au).

Außerdem seien noch die sogenannten **„Newcomer Clubs“** genannt, die gar nicht einmal speziell für Migranten gedacht sind, sondern für alle neu Zugezogenen, also auch Australier. Auf der Internetseite www.newcomersnetwork.com sind einige Adressen in Australien aufgelistet. Es gibt sie jedoch in fast jedem Stadtteil. Sie sind oft einfach nach dem Stadtteil benannt, in dem sie liegen. Hier werden in der Regel alle möglichen Aktivitäten für Neuankömmlinge angeboten, bei denen man sich auf ungezwungene Weise kennen lernen kann.

Deutsches

Je mehr man sich an die australische Lebensart anpasst, desto deutlicher verändert man sich selbst zwangsläufig. Bei Besuchen in Deutschland fühlt man sich irgendwann etwas entfremdet. In dieser Situation ist es sehr angenehm, einige andere deutsche Migranten kennen zu lernen, mit denen man mal wieder etwas Deutsch sprechen kann. Sie kennen immerhin beide Kulturkreise, und somit gibt es we-

049aa Foto: eg

niger Missverständnisse. Deutschsprachige in Australien findet man u.a. über die **Internetplattform** www.infobahnaustralia.com.au, wo es einen Chatbereich für Deutschsprachige gibt, daneben auch Foren zu bestimmten Themen und ein Gästebuch, wo man andere Deutsche in Australien kontaktieren kann.

Zu diesem Zweck gibt es in vielen australischen Hauptstädten auch **Deutsche Clubs.** Je nach Club werden auch regelmäßig Veranstaltungen zu einem bestimmten Thema organisiert, man kann dort oftmals lecker deutsch essen oder ein deutsches Bier trinken gehen. In den meisten dieser Clubs stammen die Mitglieder jedoch aus der Nachkriegsgeneration, und sie haben große Probleme, neue Mitglieder zu finden. Anders sieht es aus bei YOGIS, das für „Young German (Speakers) in Sydney" steht und gezielt für junge, Deutsch sprechende oder Deutschland verbundene Menschen geschaffen wurde (www.yogis.org.au). Die aktuellen Adressen und Ansprechpartner der deutschen, österreichischen und schweizerischen Clubs sowie der **Kirchengemeinden und Wohlfahrtsorganisationen** in Australien kann man auf den Websites

Falls einem der Sinn doch einmal nach gutbürgerlicher deutscher Küche stehen sollte ...

www.canberra.diplo.de (Stichwort „Culture, Education, Science & Research“, „German Culture in Australia“) finden.

Nachrichten aus Deutschland und aller Welt, Lokalnachrichten aus den australischen Städten sowie Nachrichten von den deutschsprachigen Clubs, Vereinen, Kirchen etc. in Australien vermittelt auch die **einzige deutsprachige Wochenzeitung Australiens:** „Die Woche“. Sie ist an vielen Verkaufsstellen im ganzen Land erhältlich. Man kann sie aber auch z.B. über ihre Website www.woche.com.au abonnieren. Das Jahresabonnement in Australien kostet je nach Versandart 143 bis 198 $ (als reine Online-PDFs nur 99 $).

Auch die **Goethe-Institute** in Melbourne und Sydney bieten sich an als Treffpunkte für Deutsche und Menschen, die sich einfach nur für die deutsche Kultur interessieren. Hier finden auch immer wieder kulturelle Veranstaltungen statt. Die Adressen wurden bereits im Kapitel „Neuanfang in Australien, Kinder, Deutschunterricht“ genannt.

Das Bedürfnis nach der deutschen Sprache bzw. der deutschen Art des Ausdrucks und der Information wird oftmals umso größer, je länger man ausschließlich der australischen **Medienlandschaft** ausgesetzt ist. Zwar gehört in Australien das Recht auf Meinungsfreiheit auch zu den demokratischen Prinzipien, aber dennoch scheint die australische Medienlandschaft meist sehr einseitig Bericht zu erstatten. Das liegt daran, dass zwei große Medienunternehmen die Mehrheit aller privaten Fernsehsender, Zeitungen und Zeitschriften besitzen. Zum einen ist das der Medienmogul *Rupert Murdoch,* der hinter News Limited steckt, die rund 67 % der Tageszeitungen, rund 75 % der Sonntagszeitungen und ca. die Hälfte aller Lokalzeitungen herausgibt. Die zweite Medienmacht ist die Familie *Packer,* die als maßgebliche Aktionäre hinter dem Fernsehsender Channel Nine und vielen australischen Zeitschriften stecken. Es herrscht somit ein geringer Wettbewerb, was die Berichterstattung extrem einseitig ausfallen lässt.

Wer sich aus diesem Grund nach **deutschen Nachrichten** oder deutschen Sendungen im Allgemeinen sehnt, sollte sich im Programm des staatlichen TV- und Radiosenders SBS (Special Broadcasting Services) umschauen, die Inhalte in über 60 Sprachen – darunter auch Deutsch – senden (im Fernsehen mit englischen Untertiteln). Es handelt sich dabei um Sendungen aus Deutschland selbst, die Nachrichten kommen z.B. von der Deutschen Welle aus Berlin. Im Internet kann man u.a. die Radiofrequenzen und Sendezeiten für deutsche Inhalte im Fernsehen erfahren, oder auch die Nachrichten als *Radio Streaming on Demand* in deutscher Sprache online hören (www.sbs.com.au). Welche Radioprogramme man außerdem in Australien in deutscher (oder einer anderen) Sprache empfangen kann, wird auf der Website www.nembc.org.au unter „Find Programs in Your Language“ aufgelistet.

Hat man eine Satellitenantenne, kann man über den ASIASAT 2 auch **Deutsche Welle** empfangen. Ihr Radioprogramm kann außerdem mit einem Kurzwellengerät empfangen werden. Den Sendeplan mit den Frequenzen kann man auf der Internetseite www.dw-world.de nachschlagen. Darüber hinaus gibt es online auch die Möglichkeit, die TV-Sendungen der Deutschen Welle als Live Stream anzuschauen.

Als weitere Variante kann man auch einfach über einen **Internetvideorekorder** wie www.shift.tv Programme von 20 regulären deutschen Fernsehsendern aufzeichnen lassen und diese dann über seinen Computer anschauen, wann immer es zeitlich passt. Ein Jahresabonnement kostet monatlich 4,99 €, ein dreimonatiges Schnupperabonnement bekommt man für 9,99 € im Monat. So versorgen manche deutsche Migranten ihre Kinder z.B. mit dem „Sandmännchen" und der „Sendung mit der Maus", was hilfreich bei der zweisprachiger Erziehung ist (⇨„Neuanfang in Australien, Kinder, Deutschunterricht").

Das Internet bietet darüber hinaus natürlich noch viel mehr Möglichkeiten; z.B. kann man kostenlos die Online-Nachrichten **deutschsprachiger Zeitungen** oder auch Zeitschriften lesen. Das ist allemal preisgünstiger als ein Überseeabonnement für diese Printsachen, was wegen der Portokosten einfach extrem teuer ist. An gut sortierten Zeitungsständen der internationalen Flughäfen oder auch Hotels in Australien kann man mit etwas Glück auch eine Printausgabe der wichtigsten deutschen Zeitungen, z.B. die „Frankfurter Allgemeine Zeitung" oder „Die Zeit" bekommen. Darüber, ob und wo diese Zeitungen in Australien erhältlich sind, geben die Verlage u.a. auf ihren Websites Auskunft.

So manch ein deutscher Fernsehsender stellt selbst ganze Serien als **Video on Demand** zur Verfügung. Gleiches gilt für deutsche Radiosender, die immer mehr Inhalte als **Live Stream** oder als **Radio on Demand** im Internet bereitstellen (meist kostenlos). Wer also Heimweh nach deutschen TV- oder Radioformaten hat, sollte einfach mal seine deutschen Lieblingssender im Internet besuchen.

Sehnt man sich als Bücherwurm nach neuen **deutschen Buchtiteln,** muss man nicht gleich seine Freunde und Verwandten bitten, die Bücher in Deutschland zu kaufen und teuer nach Australien zu verschicken. Man kann sie bei diversen Online-Buchhandlungen wie z.B. www.amazon.de auch selbst bestellen und spart dadurch immerhin die deutsche Mehrwertsteuer. Wenn man gleich mehrere Bücher auf einmal bestellt, kostet der Versand nur 10 bis 15 € mehr als an eine deutsche Adresse.

Es gibt jedoch in den australischen Großstädten auch **Buchhandlungen, die deutschsprachige Bücher führen.** Will man wissen, ob es in der Nähe eine solche Buchhandlung gibt, kann man sie u.a. unter Angabe von „Foreign Language Books" und dem Städtenamen im Internet z.B. mit Hilfe der Suchmaschine Google finden.

Staatsbürgerschaft

Irgendwann, nach einigen Jahren mit einer Daueraufenthaltsgenehmigung, kommt der Punkt, an dem man weiß, man hat es wirklich geschafft. Die Auswanderung nach Australien war erfolgreich, und bei den Besuchen in der ehemaligen Heimat Deutschland hat man nie das Gefühl, dorthin zurück zu wollen. Man erlebt den Aufenthalt dort mittlerweile fast schon wie einen exotischen Urlaub und freut sich nach ein paar Wochen einfach nur riesig auf sein Zuhause: Australien. Dann ist es an der Zeit, sich die Frage zu stellen, ob man nicht die **australische Staatsbürgerschaft annehmen** möchte.

1949 führte die australische Regierung die australische Staatsbürgerschaft als verbindendes Element für die Einwohner des Landes ein. Die Annahme der Staatsbürgerschaft wird seither als wichtiger Schritt betrachtet, seinen Stolz über die Zugehörigkeit zur dynamischen und vielfältigen australischen Gesellschaft zu zeigen. Australier können es dementsprechend nicht nachvollziehen, wenn man nach der erfolgreichen Einwanderung diesen Schritt nicht vollzieht. Dies wird als mangelnde Bereitschaft angesehen, sich den Verbindlichkeiten der neuen Heimat zu stellen.

Seit Beginn des 21. Jahrhunderts ermutigt die australische Regierung Einwohner mit einer Daueraufenthaltsgenehmigung verstärkt, die australische Staatsbürgerschaft anzunehmen, u.a. mit Werbekampagnen im Fernsehen. Bei der letzten Volkszählung im Jahr 2006 wurden insgesamt 106.520 in Deutschland geborene Personen in Australien registriert. Von ihnen hatten 76,5 % die australische Staatsbürgerschaft. Von den übrigen 23,5 % wären viele berechtigt, sie zu beantragen [111].

Nachfolgend werden zunächst die Vor- und Nachteile vorgestellt, die aus der Annahme der australischen Staatsbürgerschaft resultieren (können), bevor die Gesetzgebungen zur deutschen, doppelten und australischen Staatsbürgerschaft sowie die Konsequenzen für die Kinder von Migranten erläutert werden.

Nachteile

Der grundlegende Nachteil, der einem aus der Annahme der australischen Staatsbürgerschaft entsteht, liegt darin, dass man dadurch in der Regel seine **deutsche Staatsbürgerschaft verliert.** Es sei denn, man kann glaubhaft darlegen, dass einem durch diesen Verlust erhebliche Nachteile wirtschaftlicher, vermögensrechtlicher oder auch beruflicher Art entstehen würden (⇨„Längerfristige Eingliederung, Staatsbürgerschaft, Doppelte Staatsbürgerschaft").

Der Verlust der deutschen Staatsbürgerschaft wird von Migranten vor allem deshalb als Nachteil gesehen, weil man **die Tür zur Europäischen Union** nicht zuschlagen möchte. Wenn man ausschließlich die australische Staatsbürgerschaft hat und in einem Land der EU arbeiten möchte, muss man in diesem eine Aufenthaltsgenehmigung mit Arbeitserlaubnis beantragen. Viele Migranten möchten sich – wenn schon nicht für sich selbst, so doch zumindest für ihre Kinder – die Möglichkeit erhalten, ohne Arbeitsgenehmigung in jedem EU-Land arbeiten zu dürfen. Der deutsche Pass ist immerhin ein Zugangsdokument zum gesamten EU-Wirtschaftsraum.

Vorteile

Die Vorteile, die man durch die Annahme der australischen Staatsbürgerschaft hat, sind weitaus vielfältiger als die Nachteile. Zwar ist man als Inhaber einer Daueraufenthaltsgenehmigung australischen Staatsbürgern in vielen Dingen fast gleichgestellt, aber eben nur fast. Dazu gibt es **keine langfristige Garantie,** dass die diesbezügliche gegenwärtige Gesetzgebung auch in Zukunft erhalten bleibt. Im September 2007 wurde z.B. der *Australian Citizenship Test* für fast alle Antragsteller eingeführt. Damit soll den künftigen australischen Staatsbürgern die Werte, Traditionen, Geschichte und nationalen Symbole Australiens näher gebracht werden, deren Verständnis es ihnen ermöglichen soll als vollwertige Bürger in der australischen Gemeinschaft zu leben.

Darüber hinaus können nur australische Staatsbürger mit ihrem Reisepass **unbegrenzt oft von und nach Australien aus- und einreisen.** Alle anderen Einwohner benötigen dafür immer ein entsprechendes Visum. Auch die Daueraufenthaltsgenehmigung ist nur begrenzt gültig. Wenn man nach deren Ablauf nach einem Auslandsaufenthalt wieder nach Australien reisen möchte, muss man ein **Resident Return Visa (RRV)** (Einwohner-Rückkehr-Visum) beantragen. Auch dieses ist maximal fünf Jahre gültig. Wenn man nicht mindestens zwei von den fünf Jahren in Australien gelebt hat bzw. nicht nachweisen kann, dass es sehr triftige Gründe für das lange Fernbleiben gab, bekommt man lediglich ein RRV mit dreimonatiger Gültigkeit.

Man kann das RRV problemlos online, schriftlich oder persönlich anfordern, aber es kostet jedes Mal wieder Geld (zurzeit 240 $ für fünf Jahre). Die Annahme der australischen Staatsbürgerschaft kostet hingegen in den meisten Fällen nur **einmalig 240 $.** Einen Visumantrag wird man für Reisen in viele Länder im Ausland natürlich nach wie vor stellen müssen, aber eben nicht mehr für seine neue Heimat Australien. Für nähere Informationen zum RVV ⇨ www.immi.gov.au/migrants/residents.

Solange man nur eine Daueraufenthaltsgenehmigung für Australien hat, kann man die Politik, die die Lebensbedingungen in Australien schafft, nicht aktiv mitbestimmen. Mit Annahme der australischen Staatsbürgschaft darf man jedoch **an den Wahlen teilnehmen** (sofern man mindestens 18 Jahre alt ist). Man kann sich dann auch selbst als Kandidat für die Wahlen aufstellen und wählen lassen, sofern man Ambitionen zu einer politischen Karriere hat. Man kann im öffentlichen Dienst oder in der australischen Berufsarmee arbeiten, was für Halter einer Daueraufenthaltsgenehmigung nicht möglich ist.

Wählen in Australien

Wenn man sich als Australier hat einbürgern lassen, ist man nicht nur wahlberechtigt, sondern man hat seit 1924 die **Pflicht zu wählen** – und zwar bei föderalen und bundesstaatlichen bzw. territorialen Wahlen und Referenden, die Verfassungsänderungen betreffen. In New South Wales, Victoria und Queensland ist darüber hinaus auch die Teilnahme an den Kommunalwahlen Pflicht.

Grundsätzlich ist jeder australische Staatsbürger **ab 18 Jahren wahlberechtigt.** Davon gibt es nur wenige Ausnahmen (geistig kranke Personen, die den Sinn einer Wahl nicht erfassen können; Personen mit einer Gefängnisstrafe von drei Jahren oder länger; dauerhaft im Ausland lebende Australier, die nicht dafür gesorgt haben, sich im Wählerverzeichnis eintragen zu lassen). Einwohner des Landes ohne australische Staatsbürgerschaft sind bis auf sehr wenige Ausnahmen nicht wahlberechtigt (für einige britische und neuseeländische Staatsbürger gibt es Sonderregelungen).

Am Wahltag ist man verpflichtet, in dem Wahllokal des Bezirks zu erscheinen, in dessen Wählerverzeichnis man geführt wird. Und nicht zuletzt weil die Nichtteilnahme mit einer geringen Geldbuße (20–50 $) geahndet wird, zu der noch Gerichtskosten für die Anhörung hinzukommen, ist die **Wahlbeteiligung** sehr hoch (am 24. November 2007 bei der Abgeordnetenwahl 94,76 % und bei der Senatswahl 95,17 %)[112]. Zum Vergleich: Bei den letzten drei Bundestagswahlen in Deutschland (zuletzt 2005) lag die Wahlbeteiligung bei 79 bis 82,2 %[113].

Wie viele Australier von den durchschnittlich vier bis neun Prozent der Bevölkerung, die seit 1924 nicht an der Wahl teilnahmen, tatsächlich vor Gericht erscheinen und die Gebühr zahlen mussten, ist statistisch nicht erfasst. Fest steht aber, dass im Ausland lebende Australier nicht zur Wahlteilnahme verpflichtet sind und ebenfalls in den oben genannten Prozentzahlen enthalten sind (Schätzungen von 2004 zufolge leben derzeit mehr als eine Million australischer Staatsbürger in Übersee)[114].

Damit man im Wählerverzeichnis eingetragen bleibt, muss man bei einer Wohnsitzänderung seine neue Anschrift der Australian Electoral Commission (AEC) binnen eines Monats mitteilen – egal ob man nur in ein anderes Haus umzieht, den Wahlbezirk wechselt oder den Bundesstaat verlässt. Dies geht nur persönlich. Die Adresse des nächstgelegenen AEC-Bezirksbüros *(Divisional Office)* findet man auf www.aec.gov.au („About AEC", „Contact the AEC"). In Übersee lebende australische Staatsbürger, die nicht an der Wahl teilnehmen, werden kurzerhand aus dem Verzeichnis gestrichen.

Trotz Wahlpflicht kann man natürlich immer noch einen **ungültigen Wahlzettel** abgeben, wenn man aktiv keine Wahl treffen möchte. Bei der letzten Wahl des föderalen Bundesparlaments am 24. November 2007 waren 3,95 % aller Stimmen für die Wahl des Abgeordnetenhauses und 2,55 % aller Stimmen für die Wahl des Senats ungültig[115] (in Deutschland lag die Zahl der ungültigen Stimmen bei der letzten Bundestagswahl 2005 bei 1,8 % der Erststimmen und 1,6 % der Zweitstimmen[116]).

Zu den Nachteilen des Erscheinungszwanges gehört, dass dadurch vermutlich die Zahl der sogenannten **Donkey Votes** unnötig steigt – das sind absichtlich unsinnig ausgefüllte, aber gültige Wahlzettel. Welche Motive bei den Einzelnen tatsächlich dahinterstehen, lässt sich allerdings schwer herausfinden, da die Wahl ja geheim ist. Ein weiterer Minuspunkt ist, dass uninformierte Wähler willkürlich eine der angebotenen **How-To-Vote-Cards** (Wie-man-wählt-Karten) als Grundlage für ihre Wahl nehmen. Diese Karten werden außerhalb der Wahllokale von freiwilligen Helfern der verschiedenen Parteien verteilt und zeigen, wie die Wahlzettel ausgefüllt werden müssen, damit die entsprechende

Partei eine Stimme erhält. Aber solche Möglichkeiten der Einflussnahme gibt es immer, Erscheinungspflicht hin oder her.

Für die **Wahl der Abgeordneten** im House of Representatives ist Australien in 148 Wahlbezirke *(Divisions)* mit jeweils ca. 80.000 Wählern aufgeteilt. Ca. alle drei Jahre findet eine Wahl statt. Das derzeitige 42. australische Parlament besteht bis längstens 11. Februar 2011; es muss somit spätestens bis zum 16. April 2011 neu gewählt werden [117]. Bei der Wahl des Abgeordnetenhauses wählt man den bevorzugten Kandidaten nach dem Präferenzwahlsystem *(Preferential Vote)*. Dabei müssen die Wähler neben den Namen des Kandidaten, den sie am besten finden, die Ziffer 1 schreiben, neben den zweitbesten die Ziffer 2 usw. Bei der Auswertung werden die Anzahl der Stimmen für Platz eins, zwei, drei etc. gezählt. Hat kein Kandidat die Mehrheit der Stimmen mit der Ziffer 1, werden die Stimmen mit der Ziffer 2 für diesen Kandidaten dazugezählt, hat kein Kandidat die Mehrheit der Stimmen mit den Ziffer 1 und 2, wird die nächste Ziffer hinzugenommen. So geht es weiter, bis ein Kandidat 50 % der Stimmen plus eine Stimme hat.

Die Partei oder Koalition, die eine Mehrheit im Abgeordnetenhaus erringt, wird Regierungspartei, und ihr Vorsitzender wird **Premierminister.** Seit 2007 ist das *Kevin Rudd* an der Spitze der links-orientierte Australian Labor Party. In der Opposition befindet sich zurzeit die konservative und rechts-orientierte Liberal Party. Mit im Rennen waren bei der letzten Wahl außerdem weitere 25 Parteien. Die stärksten darunter waren die National Party (der klassische Koalitionsparter der Liberal Party), Family First Party, Australian Democrats, Australian Greens (die Grünen) und die Independent Party (in dieser Reihenfolge) [118]. Politisch dominieren in Australien jedoch seit kurz nach der Staatengründung 1901 die Australian Labor Party und die Liberal Party.

Es gibt insgesamt **76 Senatoren,** je zwölf pro Bundesstaat und nur je zwei für das Northern Territory und das Australian Capital Territory. Die Amtszeit der Hälfte der bundesstaatlichen Senatoren läuft jeweils am 30. Juni nach drei Jahren ab, dann müssen je sechs in den einzelnen Bundesstaaten neu gewählt werden. Die Senatoren der beiden Territorien sind hingegen abhängig von den Amtszeit des Abgeordnetenhauses. Die nächste Senatswahl muss zwischen dem 1. Juli 2010 und dem 30. Juni 2011 stattfinden, falls sie gleichzeitig mit der Abgeordnetenwahl stattfinden soll, spätestens bis zum 16. April 2011 [119]. Dadurch, dass bei der Wahl des Senats das Verhältniswahlrecht *(Proportional Representation, Single Transferable Vote)* angewendet wird, können auch unabhängige Kandidaten oder solche kleinerer Parteien in den Senat gewählt werden. Die regierende Partei erreicht daher in der Regel keine Mehrheit im Senat, und die nicht-regierenden Senatoren können sich bewusst gegen eine Gesetzgebung der Regierungspartei stellen. Der Senat ist somit ein wichtiges Kontrollinstrument der jeweils amtierenden Regierung.

Man wird übrigens nicht nur bei den Wahlen zur Stimmabgabe verpflichtet, sondern auch bei den unregelmäßig abgehaltenen **Referenden,** in denen es darum geht, über vorgeschlagene Verfassungsänderungen zu entscheiden. Ein Vorschlag zur Verfassungsänderung kann nur dann angenommen werden, wenn eine doppelte Mehrheit erzielt wird, d.h. eine Mehrheit auf nationaler Ebene und sowie in der Hälfte aller Bundesstaaten. (Seit 1977 dürfen auch die Einwohner der australischen Territorien abstimmen, aber ihre Stimmen kommen nur in der nationalen Wertung zur Geltung, nicht jedoch in der Wertung der Bundesstaaten, da die Territorien zu keinem der Bundesstaaten gehören.) Eine solche doppelte Mehrheit ist nur schwer zu erzielen, daher sind seit Gründung des Australischen Bundes (Commonwealth of Australia) 1901 erst acht von 44 Vorschlägen zur Verfassungsänderung angenommen worden.

Neben den Referenden zu Fragen, die eine Verfassungsänderung zur Folge haben, gibt es jedoch auch noch einfache **Volksentscheide** auf nationaler oder bundesstaatlicher Ebene, die lediglich den Charakter einer Meinungsumfrage haben und deren Ergebnisse keine Veränderung der Gesetzeslage zur Folge haben müssen.

Links zum Staat Australien

- **www.aec.gov.au**
  Australian Electoral Commission, der australische Wahlausschuss mit umfassenden Informationen über das Wahlsystem in Australien
- **http://australianpolitics.com**
  Australian Politics, Informationen über die Politik in Australien und mit Links zu all seinen politischen Parteien
- **www.aph.gov.au**
  Parliament of Australia, alles über das australische föderale Parlament, das Abgeordnetenhaus, den Senat, die Verfassung etc.
- **www.australia.gov.au/Our_Government**
  Government in Australia, Erklärung der politischen Struktur Australiens zu Föderation, Australischen Bund, bundesstaatliche Regierungen, Territoriumsregierungen und Lokalregierungen
- **www.gg.gov.au**
  Governor-General of the Commonwealth of Australia, der australische Gouverneurgeneral
- **www.pm.gov.au**
  Prime Minister of Australia, der australische Premierminister
- **www.hcourt.gov.au**
  High Court of Australia, der Oberste Gerichtshof von Australien
- **www.law.gov.au**
  Australian Law Online, umfassende Informationen zur rechtlichen Gesetzeslage für alle Themenbereiche

Bekommt man als australischer Staatsangehöriger während eines Auslandsaufenthalts **Kinder,** haben diese nach dem derzeit geltenden Abstammungsrecht automatisch die australische Staatsbürgerschaft. Für im Ausland geborene Kinder von Haltern einer australischen Daueraufenthaltsgenehmigung ist das derzeit nicht der Fall (⇨„Längerfristige Eingliederung, Staatsbürgerschaft, Deutsche Staatsbürgerschaft" und „Staatsbürgerschaft der Kinder"). Außerdem sollte man bedenken, dass sich die australische Gesetzgebung in diesem Punkt seit der Gründung des modernen australischen Staates bereits fünf Mal geändert hat, wobei die Zusprechung der australischen Staatsbürgerschaft tendenziell erschwert wurde.

Im Gegensatz zu Deutschland kennt Australien seit der Labor-Regierung unter *Gough Whitlam* **keine Wehrpflicht** mehr. Man hatte entschieden, dass der Wehrdienst in Friedenszeiten eine zu große finanzielle Belastung für den Staatshaushalt darstellt. Seitdem gibt es nur noch eine reine Berufsarmee in Australien, und dies wird aller Voraussicht nach auch so bleiben. Somit ist ein Sohn in Australien nicht wehrpflichtig. Hat er jedoch noch die deutsche Staatsbürgerschaft und entschließt sich zu einem längerfristigen Aufenthalt in Deutschland, z.B. zu einem Studium, kann er theoretisch bis zu seinem 32. Lebensjahr einen Einberufungsbescheid zum Wehrdienst erhalten (⇨„Verlassen der Heimat, Der bürokratische Schlussstrich, Abmelden bei Behörden, Kreiswehrersatzamt").

Die **Teilnahme am Higher Education Contribution Scheme,** das sich seit 2005 „HECS-HELP" nennt, ist nicht zulässig für Halter einer Daueraufenthaltsgenehmigung aus nichthumanitären Gründen. Diese, aber auch Halter einer zeitlich befristeten Aufenthaltsgenehmigung und ausländische Studenten müssen die australischen **Studiengebühren** zu 100 % bezahlen. Als australischer Staatsbürger hat man hingegen die Möglichkeit, sich die Kosten für den Studienplatz durch den australischen Staat vorstrecken zu lassen. Außerdem gibt es auch Ermäßigungsmöglichkeiten bei sofortiger Begleichung (⇨„Traumland Australien, Gesellschaftliche Grundwerte, Investition Bildung" und „Neuanfang in Australien, Erwachsenenbildung, Weiterbildung"). Dies gilt auch für FEE-HELP, welches als Finanzierungshilfe für postgraduale Studiengänge gedacht ist (ehemals *Postgraduate Education Loan Scheme,* PELS). Mit dieser Neuregelung von HECS-HELP und FEE-HELP wurde ein neuer Anreiz für Halter einer Daueraufenthaltsgenehmigung geschaffen, australische Staatsbürger zu werden. Darüber hinaus soll diese Neuregelung auch verhindern, dass Halter einer Daueraufenthaltsgenehmigung einen staatlich unterstützten Studienplatz in Australien bekommen und nach Beendigung des Studiums dem Land einfach wieder (für immer) den Rücken kehren.

Seinen **deutschen Rentenanspruch** verliert man nicht durch die Annahme der australischen Staatsbürgerschaft, da dies durch das Sozialabkommen zwischen Deutschland und Australien von 2003 geregelt wurde (⇨„Verlassen der Heimat, Der bürokratische Schlussstrich, Sonstiges, Rentenanspruch" sowie „Neuanfang in Australien, Versicherungen, Rentenversicherung"). Wenn man die australische Staatsbürgerschaft angenommen und die deutsche aufgegeben hat sowie in seinem Berufsleben in Deutschland weniger als 60 Monate in die Rentenversicherung eingezahlt hat, kann man sich den selbst eingezahlten Anteil (ohne Arbeitgeberanteil) umgehend in voller Höhe erstatten lassen. Man muss dem Rententräger dazu lediglich die Staatsbürgerschaftserklärung zuschicken, und schon wird das Geld auf das australische Konto überwiesen. Hat man länger als 60 Monate in die Rentenversicherung in Deutschland eingezahlt, muss man warten, bis man das Rentenalter erreicht hat; auch dann wird der Arbeitgeberanteil nicht angerechnet. Da die Gesetzeslage sich jederzeit ändern kann, ist es durchaus sinnvoll, sich – wenn möglich – das bislang in die deutsche Rentenversicherung eingezahlte Geld auszahlen zu lassen und stattdessen in Australien in den *Super Fund* einzuzahlen. Auf diese Weise ist eher garantiert, dass man das Geld bei Erreichen des Rentenalters auch tatsächlich bekommt.

Man sollte sich immer wieder vor Augen führen, dass das australische Einwanderungsprogramm aus Sicht der Regierung eine **Investition ins Humankapital** darstellen soll. Wer dem australischen Staat zu unbequem oder einfach nur zu teuer ist, wird daher schon mal **nach Deutschland abgeschoben,** z.B. wenn man zu mehr als zwei Jahren Haft verurteilt wird. Wer jetzt denkt, dass er/sie ja schließlich nicht vorhat, straffällig zu werden, sollte sich klarmachen, wie schnell einem genau dies passieren kann. In New South Wales wurde z.B. ein junger Mann, der zu schnell fuhr und infolgedessen einen Unfall verursachte, bei dem seine Mitinsassen ums Leben kamen, zu acht Jahren Freiheitsstrafe verurteilt, davon wurden vier Jahre zur Bewährung ausgesetzt [120].

In der australischen Presse kann man auch immer wieder von Fällen lesen, in denen Halter einer Daueraufenthaltsgenehmigung interniert wurden, weil sie im Verdacht standen, sich **illegal im Land** aufzuhalten. Dies geschah z.B. der an Schizophrenie leidenden Deutschen *Cornelia Rau,* die 2004 zu Unrecht sechs Monate in einem Gefängnis in Queensland zubrachte – eine Geschichte, die auch in den deutschen Zeitungen Schlagzeilen machte [121]. Eine weitere Geschichte war u.a. die Deportation des amerikanischen **Friedensaktivisten** *Scott Parkin,* der nach einer Kampagne über Unternehmen, die vom Irak-Krieg profitierten, von der australischen ASIO als Sicherheitsrisiko eingestuft und infolgedessen in sein Heimatland abgeschoben wurde [122].

In **beruflicher Hinsicht** kann man als Halter einer Daueraufenthaltsgenehmigung auch durchaus gegenüber australischen Staatsbürgern benachteiligt werden. Australier haben oft einen großen Nationalstolz und vergeben daher – wenn möglich – bevorzugt Jobs an australische Staatsbürger. Zwar ist diese Form der Diskriminierung in Australien nicht rechtmäßig, aber sie ist dennoch Realität.

Die Vorteile, die man aus der Annahme der australischen Staatsbürgerschaft gewinnt, sind somit sehr vielseitig. Wenn man keine doppelte Staatsbürgerschaft durch eine Beibehaltungsgenehmigung erwirken kann (⇨„Längerfristige Eingliederung, Staatsbürgerschaft, Doppelte Staatsbürgerschaft"), ist es sicherlich oft sinnvoller, die deutsche Staatsbürgerschaft zugunsten der australischen aufzugeben (sofern man nicht vorhat, nach Deutschland zurückzukehren).

Deutsche Staatsbürgerschaft

Zunächst sollte man wissen, dass einem die deutsche Staatsbürgerschaft grundsätzlich erhalten bleibt, egal ob man einen Staatsbürger eines anderen Landes heiratet oder dauerhaft in ein anderes Land emigriert. **Erwirbt man jedoch eine andere Staatsbürgerschaft auf eigenen Antrag hin,** verliert man in der Regel die deutsche. Möchte man die deutsche Staatsbürgerschaft trotzdem behalten, muss man einen Beibehaltungsantrag stellen (⇨„Längerfristige Eingliederung, Staatsbürgerschaft, Doppelte Staatsbürgerschaft").

Ein **Kind deutscher Eltern** oder zumindest eines deutschen Elternteils erwirbt automatisch die deutsche Staatsbürgerschaft, weil in Deutschland das *Jus sanguinis* (Recht des Blutes; Abstammungsprinzip) herrscht - egal, in welchem Land das Kind geboren wurde. Ist nur der Vater deutscher Staatsangehöriger, aber nicht mit der nichtdeutschen Mutter verheiratet, muss er die Vaterschaft offiziell anerkennen, bevor das Kind das 23. Lebensjahr vollendet hat. Nur dann erwirbt das Kind die deutsche Staatsbürgerschaft nach dem Abstammungsprinzip. Oftmals erwirbt ein Kind mit Geburt zugleich die ausländische Staatsangehörigkeit des anderen Elternteils. Das Kind hat damit mehrere Staatsangehörigkeiten und kann diese auf Dauer behalten, ohne die deutsche Staatsangehörigkeit zu verlieren.

Nach dem neuen deutschen Staatsangehörigkeitsrecht sind seit dem Jahr 2000 **in Deutschland geborene Kinder von zwei ausländischen Elternteilen** nach dem Geburtsortsprinzip (*Jus soli,* Recht des Bodens) automatisch auch Deutsche, wenn die Eltern seit mindestens acht Jahren dauerhaft und rechtmäßig in Deutschland leben und seit mindestens drei Jahren eine unbefristete Aufenthaltsgenehmigung haben. Die Kinder dürfen beide Staatsangehörigkeiten bis zur Volljährigkeit beibehalten. Danach müssen sie sich bis zum 23. Lebensjahr für die deutsche oder die andere(n) Staatsbürgerschaft(en) entscheiden. Streben sie eine dauerhafte Mehrstaatigkeit an, müssen sie spätestens bis zum 21. Lebensjahr eine Beibehaltungsgenehmigung für die deutsche Staatsbürgerschaft beantragen[123].

Will man sich näher zum Deutschen Staatsangehörigkeitsrecht informieren, findet man alle relevanten Informationen auf der Website **www.einbuergerung.de.**

Doppelte Staatsbürgerschaft

Die australische Gesetzgebung erlaubt eine doppelte Staatsbürgerschaft. Die deutsche Gesetzgebung hingegen erlaubt dies nur, wenn man glaubhaft belegen kann, dass man eine **starke Bindung zu Deutschland** durch Verwandte und Immobilienbesitz dort hat. Außerdem muss man erhebliche Nachteile wirtschaftlicher, beruflicher oder vermögensrechtlicher Art vorbringen können, die man hätte, wenn man die australische Staatsbürgerschaft nicht annähme bzw. wenn man die deutsche Staatsbürgerschaft aufgrund der Annahme der australischen verlöre.

Strebt man die doppelte Staatsbürgerschaft an, muss man zunächst eine **Beibehaltungsgenehmigung** für die deutsche Staatsbürgerschaft bei der Deutschen Botschaft in Canberra oder einem der beiden deutschen Generalkonsulate in Sydney und Melbourne beantragen. Zu den Unterlagen, die man hierbei vorlegen muss, gehören:

- Antragsformular von der Botschaft oder formlose **Erklärung der Gründe** (auf Deutsch) für den Antrag unter Angabe der Personalien inklusive Telefonnummer, E-Mail-Anschrift und/oder Faxnummer
- **Geburtsurkunde**
- Gegebenenfalls **Heirats- bzw. Scheidungsurkunde**
- **Deutscher Reisepass**

- **Australische Daueraufenthaltsgenehmigung**
- **Certificate of Evidence of Resident Status,** welches man von der DIMIA ausstellen lassen kann (ca. 120 $)
- Angaben über eventuelle **weitere Staatsangehörigkeiten**
- Angaben zu den deutschen **Sprachkenntnissen,** z.B. in Form eines Lebenslaufes, aus dem ersichtlich ist, dass man seine gesamte Schulausbildung und/oder weitere Ausbildungen in Deutschland genossen hat
- Nachweis für **Beziehungen zu nahen Verwandten in Deutschland** (Name und Anschrift der Verwandten, Art und Umfang der Kontakte)
- Nachweis für **berufliche, geschäftliche und sonstige Beziehungen zu Deutschland**
- Angaben zu **Immobilienbesitz** in Deutschland mit Grundbuchauszug oder letztem Grundsteuerbescheid als Nachweis
- Darlegung der konkreten **Nachteile,** die durch den Erwerb der australischen Staatsangehörigkeit beseitigt werden könnten bzw. die der Verlust der deutschen Staatsangehörigkeit mit sich bringen würde, z.B. in der Ausbildung oder im Beruf, bei der Vergabe von Studienunterstützung oder sonstigen Fördergeldern, bei geschäftlichen Beziehungen, bei Erwerb/Verkauf von Immobilien, in Erbangelegenheiten etc.
- **Einkommensnachweis** mit Angaben darüber, wie man seinen Lebensunterhalt verdient
- **Lebenslauf**

Stellt man den Antrag **als Ehepaar oder Familie,** muss jede Person über 18 Jahren einen eigenen Antrag stellen; ein Elternteil kann die minderjährigen Kinder mit auf seinen Antrag nehmen. Man kann die Anträge jedoch zusammen einreichen. Man bekommt dann nur eine Referenznummer, und es wird über alle Personen gleichzeitig entschieden. Den Antrag gemeinsam zu stellen, hat auch den Vorteil, dass nicht beide Erwachsenen ihn en détail begründen müssen; man kann sich auf die Begründung des Partners berufen und ansonsten nur einige Aussagen aus persönlicher Sicht ergänzen bezüglich der eigenen Bindungen zu Deutschland.

Der Antrag sollte **in zweifacher Ausführung** persönlich bei der zuständigen diplomatischen Vertretung vorgelegt werden. Das Antragsformular kann man z.B. von der Website der Deutschen Botschaft in Canberra herunterladen (www.canberra.diplo.de, Stichwort „Informationen für deutsche Staatsangehörige & Konsularservice“, „Staatsangehörigkeit“, „Erwerb und Verlust der deutschen Staatsangehörigkeit“). Ebenfalls vorgelegt werden müssen die Originale aller Unterlagen mit jeweils zwei Kopien. Beglaubigungen und Übersetzungen sind nicht notwendig, sofern es sich um deutsche und/oder englischsprachige Unterlagen handelt. Die Originale kann man nach Begutachtung durch den Bearbeiter gleich wieder mit nach Hause nehmen. Die **Gebühr** für einen Beibehaltungsantrag beträgt derzeit 255 € (für minderjährige Kinder 51 €). Im Falle einer Ablehnung muss man nur 191 € zahlen (75 % des kompletten Betrages).

Welche Auslandsvertretung zuständig ist, hängt vom Wohnsitz in Australien ab: Bürger des Australian Capital Territory oder Northern Territory wenden sich an die Botschaft in Canberra, Bürger von New South Wales oder Queensland an das Generalkonsulat in Sydney, Bürger von Victoria, Tasmania, Western Australia und South Australia an das Generalkonsulat in Melbourne.

Entschieden wird über den Antrag beim Bundesverwaltungsamt in Köln, nicht bei der deutschen diplomatischen Vertretung in Australien. Die Anträge werden in der Reihenfolge ihres Eingangs bearbeitet. Die Bearbeitungsdauer kann bis zu einem Jahr betragen. Ist der Antrag besonders dringend, muss man entsprechende Nachweise hierfür erbringen. Auf der Internetseite des BVA kann man all dies nachlesen (www.bva.bund.de unter „Aufgaben", „Deutsche Staatsangehörigkeit", „Beibehaltung der deutschen Staatsangehörigkeit").

Wirkliche **Regeln,** auf die man sich berufen könnte, gibt es nicht für die Annahme oder Ablehnung des Antrags auf eine Beibehaltungsgenehmigung. Man muss einfach versuchen, gut zu argumentieren. Nachteile, die alle deutschen Staatsbürger mit Daueraufenthaltsgenehmigung in Australien erfahren, wie z.B. dass man kein Wahlrecht hat, werden nicht als Grund akzeptiert. Es müssen Gründe sein, die den Antragsteller persönlich betreffen und außerdem schwerwiegend sind.

Tipps, wie man seinen Antrag auf Beibehaltungsgenehmigung am besten formuliert, findet man bei der **Yahoo-Gruppe** zum Thema „Mehrstaatigkeit für Deutsche" (http://groups.yahoo.com/group/zweipaesse). Hier tauschen sich all diejenigen aus, die es geschafft haben, abgelehnt wurden oder gerade dabei sind, den Antrag zu stellen. Leider sind die Beiträge nicht nach Ländern geordnet, in denen der Antrag gestellt wurde, und die Mehrzahl der Teilnehmer sind Antragsteller in den USA.

Erst wenn man die **Beibehaltungsgenehmigung** bekommen hat, kann man einen Antrag auf Einbürgerung in Australien stellen. Würde man erst die australische Staatsbürgerschaft annehmen und dann die Beibehaltungsgenehmigung stellen, würde automatisch die deutsche Staatsbürgerschaft aberkannt.

Man bekommt eine **Urkunde** zur Bescheinigung der Beibehaltungsgenehmigung. Diese ist zwei Jahre lang gültig. Innerhalb dieser Frist muss man die australische Staatsbürgerschaft beantragen und erhalten. Wird die australische Staatsangehörigkeit erst danach erworben, geht die deutsche automatisch verloren.

Die **Beibehaltungsurkunde** sollte man auch über den Gültigkeitszeitraum hinaus aufbewahren. Dies ist unter Umständen in Zukunft auch einmal für Kinder oder Enkel von Bedeutung, die die deutsche Staatsangehörigkeit von Ihnen ableiten möchten. Staaten, ihre politische Situation und Gesetzgebungen ändern sich im Laufe der Geschichte immer mal wieder, man denke z.B. nur an die sogenannten Russlanddeutschen, die aufgrund ihrer deutschen Abstammung aus der Sowjetunion nach Deutschland kommen konnten.

Einbürgerung als Australier

Hat man eine Beibehaltungsgenehmigung vom deutschen Bundesverwaltungsgericht bekommen, oder hat man sich trotz drohenden Verlustes der deutschen Staatsbürgerschaft zur Annahme der australischen entschlossen, muss man zunächst den am 12. September 2007 eingeführten **Citizenship Test** (Staatsbürgerschaftstest) bestehen. Die drei Grundbedingungen zur Teilnahme sind:

- Status als Person mit **Daueraufenthaltsgenehmigung**
- Vorlage seines **Reisepasses** beim Test (zur Identifizierung)
- Es muss vor Ort ein **Passfoto** gemacht werden oder man muss eines mitbringen

Die **Teilnahme** am Test muss man telefonisch unter Tel. 131 800 vereinbaren. Der Test wird regelmäßig in unterschiedlichen Behörden wie u.a. Centrelink oder Medicare abgehalten. Das nächstgelegene Testzentrum findet man mithilfe von www.citizenship.gov.au/test/find.htm. Die Teilnahme am Test ist kostenlos. Zur Vorbereitung sollte man das kostenlose Buch **„Becoming an Australian Citizen“** lesen und auswändig lernen (gibt es auch auf Deutsch!). Darin werden die australischen Werte, Geschichte, Kultur, Geografie, nationale Symbole und Wappen, das parlamentarische Regierungssystem sowie die Pflichten und Privilegien eines australischen Staatsbürgers erläutert. Zu diesen Inhalten wird man im Test befragt.

Seit August 2008 gibt es zunächst versuchsweise auch das *Citizenship Support Grants Program (CSGP)* für solche, die Hilfe bei der Vorbereitung auf den Staatsbürgerschaftstest benötigen (⇨www.immi.gov.au Stichwort „Citizenship Support Grants“), worauf hier nicht weiter eingegangen wird, weil deutsche Einwanderer diese Hilfe in der Regel nicht benötigen.

Der Test selbst besteht aus **20 Multiple-Choice-Fragen** in englischer Sprache, die man am Computer binnen 45 Minuten beantworten muss. Man bekommt das Ergebnis sofort nach Beendigung des Tests mitgeteilt. Sofern man nicht bestanden hat, wird auch mitgeteilt, über welche Bereiche man sich besser infomieren sollte. Man kann den Test so oft wiederholen wie nötig, um ihn zu bestehen.

Wenn man den Test bestanden hat, kann man den eigentlichen Antrag auf Annahme der australischen Staatsbürgerschaft stellen. Dazu muss man weitere Grundbedingungen in folgenden Bereichen erfüllen:

- **Aufenthaltsort**
- **Polizeiliches Führungszeugnis** (⇨„Der Visumantrag, Erfordernisse und Dokumente, Persönliche Überprüfung, Polizeiliches Führungszeugnis“)

Bezüglich des **Aufenthaltsortes** muss man mindestens seit vier Jahren legal in Australien leben, davon mindestens zwölf Monate als Halter einer Daueraufenthaltsgenehmigung. Man darf in diesen vier Jahren nicht länger als 12 Monate und nicht mehr als 3 Monate in den letzten 12 Monaten vor An-

050aa Foto: sm

051aa Foto: sm

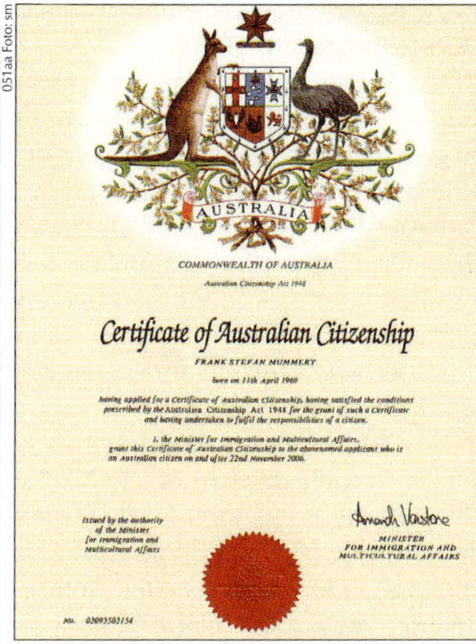

AUSTRALIA

COMMONWEALTH OF AUSTRALIA

Australian Citizenship Act 1948

Certificate of Australian Citizenship

FRANK STEFAN MUMMERT

born on 11th April 1969

having applied for a Certificate of Australian Citizenship, having satisfied the conditions prescribed by the Australian Citizenship Act 1948 for the grant of such a Certificate and having undertaken to fulfil the responsibilities of a citizen.

I, the Minister for Immigration and Multicultural Affairs, grant this Certificate of Australian Citizenship to the abovenamed applicant who is an Australian citizen on and after 22nd November 2006.

Issued by the authority of the Minister for Immigration and Multicultural Affairs

MINISTER FOR IMMIGRATION AND MULTICULTURAL AFFAIRS

No. 02093502154

tragsstellung im Ausland gewesen sein. Diese Regelung gilt für Personen, die am oder nach dem 1. Juli 2007 die Daueraufenthaltsgenehmigung erhielten. Für Antragsteller, die vor dem 1. Juli 2007 die Daueraufenthaltsgenehmigung erhielten und den Antrag vor dem 30. Juni 2010 stellen, gilt die alte Regelung, dass sie mindestens zwei von den letzten fünf Jahren als Halter einer Daueraufenthaltsgenehmigung in Australien gewohnt haben müssen und davon mindestens zwölf Monate in den zwei Jahren vor Antragstellung. Von dieser Regel gibt es nur wenige Ausnahmen, die für deutsche Migranten aber in der Regel nicht weiter relevant sind.

Wie auch schon beim Visumantrag, muss man für alle Länder, in denen man seit Erhalt der Daueraufenthaltsgenehmigung für mindestens ein Jahr gelebt hat, ein **polizeiliches Führungszeugnis** erbringen. Wie und wo man dieses z.B. für Deutschland und Australien beantragt, ist im Kapitel „Der Visumantrag, Erfordernisse und Dokumente, Persönliche Überprüfung, Polizeiliches Führungszeugnis" beschrieben. Darüber hinaus muss man beim Antrag auf Einbürgerung

Der in diesem Buch porträtierte Stefan Mummert als frisch gebackener Australier bei seiner Einbürgerungszeremonie, rechts sein Certificate of Australian Citizenship auch alle vergangenen strafrechtlichen Verurteilungen aufführen.

Den **Antrag auf Einbürgerung** kann man online auf der Website www.immi.gov.au/e_visa/citizenship-general.htm stellen. Alternativ kann man ihn auch per Post oder persönlich einreichen. Die notwendigen Formulare und Informationen bekommt man bei der nächsten DIAC-Behörde, man kann sie unter www.citizenship.gov.au herunterladen.

Die **Gebühr** für den Einbürgerungsantrag beträgt derzeit 240 $. Kinder unter 16 Jahren können kostenlos auf den Antrag des Hauptantragstellers miteingetragen werden. Bei Antragstellung muss man einen Nachweis über die gezahlte Gebühr erbringen.

Für online gestellte Anträge muss man außerdem ein Formular ausfüllen, bei dem eine dritte Person die Identität des Antragsstellers bestätigen muss.

Wird der Antrag auf Einbürgerung genehmigt, wird man seit 1999 binnen drei Monaten nach Erhalt der Genehmigung zu einer **Staatsbürgerschaftszeremonie** eingeladen. Der Termin dafür liegt dann in der Regel etwa drei Wochen später. Die *Citizenship Ceremony* findet normalerweise im Stadthaus oder in einer anderen Behörde statt. Man kann Freunde und Verwandte zur Zeremonie einladen. Ganz besondere Affirmationszeremonien werden am Citizenship Day (17. September) sowie am Australia Day (26. Januar) – einem der bedeutendsten australischen Feiertage – abgehalten.

Der Ablauf ist in der Regel wie folgt: Man wird zunächst offiziell begrüßt, dann hält ein besonderer Gast eine Rede, und im Anschluss daran müssen die Anwärter auf die australische Staatsbürgerschaft das Staatsangehörigkeitsgelöbnis *(Australian Citizenship Pledge),* ablegen (⇨ Kasten).

Als Nächstes bekommen die neuen Staatsbürger ein **Zertifikat,** das die Einbürgerung bestätigt. Darüber hinaus erhält man in der Regel noch ein kleines Geschenk und eine Karte mit den Worten des Staatsangehörigkeitsgelöbnisses als Andenken. Zum Abschluss sprechen die anwesenden australischen Staatsbürger gemeinsam die Staatsangehörigkeitsaffirmation „As an Australian citizen, I affirm my loyalty to Australia and its people, whose democratic beliefs I share, whose rights and liberties I respect, and whose laws I uphold and obey", und die Nationalhymne „Advance Australia Fair" wird gesungen.

Als Letztes wird man von einem Mitarbeiter des australischen Wahlausschusses gebeten, die Angaben auf dem Formular „Enrolment for Electoral Roll" zu überprüfen, mit denen man **im Wählerverzeichnis eingetragen** wird, damit man künftig an den Wahlen teilnehmen kann (und muss). Man muss das Formular vor Zeugen unterzeichnen und an den Mitarbeiter des australischen Wahlausschusses überreichen oder per Post an den Wahlausschuss AEC (Australian Electoral Commission) schicken.

Nun hat man das Recht, einen **australischen Reisepass** zu beantragen.

Das Formular dazu bekommt man z.B. auf der Internetseite www.passports.gov.au unter dem Stichwort „New Passport“ für Erwachsene und „Child Passport“ für Kinder. Das unterschriebene Antragsformular muss man zusammen mit zwei Passfotos (in Farbe) und den weiteren geforderten Unterlagen bei der nächsten Poststelle abgeben. Die Bearbeitungsdauer beträgt ca. vier Wochen.

Staatsbürgerschaft der Kinder

Wenn man mit Kindern von Deutschland nach Australien auswandert, gelten im Grunde die gleichen Bedingungen für sie in Bezug auf den Wechsel einer Staatsbürgerschaft wie für die Eltern (⇨„Längerfristige Eingliederung, Staatsbürgerschaft, Einbürgerung als Australier“). Wenn man jedoch erst nach seiner Auswanderung in Australien Kinder bekommt, ist die Rechtslage ein wenig anders.

Wenn **beide Eltern deutsche Staatsbürger** sind, hat ein nach dem Jahr 2000 in Australien geborenes Kind nur dann das Anrecht auf die deutsche Staatsbürgerschaft, wenn die Eltern die **Geburt des Kindes** innerhalb eines Jahres bei der Deutschen Botschaft in Canberra oder einem der deutschen Generalkonsulate in Australien bekanntgeben.

Wenn die Eltern des Kindes darüber hinaus nicht verheiratet sind und nur der Vater deutscher Staatsangehöriger ist, kann das Kind die deutsche Staatsbürgerschaft nur dann erwerben, wenn der Vater seine Vaterschaft bei der Deutschen Botschaft in Canberra oder einem der deutschen Generalkonsulate in Australien nach dem deutschen Recht anerkennt.

Wenn die Eltern die Geburt des Kindes nicht bei der deutschen diplomatischen Vertretung registrieren lassen, wird das Kind an seinem zehnten Geburtstag automatisch australischer Staatsbürger, sofern es üblicherweise in Australien wohnhaft ist.

Ist **mindestens ein Elternteil Australier,** sprich australischer Staatsbürger oder Halter einer Daueraufenthaltsgenehmigung in Australien, bekommt jedes dort geborene Kind automatisch die australische Staatsbürgerschaft.

Das Australische Staatsangehörigkeitsgelöbnis

„From this time forward, under God*, I pledge my loyalty to Australia and its people, whose democratic beliefs I share, whose rights and liberties I respect, and whose laws I will uphold and obey.“ [124]

Übersetzung: „Von nun an gelobe ich vor Gott* meine Loyalität zu Australien und seiner Bevölkerung, deren demokratische Überzeugung ich teile, deren Rechte und Freiheiten ich respektiere und deren Gesetze ich aufrechterhalten und befolgen werde.“

* Der Zusatz „vor Gott“ ist optional. Neue Staatsbürger können das australische Staatsangehörigkeitsgelöbnis entweder als Eid mit den Worten „under God“ oder als eidesstattliche Versicherung ohne diesen Zusatz ablegen.

Brennpunkte

In diesem Kapitel sollen nur kurz die Möglichkeiten aufgezeigt werden, wohin man sich wenden kann, wenn man in Australien z.B. Probleme finanzieller, gesundheitlicher oder rechtlicher Art bekommt. Resultieren die Probleme vor allem aus dem Status als Migrant, ist ein **Migrant Resource Centres** eine gute Anlaufstelle (⇨„Neuanfang in Australien, Praktisches fürs Erste, Migrant Resource Centre").

Ansonsten ist **Centrelink** in fast allen Fällen die erste und beste Anlaufstelle bei Problemen, sei es ein Trauerfall, Gewalt in der Partnerschaft (dies kann insbesondere für Migranten wichtig sein, die mit einem *Partner Migration Visa* nach Australien eingereist sind und von dem Partner in Bezug auf das Visum abhängig sind) oder finanzielle Schwierigkeiten. Für einen umfassenden Einblick in die Leistungen von Centrelink kann man sich am besten die Broschüre „Recently Moved to Australia? – A Guide to Your Options and Our Services" dort besorgen oder von der Website als PDF herunterladen (www.centrelink.gov.au).

Bei schwerwiegenden Problemen rechtlicher Art sollte man sich jedoch **Rechtsbeistand** holen.

Im Falle von Problemen bietet es sich auch an, mal wieder das aktuelle Booklet „Beginning a Life" zu dem Bundesstaat bzw. Territorium, in dem man lebt, von www.immi.gov.au („Citizenship & Living in Australia", „Settle in Australia", „Beginning a Life") herunterzuladen. Darin findet man eine Vielzahl von Adressen und Telefonnummern, bei denen man im Bedarfsfall Hilfe anfordern kann. Darüber hinaus findet man beim Regierungsportal www.familyassist.gov.au endlos viele weitere Links zu den unterschiedlichsten Themen (z.B. Beginn einer Beziehung, Familiengründung, Kinder und Elternschaft, Familienbeziehungen, Schulbeginn, Jugend, Erwachsenwerden, Bildung, Verlassen der Schule, Arbeitssuche, Arbeit, Krisenhilfe, Gesundheit, Behinderung, Sozialleistungen, Geld und Finanzen, Rechtsfragen, Scheidung, Pensionierung, Trauer).

Centrelink ist eine gute Anlaufstelle bei einer Vielzahl von Problemen

Sozialleistungen

Es würde den Rahmen dieses Buches sprengen, alle Sozialleistungen von Centrelink einzeln vorzustellen, aber ich möchte hier zumindest einen kleinen Überblick verschaffen, welche Leistungen es in Australien im Bedarfsfall gibt. Für viele Leistungen gilt dabei, dass man seit mindestens zwei Jahren (104 Wochen) als Halter einer Daueraufenthaltsgenehmigung in Australien wohnhaft sein muss. Darüber hinaus ist es auch fast immer Grundvoraussetzung, dass man eine gewisse Einkommensgrenze unterschreitet und somit auf die Hilfe des Staates angewiesen ist. Die wichtigsten Centrelink-Leistungen auf einen Blick (in alphabetischer Reihenfolge):

- **Age Pension,** Altersrente (⇨„Neuanfang in Australien, Versicherungen, Rentenversicherung“)
- **Austudy,** Studiengeld für Vollzeitstudenten ab 25 Jahre
- **Bereavement Allowance,** Hinterbliebenenhilfe für Lebensgefährten eines Verstorbenen nach dessen Tod für maximal 14 Wochen, wenn dieser keine Kinder hat und selbst auch noch keine australische Rente erhält
- **Carer Allowance,** Pflegegeld für Versorger eines behinderten oder schwer kranken Kindes unter 16 Jahren
- **Carer Payment,** Pflegegeld für Lebensgefährten von australischen Empfängern einer Behinderten- oder Altersrente für australische

052aa Foto: at

053aa Foto: eg

Mit Leib und Seele deutsche Aussies

Volker und Kirsten Stoldt, geb. 1963 und 1964, leben heute mit ihren drei Kindern *Julien, Merlee* und *Jonas* auf ihrer eigenen Farm im Nordwesten des australischen Kontinents.

1984 besuchte *Volker* (wegen seines rötlichen Haares von den Australiern nur „Bluey" genannt, eine dort gängige Bezeichnung für Rothaarige) zum ersten Mal Australien, um Freunde im nordwestaustralischen Ort Kununurra zu besuchen. Er war sofort begeistert, und das, obwohl er mit seiner hellen Hautfarbe nicht allzu gut gegen die brennende australische Sonne geschützt war.

Doch das **„Australien-Virus"** hatte ihn gepackt. 1985 reiste er wieder dorthin, um zusammen mit einem australischen Freund auf dem Motorrad durch das Land zu fahren. Kaum zurückgekehrt nach Deutschland, zog es den abenteuerlustigen *Volker* erneut in die Ferne, diesmal, um die USA auszukundschaften.

Im Oktober 1988 wurde *Volkers* und *Kirstens* Sohn *Julien* in Deutschland geboren, und eigentlich sollte *Volker* die Baumschule seines Vaters übernehmen. Doch er **träumte von einem Leben in Kununurra,** wo es ihm so gut gefallen hatte. Schließlich überzeugte er *Kirsten,* gemeinsam eine Reise nach Australien anzutreten. Das Ziel: Entweder wollte er sich ein für alle Mal die Idee einer Farm aus dem Kopf schlagen oder aber auch *Kirsten* für die Idee der Auswanderung begeistern.

Die scheinbar endlose Fahrt von Darwin nach Kununurra, und das in der Trockensaison mitten im August mit ihrem neun Monate alten Sohn, empfand *Kirsten* dann jedoch erst einmal als Schock. Ob das eine so gute Idee war, mit dem Kind durch diese staubige Hitze in eine gottverlassene Gegend zu reisen? Ihr kamen **erste Zweifel.** Einmal in Kununurra angekommen, konnte *Kirsten* jedoch schnell die Begeisterung von *Bluey* teilen, und so stand bald fest, dass sie zumindest versuchen würden, nach Australien auszuwandern.

Sie beantragten ein *Skilled – Independent Visa,* und im April 1991 war es dann tatsächlich so weit. Sie durften ihre Koffer packen. **Der erste Gedanke** war: „Und wie machen wir das jetzt?" Einen richtigen Plan hatten sie nicht, und sie hatten sich auch nicht eingehend informiert, wie sie ihr neues Leben jetzt organisieren konnten. Fest stand nur, dass sie fest entschlossen waren, und sie hofften, dass alles schon irgendwie klappen würde.

Sie hatten Glück: Im August 1991 war der Umzug schon überstanden. *Bluey* arbeitete auf einer Melonenfarm, und *Kirsten* packte auf einer anderen Farm Bananen in Kisten. In der Region lebten bereits **viele andere deutsche Migranten.** Von denen bekamen sie die ersten hilfreichen Tipps, wie man alles zu organisieren hatte, sei es ein Haus zu mieten, eine Krankenversicherung abzuschließen oder all die anderen tausend Details, um die man sich in der neuen Wahlheimat kümmern musste. Mithilfe der „Alteingesessenen" ging somit alles recht einfach von der Hand.

Auch die neue **Arbeit** war zumindest für *Volker* nichts Ungewohntes. Schließlich war er schon immer in der Baumschule seines Vaters tätig gewesen und war somit als „Landwirt" aufgewachsen. Für *Kirsten* sah es jedoch ein bisschen anders aus: Sie hatte bislang als Rechtsanwalts- und Notariatsgehilfin gearbeitet und war jeden Tag mit Make-up und perfekt lackierten Fingernägeln im Büro erschienen. Diesen Look hatte sie natürlich in Nullkommanichts beim Bananenpacken im tropischen Klima abgelegt. Heute kann sie sich gar nicht mehr vorstellen, die bequeme T-Shirt-und-Jeans-Kluft jemals wieder gegen das hochgestylte Outfit ihrer Berufsjahre in Deutschland einzutauschen.

Trotzdem dauerte es für *Kirsten* ein wenig länger, **sich richtig einzugewöhnen.** Einer der Gründe lag auch darin, dass ihr Schulenglisch sehr eingerostet war. Somit war es für sie schwieriger, neue Kontakte zu finden. *Bluey* hingegen war ja nun schon zum dritten Mal in Kununurra und hatte im Laufe seiner Besuche schon einige Freunde gefunden.

1992 beschlossen sie, es sei an der Zeit, sich mit einer eigenen Farm **selbstständig zu machen.** Sie pachteten 29 Hektar Land, mieteten Traktoren und anderes Equipment von einem anderen Farmer in der Region. 1994 kam die Tochter *Merlee* zur Welt, 1995 gefolgt von einem zweiten Sohn, *Jonas.* Mittlerweile gehören ihnen einige Grundstücke, und andere haben sie gepachtet. Sie unterhalten auch ihre eigenen Kühlräume und Verpackungseinrichtungen. Melonen sind ihre Haupterntefrucht, aber sie haben auch einige Zitronen und Mangobäume angepflanzt, die sie in Zukunft auch ernten können. Auf diese Weise haben sie *Blueys* Outback Farm wirklich **aus dem Nichts aus den Boden gestampft.**

Seit 2004 bauen sie ihre Melonen biologisch-dynamisch (nach den Prinzipien von *Rudolf Steiner*) an. Sie begannen damit, als sie zwei Jahre hintereinander schlechte Ernten einfuhren. Der Boden zeigte Auslaugungserscheinungen, und es war an der Zeit, darüber nachzudenken, wie man ihn regenerieren konnte. Schließlich wollen sie auch in Zukunft vom Landbau leben können. 2006 zeigten sich die ersten Erfolge der neuen Anbaumethode, und sie hatten eine sehr ertragreiche Ernte mit wohlschmeckenden, großen Melonen. Das macht Mut für die Zukunft.

Heute, gut 15 Jahre nach ihrer Auswanderung, würden sie **an keinem anderen Ort der Welt leben wollen.** Die einstige doppelte Staatsbürgerschaft haben sie aufgegeben, weil die deutschen Behörden ihnen so viele Steine in den Weg legten, dass es ihnen die Mühe einfach nicht wert war. Zumal sie allesamt überzeugte und begeisterte Australier sind, die nicht daran denken, jemals wieder zurück nach Deutschland zu gehen. Ihre Kinder lieben das Landleben, wo sie einfach mit dem Quad-Motorrad in der Gegend herumdüsen können, mit Freunden draußen spielen, in den Ferien oder am Wochenende auf dem Fluss oder dem See Wasserski oder Bodyboard fahren, in der Region campen gehen und vieles mehr.

Ein kleines Stück Deutschland erhalten sie sich jedoch auch in ihrem australischen Zuhause. Dort wird miteinander nur Deutsch gesprochen, und so wachsen auch die Kinder zweisprachig heran. Das hilft ungemein, wenn alle paar Jahre die Familie in Deutschland besucht wird. An diese Besuche haben sie nun schon zweimal einen Winterurlaub in Norwegen „angehängt", wo die Kinder dann einen Heidenspaß im Schnee haben. Es bietet die größte Abwechslung für alle: Statt tropisch schwüler Hitze eisige Kälte, Ski- und Schlittenfahren, Schneeballschlachten etc. Doch wenn das Flugzeug wieder in Darwin landet und sie in Kununurra wieder unbeschwert barfuß herumlaufen können und zum Abkühlen in den Pool auf der Terasse springen, sind alle heilfroh, wieder daheim zu sein: in Australien.

Einwohner, die vollzeitlich eine pflegebedürftige Person zu Hause betreuen

- **Disability Support Pension,** Erwerbsunfähigkeitsrente, wenn man durch eine Verletzung, Behinderung oder Krankheit zwei Jahre nicht in der Lage ist, mindestens acht Wochenstunden zu arbeiten (sofern man mindestens fünf von zehn Jahren ununterbrochen in Australien gelebt hat)
- **Double Orphan Pension,** Rente für die Erziehungsperson eines Vollwaisen. Ab dem 16. Lebensjahr des Vollwaisen wird die Zahlung von den Kosten der Vollzeitausbildung des Waisen abhängig gemacht, ist aber maximal bis zur Vollendung des 22. Lebensjahres möglich
- **Health Care Card,** für Geringverdiener und Personen, die andere Centrelink-Leistungen erhalten. Ergänzung der Gesundheitsversorgung durch Medicare; mit der Health Care Card sind auch Zahnbehandlungen, Medikamente und Krankentransporte abgedeckt
- **Jobs, Education and Training Child Care Fee Assistance (JETCCFA),** für die Betreuung von Kindern, deren Eltern sich um eine Rückkehr in das Arbeitsleben nach Arbeitslosigkeit bemühen
- **Mature Age Allowance,** für über 60-Jährige, die jedoch noch nicht das Rentenalter erreicht haben und die bereits *Newstart Allowance* bekommen
- **Mobility Allowance,** für körperlich behinderte Menschen über 16 Jahren, die durch ihre Behinderung keine öffentlichen Verkehrsmittel nutzen können, aber mindestens 32 Stunden pro Woche arbeiten oder ausgebildet werden
- **Newstart Allowance,** Unterstützung für arbeitslose Arbeitsuchende ab 21 Jahren
- **Parenting Payment,** Erziehungsgeld für Kinder unter sechs bzw. acht Jahren für Eltern, die Teilzeit arbeiten oder studieren
- **Parenting Payment Single,** Erziehungsgeld für Alleinstehende, die Kinder unter 16 Jahren haben
- **Partner Allowance,** für Personen, die vor dem 1. Juli 1955 geboren wurden und die Lebensgefährte einer Person sind, die bereits eine Rente o.Ä. von Centrelink erhält
- **Pension Bonus Scheme,** für Personen, die ihren Rentenanspruch erst später in Anspruch nehmen (⇨„Neuanfang in Australien, Versicherungen, Rentenversicherung“)
- **Rent Assistance,** für Personen, die privat zur Miete wohnen und mehr als den Basissatz an *Familiy Tax Benefit A* erhalten
- **Sickness Allowance,** Krankengeld für Personen (über 21, aber unter 65 Jahre alt), die krankheitsbedingt zeitweise nicht arbeiten oder studieren können und ein Attest eines Arztes vorweisen können
- **Special Benefit,** Sozialhilfe in Notlagen für Personen, die ohne eigenes Verschulden in eine finanzielle Notlage gekommen sind, z.B. durch eine Naturkatastrophe, Schwangerschaft, Inhaftierung der Person, die das Einkommen verdiente etc.
- **Widow Allowance,** Witwenrente für Frauen über 40 Jahren (auch bei Scheidung oder Trennung), die im vergangenen Jahr nicht mehr als 20 Stunden wöchentlich gearbeitet haben
- **Youth Allowance,** Bildungszuschüsse für ein Praktikum oder eine Arbeitsstelle für Jugendliche ab 16 Jahren bzw. Zuschüsse für ein Studium für ab 25-Jährige

Im Kapitel „Neuanfang in Australien, Kinder, Kindergeld“ wurden darüber hinaus Sozialleistungen vorgestellt, auf die man als Halter einer Daueraufenthaltsgenehmigung mit Kindern ein Anrecht haben kann, und zwar ohne die Wartefrist von zwei Jahren.

Möchte man sich noch genauer über die einzelnen Sozialleistungen erkundigen, sollte man die **Broschüre** „A Guide to Australian Government Payments“ durchlesen, die von Centrelink herausgegeben wird (auch online als PDF-Dokument auf www.centrelink.gov.au unter dem Stichwort „Publications“ herunterladbar). Darin sind auch Rechenbeispiele enthalten.

Rechtshilfe

Centrelink hilft auch bei rechtlichen Problemen aller Art und vermittelt die richtigen Ansprechpartner. Weitere Anlaufadressen für typische Rechtsprobleme sind die staatlich finanzierten Legal-Aid-Stellen, deren Adressen in den einzelnen Bundesstaaten bzw. Territorien man u.a. hier findet:

- **ACT:** www.legalaid.canberra.net.au
- **NSW:** www.legalaid.nsw.gov.au
- **NT:** www.nt.gov.au/ntlac
- **QLD:** www.legalaid.qld.gov.au
- **SA:** http://lsc.sa.gov.au
- **TAS:** www.legalaid.tas.gov.au
- **VIC:** www.legalaid.vic.gov.au
- **WA:** www.legalaid.wa.gov.au

Wenn es jedoch ganz gezielt um Fragen bezüglich Rentenansprüchen, Erbschaften, Verkauf von Immobilien etc. in Deutschland oder anderen europäischen Staaten geht, kann man sich in Australien an Migrant Service Publication (PO Box 460, Joondalup WA 6919, Tel. (08) 9842 8655, Fax (08) 9842 8762, www.migrantservice.com.au wenden. Sie bieten zunächst eine kostenlose Beratung, darüber hinaus aber auch kostenpflichtigen Rechtsbeistand (auch in Deutschland) an, wenn man dies wünscht. Das ist z.B. hilfreich, wenn der deutsche Ehepartner verstorben ist und man ein Anrecht auf dessen deutsche Altersrente hat, aber die notwendigen Nachweise nicht vorlegen kann. Migrant Service Publication lässt dann für den Antragsteller die entsprechenden Archive in Deutschland durchsuchen.

Ehe- und Beziehungsprobleme

Jede Beziehung ist natürlich anders, und doch gibt es gewisse „vorprogrammierte" Reibungspunkte, die (fast) alle deutsch-australischen Lebensgemeinschaften unterschiedlich stark erfahren.

Eine allgemein als „erfrischend" empfundene Eigenart vieler Australier ist ihre **lockere, unverkrampfte Lebenseinstellung.** Genau diese verursacht so manchem Deutschen Probleme. Womöglich wird der deutsche Partner schon einmal ungeduldig oder regt sich über den scheinbaren Mangel an „Präzision" oder das Fehlen eines „Lebensplanes" auf.

Hinzu kommt, dass alle Migranten während des Einwanderungsprozesses und der Anpassungsphase an die neue Heimat **besonders großem Stress ausgesetzt** sind. Man muss die Familie und alte Freunde verlassen und hat in Australien zunächst niemanden außer dem Partner. Man steht am Anfang ohne geregeltes Einkommen und ohne Zuhause da und muss erst einmal lernen, seinen Alltag in der australischen Gesellschaft zu organisieren. Man muss neue Freundschaften aufbauen und die englische Sprache beherrschen lernen. Das alles ist nicht binnen eines Jahres erledigt, sondern kann lange Zeit in Anspruch nehmen. Der australische Partner kann das unter Umständen alles gar nicht nachvollziehen und ist nicht in der Lage, dem deutschen Partner bei der Bewältigung dieser Probleme zu helfen.

Ist man mit seinem Partner **zusammen aus Deutschland ausgewandert,** kann man sich im Idealfall bei diesem Prozess gegenseitig unterstützen. Nicht selten belastet die Auswanderung jedoch auch die deutsch-deutsche Partnerschaft, weil einer von beiden die Auswanderung wollte und der andere nur aus Liebe mitgegangen ist. Das kann darin resultieren, dass der aus Liebe mitgegangene Partner mehr Schwierigkeiten bei der Anpassung hat, was der andere wiederum nicht versteht, weil für ihn ein Traum in Erfüllung gegangen ist. Kommen eventuell finanzielle Probleme oder andere Schwierigkeiten hinzu, wird es für diese Partnerschaft ungleich schwerer, als wenn sie noch in Deutschland umgeben von alten Freunden und der Familie wären.

Gemeinsam ausgewanderte Paare sollten sich daher noch mehr als bislang in Deutschland **Zeit für gemeinsame Aktivitäten** nehmen. Man sollte mindestens einmal wöchentlich zusammen etwas in der neuen Umgebung auskundschaften und so gemeinsam neue Wurzeln in der neuen Heimat aufbauen. Derjenige, der schon arbeitet, kann auch die Kollegen und deren Partner zu einem Barbecue einladen, um dem nicht-arbeitenden Lebensgefährten erste Kontakte zu ermöglichen. (⇨„Längerfristige Eingliederung, Soziale Kontakte“).

Als ein klassisches Einwanderungsland hat Australien die speziellen Beziehungsprobleme von Migranten erkannt und bietet Paaren daher gezielt Hilfe bei der Bewältigung dieser Probleme an. Unter **www.relationships.com.au** gibt es eigens das Stichwort „Relationships in a New Country“ (zu finden unter „Advice“, „Building Better Relationships“). Relationships Australia bietet in ganz Australien kompetente Hilfe an.

Mit dieser Hilfe soll auch langfristig vermieden werden, dass die Scheidungsrate weiter ansteigt. Ähnlich wie andere westliche Länder, verzeichnet Australien seit Jahren eine stetig steigende Scheidungsrate. 2006 wurden 2,5 Ehen pro 1000 Einwohner in Australien geschieden (in Deutschland im selben Jahr 2,3 Scheidungen je 1000 Einwohner[125]). 2005 ließen sich 15 % der australischen Paare nach weniger als fünf Jahren scheiden, 25 % nach fünf bis neun Jahren, 60 % nach mehr als zehn Jahren und 16 % nach mehr als 25 Jahren Ehe[126].

Diese Entwicklung ist auch der australischen Regierung ein Dorn im Auge, und so hat man eine Initiative ins Leben gerufen, um Familien und Paaren dabei zu helfen, eine stabilere Beziehung aufzubauen. Auf der Website **www.familyrelationships.gov.au** findet man daher zu Themen wie Kinder, Zusammenleben, Finanzen, Problembewältigung, rechtliche Lage, Elternschaft, Eheberatung etc. Links zu den vorhandenen Hilfsorganisationen. Im Juli 2006 wurden in Australien dazu auch von der Regierung die ersten 15 **Familienzentren** (Family Relationship Centres) eingerichtet (mittlerweile gibt es 64), deren Adressen man ebenfalls auf der oben genannten Website findet. Rat kann man sich auch ganz anonym unter der landesweit gültigen **Telefonnummer 1800 050 321** holen. Es lohnt sich, im Falle von Problemen in der Partnerschaft oder mit den Kindern zunächst mit Hilfe dieser Anlaufstellen nach Lösungen zu suchen, insbesondere, da man die Probleme als Migrant ganz ohne seine deutsche Familie und alte Freunde bewältigen muss.

Für den Fall, dass man die **Scheidung einreichen** möchte, erhält man nähere Informationen zu den Bestimmungen in den einzelnen Bundesstaaten bzw. Territorien auf den Websites der Registry of Births, Deaths and Marriages (⇨„Neuanfang in Australien, Kinder, Geburt eines Kindes“). Umfassende Informationen zum Scheidungsverfahren in Australien gibt es auch auf der Regierungswebsite www.divorce.gov.au.

Anwaltskanzlei in Australien

064aa Foto: at

054aa Foto: eg

Rückkehr nach Deutschland

Wenn man sich entschließt, doch wieder nach Deutschland zurückzukehren, findet man hier Tipps zur Rückwanderung. Wo findet man Hilfe bei diesem Schritt? Welche Konsequenzen hat er? Was muss man bezüglich des Rentenanspruches und der Steuern bedenken?

Farewell Australia!
Nicht wenige Migranten kehren irgendwann wieder ins alte Heimatland zurück

Übersicht

Im Moment kann man sich vielleicht noch nicht vorstellen, jemals wieder nach Deutschland zurückzukehren, weil man gerade erst dabei ist, sich den Traum der Auswanderung nach Australien zu erfüllen. Dennoch kommen auch alljährlich viele Deutsche zurück nach Deutschland. Insgesamt 413 in Deutschland geborene Einwohner Australiens verließen 2006/07 das Land dauerhaft (laut ihren eigenen Angaben). Wohin sie gingen, ist in der Statistik nicht festgehalten, aber man kann davon ausgehen, dass sie in den meisten Fällen nach Deutschland zurückkehrten. Interessant ist dabei auch, **wie lange sie in Australien wohnhaft** waren. Von den Rückkehrern verließen 55 binnen der ersten zwei Jahre Australien wieder, 19 nach zwei bis drei Jahren, 15 nach drei bis vier Jahren, 20 nach vier bis fünf Jahren und 295 nach fünf oder mehr Jahren; neun Personen machten keine Angaben[127]. Über die **Gründe** die Rückkehrer im Einzelnen gibt es leider keine offiziellen Untersuchungen. Auffällig viele Rückkehrer, von denen man hört oder die sich in den Foren zu erkennen geben, sind jedoch solche, die aus Liebe zu einem Australier ausgewandert sind und dann nach **Scheitern der Beziehung** oder dem **Tod ihres Partners** zu ihrer Familie nach Deutschland zurückkehrten. Andere gehen nach Deutschland zurück, weil z.B. ein **Elternteil krank** geworden ist und Pflege braucht. Auch gab es zumindest in der Vor- und Nachkriegsgeneration den Trend unter Migranten, mit Eintritt in das **Rentenalter** in das alte Heimatland zurückzukehren.

Manche Teilnehmer in den Internet-Foren scheinen kurz vor dem Schritt der Rückkehr zu stehen. Sie fangen an, alles in Australien eher negativ zu bewerten und sehnen sich offensichtlich zurück nach Deutschland. Wenn dieses Gefühl zu stark wird und man den im Kapitel „Längerfristige Eingliederung, Kulturschock?" beschriebenen Kulturschock einfach nicht überwinden kann, ist eine Rückkehr vielleicht die bessere Alternative.

Leichter gesagt als getan

Zieht man ernsthaft eine Rückkehr in Erwägung, sollte man sich darüber im Klaren sein, dass man sich selbst aufgrund der Auswanderungserfahrung nach Australien verändert hat. Das eigene Wertesystem, mit dem man Deutschland verließ, hat sich verändert. Man hat unmerklich einige seiner Werte an Australien angepasst, und das wird sich nicht einfach zurückdrehen lassen. Man wird sich in der Regel in Deutschland jetzt ebenfalls entfremdet fühlen. Dies wird man umso stärker erfahren, je länger die Auswanderung aus Deutschland her ist.

So kommt es auch, dass es eine Reihe von Auswanderern gibt, die eine Zeit lang **zwischen Deutschland und Australien hin- und herpendeln.** Sie kehren von Australien nach Deutschland zurück, können dann aber dort auch nicht mehr so recht Fuß fassen und ziehen schließlich wieder nach Australien. Jeder dieser Umzüge kostet jedoch eine Menge mehr, als nur mal von Stadt zu Stadt binnen Deutschland umzuziehen - und zwar sowohl aus finanzieller als auch aus emotionaler Sicht. Ein Rückkehr sollte daher ebenso gut überlegt sein wie die Auswanderung, denn es ist ja im Grunde wieder eine Auswanderung - man fängt wieder fast bei Null an.

Insbesondere Ehepartner, die sich **nach der Trennung bzw. Scheidung** von ihrem (australischen) Ehepartner für eine Rückkehr nach Deutschland entschieden haben, sehen sich nicht selten vor dem Nichts. Sie haben vielleicht jahrelang nicht gearbeitet, bei der Scheidung auch keinen größeren Geldbetrag zugesprochen bekommen und stehen mehr oder minder mittellos wieder in Deutschland - ohne Wohnung, ohne Arbeit, ohne Freunde.

Gerade bei **deutsch-australischen Ehepaaren** kommt es auch häufiger vor, dass das Paar sein Glück für eine Zeit lang gemeinsam in Deutschland versuchen möchte. In dem Fall ist es besonders für den australischen Ehepartner schwierig, sich in Deutschland einzugliedern, da dieser oftmals kein Deutsch spricht und somit kaum eine Chance hat, eine Arbeit zu finden, die seinen Qualifikationen entspricht. Oft wäre er ohne den deutschen Ehepartner auch nie auf die Idee gekommen, nach Deutschland auszuwandern, und tut es nur aus Liebe zum deutschen Partner, der womöglich seit einiger Zeit unglücklich in Australien war.

Das sind nur einige mögliche Szenarien, die Migranten bewegen können, wieder nach Deutschland zurückzukehren. Allen gemein ist, dass es niemals einfach ist, neu anzufangen, und dass es wohl überlegt sein will.

Tipps zur Rückwanderung

Wenn die Auswanderung nach Australien schon lange Zeit zurückliegt, hat man unter Umständen auch vergessen, wie alles in Deutschland genau funktioniert und welche Behördengänge man dort erledigen muss. Hierfür hat z.B. das Raphaels-Werk eine **hilfreiche Broschüre** herausgegeben: „1x1 Rückkehr nach Deutschland - Hinweise für Auswanderer und Auslandstätige". Die Broschüre kann man online unter www.raphaels-werk.de für 15 € zzgl. Versandkostenpauschale bestellen. Darin werden im Prinzip alle Themen für den Neustart in Deutschland abgehandelt, die in diesem Buch im Kapitel „Neuanfang in Australien" für den Start in Australien genannt werden. Im Folgenden werden einige wichtige Themen kurz umrissen.

Aufenthaltsgenehmigung

Als deutscher Staatsbürger kann man jederzeit wieder nach Deutschland einreisen, sofern man sich mit einem gültigen deutschen Reisepass an der Grenze ausweisen kann. Wie steht es jedoch mit dem **australischen Ehe-**

partner? Ehepartner von deutschen Staatsbürgern können ganz ohne Visum nach Deutschland einreisen und dann dort auch recht problemlos eine Aufenthaltsgenehmigung beantragen. Diese ist dann drei Jahre gültig. Besteht nach Ablauf der drei Jahre die Ehe immer noch, kann eine unbefristete Aufenthaltsgenehmigung beantragt werden. Zusätzlich muss eine Arbeitsgenehmigung beim zuständigen Arbeitsamt angefordert werden.

Im Gegensatz zu den australischen Einreisemöglichkeiten für Paare gibt es in Deutschland diese Möglichkeit ausschließlich für nicht-gleichgeschlechtliche Ehepartner und nicht für reine **Defacto-Lebenspartner** oder **gleichgeschlechtliche Paare.** Nicht verheiratete Lebensgefährten müssten ein Einreisevisum für Deutschland beantragen.

Rentenanspruch

Wie schon im Kapitel „Verlassen der Heimat, Der bürokratische Schlussstrich, Sonstiges, Rentenanspruch" geschildert, gibt es ein **Sozialabkommen** zwischen Deutschland und Australien, aufgrunddessen man seine Rentenansprüche aus Deutschland über Centrelink in Australien geltend machen kann (⇨„Neuanfang in Australien, Versicherungen, Rentenversicherung"). Kehrt man nach Deutschland zurück, kann man aufgrund des Abkommens jedoch auch in Deutschland seine Rentenansprüche aus der Arbeitszeit in Australien geltend machen. Zu den Zahlungen, die man unter Umständen in Deutschland beziehen kann, gehören die Regelaltersrente, die vorzeitige Altersrente, Erwerbsminderungsrente (für Behinderte), Erziehungsrente, Witwenrente und Waisenrente.

Im April 2006 zahlte Centrelink eine Altersrente an 1472 in Deutschland wohnende Personen [128]. Nicht alle davon sind wohl deutsche Staatsbürger, aber unter ihnen sind auch die ehemals nach Australien ausgewanderten Deutschen, die nun im Rentenalter wieder in Deutschland leben. Im Übrigen steht Deutschland an Platz Nummer 11 der australischen Rentenempfänger im Ausland (nach Italien mit 27.462 Rentenempfängern, dann Griechenland, Malta, den Niederlanden, Spanien, Neuseeland, Großbritannien, Kroatien, der Türkei und Kanada, in dieser Reihenfolge) [129].

Die australische Rente beantragt man beim zuständigen deutschen Versicherungsträger, wenn man wieder in Deutschland wohnhaft ist:

- **Deutsche Rentenversicherung** (ehemals LVA) **Oldenburg-Bremen**, Huntestr. 11, 26135 Oldenburg, Tel. (0441) 9270, Fax 927 563, www.deutsche-rentenversicherung-oldenburg-bremen.de

Ist man unter Umständen in einem anderen Land als Australien oder Deutschland ansässig, stellt man den Antrag bei:

- **Centrelink – International Services,** GPO Box 273, Hobart TAS 7001, Tel. 131 673, Fax (03) 6222 2799

Die australische Rente wird proportional je nach Dauer der *Working Life Residence* (die Lebensjahre zwischen

16 Jahren und dem Rentenberechtigungsalter) in Australien bemessen. Eine Person mit 25 Jahren *Working Life Residence* in Australien kann eine Vollrente in Deutschland erhalten, sofern ihr Einkommen und Vermögen nicht zu hoch sind.

Von der in Deutschland bezogenen australischen Rente werden jedoch 40 Cent pro bezogenem Dollar einbehalten (weniger, wenn der Empfänger kein weiteres Einkommen hat oder den Partnersatz einer australischen Rente erhält).

Neben der staatlichen Altersrente kann man sich auch seine Beiträge aus der freiwilligen Rentenversicherung **Super(annuation)** auszahlen lassen, wenn man Australien als Halter einer zeitlich befristeten Aufenthaltsgenehmigung verlässt (wer eine Daueraufenthaltsgenehmigung hat, kann den Antrag nicht stellen). Die Rückzahlung nennt sich *Departing Australia Superannuation Payment* (DASP). Den Antrag kann man beim australischen Finanzamt oder online unter www.ato.gov.au („Superannuation", „Departing Australia Superannuation Payment Essenials") anfordern.

Steuerfragen

Verlässt man Australien dauerhaft, gibt es mit Sicherheit noch eine ausstehende Steuererklärung, die man in Australien abgeben muss, auch wenn man zwischenzeitlich nach Deutschland zurückgekehrt ist. Für eventuelle Zahlungen sollte man sein Konto in Australien offen halten, bis die Steuerangelegenheiten geregelt sind. Wenn man Steuern nachzahlen muss, geht dies z.B. nicht per Kreditkarte, und wenn man eine Rückzahlung erhält, kann dies nur auf ein australisches Konto erfolgen.

Foto: eg 055aa

Nicht jeder schafft es, in Australien Wurzeln zu schlagen

056aa Foto: eg

Anhang

In diesem Kapitel finden sich zahlreiche Lese-, Hör- und Filmtipps, mit deren Hilfe man sich über seine neue Heimat Australien informieren und/ oder seine englischen Sprachkenntnisse verbessern kann.

Imposante Felslandschaft
bei Broome, Western Australia

Lese-, Hör- und Filmtipps

Hier werden nur Publikationen und Internetseiten vorgestellt, die nicht schon an passender Stelle im Buch zur Vertiefung des jeweiligen Kapitelthemas genannt wurden. Bei Zeitschriften und Broschüren wird die Bezugsquelle und der Preis mit angegeben.

- **1x1 Arbeiten und Leben in Australien,** allgemeine und detaillierte Informationen über Australien

  Bezug über Raphaels-Werk, online unter www.raphaels-werk.de oder per Post (Adenauerallee 41, 20097 Hamburg) oder Tel. (040) 2484 420, Schutzgebühr: 2 €
- **Diverse Publikationen** der Deutsch-Australischen Industrie- und Handelskammer (German-Australian Chamber of Industry and Commerce) wie z.B.:

  Deutsche Niederlassungen in Australien (Hardcover: 54 €), Handbuch zur Immigration nach Australien, Vertriebswege in Australien, Immobilienerwerb in Australien, Investitionsführer Australien (PDF-Datei: je 36 €), Australische Niederlassungen in Deutschland, Das Australiengeschäft – 50 Fragen und Antworten, Das australische Gesellschaftsrecht, Produkthaftungsrecht in Australien, Das australische Arbeitsrecht, Lohn- und Lohnnebenkosten in Australien, (PDF-Datei: je 20 €), Das australische Mietrecht für privaten Wohnraum, Rechtsverfolgung im Verhältnis Australien – Deutschland, Die außergerichtliche Streitbeilegung in Australien, Umweltrecht in Australien, Das australische Handelsvertreterrecht, Deutsch-Australisches Abkommen zur Vermeidung der Doppelbesteuerung, Leaflet Umsatzsteuer (GST) in Australien für deutsche Unternehmen (kostenlose PDF-Dateien), die man bestellen kann unter http://australien.ahk.de (Stichwort „Publications)

Zeitungen im Internet

Regionale Zeitungen werden auf der Internetseite www.nla.gov.au/npapers vorgestellt. Hier sind jedoch die wichtigsten Zeitungen der Bundesstaaten und Territorien:

- **www.theaustralian.news.com.au,** „The Australian" – landesweite Zeitung
- **http://afr.com,** „The Australian Financial Review" – Australiens Finanzzeitung
- **www.smh.com.au,** „Sydney Morning Herald" – Zeitung für Sydney und die Nation
- **www.heraldsun.com,** „Herald Sun" – die zweite im Bund der Zeitungen für Sydney und die Nation
- **www.news.com.au/dailytelegraph,** „The Daily Telegraph" – die dritte Zeitung für Sydney und die Nation
- **www.theage.com.au,** „The Age" – das Flaggschiff Melbournes, wobei viele Artikel mit der „Sydney Morning Herald" identisch sind
- **www.news.com.au/adelaidenow,** „The Advertiser" – die Zeitung für Adelaide und South Australia
- **www.news.com.au/couriermail,** „The Courier-Mail" – Zeitung für Brisbane und Queensland
- **www.canberratimes.com.au,** „The Canberra Times" – Zeitung für Canberra und das Australian Capital Territory
- **www.ntnews.news.com.au,** „Northern Territory News" – Zeitung für in Darwin und das Northern Territory
- **www.news.com.au/mercury,** „The Mercury" – Zeitung für Hobart und Tasmania
- **www.thewest.com.au,** „The West Australian" – Zeitung für Perth und Western Australia

Radio und TV im Internet

- **www.abc.net.au,** Australian Broadcasting Corporation – der wichtigste staatliche Fernseh- und Rundfunksender. Abgesehen von den nationalen und regionalen Online-Nachrichten sowie Informationen über das Fernseh- und Radioprogramm gibt es Video und

Radio on Demand und Live Streaming der wichtigsten Radiosender (Stichwort „Listen").

- **www.sbs.com.au,** Special Broadcasting Service – der zweite staatliche Fernseh- und Rundfunksender Australiens für die multikulturelle australische Gesellschaft. Hier kann man auch die Nachrichten online lesen.
- **http://au.tv.yahoo.com/tv,** Channel Seven (neuerdings Yahoo 7) – Privatsender mit diversen Online-Magazinen und Nachrichten
- **http://ninemsn.com.au,** Channel Nine – Privatsender mit viel Online-Magazinen und Nachrichten
- **http://ten.com.au,** Channel Ten – Privatsender, der sehr viele australische Serien produziert. Hier kann man auch die Nachrichten online lesen.

Filmtipps auf DVD

Die nachfolgenden DVDs spiegeln viele Probleme oder Charakteristika der heutigen australischen Gesellschaft wider. Ich habe ganz bewusst keine Filme mit historischen Themen aufgelistet, da diese für das Verständnis des modernen Lebens in Australien zunächst keine Hilfe sind.

- **SeaChange,** 1998–2000, TV-Serie des ABC – Eine Karrierefrau *(Sigrid Thornton)* zieht von Melbourne in eine Kleinstadt ans Meer, und man lernt durch sie die Andersartigkeit des Zusammenlebens in einer australischen Kleinstadt kennen.
- **Simone de Beauvoir's Babies,** 1997, TV-Miniserie des ABC mit *David Wenham* und *Sonia Todd* – Vier Frauen Ende dreißig wollen endlich Kinder bekommen, keine hat jedoch einen Lebensgefährten.
- **After The Deluge,** 2003, Regisseur: *Brendan Maher* – TV-Miniserie des ABC: Porträt eines vom Krieg gezeichneten Vaters, der an Alzheimer leidet, und seiner drei Söhne (u.a. *Hugo Weaving* und *David Wenham*); geschildert werden auch ihre Beziehungen zueinander und zu Frauen.
- **Enough Rope (1 + 2),** 2004, TV-Talkshow des ABC, www.abc.net.au/tv/enoughrope – *Andrew Denton* interviewt Politiker, Prominente und andere interessante Personen.
- **Australian Story,** 2004, TV-Dokumentationsreihe des ABC – Portraits von fünf Australiern, deren Lebensgeschichte inspiriert.
- **Radiance,** 1998, Regisseurin: *Rachel Perkins* – Zeitgemäße Geschichte über das Wiedersehen dreier Aborigine-Schwestern (*Rachael Maza, Trisha Morton-Thomas, Deborah Mailman*) nach dem Tod ihrer Mutter.
- **The Boys,** 1988, Regisseur: *Rowan Woods* – Eine düstere Geschichte um drei arbeitslose Brüder (u.a. *David Wenham*), die immer wieder im Gefängnis landen.
- **The Monkey's Mask,** 2001, Regisseurin: *Samatha Lang* – Eine Krimigeschichte mit einer lesbischen Detektivin (*Susie Porter*), angesiedelt in Sydneys Universitätsszene.
- **The Sum of Us,** 1994, Regisseure: *Geoff Burton, Kevin Dowling* – Eine rührende Geschichte über einen Vater (*Jack Thompson*) und seinen 20-jährigen schwulen Sohn Jeff (*Russell Crowe*) in Sydney.
- **Yolngu Boy,** 2001, Regisseur: *Stephen Johnson* – Eine Art Road-Movie im Northern Territory, das die Probleme und Träume der Jugendlichen in den Aborigine-Gemeinden aufzeigt: Benzinschnüffeln, Alkoholismus, Gewalt durch Jugendliche, populäre Rapmusik-Kultur, Basketballer-Kleidung und Träume vom Leben in der Stadt.
- **Blackrock,** 1997, Regisseur: *Steven Vidler* – Ein Film über eine Clique von surfenden Teenagern in New South Wales, ihre Probleme und die Bedeutung von Kameradschaft.
- **Beneath Clouds,** 2002, Regisseur: *Ivan Sen* – Ein Roadmovie über zwei Teenager, die ihre Familie im Outback von New South Wales besuchen wollen.
- **Gettin' Square,** 2003, Regisseur: *Jonathan Teplitzky* – Ein überaus unterhaltsames Gangsterdrama in Surfers Paradise mit u.a. *David Wenham, Sam Worthington* und *Gary Sweet.*
- **Mullet,** 2001, Regisseur: *David Caesar* – Eine Filmperle, in der das Leben in einer schläfrigen Kleinstadt von knapp 1500 Einwohnern am Beispiel einer Familie unter die Lupe genommen wird.
- **My Mother Frank,** 2000, Regisseur: *Mark Lamprell* – Eine heitere Geschichte um das Er-

wachsenwerden, Altwerden und Selbstfindung, bei der man am Rande einen kleinen Einblick in das Studentenleben in Sydney gewinnt.

- **The Castle,** 1997, Regisseur: *Rob Sitch* – Ein Comedy-Klassiker um eine einfache Arbeiterfamilie, die enteignet werden soll, weil das Grundstück zur Erweiterung des Melbourner Flughafens gebraucht wird.
- **Two Hands,** 1999, Regisseur: *Gregor Jordan* – Wundervoller Gangsterfilm mit urkomischen Verwicklungen in Sydneys Kings Cross (mit u.a. *Heath Ledger* und *Bryan Brown*).
- **Fat Pizza,** 2003, Regisseur: *Paul Fenech* – Der Film nimmt vor allem die sogenannten „Wogs" auf die Schippe. So nennt man in Australien die Migranten aus Griechenland, Italien, dem Libanon etc. Es ist politisch unkorrekt, vulgär, völlig überspitzt, aber auch einfach nur köstlich urkomisch.
- **Idiot Box,** 1997, Regisseur: *David Caesar* – Die zwei desillusionierten arbeitslosen Kumpel Kev *(Ben Mendelsohn)* und Mick *(Jeremy Sims)* versuchen sich an einem Bankraub in einem von Sydneys Vororten.
- **The Finished People,** 2003, Regisseur: *Khoa Do* – Ehrliche Dokumentation über junge Obdachlose in Sydneys Vorort Cabramatta.
- **Australian Rules,** 2002, Regisseur: *Paul Goldman* – Der Film über zwei Jungs (einer weiß, einer Aborigine) und ihre Freunde in Prospect Bay in South Australia ist ein tolles, gefühlvolles und ausdrucksstarkes Portrait aller Probleme und Hoffnungen der heranwachsenden Jugend im australischen Outback.
- **Tom White,** 2004, Regisseur: *Alkinos Tsilimidos* – Ein realistischer Film über das Abgleiten eines Durchschnittsangestellten *(Colin Friels)* in die Obdachlosigkeit in Melbourne. Ohne mahnenden Zeigefinger und ohne Beschönigung.
- **Oyster Farmer,** 2004, Regisseurin: *Anna Reeves* – Über einen Aussteiger, der bei den Austernfarmern nördlich von Sydney ein neues Leben beginnen möchte.
- **Little Fish,** 2005, Regisseur: *Rowan Woods* – Eine Geschichte über die junge Tracy *(Cate Blanchett)*, die versucht, sich von ihrer Drogenvergangenheit in Sydney zu befreien (u.a. mit *Sam Neill, Hugo Weaving* und *Susie Porter*).
- **Erskineville Kings,** 1999, Regisseur: *Alan White* – Eine Geschichte über Brüder, die sich nach dem Tod des Vaters nach Jahren in Sydney wiedersehen und sich zusammenraufen müssen.
- **Lantana,** 2001, Regisseur: *Ray Lawrence* – Ein brillantes Drama um den Tod einer Frau und das alltägliche Unglück von modernen Stadtmenschen (u.a. mit *Anthony LaPaglia* und *Kerry Armstrong*).
- **Somersault,** 2004, Regisseurin: *Cate Shortland* – Ein Film über ein junges Mädchen (*Abbie Cornish*) an der Grenze zwischen Kind und Frau, gefilmt in Australiens Skigebiet in der Nähe von Canberra (mit *Sam Worthington*).
- **Jindabyne,** 2006, Regisseur: *Ray Lawrence* – Eine umstrittene Story über vier Männer, die an einem Angelwochenende in der Nähe von Canberra eine tote Aboriginesfrau im Wasser finden und dennoch mit dem Angeln fortfahren. Das sorgt für Aufruhr in der Stadt. U.a. mit *Gabriel Byrne* und *John Howard.*
- **Kath and Kim,** 2002–05, TV-Serie des ABC – Eine ultrakomische Persiflage auf das Leben in den Vororten der australischen Großstädte am Beispiel einer Durchschnittsmutter und Tochter (bekanntes Komikerduo *Gina Riley* und *Jane Turner*), die mit breitestem australischen Akzent sprechen und jeden Satz zum Witz umformulieren. Kult!
- **Love My Way,** 2004–?, TV-Serie, kreiert durch *Claudia Karvan,* die auch eine der Hauptrollen spielt. – Eine dramatische Serie über das Leben einer Handvoll Personen in Sydney, deren zwischenmenschliche Beziehungen nicht sonderlich rund laufen.

Online-Shopping

- **www.sanity.com.au,** DVDs, CDs u.a. – haben recht niedrige Porto- und Versandkosten (Tipp: sechs Filme auf einmal bestellen, dann sind die Versandkosten kaum höher als die gesparte australische Mehrwertsteuer)
- **http://chaos.com,** DVDs, CDs u.a. – haben bei DVDs auch den Themenbereich „Australian"

- **www.play.com,** DVDs, CDs u.a. – Billiganbieter in England, der so manchen australischen Titel im Programm hat
- **www.amazon.co.uk,** DVDs, CDs, Bücher u.a. – ideal, wenn man einen Titel gebraucht kaufen will – so lässt sich Geld sparen!

Internetlinks zu den Bundesstaaten und Territorien

Zu jedem Bundesstaat und Territorium sind nachfolgend die offiziellen Internetseiten der Regierung und der Tourismusbehörde sowie die Website zu den Migrationsprogrammen in dem Bundesstaat bzw. Territorium aufgeführt. Darüber hinaus sind die Internetseiten der größten Städte bzw. Gemeinden in Australien aufgelistet.

Sucht man die **offziellen Websites anderer Städte** in Australien, kann man als Google-Suchbegriff am besten den Städtenamen sowie das Wort „Council" eingeben.

Für fast alle Städte oder Regionen gibt es **eigene Tourismus-Websites,** die mehr Informationen zum Freizeitangebot bieten. dazu sollte man als Google-Suchbegriff am besten den Städtenamen sowie das Wort „Tourism" eingeben.

New South Wales

- **www.nsw.gov.au** – Portal des Bundesstaates
- **www.business.nsw.gov.au/migration** – Migrationsprogramme in New South Wales
- **www.visitnsw.com.au** – offizielle Tourismuswebsite; Landkarten unter dem Stichwort „Regions Map"
- **www.131500.info** – Öffentliche Verkehrsmittel
- **www.cityofsydney.nsw.gov.au** – Portal der Stadt Sydney
- **www.ncc.nsw.gov.au** – Portal der Stadt Newcastle
- **www.wollongong.nsw.gov.au** – Portal der Stadt Wollongong
- **www.albury-wodonga.com** – Portal der Region Albury-Wodonga
- **www.bathurst.nsw.gov.au** – Portal der Region Bathurst
- **www.orange.nsw.gov.au** – Portal der Stadt Orange
- **www.wagga.nsw.gov.au** – Portal der Stadt Wagga Wagga
- **www.coffsharbour.nsw.gov.au** – Portal der Stadt Coffs Harbour
- **www.tamworth.nsw.gov.au** – Portal der Region Tamworth
- **www.hastings.nsw.gov.au** – Portal der Region Port Macquarie-Hastings
- **www.dubbo.nsw.gov.au** – Portal der Stadt Dubbo
- **www.shoalhaven.nsw.gov.au** – Portal der Region Nowra
- **www.lismore.nsw.gov.au** – Portal der Stadt Lismore

Victoria

- **www.vic.gov.au** – Portal des Bundesstaates
- **www.LiveInVictoria.vic.gov.au** – Migrationsprogramme in Victoria
- **www.visitvictoria.com.au** – offizielle Tourismus-Website; Landkarten unter dem Stichwort „Victoria's Regions"
- **www.melbourne.vic.gov.au** – Portal der Stadt Melbourne
- **www.metlinkmelbourne.com.au** – Öffentliche Verkehrsmittel
- **www.geelongaustralia.com.au** – Portal der Stadt Geelong
- **www.ballarat.vic.gov.au** – Portal der Stadt Ballarat
- **www.bendigo.vic.gov.au** – Portal der Stadt Bendigo
- **www.latrobe.vic.gov.au** – Portal der Stadt La Trobe
- **www.mildura.vic.gov.au** – Portal der Stadt Mildura
- **www.greatershepparton.com.au** – Portal der Stadt Shepparton
- **www.warrnambool.vic.gov.au** – Portal der Stadt Warrnambool

Queensland

- **www.qld.gov.au** – Portal des Bundesstaates
- **www.workliveplay.qld.gov.au** – Migrationsprogramme in Queensland
- **www.transinfo.qld.gov.au** – Öffentliche Verkehrsmittel
- **www.queenslandholidays.com.au** – offizielle Tourismus-Website
- **www.tq.com.au** – Landkarten unter dem Stichwort „Destinations“
- **www.brisbane.qld.gov.au** – Portal der Stadt Brisbane
- **www.goldcoast.qld.gov.au** – Portal der Gold Coast Region
- **www.townsville.qld.gov.au** – Portal der Stadt Townsville
- **www.cairns.qld.gov.au** – Portal der Stadt Cairns
- **www.toowoomba.qld.gov.au** – Portal der Stadt Toowoomba
- **www.rockhampton.qld.gov.au** – Portal der Stadt Rockhampton
- **www.mackay.qld.gov.au** – Portal der Stadt Mackay
- **http://bundaberg.qld.gov.au** – Portal der Stadt Bundaberg
- **www.herveybay.qld.gov.au** – Portal der Stadt Hervey Bay
- **www.gladstone.qld.gov.au** – Portal der Stadt Gladstone

Western Australia

- **http://wa.gov.au** – offizielle Portale des Bundesstaates
- **www.migration.wa.gov.au** – Migrationsprogramme in Western Australia
- **www.westernaustralia.com** – offizielle Tourismuswebsite; Landkarten unter dem Stichwort „Maps“
- **www.cityofperth.wa.gov.au** – Portal der Stadt Perth
- **www.transperth.wa.gov.au** – Öffentliche Verkehrsmittel
- **www.mandurah.wa.gov.au** – Portal der Stadt Mandurah
- **www.bunbury.wa.gov.au** – Portal der Stadt Bunbury
- **www.cgg.wa.gov.au** – Portal der Stadt Geraldton
- **www.kalbould.wa.gov.au** – Portal der Stadt Kalgoorlie/Boulder

South Australia

- **www.sa.gov.au** – Portal des Bundesstaates
- **www.immigration.sa.gov.au** – Migrationsprogramme in South Australia
- **www.southaustralia.com** – offizielle Tourismus-Website; Landkarten unter dem Stichwort „Maps“
- **www.adelaidecitycouncil.com** – Portal der Stadt Adelaide
- **www.adelaidemetro.com.au** – Öffentliche Verkehrsmittel
- **www.mountgambier.sa.gov.au** – Portal der Stadt Mount Gambier
- **www.whyalla.sa.gov.au** – Portal der Stadt Whyalla
- **www.murraybridge.sa.gov.au** – Portal der Stadt Murray Bridge
- **www.pirie.sa.gov.au** – Portal der Stadt Port Pirie

Tasmania

- **www.tas.gov.au/tasmaniaonline** – Portal des Bundesstaates
- **www.development.tas.gov.au/migration** – Migrationsprogramme in Tasmania
- **www.discovertasmania.com.au** – offizielle Tourismus-Website; Landkarten unter dem Stichwort „Maps“
- **www.transport.tas.gov.au** – Öffentliche Verkehrsmittel
- **www.hobartcity.com.au** – Portal der Stadt Hobart
- **www.launceston.tas.gov.au** – Portal der Stadt Launceston
- **www.burnie.net** – Portal der Stadt Burnie
- **www.dcc.tas.gov.au** – Portal der Stadt Devonport

Northern Territory

- **www.nt.gov.au** – Portal des Territoriums
- **www.migration.nt.gov.au** – Migrationsprogramme im Northern Territory
- **www.travelnt.com** – offizielle Tourismus-Website; Landkarten unter den Stichwörtern „Advice“, „Maps“

- **www.darcity.nt.gov.au** – Portal der Stadt Darwin
- **www.alicesprings.nt.gov.au** – Portal der Stadt Alice Springs
- **www.palmerston.nt.gov.au** – Portal der Stadt Palmerston
- **www.localgovernment.nt.gov.au** – Portal vieler anderer Gemeinden in NT, u.a. von der Stadt Katherine

Australian Capital Territory

- **www.act.gov.au** – Portal des Territoriums
- **www.business.act.gov.au/servicestobusiness/act_skilled_and_business_migration_program** – Migrationsprogramme im Australian Capital Territory
- **www.visitnsw.com.au** – offizielle Tourismus-Website von New South Wales, bei der man auch die Landkarten für das Australian Capital Territory unter dem Stichwort „Regions Map" findet
- **www.visitcanberra.com.au** – offizielle Tourismus-Website
- **www.action.act.gov.au** – Öffentliche Verkehrsmittel
- **www.canberraconnect.act.gov.au** – Portal der Stadt Canberra
- **www.virtualcanberra.gov.au** – virtuelle Entdeckungsreise durch Canberra

Thematische Lesetipps

Australische Tierwelt

Hier werden einige Buchempfehlungen zu gefährlichen als auch zu den ungefährlichen Tieren in Australien gegeben, die man vielleicht erkennen lernen möchte:

- **Venomous Creatures of Australia: A Field Guide with Notes on First Aid,** *Sutherland, S.K., Sutherland, J.,* Oxford University Press, Melbourne, 1999
- **Green Guide: Snakes and Other Reptiles of Australia,** *Gerry Swan,* New Holland Publishers, 2001
- **Green Guide: Spiders of Australia,** *Terence Lindsey,* New Holland Publishers, 1998
- **Green Guide: Mammals of Australia,** *Terence Lindsey,* New Holland Publishers, 1998
- **The Slater Field Guide to Australian Birds,** *Peter Slater, Pat Slater, Raoul Slater,* New Holland Publishers, 2003

Internetseiten einiger australischen Museen mit Informationen und Bildern von den australischen Tierarten:

- **www.museum.vic.gov.au** unter „Discovery Centre", Museum Victoria in Melbourne
- **www.amonline.net.au** unter „Explore", Australian Museum in Sydney
- **www.qm.qld.gov.au** unter „Features", Queensland-Museum in Brisbane

Fußnoten

[1] Planungsjahre in Australien sind keine Kalenderjahre von Januar bis Dezember, sondern die Zeitspanne von Juli bis Juni.
[2] Fact Sheet 20. Migration Program Planning Levels, 25.8.2005 und 17.7.2006, DIMIA; Budget 2008-09, Australian Government
[3] Table 1.2 Settler Arrivals by Birthplace, 1994/95 to 2004/05, DIMIA; Numbers by Migration Stream for All Settlers, Country of Birth: Germany, DIAC Settlement Database, 11.8.2008
[4] Fact Sheet 24. Overview of Skilled Migration to Australia, DIMIA/DIAC
[5] ebd.
[6] Numbers by Migration Stream for Skill Independent, Country of Birth: Germany, DIAC Settlement Database, 11.8.2008
[7] Fact Sheet 24. Overview of Skilled Migration to Australia, DIMIA/DIAC
[8] ebd.
[9] ebd.
[10] State Distribution for Settlers born in Germany, Skill - Independent, DIMIA Settlement Database, 9.1.2006; Numbers by Migration Stream: Skill - Independent, Country of Birth: Germany, DIAC Settlement Database 11.7.2008
[11] Fact Sheet 24. Overview of Skilled Migration to Australia, DIAC
[12] Numbers by Migration Stream for Skill - Employer Nomination, Country of Birth: Germany, DIAC Settlement Database 11.8.2008
[13] Numbers by Migration Stream for Onshore, Skill, Country of Birth: Germany, DIAC Settlement Database 11.8.2008
[14] Numbers by Migration Stream for Family (Spouse/Fiance), Country of Birth: Germany, DIAC Settlement Database 11.8.2008
[15] Numbers by Migration Stream for Family (Child, Other, Parent), DIAC Settlement Database 11.8.2008
[16] Numbers by Migration Stream for Family (Child, Other, Parent), Country of Birth: Germany, DIAC Settlement Database 11.8.2008
[16a] Capping and queuing, Fact Sheet 39 - Family Stream Migration: Contributory Parent Category Visas, 23.6.2008, DIAC
[16b] Parent Visa Queue Calculator, September 2008, DIAC
[17] Numbers by Migration Stream for Family (Parent), DIAC Settlement Database 11.8.2008; Numbers by Migration Stream for Family (Parent), Country of Birth: Germany, DIAC Settlement Database 11.8.2008
[18] Numbers by Migration Stream for Skilled - Business, DIAC Settlement Database 11.8.2008
[19] Numbers by Migration Stream for Skilled - Business, DIAC Settlement Database 11.8.2008; Numbers by Migration Stream for Skilled - Business, Country of Birth: Germany, DIAC Settlement Database 11.8.2008
[20] Fact Sheet 24. Overview of Skilled Migration to Australia, DIAC 1.4.2008
[21] 3218.0 Regional Population Growth, Australia, 2006-07, Australian Bureau of Statistics
[22] Bevölkerung, Statische Ämter des Bundes und der Länder, 2008; [Statische Landesämter aller 16 Länder]
[23] 1301.0 - Year Book Australia, 2008; 3101.0 - Australian Demographic Statistics, Dec 2007
[24] Jeweils Australian Bureau of Statistics:
* 3101.0 - Australian Demographic Statistics, Dec 2007
** 1301.0 - Population, Year Book Australia, 2008
*** 3218.0 - Regional Population Growth 2006-07
[25] Fact Sheet 20. Migration Program Planning Levels, 9.7.2008. Die statistischen Daten lassen sich nur ab Juli 1999 abrufen, ältere Daten werden auf der Website der DIAC nicht genannt.
[26] State Distribution for Migration Stream: Skill - Australia/Regional Linked; DIAC Settlement Database
[27] Population, Year Book Australia 2008, Australian Bureau of Statistics
[28] Wikipedia: Ruhrgebiet
[29] Population, Australian Year Book 2008, Australian Bureau of Statistics
[30] Die Stadt Köln in Zahlen, www.koeln.de 2007
[31] Use of Urban Public Transport in Australia, Transport, Year Book Australia 2005, Australian Bureau of Statistics

[32] World Heritage, United Nations Educational, Scientific and Cultural Organisation. In Deutschland gibt es z.B. nur ein als Naturerbe ausgezeichnetes Areal, die Fossillagerstätte Grube Messel bei Darmstadt.
[33] Places on the Register of the National Estate, Year Book Australia 2006, Australian Bureau of Statistics
[34] Sun and Skin – A dangerous Combination, Australian Academy of Science; SunSmart, Cancer Council SA 2008
[35] EMA Disasters Database, Emergency Management Australia
[36] Australian Year Book 2006, Australian Bureau of Statistics
[37] Longest Rivers, Geoscience Australia
[38] Australian Year Book 2006, Australian Bureau of Statistics
[39] ebd.
[40] Australian Commodities, Dec. Quarter 2008, Australian Bureau of Agricultural and Resource Economics (ABARE)
[41] OECD Economic Outlook No. 79/83 – Australia, OECD 2006/2008
[42] OECD Economic Outlook No. 78/83 – Australia, OECD 2005/2008
[43] Interest Rates – Monetary Policy Changes A2
[44] Average Weekly Earnings, Australia, May 2008 (6302.0), Australian Bureau of Statistics
[45] Individual Income Tax Rates 2008/09, Australian Taxation Office
[46] Why Do One Million Australians Live Overseas? Australian Chamber of Commerce and Industry
[47] Australian Commodities, Dec.Quarter 2008, Australian Bureau of Agricultural and Resource Economics (ABARE)
[48] Average Weekly Earnings, Australia, May 2005 (6302.0), Year Book Australia 2006, Australian Bureau of Statistics
[49] Service Industries, Year Book Australia 2008, Australian Bureau of Statistics
[50] Tourism, Year Book Australia 2008, Australian Bureau of Statistics
[51] Infrastructure: Roadmap to Reform, Business Council of Australia 2007
[52] Structural Reform in the Rail Industry, OECD 21.12.2005
[53] Verkehrsinfrastruktur 21.7.2004, Statistisches Bundesamt Deutschland
[54] Rail Network, Year Book Australia 2005, Australian Bureau of Statistics
[55] 6202.0 Labour Force, Australia, July 2008, Australian Bureau of Statistics
[55a] Population, Australian Year Book 2008, Australian Bureau of Statistics
[55b] Parental Leave, Australian Workplace, 2008
[56] No. 27 Trends and Determinants of Fertility Rates: The Role of Policies, OECD 2005
[57] ebd.
[58] ebd.
[58a] Population, Australian Year Book 2008, Australian Bureau of Statistics
[58b] Population, Australian Year Book 2008, Australian Bureau of Statistics; Deutschland, MSN Encarta 2008
[58c] How many children have women in Australia had?, 4102.0 Australian Social Trends 2008, Australian Bureau of Statistics
[59] Education and Training: National Summary, 4102.0 – Australian Social Trends 2006/2008, Australian Bureau of Statistics
[60] Australian Expatriates in OECD Countries, 4102.0 – Australian Social Trends 2006, Australian Bureau of Statistics; Why Do One Million Australians Live Overseas? Australian Chamber of Commerce and Industry
[61] Population Age and Sex Structure, Australian Year Book 2006, Australian Bureau of Statistics
[62] Australia's Population (4.9.2008), Australian Bureau of Statistics
[63] Bevölkerung nach Altersgruppen, Familienstand und Religionszugehörigkeit, Statistisches Bundesamt Deutschland 2006
[64] Religious Affiliation, Culture and Recreation, Year Book Australia 2008, Australian Bureau of Statistics
[65] Trends in Women's Employment, Australian Social Trends 2006, Australian Bureau of Statistics
[66] Mapping Homophobia in Australia, The Australia Institute Webpaper, July 2005
[67] Population, Australian Social Trends 2008, Australian Bureau of Statistics
[68] Aus Human Development Report für die Jahre 2000–2008 , UNDP
[69] OECD Education Systems Leave Many Immigrant Children Floundering, Report

Shows, aus „Where Immigrant Students Succeed – A Comparative Review of Performance and Engagement in PISA 2003“, 15. Mai 2006

[70] Education, 4102.0 – Australian Social Trends 2008, Australian Bureau of Statistics

[71] Das Budget für Bildung, Forschung und Wissenschaft nach Bereichen, Ausgaben nach Hauptbereichen und Anteil am Bruttoinlandsprodukt, Statistisches Bundesamt BRD 2006

[72] 4102.0 – Australian Social Trends 2006, Australian Bureau of Statistics; Education, 4102.0 – Australian Social Trends 2008, Australian Bureau of Statistics

[73] Education and Training: National Summary, 4102.0 Australian Social Trends 2006, Australian Bureau of Statistics; Education and Training: National Summary, 4102.0 Australian Social Trends 2008, Australian Bureau of Statistics

[73a] Raising Children Network, Preschool in Your State

[74] Compulsary and Voluntary Repayments, Going to Uni, Department of Education, Employment and Workplace Relations

[74a] Payments, Centrelink, Juli 2008

[75] Average Hours Worked per Person, OECD Productivity Database, September 2008

[76] Leading Global Health Crises and Risks, Human Development Report 2007/08, UNDP

[77] Health: National Summary, Key Points, 4102.0 Australian Social Trends 2008, Australian Bureau of Statistics

[78] Lebenserwartung in Deutschland, Durchschnittliche weitere Lebenserwartung 2005/2007, Statistisches Bundesamt Deutschland 2008

[79] Victimisation Rates, OECD Factbook 2006 – Economic, Environmental and Social Statistics

[80] Crime and Justice, Australian Year Book 2006, Australian Bureau of Statistics

[81] Drug Offences, Australian Year Book 2008, Australian Bureau of Statistics

[81a] National project on drink spiking: investigating the nature and extent of drink spiking in Australia, Commonwealth of Australia 2004

[82] Wanderungsstatistik, Wanderungen zwischen der Bundesrepublik Deutschland und dem Ausland 2003 bis 2007, Statistisches Bundesamt Deutschland, September 2008

[83] Teilstatistik: Migration und Asyl. Hauptherkunftsländer und Zielländer. Zuzüge nach den sechs häufigsten Herkunftsländern von 1999 bis 2004 (kumuliert), Bundesamt für Migration und Flüchtlinge, 23.8.2006

[84] Australian Expatriates in OECD Countries, 4102.0 – Australian Social Trends 2006, Australian Bureau of Statistics

[85] Why Do One Million Australians Live Overseas? Australian Chamber of Commerce and Industry

[86] ebd.

[87] Auswanderer-Blog: Was nun, Deutschland? Manager Magazin, 16. August 2006

[88] Australian Expatriates in OECD Countries, 4102.0 – Australian Social Trends 2006, Australian Bureau of Statistics

[89] The Australian People – An Encyclopedia of the Nation, its People and Their Origins, *James Jupp,* Angus & Robertson Publishers 1988, p. 478 ff

[90] ebd.

[91] Community Profiles DIMIA, 2000; Immigration: Federation to Century's End, DIMIA 2001

[92] The Australian People – An Encyclopedia of the Nation, its People and Their Origins, *James Jupp,* Angus & Robertson Publishers 1988, p. 478 ff

[93] ebd.

[94] Community Profiles DIMIA, 2000; Immigration: Federation to Century's End, DIMIA 2001

[95] Immigration. Federation to Century's End 1901–2000, Statistics Section DIMIA (Okt. 2001)

[96] The Australian People – An Encyclopedia of the Nation, its People and Their Origins, *James Jupp,* Angus & Robertson Publishers 1988, p. 478 ff

[97] Community Profiles DIMIA, 2000; Immigration: Federation to Century's End, DIMIA 2001

[98] Raphaels-Werk Jahresbericht 2007

[99] Fachserie 1/Reihe 1.2., Bevölkerung und Erwerbstätigkeit, Wanderungen 2005, 3.

Außenwanderung, 3.2 Wanderungen über die Grenzen Deutschlands 2003 nach ausgewählten Herkunfts- bzw. Zielländern, Statistisches Bundesamt, 2003 [Anmerkung der Autorin: die Abmeldung muss nicht unbedingt eine dauerhafte Auswanderung in das betreffende Land bedeuten, sondern schließt auch Studien- oder temporäre Arbeitsaufenthalte mit ein, die jedoch so lange dauern, dass sie eine Abmeldung zur Folge hatten. Innerhalb Europas werden hier nur die Zahlen für Länder mit über 1000 deutschen Abwanderern aufgeführt; außerhalb Europas nur die Zahlen für Länder mit über 500 deutschen Abwanderern]

[100] Zielländer der deutschen Ratsuchenden, Jahresbereicht 2007, Raphaels-Werk

[101] Statistik über die Auswandererberatung in 2003. DRK-Beratungsstellen Chemnitz, Halle, Potsdam und Schwerin

[102] Marplan Projekt 13(93)149c, Fr. 19 „Manche Menschen haben den Traum, in einem anderen Land leben zu wollen. Gibt es ein Land, in dem Sie dauerhaft leben möchten, wenn Sie die Möglichkeit dazu hätten oder würden Sie auf jeden Fall in Deutschland bleiben?" Befragt hatte man 2478 Personen in Privathaushalten, bundesweit gestreut und repräsentativ für die deutschsprachige Bevölkerung im Alter von 14+ Jahren.

[103] State Distribution for Migration Stream, All Settlers, Country of Birth: Germany, DIAC Settlement Database, 9.9.2008

[104] Report of the Review of Settlement Services for Migrants and Humanitarian Entrants, DIMIA, Mai 2003

[106] Culture & Recreation, Year Book Australia 2008, Australian Bureau of Statistics

[107] Australia's Automotive Industry, 1301.0 Year Book Australia, 2005, Australian Bureau of Statistics

[108] ebd.

[109] Community Information Summary: Germany-born, DIAC 2008 [Anmerkung der Autorin: Von den in Deutschland geborenen Personen gaben 7,4 % an polnischer Herkunft zu sein, 2,4 % aus der Ukraine, 3,6 % aus Großbritannien und 15,3 % anderer Herkunft als Deutsch]

[110] Community Information Summary: Austria-born, DIAC 2008; Community Information Summary: Switzerland-born, DIAC 2008

[111] Community Information Summary: Germany-born, DIAC 2008 [Anmerkung der Autorin: Von den in Deutschland geborenen Personen gaben 7,4 % an polnischer Herkunft zu sein, 2,4 % aus der Ukraine, 3,6 % aus Großbritannien und 15,3 % anderer Herkunft als Deutsch]

[112] 2007 Electoral Pocketbook, Australian Electoral Commision

[113] Statistisches Jahrbuch, Statistisches Bundesamt

[114] Why Do One Million Australians Live Overseas? Australian Chamber of Commerce and Industry

[115] 2007 Electoral Pocketbook, Australian Electoral Commision

[116] Bundestagswahl 2005, Bundesergebnis, Der Bundeswahlleiter

[117] 2007 Electoral Pocketbook, Australian Electoral Commision

[118] ebd.

[119] ebd.

[120] Families Say Driver's Manslaughter Sentence Too Lenient, ABC News Online, 2.6.2005

[121] Cornelia Rau: The Verdict, Sydney Morning Herald, 18.7.2005

[122] Trampling Human Rights, Greens Senator *Kerry Nettle*, Greens Victoria News, Spring 2005

[123] Das neue Staatsangehörigkeitsrecht, Ausländerbeauftragte der Bundesregierung, Dezember 1999

[124] Pledge of Commitment to Australia, DIAC 2008

[125] Family and Community: National Summary, Australian Social Trends 2008, Australian Bureau of Statistics; Entwicklung der Scheidungsrate, Bundeszentrale für politische Bildung

[126] Divorces, Year Book Australia 2008, Australian Bureau of Statistics

[127] Permanent Departures Data, Permanent Departures Overseas Born by Selected Country of Birth by Length of Stay, Financial Year 2006-07, DIAC

[128] Australian Pension News, Volume 18 – April 2006, Centrelink

[129] ebd.

HILFE!

Dieses Reisehandbuch ist gespickt mit unzähligen Adressen, Preisen, Tipps und Infos. Nur vor Ort kann überprüft werden, was noch stimmt, was sich verändert hat, ob Preise gestiegen oder gefallen sind, ob ein Hotel, ein Restaurant immer noch empfehlenswert ist oder nicht mehr, ob ein Ziel noch oder jetzt erreichbar ist, ob es eine lohnende Alternative gibt usw.

Unsere Autoren sind zwar stetig unterwegs und versuchen, alle zwei Jahre eine komplette Aktualisierung zu erstellen, aber auf die Mithilfe von Reisenden können sie nicht verzichten.

Darum: Schreiben Sie uns, was sich geändert hat, was besser sein könnte, was gestrichen bzw. ergänzt werden soll. Nur so bleibt dieses Buch immer aktuell und zuverlässig. Wenn sich die Infos direkt auf das Buch beziehen, würde die Seitenangabe uns die Arbeit sehr erleichtern. Gut verwertbare Informationen belohnt der Verlag mit einem Sprechführer Ihrer Wahl aus der über 200 Bände umfassenden Reihe „Kauderwelsch".

Bitte schreiben Sie an:

REISE KNOW-HOW Verlag Peter Rump GmbH, Postfach 140666, D-33626 Bielefeld, oder per E-Mail an: info@reise-know-how.de

Danke!

sound)))trip®
Musik bei
REISE KNOW-HOW
REISE KNOW-HOW
ISBN 978-3-8317-5101-3
Australia
ISBN 978-3-8317-5106-8
Argentina
ISBN 978-3-8317-5109-9
China
ISBN 978-3-8317-5102-0
Finland
ISBN 978-3-8317-5108-2
Japan
ISBN 978-3-8317-5105-1
Cuba
ISBN 978-3-8317-5104-4
Switzerland
ISBN 978-3-8317-5103-7
The Balkans
ISBN 978-3-8317-5107-5
Northeast Brazil
ISBN 978-3-8317-5110-5
Northern Africa
ISBN 978-3-8317-5111-0
The Andes
ISBN 978-3-8317-5114-3
Iceland
ISBN 978-3-8317-5117-4
Ireland
ISBN 978-3-8317-5118-1
Scotland
ISBN 978-3-8317-5119-8
South Africa
ISBN 978-3-8317-5120-4
Turkey
Die Compilations der CD-Reihe sound)))trip stellen die aktuelle, typische Musik eines Landes oder einer Region vor. Im Buchhandel erhältlich, jede CD 50–60 Min., 22-seitiges Booklet. Unverbindl. Preisempf.: 15,90 € [D]
Kostenlose Hörprobe im Internet unter:
in cooperation with
(((piranha)))
www.reise-know-how.de

Praxis – für jedes Thema der richtige Ratgeber

Wer weiß schon, wie man sich Vulkanen nähert, Höhlen sicher erkundet, ein Kanu steuert, seine Flugangst überwindet – oder einfach nur Flüge, Unterkunft und Mietwagen am cleversten bucht und mit einer Digitalkamera auf Reisen umgeht? Die erfahrenen Autoren der Reihe PRAXIS vermitteln in jedem der über 80 Bände eine Fülle nützlicher Informationen und praktischer Tipps für alle Themen rund um Urlaub und Freizeit.

Hier eine kleine Auswahl:

- **Australien: Reisen und Jobben**
- **Australiens Outback und Bush entdecken**
- **Clever buchen – besser fliegen**
- **Fliegen ohne Angst**
- **Geologische Erscheinungen entdecken**
- **Handy global**
- **Internet für die Reise**
- **Kanu-Handbuch**
- **Küstensegeln**
- **Reisefotografie digital**
- **Respektvoll reisen**
- **Richtig Kartenlesen**
- **Sicherheit in und auf dem Meer**
- **Tauchen in warmen Gewässern**
- **Trekking Handbuch**
- **Unterkunft und Mietwagen clever buchen**
- **Wildnis-Ausrüstung**

Weitere Titel siehe Programmübersicht.

Jeder Titel 144-176 Seiten, reich illustriert, handliches Taschenformat 10,5 x 17 cm, robuste Fadenheftung, Glossar, Register und Griffmarken zur schnellen Orientierung

Reise Know-How Verlag, Bielefeld

Anhang

KulturSchock

Diese Reihe vermittelt dem Besucher einer fremden Kultur wichtiges Hintergrundwissen. **Themen** wie Alltagsleben, Tradition, richtiges Verhalten, Religion, Tabus, das Verhältnis von Frau und Mann werden nicht in Form eines völkerkundlichen Vortrages, sondern praxisnah auf die Situation des Reisenden ausgerichtet behandelt. Der **Zweck** der Bücher ist, den Kulturschock weitgehend abzumildern oder ihm gänzlich vorzubeugen. Damit die Begegnung unterschiedlicher Kulturen zu beidseitiger Bereicherung führt und nicht Vorurteile verfestigt. Die Bücher haben jeweils ca. 240 Seiten. Eine Auswahl:

- **KulturSchock Leben in fremden Kulturen**
- **KulturSchock Ägypten**
- **KulturSchock Argentinien**
- **KulturSchock Australien**
- **KulturSchock Brasilien**
- **KulturSchock China, mit Taiwan**
- **KulturSchock Familienmanagement im Ausland**
- **KulturSchock Finnland**
- **KulturSchock Kleine Golfstaaten/Oman**
- **KulturSchock Indien**
- **KulturSchock Japan**
- **KulturSchock Kambodscha**
- **KulturSchock Laos**
- **KulturSchock Marokko**
- **KulturSchock Mexiko**
- **KulturSchock Pakistan**
- **KulturSchock Polen**
- **KulturSchock Russland**
- **KulturSchock Spanien**
- **KulturSchock Thailand**
- **KulturSchock Türkei**
- **KulturSchock Ungarn**
- **KulturSchock USA**
- **KulturSchock Vietnam**

REISE KNOW-HOW Verlag, Bielefeld

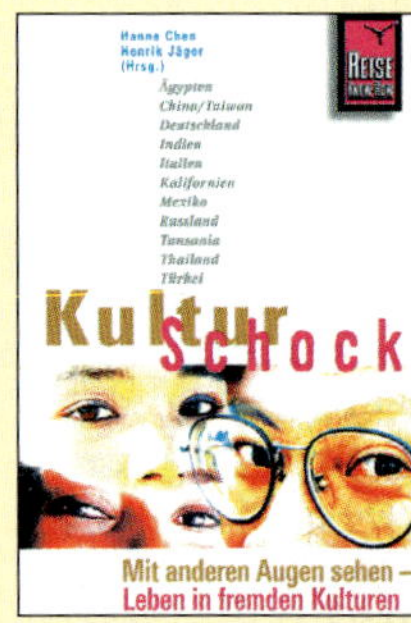

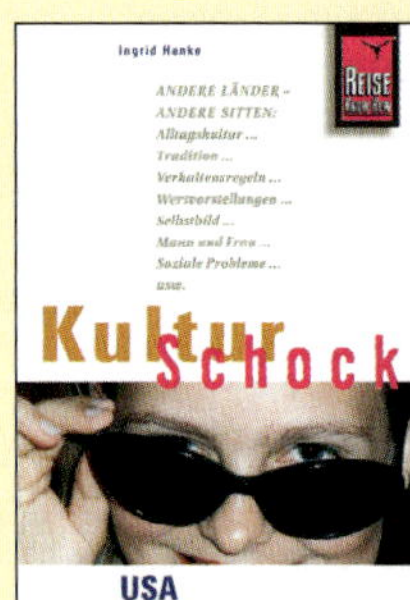

Register

A

B

C

D

E

F

W

Y/Z

Die Autorin

061aa Foto: at

Elfi H.M. Gilissen (geb. 1969) ist Diplom-Übersetzerin für Chinesisch und Indonesisch, befasst sich aber als freiberufliche Autorin und Lektorin mit allen Sprachen und somit Ländern der Welt. Die Liebe zu Sprachen wurde der gebürtigen Niederländerin schon vom niederländischen Vater und der flämischen Mutter in die Wiege gelegt. Eigentlich auf die vielen nationalen Minderheiten im Westen Chinas eingeschworen, wurde durch die zufällige Begegnung mit einem Australier aus Adelaide ihr Interesse am fünften Kontinent geweckt.

Seit der ersten gemeinsamen Reise nach Australien im Jahr 2000 fährt sie auch ohne ihren australischen Lebensgefährten regelmäßig ein- bis zweimal jährlich für längere Zeit zur Buchrecherche durch den Kontinent. Auf diese Weise hat sie für den Reise Know-How Verlag u.a. den Titel „KulturSchock Australien" über die vielen Nuancen der australischen Gesellschaft, des australischen Lebensraums und der australischen Geschichte geschrieben sowie den Reiseführer „Sydney und seine Nationalparks", den Praxis-Führer „Australiens Outback und Bush entdecken" sowie die Kauderwelsch-Sprechführer „Englisch für Australien – Wort für Wort" und „Australian Slang – English Down Under".

Am Niederrhein aufgewachsen, lebt die Autorin seit dem Jahr 2000 mit ihrem Lebensgefährten *Andrew A. Tokmakoff* und ihrer 2007 geborenen Tochter in den Niederlanden. Aus den vielen Recherchen für ihre eigene zukünftige Auswanderung nach Australien mit ihrem Lebensgefährten entstand die Idee, dieses Buch zu schreiben. In der niederländischen Stadt Enschede gründete sie 2004 einen Club für internationale Frauen, deren Probleme als Migrantinnen auch mit in dieses Buch einfließen konnten, da es sich um allgemeingültige Probleme handelt – egal, ob es sich um eine Auswanderung in die Niederlande oder nach Australien handelt.

Weitere bei Reise-Know How erschienene Titel der Autorin sind in der Kauderwelsch-Sprechführerreihe: „Flämisch – Wort für Wort", „Amerikanisch – Wort für Wort", „Niederländisch Slang – das andere Niederländisch" und in englischer Sprache „German Slang – The Real German". Weitere Buchprojekte sind in Arbeit.